LES EMPIRES DU MIRAGE
Hommes, dieux et mythes sur la Route de la soie

海市蜃楼中的帝国
丝绸之路上的人神与神话

[法] F・-B・于格　E・于格 著

耿昇 译

中国藏学出版社

LES EMPIRES DU MIRAGE
Hommes, dieux et mythes sur la Route de la soie

FRANÇOIS – BERNARD HUYGHE
ËDITH HUYGHE

ROBERT LAFFONT
Paris, 1993

目 录

楔子三　佛陀和旅行家

楔子五　大刀与经书

楔子六　蒙古式的和平

导　言

“有一次……”；“此时，黄帝在统治……”；“请倾听！啊！哈里发……”；“皇帝与国王大陛下、公、侯、伯爵大人、骑士和市民，希望了解人类不同的种族和世界不同的地区，请取来此书一阅……”

两千年以来，这些故事一直以所有语言讲述，从希腊语到粟特语，从回鹘语到中国官话。它们被镌刻在石碑上、写在丝绸绢本和羊皮纸的卷子上，从而产生了许多传说故事和编年史、宇宙形成论的严肃著作、冒险家的指南手册，或者还有那些自称为《珍异记》的奇书。

丝绸之路的历史，确实应包括能满足那些苛求成性的读者之好奇心的内容。

其中一应无缺：绝不会有一条龙、一位公主、一座金城、一个海盗于其中付之阙如，难觅芳踪。其背景与人物，一切都沉浸在一种无与伦比的浪漫气氛中，而且又被由丝绸激发出的追求豪华与嗜欲的倾向所加强。

丝绸之路沿途有撒马儿罕（Samarcande）和威尼斯（Venise）、布哈拉（Boukhara）和广州、巴尔米拉（Palmyre，且兰）和亚历山大城（Alexandrie）、印度和中国，还有骆驼队于其中失踪的沙漠以及仙女花园。至于这部历史上的主人翁，那便是亚历山大和中国大明王朝的人们、成吉思汗或瘸子帖木儿(Tamerlan)，辛伯达（Sindbad）或马可·波罗，少数人也许会被此激发起创作史诗的灵感，哺育异国情趣和仙境神域的遐想。

这样一种神话般的氛围，主要是反映了丝绸之路的经济意义，但也反映了它在政治、文化和宗教方面的重要作用。丝绸之路不仅将欧亚大陆的两极联系起来了，而且也决定了欧亚大陆的历史发展。

现在，甚至使人们竟然忘记了，丝绸之路有时也是在山坡上的崎岖小路、难以辨认的曲径、由地形地貌或含糊的方向形成的道路，行人只是凭经验而沿着主导方向摸索前进。

无终止的道路

如果说很难同时表示丝绸之路会身负着如此之多美梦、如此之多含糊不清的内容，那也是因为随着研究人员们越来越透彻地理解这些道路，这些名词的意义也不停地在扩大其内涵。

当德国舆地学家李希托芬（von Richthofen）于19世纪末首次讲到“丝绸之路”时，他指的是由道路、绿洲和商业城邦组成的一个网络，驮载珍贵商品的骆驼队由此而过境转口。这里首先是指将中国与波斯简单地联系起来的道路。在20世纪初叶，该地区成了考古学家们的“黄金国”或“乐园”（Eldorado)，他们将向我们揭示出，西域究竟是什么样的文化和文明中心。

“丝绸之路”的名称具有了一种更为广泛的意义，很快就泛指将这个网络的两极连接起来并使地中海财富流向中国的所有道路了。著名的海上丝绸之路，亦被称为香料之路，经阿拉伯海、印度洋和中国海，与陆上丝绸之路结合起来了。自公元1世纪发现“喜帕尔风”（Vent Hippale，季风）之后，也就是继发明根据季风而航行的技术之后，经过罗马、印度、阿拉伯、波斯和中国等国家的海员的媒介作用，确实又建立了第二个网络，它已超过了陆上丝绸之路网络，有时还会取代它。那些豪华产品通过它，最终都会到达旧大陆（欧、亚、非三大洲）最遥远的地点。

但人世间的观念也在扩大。现在已不再仅仅涉及丝绸了，而且也涉及香料、瓷器、宝石、皮货、黄金、茶叶、玻璃器皿、奴隶和嫔妃妻妾，也就是可以通过这些通道而交易的一切。伴随商品同时流通的，还有权力、战争、知识与瘟疫……但也有大量随之而带来的文化和宗教的成果。丝绸之路变成了欧亚大陆民族之间互相交流的象征。正是这一内容，涉及了多种学科：考古学、经济学、历史学、音乐学、宗教史、比较神话等。

这样一种研究的阵地，变得取之不竭和用之不尽了。“丝绸之路”一词于是便概括了东西方之间不同性质的交流。这一切都变成了异种文化发展繁荣的证据，也是近代世界似乎受之启发的一种历史对话的象征。这几乎是一门独立的科学：一部交流、运动和启示的历史，而贸易史仅为其物质基础，或者仅仅是其借口和托词而已。这种跨学科研究的范围非常广阔，于哪里确定其界限呢？

丝绸之谜

首先是时代的界限。亚历山大大帝显然是丝绸之路上的一位先驱，也就是将东西方联系起来的第一个伟大的文明征服者。但我们也可能应追溯得更加远古一些，以理解这些道路的运行。在丝绸之前，曾有天青石、铜、神香……这些商业网络已经覆盖了整个欧亚大陆。在安曼和巴基斯坦的莫亨朱达洛（Mohenjo-Daro）之间，在公元前第三个千年纪诸文明之间的关系，也可能是正处于其摇篮期（初期）。对于传统历史来说，即使中国只在公元前2世纪时，恰恰是由于丝绸，才向外部世界开放，那么中华帝国也从来都不曾是另一个星球。中国的传说中介绍了公元前10世纪时的穆天子拜访“西王母”（Reine de Saba，萨巴王后）的故事。这个传说是由中国最古老的小说《穆天子传》介绍给我们的。这就充分证明，在很早的时候，丝绸之路就已经完成了其另一种功能：使全世界的神话相会合，从而创造了最令人震惊的融合。

需要探索的地理领域的扩大，是显而易见的事。海上丝绸之路与陆上丝绸之路的并存从未中断过。其证据是，埃及海港与沙漠骆驼队客店网络之间的联系，或者是高丽古王国港口与草原文明之间的关系。我们仅举此两例为证。我们还应补充说明，很可能必须将海上丝绸之路的航程沿非洲东海岸延长，阿拉伯和中国海员们都到达过那里，而且还必须延长得更远，因为中国产品很早就被运到了津巴布韦。向东方，这片交通网络经“大帆船之路”，而一直延长到美洲，途经菲律宾，从而将中国与墨西哥的阿卡普尔科（Acapulco）连接起来了。

为了将这种反常现象一直追根溯源，我们还可以说，发现美洲只不过是丝绸之路的结果而已。哥伦布（Christophe Colombe）的目的是去发现日本国（Cipanso），即马可·波罗所说的那个神奇的日本（Japan）。正如一句著名的谚语所说的那样：“马可·波罗活着时发现了中国，死后发现了美洲。”总而言之，如果大家愿意讲得更加透彻，那就是唯有澳洲和地球极地才脱离了丝绸之路的网络。

为了复原整部丝绸之路的历史，则还必须援引证人之所言，而证人人数又颇为众多。商客与修道人、使节和冒险家、士兵和科考人员，他们都经过陆路和海路，而在所有的道路上络绎不绝地行走。我们那些稀有的和并非完全成熟的专栏作家和历史学家，正是出自于他们之中。

在数世纪期间，成千上万的人跋涉过这个网络中的某一部分。他们手递手地输送那些财物，而这些财物，又从旧大陆的一端转移到了另一端。在经过每个中继站时，便会使其信息的真相略微有所失真或稍有讹变。尽管商品交易从未真正地中断过，即使是在最惨淡的岁月中也如此。虽然文化交流比人们所想象的那样要稳固得多，丝绸之路充当了它们那大媒介的角色时，但仍然如同是在秘密行事一般。人们永远不会知道谁是丝绸的第一个生产者，或最后一个采购者。任何财富都必然会有责任保守其秘密。

无法证实的中国，无法理解的欧洲

最引人注目的例证，则是欧洲与中国由于丝绸的原因，才使其相互沟通从公元前1世纪时便开始了。但它们在数百年间却始终无直接接触，互不认识和互相想象着对方。

那些从一端到另一端穿越广袤无垠的欧亚大陆的人，其数量实在寥寥无几。仅仅到了公元98年之后，中国人甘英出使大秦国——也就是东罗马，但他却永远到不了那里……公元1世纪末，一名人称是马其顿商人者，试图系统地测量从地中海到丝绸之国——中国的道路，他也未留下任何踪迹。166年，一个自称是安敦（Antonin）使节的人，也就是由罗马皇帝派遣的一个使者到达中国。事实上，他仅是一名冒险商人，而不是一个官方使节。除了零零乱乱地和含糊不清地提及来自旧大陆一端的旅行家之外，基本上是在整整的13个世纪期间，双方都无直接关注。

尽管伊斯兰文明是一个奇迹般的中继站，尽管从7世纪起，穆斯林商人便无处不有，无处不在。但我们还必须等到13世纪，在最后几次大十字军和蒙古人征服的时代，才使欧洲人走向了通向最遥远东方的道路。由成吉思汗及其继承人建立起来的东亚秩序，也就是所谓的"蒙古式和平"（pax mongolia），才变成了一次新的和意义重大的失之交臂的相会。在中世纪，最早的一批探险家们勇敢地投身于冒险，最多见的是经陆路，但也有经海路旅行的人。例如，柏朗嘉宾（Plan Carpin）和鲁布鲁克（Guillaume de Rubrouck），分别由教皇和法国国王圣路易（Saint Louis）派遣出使，他们都记述了他们奉使蒙古人的经过。如果说马可·波罗占据了欧洲人中那几乎是垄断性的异国之梦，那么他也有许多先驱人物和可以与他平起平坐的同辈。他的旅行与其震撼了西方的游记手稿无法媲美。人员的冒险于此被文学冒险远远地超越过去了。

还有其他许多探险家。但东方始终鲜为人知，那些神话传说却成倍地增加。15 世纪时，明朝皇帝们继承了蒙元王朝，他们彻底将中国封闭起来了。

我们必须等待 16 世纪的耶稣会士们，才会最终发生了一次中西方的相会，这就是说，欧洲开始真正认识中国，已经延缓 17 个世纪了。但自从罗马的贵族夫人们身穿透明罗纱以来，欧洲就已经非常向往中国了。这样一来，在公元 1600 年左右，欧洲人便最终获得了一种可以令人接受的中国地理概念。他们可靠地获知，北部中国（契丹）和南部中国，位于同一个大陆上。由于这一事实，中国实际上是在继美洲之后，才真正为人所熟知的。

欧亚两个世界互不熟悉。但就在这同一段时间内，人们却从未停止欧亚大陆的一端到另一端之间经商互市。

从纯粹是实用的经营关系，诸如议价和选择常用的支付票据，直到思想与信仰的流通，在丝绸之路上建立起来的“对话”体制，却具有了极其错综复杂的形式。当然，人们可能会在看到这一切时，对于相距最遥远的民族之间的物质与精神交流的悠久历史，感到震惊。但那些有关福岛、磁山、独脚人或独眼巨人、万贯家产的财富和宝石城墙等一切的浪漫故事、传说、各种不可思议的故事，仅仅为丝绸之路上的副产品。这并非是人类思想迷茫的一种令人感兴趣的例证，我们也可能应该将此视为一种前科学思想那令人羞耻的遗痕。人们根本不可能将真实情况与传说内容互相分开，神话本身也具有再创造性。它们推动了征服者和探险家们。梦中的历史可以解释真正的历史。

丝绸之路上臆想中的人与物

因为有了臆想中的道路，也就是神话与传奇故事之路，这些神话与传奇故事又由冒险家、朝圣人带到了千万里之外。这就是一种悖论：真相不会在商客们的行李囊中旅行，丝绸之路的历史也是一部不可思议和不可理解的历史，或者更应该说是一部无穷尽的臆想中的人员与事物的历史。

一切都是可能的。许多神话传说震撼了整个欧洲。约翰长老（Le Prêtre Jean）从欧亚大陆的另一端前来，消灭了撒拉逊人、雅朱者人（Gog）和马朱者人（Magog）、《以西结书》中的巨人，他们都生活在一道大长城之外。在数世纪期间，那些寻求出自母马与龙之后代的“天马”、桑树，一个被称为佛陀的“飞人”、或者是在地图上标注的西方净土。空想中的城邦、长狗头的人、宝藏，一切都是言之凿凿的。沙漠骆驼队旅店中的无稽之谈，或者是高雅的神话、文学巨作、骗子的谎言、乌托邦或巨大恐惧的传说，都越来越得以加强和浓厚了，所有的梦想都生活在丝绸之路。自从上古时代以来，这种臆想的东西甚至还产生了它特有的文学体裁，诸如《珍异记》、《奇事集》等奇书。我们会在希腊，就如同在罗马、中国以及中世纪的欧洲都可以发现这一切，伊斯兰教文学并不是最后一个使用它的体裁。

与遥远的民族、外来奇事与奇物的交流，从无法进入的地区回来的旅行家们的故事，这一切都激起了传说故事的兴旺和繁荣。但想象的东西比传说的东西要多得多。我们命名为臆想中的道路，是真实道路在思想上产生的“副本”，它们所输送的是信仰、信仰的载体、稿本著作、地图、艺术品、豪华物品等。如果信仰的对象是宗教、历史和地理方面的，是指佛陀、亚历山大或赛里斯（Séres）国，那么任何信仰都有它的传播路线和历史。我们会发现它在这个地点诞生，却在数千公里之外的另一个地点和在数世纪之后的岁月中，又重新出现。有许多神话明显是在通商大道上传播的，从一种文化传播到另一种文化中。

这些在时空方面都很遥远的文化，却都接受了同样的神祇、同样的世界形象或同样的神话，但都对它们有所歪曲。对这些现象的诠释，则应属于大众心理学和文明史的范畴。但这些想象出来的形象传播的方式和机制，也都是很有魅力和慑服力的。

这一切多少有点像考古学家在陶器和陶器碎片中研究历史的密码一般，它们可以推断出一件物品的传播轨迹和两种文化的交流。我们可以整理那些传说的题材，并弄清楚它们是怎样传到那里的，它们在另一个民族的思想中会变成什么样子。

这些内容的机制结构比其传播更为复杂，共分三个阶段才确立起来。首先是在两种文明的基本关系中，也就是那些诸如诠释继承了希腊遗产的伊斯兰教，在穆斯林商人前往经营的所有地方，都传播了希腊的思想和传说。

在第二时间内，便产生了大文化那种比人们可以想象出的一切更要有效得多的影响。成文著作的频繁传播，世界上的探险家都是大阅读家，始终都存在着一个国际文坛。正是由于这种原因，3 世纪时在一部有关亚历山大的小说中出现的某种细节，在 13 世纪时又由马可·波罗所征引，然后又在地球的一个平面球形图中出现，它启发了哥伦布于 15 世纪的冒险事业。

最后，又出现了第三种几乎是机械性的或无意识的要素，它从而解释了流言的传播过程：这就是偶然的、期待的和诠释的作用。误解、误读和误写一个字，Mongol（蒙古人）就变成了 Magog（马朱者），Ong-Khan（王汗）就变成了约翰长老（Prêtre Jean）。大家可以想象，Tartares（鞑靼人）变成了 Tartar（塔耳塔罗斯，希腊神话中的冥界之神），或者是蒙古“可汗”（Khan）之名来自诺亚的儿子闪（Cham），《圣经》中解释了他们的世系谱。15 世纪时，当哥伦布到达加勒比海（Caraïbes）群岛时，便听人讲到了 Conniba（即我们今天所说的 Cannibales，食人生番），所以他坚信自己已经接近马可·波罗所说的大汗国（Il gran Can），马可·波罗是哥伦布最青睐的作家之一。古代的一种地理描述的细节，一座石堡或一堵大长城，都被数世纪之后的一名旅行家辨认出来了。

这三种因素：文明的交流、远方的文学和流言传播的机制，互相结合起来，便产生了梦想中的地区、神奇的王国等，这就是海市蜃楼中的帝国。

事物的能量

人们通过异国物品而幻想世界另一端的居民，正是在明显可见的关系网中，又有另一个对我们更为重要的网络于其中重叠，这就是象征物和标志物的流通网。性感而又豪华的丝绸，同时又具有伤风败俗和危险的特征。丝绸被用于向本朝皇家纳贡，或者是向藩邦国王们送礼。某些人以丝绸作为资本积累，因为丝绸可以与同重量的黄金等价。丝绸有时也具有比首饰更高的奢侈功能。丝绸的第一特点是由于它出自世界的另一极，是人们梦寐以求的商品价值的证据。与贸易关系结合在一起的政治关系，同样也为象征物留下了广阔的天地。在古代中国，人们并不与外国人作丝绸交易，他们接待那些承认天子宗主权并向他进贡的使节们；作为回报，天子也向其内附者们赏赐明显等值的物品，尤其是丝绸。这就是所谓的“朝贡”制度，欧洲人有时需要用很长的时间，才能透彻理解其微妙特征。

这些物产都具有各自的奥秘、其制造的技术秘密。这些产品启发人产生了堪称间谍小说般的冒险故事，并且促生了无止境的美梦。丝绸的秘密，肯定是人类保守得最好的秘密之一。在公元前第三个千年纪神话皇帝们时代的中国最早养蚕人，与在西方创建养蚕业的时代之间，已经有近 4000 年的光阴流逝了。反之，中国人对从欧洲和波斯进口的彩色玻璃，也已经是梦想已久了，但对其技术却一无所知。彩色玻璃是通过西域商人而传给中国人的。几乎就在同时，中国人使决定其命运的蚕茧向外流失了。“工业机密”并非一种近代现象，每当一种工业机密被泄露出来时，便会发生一场大震撼。例如，有关制造瓷器的原料高岭土的机密即属此例，同时有关纸张的情况也大致如此，纸张间接地出自丝绸。但间谍也可能会触及更抽象的知识。

在对事物的臆想虚构之外，又加入了对地点的虚构：空想的或令人畏惧的地区、仙人岛、西方净土（极乐世界、天堂）、魔国……

丝绸之路上最令人不可思议的地理神话，便是有关约翰长老的国家的传说。它诞生于含糊不清的流言和历史上最大的荒谬之中。一封致诸权势人物的书信，可能是由一名爱说大话的天主教司铎写于1165年。这种被视为恶作剧的行为，很快就震撼了欧洲，被当做面对撒拉逊人和蒙古人的灾祸，而接受体现基督教希望之化身的汇聚地。

人们一直在丝绸之路上寻找约翰长老。数位真实人物，包括成吉思汗在内，在这种神话流传到非洲之前，都曾在一段时间内，充当他的一个化身或变形，从而发动了另一场旷日持久的探险活动。最使人着迷的地方，则是神话“传染”的方式。有关雅朱者人和马朱者人、鞑靼人、万里长城、亚历山大的远征之类传说，始终都在日益增多……并且得到了互相印证。

另外一种辩证关系，是在科学家与旅行家们之间确立起来的。前者解释了后者的游记，而后来又承认他们所阅读过的东西并相信能找到这一切。“神话般的”印度与“神奇的”中国，均属于西方整体想象的组成部分。对此问题的所指，只能与中国人在“大秦”——罗马帝国问题上所相信的内容相比较。当丝绸传到罗马时，人们对此所知的一切，便是它来自“赛里斯国”（Sères，丝国），那里是一个神话般的国家，因为卢西安（Lucien）告诉我们说，人们在300年前就已经于罗马发现丝绸了。这些传说在有关人员和织物的问题上广泛流传。中国人的社会秩序、道德和健康状况，实际上则显得如同西方那已经得到大大改善的楷模一般，诸如实际上是自古代直到启蒙时代广为传播的内容，传播了有关中华帝国的一种乌托邦式和理想化的观念（印度却在很大程度上比中国受到了更好的理解，而且以同样的顽强程度而与神奇动物国的作用、自然界的珍奇物、基本上是无节制的行为结合在一起了）。对于中国人来说，罗马帝国也是一个既神奇又陌生的国度，人们不是说著名的大秦国或罗马“毕皆大平正，有类中国，故谓之大秦”。“大秦”本意为“大中国”。至于蒙古人，他们的征服者发动了历史上最大的全方位大“狂热”之一，哺育了许多严格地说是互相矛盾的神话，有时代表着一种邪魔般的力量，有时又代表着一种希望或空想。但这一切仅仅持续了一个很短暂的时期。

所有的魔怪，所有的幻想

所有这一切都伴随着一种荒诞的动物图像，传说中一直在反复诉说，无论是什么样的流言都可以证明其存在。在神国仙境，到处都是神奇的野兽。

狮身、鹰翅和马头怪兽以及狮头、龙尾和羊身的怪物，水中和陆地上的怪物，每种真正的或臆想中的动物，都会促生四处流通的传说。

此外，正是由于一种动物，丝绸之路才得以真正开通凿空。这就是说，中国于历史的长河中开始了其开放与收缩、勇敢的开拓与畏畏缩缩的退却之过程。公元前2世纪时，汉武帝遣使大宛(费尔干纳，Ferghana)。他认为，那里生活着天马，出自母马与龙杂交的马匹，从而可以确保他长生不老，并能把他带到天域。其使者们携带其他神奇的马匹返回，这都是一些汗血宝马。但是，它们主要是一些有耐力、能够向王师提供一支可与胡人骑兵相匹敌的骑兵部队。他必须进口这些马匹，因而这就是贸易。为此而必须出口丝绸，丝绸是当时的货币单位。这样一来，便开通了这条商业大道。

但天马仅仅是为人们在丝绸之路沿途遇到的神奇动物群开路。这些马匹的名目已以其种类和古怪性，而超越了我们的希望。

在此问题上，我们还必须认真对待那些最不可思议的事物。在这种令人难以置信的和奇形怪状的特征之积累的背后，还有许多秘密的联系。首先是文化方面的联系。如对鲸鱼的描述：“人们把它们当做岛屿”，亚历山大的海军司令奈阿尔科斯（Nearque）确实曾遇到过它。它于9世纪时又重新出现在巴格达的商人苏莱曼（Soleiman）的记述中了，也如同在爱尔兰的圣·布伦丹（Saint Brendan）的传说中一样。普林尼（Pline）非常喜欢的动物趣闻，如狮身、鹰翅和马头样怪兽或大蚂蚁，也重新复现在《一千零一夜》的故事中了。一种巨鸟大鹏，通过希腊人的狮身、鹰翅和马头样怪兽，而从8世纪起就充斥于阿拉伯的那些寓言故事中，同时还出现在12世纪的一个日耳曼故事中。如同平时一样，那些信誉良好的证人都一言九鼎地证实：当马可·波罗在忽必烈汗宫中发现一羽大鹏翎时，他已开始相信大鹏鸟存在的事实了；14世纪初叶的伊本·白图泰（伊本·拔图塔，Ibn Batouta）于海中遥望到了怪兽的影子。阿拉伯的古代文化知识，在十字军东征时代发生的交流，都解释了某种形象在历史岁月中的转换与变迁，就如同在《一千零一夜》与《尼贝伦根之歌》（Nibelungen）之间的那种奇怪的相似性一样。其解释有时更加缺乏诗意：对于犀牛（rhinocéros）的词法（形态学）的错误解释，产生了独角兽（licorne）；对于河马（hippopotam）的一种误译（河里的马）又诞生了海马，这是对一种翔实可靠之事的简单夸张，人们都在幻想中游弋摆动。这尚且不把作家们彼此之间阅读对方的著作计算在内，即使他们未曾有意地故弄玄虚也罢。如伪作家和剽窃人约翰·德·曼德维尔（Jean de Mandeville）那样，其《珍异记》甚至取得了超过马可·波罗的成功。除非是在书籍的力量之外，或者是在流言的制约之外，否则都不应该追求属于精神分析学意识不到的象征性。

神祇之路

在充满皇帝们的梦想和身负神祇们启示的一整套神话中，都介绍了信仰是如何传播的。但事实真相，即宗教在丝绸之路上传播的那张看不见的网络，却是很神秘莫测的。中国的犹太人

(术忽人，一赐乐业教信徒，我们联想到了失踪的犹太小部族之传说，或者是由欧洲人重新发现的中国犹太人社团)、摩尼教徒或东方景教徒、原始佛教的信徒、大地另一极的基督徒、四散而去的穆斯林……神祇在全世界旅行，人类却在煞费心思地寻找他们。

佛教僧侣们从印度或锡兰出发去传播佛教，中国的礼佛进香人也前往印度取经。“觉”的教义与发现和探险的一种莫名其妙的运动相联系，它诠释清楚了礼佛进香人、传法祖师和商贾们之间关系的含糊问题。然而，欧洲却表现得如同是一种令人难以置信的盲点。尽管已有数世纪的交流了，它依然一如故我地无法理解佛教教义的性质。

穆罕默德（Mahomet）的直传弟子们一直东进到中国。那个几乎是与马可·波罗同时代的人——伊本·白图泰访问了分散在全世界各地的穆斯林教团，开始了一次比那名威尼斯的“吹牛大王”范围更辽阔得多和更具戏剧性的游历。伊斯兰教是丝绸之路上维持统一的一大因素，是游牧人的一种杰出宗教。

基督教同样也拥有其四处布道传教的神话，圣多玛（Saint-Thomas）的圣墓位于印度，此乃一大例证。有一种传说认为，该使徒曾在中国传教。人们认为，诺亚方舟（Arche de Noé）是在大亚美尼亚的摩苏尔山（Mossoul）山峰上被淹没于洪水中的。在波斯，马可·波罗自信找到了“三王”（Rois mages，朝拜初生耶稣的三博士）经过的踪迹，一口永久喷火的井。

如果说佛教、天主教和伊斯兰教的传播，到处都伴以史诗般的冒险故事，或者是神奇的情节，那么对于异端和已失传的宗教，又该讲些什么话呢？琐罗斯亚德教或袄教（Zoroastrisme），于数千年中，始终都存在着且曾标志着欧亚大陆的中心，它后来又以变化的或者是人们假想的形式出现了。

诸说混合宗教摩尼教（manichéisme）诞生于3世纪时的萨珊朝波斯，也就是说诞生于袄教和基督教之间的一次综合尝试，它经过整个中亚而游移到中国。在该宗教的鼎盛时期，它变成了回鹘突厥人的官方宗教。在它遭受迫害之前，曾活跃于中国中原与蒙古边境地区。

景教是在431年以弗所（Ephèse）公会议上遭到绝罚的基督教异端，被从西方的地盘上排斥出去了，但它在东方却经历了一种令人惊讶的命运。中世纪的旅行家们，在会见鞑靼人的时候，却非常吃惊地发现了一个强大的景教（聂斯托利派基督教）教团，在一些西方人始终怀疑是否为文明人类的蒙昧民族中立足。

旅行中的人，传说中的人

商人、假冒者、使节、巫师、征服者，他们从丝绸之路上出发，以前往旅途中最危险的地区。无论是圣人还是国君，他们返回时始终与众不同。每个人都携其游记而归，每个人都想到达其想象中道路的尽头。在自然界的旅行仅为内心旅行的一种标志。

人们为什么始终都要前往最遥远的地方冒险呢？当然，有的人是为了觊觎权力，我们知道亚历山大、成吉思汗或瘸子帖木儿（Tamerlan）在丝绸之路的历史上，究竟占据着什么样的重要地位。

人们有时也是为了发财致富而远足旅行的。马可·波罗或水手辛伯达，仅为那些勇敢商人中的最著名者，他们成了臆想道路的主要传播者。

谁是商客，谁是冒险家和谁是使节呢？某些人还受那些更加含糊的目的支配，其中将商业利润与政治利益搅和在一起了。其他人则是不折不扣的骗子，他们带着由世界一端的皇帝们许下的天花乱坠的诺言，而进入了宫廷。最后，还有些人是为了宣扬教法、找到其正确的真宗教义或携归某种圣物而出行的。

所有的人都变成了活人——信息储存器。有的人为我们留下的游记，反映了他们自身的文化分量。其他人却忽略了记载他们的冒险故事，却仅仅在某部编年史中偶然地出现。在我们所了解的那些人中，将其一生的数年贡献于旅行的无数勇敢者，只占很小的比例。我们往往是至今仍生活在非常典型的欧洲中心论的幻想中，赴遥远地方的旅行家们在15世纪时就以其巨大发现而开始形成了这种观念，再没有比这一切更加荒谬绝伦的事了。丝绸之路的历史上充满了世界性的大都市、外国人的群落、专业旅行家、从世界另一端传来的祭坛，其背景是一种令人难以置信的文化和宗教的异质杂交、思想和人员的一种不停地流动。所有这一切都形成了需要介绍外部世界，并让神话传播的庞大系统。

在数世纪期间反复出现的真实、虚伪与无稽之谈，或者是由于过分神奇而令人难以理解的东西，这就是旅行家们杂乱无章地散布的庞杂内容，这在传播史上，或者更应该说是在变化无常的传播中，是一种悖论。一方面，那些行之有效的系统、众多而又组织得惊人严密的中继站，积累了大量实用知识；另一方面，却是“信息的遗失”，特别是坏消息排斥了好信息。

丝绸之路上的北欧传说（家族世系史）、海市蜃楼帝国中的史诗，都值得我们重新研究。这种研究的目的在于写丝绸之路沿途的媒介或调停史。它们企图从中抓住事物的流通与思想形象的流通、可见物与不可见物、真实有益的东西与虚无缥缈的东西之间的关系。它们研究划分中继站的作用：手递手地传递物品或口耳相传知识。它们也会研究传播的时间问题、转换持续期的影响以及促使商人、探险家或朝圣人将其一生大部分时间用于一次旅行的原因，他们从旅行中记得的东西、他们所介绍的内容、谁倾听他们讲述、这些数世纪前的新闻会受到怎样的欢迎和产生了什么样的影响。

这些著作试图断定，谁能接触有关遥远地区的什么信息，以及与其他来源的信息的相比较的可信度。它们在思考思想传播的工具与手段。例如，布道人与商人们的关系，或者是其目的在于说服人们相信信仰之载体、经文或圣物的流通及其有效性问题。他们极力深入理解印刷著作与影视著作未能造就的思想状态。这是一种与人员和思想完全不同的流通方式，造就了人员与思想……这里是指要理解海市蜃楼中的帝国是怎样诞生的。

这就是我们的龙与公主、骆驼队与冒险家、鬼蜮与虚构的地区的历史，将我们导向的地方。

也可能正是由此，通过这种空想式的举措，而提示了丝绸之路的现代特征：我们主要是通过丝绸之路，而了解有关我们时代的一切。

楔子一　丝绸之路的开通

某些人认为，最初的丝绸之路，便是最早穿越欧亚大陆的民族大迁移运动的道路。其他人认为，必须等待数千年，即等到第一批商业网络建立起来时，并且勾勒出了丝绸与其他豪华产品流通的中枢时，才会出现丝绸之路。这可能是在公元前2500年左右时，当时在印度河流域的文明中心莫亨朱达罗（Mohenjo-Daro）、美索不达米亚（Mésopotamie）和今安曼海岸的苏哈尔（Sohar）之间，商业联系网络已经建立起来①。一种正规的国际贸易诞生了，各种文明相继与之会合。

如果以在中国之外纺织的丝绸之出现为客观标准，那么考古学就会迫使人接受一种要晚得多的断代：公元前6世纪或5世纪，丝绸便越过了黄河河套。它被转运到了游牧部族中：匈奴人（后来的匈人）、月氏人（印度—斯基泰人），在特殊的情况下也会被运到欧洲。在公元前5世纪的一个阿尔泰王公的墓葬中，在巴登—符腾堡州（Bade-Wurtemberg）和卢森堡（Luxem-bourg）公元前5—6世纪的墓葬中，人们也都发现了几块丝绸碎片。在印度，诸多文献从公元前5世纪时就提到了中国丝绸。希腊人很早就拥有了一个指“丝绸”的字。然而，丝绸交易仍然远不能代表一种重要的历史现象。

① 从近期文献来看，丝绸于公元前10世纪时，就已经出现在埃及了。

有一种几乎是普遍性的共识，认为亚历山大的远征（公元前334—前323年），是丝绸之路开通的序曲。如果我们立即就补充说，这名马其顿人（亚历山大）继承了大流士（Darius）大帝的事业，那么这一切就是再正确不过了。阿契美尼德朝的波斯就已经通过一个巨大的道路网，而与地中海沿岸柏斯波利斯（Persépolis）与丝绸之路在中亚的重要站程，都联系起来了，其中就包括后来的大夏都巴克特立（Bactres）和撒马儿罕（Samarcande）。亚历山大自己也与地中海世界、中亚和印度建立了持久的联系。继这位将许多民族和文化融合起来的征服者的英雄业绩之后，思想、艺术或宗教影响的流通，也如同商品的流通一样，达到一种前所不敢想象的发展。我们将会看到，对希腊化文化的记忆，是通过埃及的、佛教的、阿富汗的那些令人震惊的中继站，才在丝绸之路沿途持续存在了数世纪。仅仅是在中国凿空西域的第一种象征性行为之后不久，最后的几位西域希腊文化国家的国王才消逝了。至于从希腊化文化中诞生的思想的艺术模式，它们传播得要更远，并且在这同一批道路上传播了数世纪。

若没有亚历山大，欧亚大陆之间的道路就不可能被打通。作为报答，这片交通网络，又将那名马其顿征服者的神话，从大西洋传到了波斯湾。

第一章　丝绸之路上的先驱亚历山大

——他们询问左勒盖尔奈英的故事。你说：“我将向你们叙述有关他的一个故事。”我确已使他在大地上得势，我赏赐他各种财富。他就遵循一条途径。直到他到达了日落之处，他觉得太阳是落在黑泥渊中，他在那黑泥渊旁发现了一种人。

（《古兰经·山洞篇》第 18 章，第 83—86 节）

最早的世界性神话

有时，在阿克罗波尔（Acropole）博物馆中，当太阳使亚历山大的石像面孔又焕发了一段时间的光彩后，旅行家菲利普（Philippe）的儿子可能听到那个马其顿人——丝绸之路上的神话鼻祖的英雄事迹。此人分别被称为亚历山大（Alexandre）、西坎德尔（Sikander）、伊斯坎达尔（Is-kandar）、基德尔（al-Khidr）和《古兰经》中的左勒盖尔奈英（Dhou-el-Karnaïn）。

早在亚历山大之前很久，底格里斯河（Tigre）和幼发拉底河（Euphrate）的两岸，便是商贾云集的地方。依然是在他之前很久，可能是来自东方和北方的许多民族，就已经将他们的游牧文明与定居民的文明结合在一起了。在很长时间之前，有一位皇帝曾从中国出发西游，一直到达西王母的王国。西王母即所罗门（Salomon）的王后萨巴（Saba）。其后，许多帝国都轮廓清晰地形成了，神祇也有变化，蒙昧民族已经在互相接近了。

然而，我们必须等待亚历山大的横空出世，唯有他才向西方人打开了通向东方的道路。他在北方的边界处筑铁门，从而象征性地划定了自己的国界。越过那里，便开始了魔鬼的国家——雅朱者人和马朱者人，即世人无法进入的地区。

亚历山大是丝绸之路上第一个具有双重身份的人。他是文明的征服者，神祇和民族文化，都通过他而相会；但他本人也是一个神话，也可能是唯一一个真正世界性的神话，无论如何也是唯一一个到处和经常出没于丝绸之路沿途的神话人物。

史学家们基本上一致同意：亚历山大的英雄业绩是一场政治、军事和文化交流的序曲，而这一切又是一个经过欧亚大陆上的人员与物资的流通大网络所必不可缺的。但这种历史真相可能会使人忘记另一种历史真相：亚历山大的神话通过这个传播思想和信仰的不可见巨网，而旅行得比这位马其顿人本人所远征的距离更远。无论是文化的多样性，还是宗教的差异性，都不可能为这种令人难以置信的游离设置障碍。亚历山大总是在人们最少预料到的地方频频现身。

你们是否还记得吉卜林（Kipling）的短篇小说《希望成为国王的人》吗？其中的主人翁是印度军队的一名中士，他出发去寻找一个需要征服的王国。他遇到了卡菲里斯坦（Kafiristan）的残暴部族，即喜马拉雅山区的那些异教徒们。这些人希望核实他是一个凡人还是一尊神仙，于是便向其心脏射去一支箭。一枚勋章使射来的箭矢偏离了靶心。这个英国人始终沉着镇定。兵士们立即高呼："西坎德尔！西坎德尔！"有一条消息随之便四处传播开了：他们的国王返回来了，亚历山大回来了。由吉卜林的小说提到的历史背景，便是那名马其顿人的征服，这场征服战把他驱逐到了阿富汗，甚至是更远的地方。这是无人不知的事实。神话的背景可能不是真实的。卡菲里斯坦的部族于19世纪时，可能还能完好无缺地继续实施其纪念亚历山大的宗教崇拜仪式。该地区还有一名土酋，荣幸地于其血管里继续流动着这名大征服者的血液。早在吉卜林之前很久的马可·波罗，就已经讲到了高地高富汗、巴达赫尚（Badakhchan）、努里斯坦（Nouristan）的这些部族，以及当地那些声称其酋长属于这个传说血统的人。

19世纪末叶，有一位出使中亚的美国外交官尤金·苏勒（Eugène Schuyler）。他也曾提到过有关亚历山大的传说，认为亚历山大当时仍然驰骋在撒马儿罕、布哈拉及其毗邻地区："亚历山大或左勒盖尔奈因（Dû-l-Qarnaïm，双角王）的战功，通过传说而在该地区留传给我们，已经使该地区的所有居民无人不知，无人不晓。乌浒水（Oxus）上游山区的许多小酋长，都自称是其远祖亚历山大的后裔。"苏勒对这一切肯定很好奇并且也很博学。他指出过：在索格底亚纳（Sogdiane，粟特人地区，康居）和大夏（巴克特里亚，Bactriane）许多希腊人小王国的领土上，再也不存在除这些传说之外的其他希腊化文化的痕迹了，也可能是带有底密多留斯（Démétrios）或安提马格斯（Antimaque）肖像的几枚希腊化国家的钱币除外。

更有甚者。如果你们今天经过巴基斯坦，那么你们就会有很大的机缘听到讲述卡拉什人（Kalachs），这是努里斯坦一个已经灭绝的部族，居住在位于阿富汗边境的某个省，此地也以"不信教的地区"而为世人所熟知。一直到直升机可以使人类学家与旅行家得以进入他们的领土之前，卡拉什人实际上与世界上的其他地区完全隔绝。卡拉什人是异教徒，他们修持对太阳的崇拜。他们在体形上也明显属欧洲人类型。卡拉什人的传说是这样诞生的：他们自己是亚历山大老兵们的后裔，形成了历史上的一个被双重遗忘的社团。该社团在世界上最蛮荒风景的遮蔽下，可能保持了自己的血统和对公元前4世纪时的士卒兵勇们的崇拜。两名法国科研人员自己也成为受归化的卡拉什人。他们向我们讲述了其神话，这些故事却把我们导向了现实社会：卡拉什人的的确确属于印欧血统，但并非是那个马其顿人的子孙。

在地球的四面八方，人们都可以遇到这类名人“后裔”。例如，一名印度王子于15世纪初叶在马六甲海峡登陆，并创建了后来成了海上丝绸之路上的一个航海与经商的大王国，他便是倚仗这同一种很有魅力，却又令人疑窦丛生的后裔之名望，而创建了自己的基业。

亚历山大的墓葬本身就令人作出了许多方位考证。根据公元4世纪的一种描述，他长眠于一口黄金和水晶棺中，“身披一副豪华甲胄，其带金饰头的佩剑放在其身侧”。这就是亚历山大城的昆姆·艾尔—苏加法（Kom el-Chougafa）墓葬，除非是人们长期作为其墓地而崇拜的位于方吉尔吉斯的那处。同样，在中国也存在着一些被归于亚历山大创建的军镇。

如果亚历山大从未深入到印度河（Indus）或锡尔河（Syr-Daria）以远地区，那么有关他到达这些地区的杜撰标记却覆盖了整个旧大陆。在锡兰，亚历山大的遗迹与亚当（Adam）或佛陀（Boudha）的遗迹并列存在。他成了许多神话创始人的同伴。

亚历山大征服的四界

民间的迷信？文人们讲述得更加与众不同。最早有关地理科学的重要论著之一，便是阿米安·玛尔塞兰（Ammien Marcellin，公元350年左右）的那部著作（《罗马史》——译者），书中提供了这位大征服者在中国的存在“证据”：根据翔实可靠的史料记载，作者清楚地知道这位马其顿国王在中国竖起了一根镌刻着其名字的柱子。公元4世纪的修道人帕拉第乌斯（Palladius，《劳苏的历史》的作者——译者），也是一部导游书提到了另一种证据：埃及阿杜利斯（Adoulis）的主教缪斯（Musée）曾访问赛里斯国①。他证明了由大征服人亚历山大建筑起来的一座具有

① “赛里斯国”（Pays de Sérés）在这个时代，可能是指出售丝绸的国家。但我们很难绝对肯定它是指中国。

历史文物特征的建筑。阿拉伯文文献甚至将建筑长安帝京的功劳也归于这位马其顿国王。更有甚者，公元 10 世纪的阿拉伯大学者和舆地学家马苏第（Masoudi）将修造中国万里长城的功劳也归功于亚历山大名下，而且这一切还形成一种持续时间悠久的传说。马苏第认为，世界共分成了几个大区，“东方区包括中国和新罗（Silla）。它以万里长城为界，长城系由亚历山大王所筑，这是为了保护其人免受雅朱者人和马朱者诸种族的人攻击”。

这道屏障，大家也可以在大英博物馆收藏的 13 世纪的“普索蒂埃（Psautier）地图”中再次发现它，正如在 18 世纪的一幅印度地图中所发现的那样。但事实上却是在马可·波罗的著作中，才首次记载了这个著名传说的内容：当马可·波罗看到无止境的长城时，这个威尼斯人肯定正在出神入化地欣赏亚历山大的著作。

传奇式的意大利商人、中国、希腊神话、《圣经》中的预言、《古兰经》，这样一种相会怎可能会成立呢？这就是我们称之为“感染错合法”：当两种神话互相交会时，如果它们之间有任何一点相似内容，那么它们就倾向于互相结合和互相印证。逻辑推理也由此而不经意地受到了损害。

证据昭昭：这就是格鲁吉亚的铁门。马可·波罗于其《寰宇记》中对铁门作了描述：“道路在山与海之间很狭窄，它共连绵 4 古里之长。以至于一夫当关，万夫莫开。这就是为什么亚历山大也无法进入那里。我实言告诉你们说，他在那里竖起了一座塔并修建了一处工事，以使其他人都不能祸及他。世人称此塔为铁门。”这都是些什么人呢？某些人认为，这都是鞑靼人。绝非如此！这都是些库蛮人（Comans），也就是中亚另一个部族的成员。因为马可·波罗告诉我们说，当时尚不存在鞑靼人！我们现在恍然大悟了，我们的这位威尼斯人于此造成了 1000 多年的误差！库蛮人并不比鞑靼人与亚历山大生活的时代更晚多少！但这些用铁、青铜、锡或石棉筑成的大门，均位于格鲁吉亚（Georgerie，谷儿只）、兴都库什（Hindou-Koueh）山脚下、德黑兰附近或其他什么地点，并且带有千姿百态的差异和变种，我们还将会遇到其他许多有关的说法。考古学家们始终在研究它们。

为了作出公正的评估，马可·波罗在呼罗珊（Khorassan）找到了一棵枯树，据说亚历山大和大流士曾在此树附近交过战。这是已知世界的一道边界。任何人都再不会走得比此地更远了。

人　界

再越过铁门地区，便是魔鬼们的领土，或者至少是未知之地，任何旅行家都未曾进入过那里。这样一来，在提到中国人的第一部希腊文著作中，仅仅提供了有关这个神奇地区的唯一一种信息：他们居住在被亚历山大征服的领土以东。

始终是在神话传说中，又出现了一种边界、一种界标的思想，也就是那个英雄人物置身于人域与魔域或神域之间的思想。或者是那名马其顿大征服者受到了上界势力的警示或者是受到了贤士们的指点，强迫自己接受了这一切。再越过这条界限，他便陷入了疯狂的状态。即使是半神半人者，也必须承认，这里是一条不可逾越的边界，否则就会惹怒神祇或触犯天理。亚历山大的班师，使他放弃了一次不可能的、无益的或危险的征服。这是其传说中的一种基本常数。

这样一来，在《诡计书》[①] 中，又出现了一位特殊的使者。当时正值那名征服者的军队向东进军的时间。一天晚上，当亚历山大围攻一座中国城市时，他于其帐篷中督战，一名使者出现了。使者要求接受密谈。人们搜查了他，然后同意他进入中军帐。当他独自一人与马其顿国王在一起时，陌生人泄露了其身份。他就是中国的国王，前来与希腊人议和，当然是借助于纳贡而议和了。他们长时间地谈判，赛里斯人作为臣服的保证金而应

---

① 亚历山大的角色也数次反复出现在这部阿拉伯文的匿名论著中，成书于 13 世纪末。它是一种故事文集，其中的每个故事本身就是一种政治智慧的行为准则。

交纳贡银。在开始时，盛气凌人的亚历山大索求巨额款项。但其谈判对手机智而又有耐心，每次都迫使他减少其索求的贡银。如果亚历山大索求更多的黄金，那将会有混乱、暴动……最后，马其顿王被那个中国人的外交艺术说服了，仅满足于一笔几近于象征性的贡银了。他们互相道别。次日，中国国王率领一支大军出现了，并且包围了希腊人。亚历山大自信遭出卖并自己准备战斗。但中国国王已经接近并向他保证：这种炫耀武力证明，自己并非是出于软弱才同意接受他的勒索，而仅仅是因为上天意欲如此。双方军队各自从那里撤回。

如果亚历山大遇到了地狱中的造物，或者仅仅是一名政治谋士，那么他就是触及了一种界限：禁令于那里开始，他必须再从那里原路返回。

一位征服者的道路

对于那些怀疑那名英国中士、马来王子、阿拉伯短篇小说作家所叙述的诸多此类故事所告诉我们的内容的人来说，尽管这一切都是严肃的，我们还应该参照史学家和考古学家们的意见。他们也将会坚信，亚历山大确为开通丝绸之路上的先驱。

我们来看一下地图：在亚历山大之前，没有任何人从西方到东方走得那么遥远，也未曾走得那样疾速。公元前335年，亚历山大在21岁时，就已经成为希腊之主。次年，他越过了赫勒斯滂（Hellespont），也就是我们所说的达达尼尔海峡（Dardanelles），占领了小亚细亚、腓尼基（Phénicie）和叙利亚。他继续进军到埃及并夺取了此地。他甚至还赢得时间，在那里的尼罗河两岸建立了诸多亚历山大城（Alexandrie）中的最著名者，而所有这一切只用了不足两年的时间。经过向南方的这次推进之后，他又转向了东方，先渡过幼发拉底河，又渡过尼尼微

(Ninive)[1] 附近的底格里斯河（Tigre），以进攻阿契美尼德帝国的心脏地区。

大流士在高加米拉（Gaugamel）被击溃，希腊人夺取了巴比伦、苏萨（Suse）、柏斯伯利斯。这支军队然后又向梅底亚(Médie）出发，一直到达里海。亚历山大再从那里兴师，进入了丝绸之路网的中心——中亚地区，如乌兹别克人、塔吉克人、土库曼人、哈萨克人、柯尔克孜人和阿富汗人的领土。这些地区后来都以帕拉亚（Parthie，安息)、索格底亚纳（Sogdiane，康居)、巴克特里亚（Bactriane，大夏）之名而著称。亚历山大向东北方的这种推进，一直将他带到了今霍真特（忽氈，Khodjend，前列宁纳巴德）地区，并在那里修造与整个城市网联系起来的远东亚历山大城，包括商行、军镇。斯基泰人贩运的许多产品，都从赛里斯国输到了位于世界另一端的这座城市。在喀布尔附近，也有一座亚历山大城，但它却获得一个奇怪的名字——高加索的亚历山大城。马其顿人明显是沿兴都库什——喜马拉雅山脉向阿富汗以北延伸，与高加索相混淆了。他们坚信其首领可与狄奥尼修斯（Dionysos）相媲美。据传说认为，狄奥尼修斯曾经通过高加索而进入印度。

亚历山大对于向锡尔河（或者是以其古名 Iaxertès 相称，即药杀水）以远的斯基泰人地区进军，始终犹豫不决，因为他必须回师以镇压阿富汗的山地民部族。他又经开伯尔（Khyber）山口朝巴基斯坦方向南下。该著名山口的一通石碑的碑文记载说：“从来没有任何一个人曾经通过那里。”穿越这个山口，是所有征服者们的梦想。他们使一次战争冒险，具有了某种传说的规模，使历史转向了美梦。

该英雄可能穿过了带有神秘名称的所有地点，如特里巴克特拉（Tribactra)、马拉坎达（Maracanda)、乌浒水（Oxus)、药杀河（Iaxertès)。而我们却始终分别称这些地区为：布哈拉(Boukhara)、撒马儿罕（Samarcande)、阿姆河（Amou-Davia)

---

① 距今伊拉克的摩苏尔（Mossoul）不远。

和锡尔河（Syr-Daria）。

亚历山大于是便开始了真正向着远征印度的方向进军。他渡过了印度河。陪同他的学者们发现在那里乱七八糟地堆放着大米、甘蔗和香蕉。公元前326年，尽管爆发了一场激烈的战斗，马其顿军团于其中被迫面对被米酒灌醉的大象队的冲击。印度国王波罗斯（Poros）战败，从而使这条道路对世界征服者畅通无阻。在印度河流域的情况也如此，那里也有一座亚历山大城，以昭彰这个大英雄；那里还有其战马的一尊塑像[①]，以及为了使人怀念其胜利的一座“尼西亚”（Nicée）城。

亚历山大在陆路丝绸之路上，再未向前推进更远，时间已经过去，马其顿人对其荣耀已经厌烦了，他们对于苦心追求根本不可能的事已经感到疲倦，对他们崇高的惯例已经麻木不仁。亚历山大计划到达整个大地的尽头。一位罗马史学家阿利安（Arrien）杜撰了他向其士兵们发表的如下训令，而且当时在地理方面的想象也哺育了其权势欲：“如果你们之中有人希望结束我们的伟大事业，那么他就应该知道，我们于此不远便是恒河与东海，然后是大洋。我们将一直航行到海格利斯擎天柱（Colonnes d’Héraclès）；在征服亚洲之后，再征服非洲。那时，除了世界的边界之外，我们的帝国就不再有其他边界了。”但全军上下却异口同声地回答说，他们已经战斗和征服得太多了。所有获得大捷的士兵都放弃了最后的胜利，而从那里班师返回马其顿去了。

亚历山大返回了巴比伦，他应该是晏驾于那里。他于其唯一的一次撤退中，作为战利品而带回了印度的一场大美梦。

亚历山大东征西战，长途跋涉共达1.8万公里之多。如果大家考虑到他们必需的停留时间，那就是他在短暂得令人难以置信的时间内，便夺取了许多城市或筑成许多城堡，战胜和创建了许

① 亚历山大的战马叫做Bucéphale（战马，无人能骑的马），它在所有的战役中都驮载着其主人。这是一头唯有亚历山大才能驯服的畜生，它也变成了神话中的一牲畜。Nicée在希腊文中意为“胜利”。

多王国。亚历山大驱使其大军一直挺进到孟菲斯（Memphis）、撒马儿罕、拉合尔（Lahore）和卡拉奇（Karachi）。在这条路线上的最长部分中，他始终沿阿契美尼德帝国的官道前进，因为该帝国已将其统一的政权扩大到30万平方公里的领土上了。这种旅行的必然结果，也就是与那名征服者的道路相同的骆驼队大道，从成吉思汗到英国军队，全世界都取道这同一条路线行进。

亚历山大在班师的回程路上，又得以有暇初次扬波于海上丝绸之路。他派遣其海军司令奈阿尔科斯（Néarque）从印度河航行到幼发拉底河。这支海军的行进与陆军的大撤退几乎是同时完成的，沿途先后航经安曼海和波斯湾。奈阿尔科斯自己也带回了他收获的一大批故事：印度洋、海难、狂风、接近航船的那些如同海岛一般大的鱼[①]。在热尔多西亚（Gerdosie），他看到了以鱼为食的人，这是一个长期被列入印度神话部族中的蒙昧部族，但尼阿亚科斯却坚信自己已经到达了埃塞俄比亚（Ethiopie）的地域。此外，他还必须与多毛的蒙昧人作斗争，这些人拥有诸如熊那样的利爪。在卡拉玛（Calama）海岸，奈阿尔科斯曾与土著人交谈。这些人叙述说，在附近有一个岛屿，任何人都不曾从那里活着返回过故乡。有一只企图在那里登岸的船舶，被变成了顽石。奈阿尔科斯丝毫不相信这些荒谬绝伦的无稽之谈，将亲莅现场验证这一切。那艘石船是一堵山崖，它使人模模糊糊地联想到了一只帆桨大木船的形状。至于那个海岛本身，其地面完全被硕大的海龟覆盖，海龟龟壳互相撞击而发出了铿锵的声音。这些爬行动物形成了一种真正的财富。居民们不断地用它们从事利润非常丰厚的交易，并以他们故意散布的神话故事来打消其竞争者进入该海岛的念头，以此方法保护它们：这就是我们会经常发现的一种隐瞒或歪曲事实真相的手段。

在传说的表象之外，于奈阿尔科斯远征的背后，还隐藏着一种政治背景。人们将与阿拉伯水手们竞争的意图强加给了亚历山

---

① 本处提到的风是季风。大鱼是鲸鱼，希腊海员们以发出巨大响声迫使它们因受惊而远离其船。我们在13个世纪之后的阿拉伯文论著中，可以发现这些具体情节。

大，因为阿拉伯人当时已经在波斯湾和印度之间航行了；还有人指责亚历山大想重新使巴比伦成为沿幼发拉底河而下航程中的一大港口，从红海上剿除海盗，再建立一个强大的希腊商业网。

这是一个专属地理发现的时代。这样一来，马赛的皮提亚斯（Pythéas）可能一直到达图勒（Thulé）、格陵兰（Groenland），并且从那里带回了有关潮汐和月亮运转之间关系的札记，还有有关对光线进行观察的笔记。斯特拉波（Strabon）① 介绍了奥奈希克里特·达斯提佩莱亚（Onésicrite d'Astypelaeia，犬儒主义哲学家，第欧根尼的弟子）是怎样陪同亚历山大远征，并在印度南部的一个岛屿上搜集这些故事的具体细节。该岛经测量为5000 节（stade，古希腊的长度单位，每节约合180米。——译者），如果乘当地的劣质海船航行，那里距大陆只有20日的航程。在该岛周围，生活着许多两栖生活的人，酷似陆地的动物。这就是希腊—罗马人所说的担罗跋摩国（Taprobane，赤铜邑，锡兰，今斯里兰卡），是丝绸之路的几大极地之一。我们今天则以锡兰（Ceylan）或斯里兰卡（Sri-Lanka）之名而熟悉它。这个闪闪发光的岛屿，便是伴随着亚历山大传说而诞生的神话中另一处神奇地点。但我们还应该补充说明，斯特拉波认为奥奈希克里特和奈阿尔科斯是"最大的扯谎大王"："所有那些曾陪同亚历山大远征的人，都更喜欢介绍更加荒诞不经的故事，而不是揭示事实真相。奥奈希克里特却在吹牛撒谎方面力压群芳。然而，他有时也讲一些比较有可能成立和值得记载的事件，即使那些拒绝给予他任何信任的人，也不应该疏漏或忽略这些事。"

诸神之子

这个马其顿的蒙昧人，亚里士多德的门徒，却希望融合于东

---

① 斯特拉波是公元前58年到公元21年的学者。其青史留名的《舆地书》描述了当时代所熟知的一切地区，并赋予了亚历山大远征一种很重要的地位。

方的母体文明之中。他是战胜阿契美尼德朝人的大获全胜者，又继承了东方专制君主和巨头们的权力徽记，甚至还采纳了他们的某些习惯。希腊人为此而感到怒不可遏。这样一来，希腊人便对于如有损于希腊人的自豪感并与他们的习惯背道而驰的跪拜行为，就差一点激起了亚历山大战友们的一次叛乱。这名征服者的形象是身穿居鲁士人（Cyrus）的服装和佩带其标识物，生活于其宫殿中，采纳了阿契美尼德人的风俗习惯，先迎娶大夏公主罗克莎娜（Roxane）为王后，后纳居鲁士人的姑娘为妃。这就鼓动其战友们与战败者混血。所有这一切都戏剧性地标志着亚历山大帝国具有了世界性特征。

早在亚历山大征服埃及时，便由于安蒙神（Amon）的神谕而变得合法了。他自称是瑞亚（Ra）的儿子，从而奠定了其登基的权力基础。希腊人认为，他们国王的先祖是赫拉克勒斯，因而也就是宙斯神，这种家系证明了他与埃及太阳神的关系，因为综合性的传统已把宙斯比定为安蒙—瑞亚神。对于亚历山大那神灵血统的信仰程度，于他死后却更加强化了。在其供像中，他很快就拥有了公羊的两只角，而希腊士兵们在其头上加上了宙斯—安蒙（Zeus-Amon）的像。这一情节又经过伊斯兰教而具有了某种特殊意义。

在亚历山大的神话世系（但这一次却是出自其母系）中，便包括阿喀琉斯（Achille）。当他在小亚细亚登陆时，马其顿王首先关心的是拜谒所谓的帕特罗克洛斯（Patrocle）的墓地。此外，亚历山大还是《荷马史诗》（《伊利亚特》和《奥德赛》）的重要传播人，因为该史诗的内容稍后又出现在阿拉伯短篇小说中了，他与《荷马史诗》中的英雄人物也融为一体了。随着时间的推移，圣徒传集也将其他神奇的血统归于了亚历山大，其中包括一名波斯国王或一名犹太先知。在《亚历山大传奇》[①] 中，最后一位法老王（Pharaon）奈克塔内博（Neetanebo）被波斯人推翻，亡命于马其顿的菲利普（Philippe de Macédoine）宫廷。

① 请参阅下一章。

他借助于某些巫术行为，偷偷地潜入到奥林匹亚斯王后的婚床中，并且在那里被充作安蒙神，从而诞生了那位惊天动地的征服者。至于波斯人，他们为证明阿契美尼德继承人的合法性，便把亚历山大作为印度的征服者大流士的后裔了。

当亚历山大夺取一个王国时，他便设法让其神祇及其国王们接受他，他会在被征服的土地上扎根。更有甚者，战败者会欢迎他，并将他们先贤祠的一个位置奉献给他。

亚历山大是所有神祇的儿子，他也是诸神的一名继承人。他继承了阿契美尼德人统一帝国的遗产。当时已经有一片道路网络将丝绸之路各站连接起来了：大夏都巴克特拉（Bactres）、撒马儿罕和柏斯波利斯的呾叉始罗（Taxila），再从那里开始而形成了东—西大枢纽。亚历山大促进和加快了各种思想融会的过程。他作为希腊化文化的代表人物，而在学者们的簇拥下旅行。他利用一切机会来表现得自己深受荷马与亚里士多德的影响。但亚历山大同样也向其他文化开放，能够与其他的思想相适应，尊重自己的信仰，而往往又对不同信仰产生浓厚兴趣。

与圣贤们的相会

我们也可能应对被归于他的与“印度贤士们”① 的哲学融合的故事，根据这种意义进行诠释。一种古代传说甚至认为，亚历山大在投身于东方的征战之前，就曾询问过其师亚里士多德，他希望得到什么样的“印度纪念品”。我们知道亚历山大与婆罗门僧“会见”的多种故事。在某些文本之中，这些人曾向他预言未来，向他预报了其死亡的时间，并说服他放弃在任何事情上的自负。其他那些更难令人信以为真的细节，又向我们证明，亚历山大挫败了一次婆罗门僧的叛乱，甚至还将叛乱头子们施以酷刑

① 这段历史是由阿里安叙述的。我们可以在斯特拉波和普鲁塔克（Plutarque）的书中重新发现它。

和处以极刑。但最有意义的情节，则是他与裸体修习者们的相会故事，后者也被称为婆罗门圣贤中的全裸者。

东西方的首次哲学交流是否应归于亚历山大的业绩呢？这次相会是在巴基斯坦白沙瓦以北的呾叉始罗实施的吗？无论如何，斯特拉波向我们描述了由奥奈希克里特率领的希腊代表团，他们对于婆罗门僧们的冷漠、这些人的脱衣礼和裸露行为而惊讶得目瞪口呆。那些希腊人称之为“合法裸体者”（婆罗门圣贤们的全裸者），对于那些著名的希腊人表现出了一种多少有点伪装的鄙视，因为后者试图向他们解释毕达哥拉斯（Pythagore）、苏格拉底（Socrate）和柏拉图（Platon）。印度贤士们拒绝出席亚历山大一次宴会的邀请。但其中的一位印度贤士却接受在亚历山大班师的路上随军行动（这难道是亚里士多德的一种礼物吗?）。他获得了一个绰号“幸运儿”（卡利亚诸斯，Kalianos），因为他习惯于以“祝幸运”（Kaliana）而不是“您好”来向人致意。经过一段时间之后，他又令人在那里堆起了一大垛柴薪，并且面对集合起来的所有士兵而在大庭广众之下自焚。

据说，同样的故事也发生在罗马皇帝奥古斯都（Auguste，屋大维）执政年间。印度的使节们去拜谒他，他们都携带了豪华的礼物，并由许多鲜为人知的牲畜随行。一名印度哲学家曾与他们同行，他追随奥古斯都及其宫廷一直到达雅典（Athène），并且初步掌握了刻瑞斯（Cérès，希腊神话中的丰收女神）的奥义。继此之后，又轮到他决定自焚了。据说，这是因为他经历了一场如此之大的福乐，以至于生命从此之后再不会为他带来更美好的东西了。

随着亚历山大的英雄业绩的步履，西方获得了有关佛教和婆罗门教教义的最早概念，认为它们都是某种西方基督教哲学家们将会了解并将会极力驳斥的宗教。斯特拉波描述了“坐姿”（asanas），也就是修持瑜伽（yoga）的姿势。该文可能是有关阿里安人的印度修持瑜伽的最古老的文字证据[1]。“合法裸体”人采纳了很奇怪的姿势并习惯于单腿独立，这都属于丝路上的传说故事的范畴，它也是一种将来还会再度出现的内容。它有些特殊的变种，包括独脚人的传说，也就是人们直到当时都在想象中形成的那些单脚或双脚大小不成比例的人。这种想象一直到福楼拜(Flaubert)[2]。

仅就在世界性君主亚历山大统治时期而言，从未鼓励过思想上的诸说混合论。从未有过一种文化——希腊化文化的出现，可能会与一名征服者的冒险故事有过如此密切的联系。

包罗万象的知识

亚历山大并不仅仅创建了一个帝国，他还地地道道地奠定了一种文明。继他之后，一直到基督教的问世，在罗马受到欢迎的希腊化文化造成了东西方的相会。柏拉图学说与亚里士多德的学说，在埃及和美索不达米亚的卜师们的信仰与修习互相对峙，也就如同与其他真谛互相对垒一般。这种综合论的另一种产品是星象学，其中的美索不达米亚与埃及内容与希腊天文学结合在一起了。这种艺术也沿亚历山大远征的道路传播，于公元1—3世纪之间传入印度，然后又传到波斯，最后才传入伊斯兰世界。一直到文艺复兴时代，甚至往往还延续到此以后，星象学才被视为一门真正的科学，值得让最大的思想家们来关注它。希腊化文化广泛地促进了这些伪科学的传播，也促进了属于密授之学、巫术、炼丹术和赫耳墨斯论（Herncétisme）内容的远布他方。

如果大家参照那些更加严格的学科，那就再没有比最神奇的

---

① 这是约瑟夫·坎贝尔（Joseph Campbell）于其《东方神祇的神话面具》中坚持的观点。伦敦1970年版。

② 《圣安东尼的欲望》，其中出现了多种中世纪的“鬼怪”，它们也是丝绸之路上的幽灵。如 Nisnas、blemmyes、astromie 和独脚人……它们与更常见的神话动物并存，如斯芬克斯（Sphinx）和狮头龙尾羊身怪物。

保持记忆的场所——亚历山大图书馆，更堪称这场异种文化融合大运动的最佳例证了。该图书馆（连同其兄弟建筑机构——研究中心、宙斯神庙在内）均于公元前295年由亚历山大的第一位继承人——托勒密一世（Ptolémée Ier）所建，并且委托给了亚里士多德派学者，底密多留斯·德·法来雷奥斯（Démétrios de Phaleron）建筑。

我们先在图书馆问题上略费些笔墨。它属于我们的家族传说背景的组成部分，也是其内幕的组成部分。我们可以寻觅到其踪迹和信息的不可见商品，也在那里以各种形式进行交易。我们从荷马（Homère）的作品开始。如果《伊利亚特》和《奥德赛》的传播主要是自9世纪之后以口碑传播，而并没有使文字整理、编纂、考证文本成为可与亚历山大传奇相媲美的对象，那么我们在水手辛伯达的故事中，在9世纪阿拔斯王朝的巴格达，还能发现其某些踪迹吗？该图书馆的目的是搜罗“世界上的所有书籍”。正如托勒密所希望的那样，必须觅集“所有民族的著作”。传说中认为，托勒密王朝所确定的目标，就是要达到50万卷藏书（实际上可能多达70万卷）。亚历山大城的历代君主都动用了一切手段：没收稿本著作和非法抄录著作充公等。据说，其中非希腊文图书的份额比较大。该图书馆在收藏经书、琐罗亚斯德教（祆教）教理书、《摩西五经》、《圣经》和希伯来文文献方面的作用，确实是功高至伟的。除了其储备记忆的作用之外，该图书馆还成了一所研究中心：人们联想到了几何学家欧几里得（Euclide）、舆地学家厄拉多塞（Eratosthène）等人。同样是在亚历山大城的图书馆中，又发展起了天文观察，而正是天文观察才决定了古代地图学及其硕果—托勒密（Claude Ptolémée）的天文学体系。

有关该图书馆的神话又加入了另外一种它被摧毁的神话：西方是受一种后来由雨果（Victor Hugo）继承下来的观点培育起来的。据此认为，该图书馆可能是被穆斯林们摧毁的，他们的首领奥玛尔（Omar）将该城大浴池中的所盛之物加温数月之久。穆斯林们认为，相反却是在公元最初几个世纪中，基督徒们夷平了该图书馆，除非是罗马人于公元391年又重新摧毁过它①。事实上，野蛮人——可以摧毁知识记忆库者，始终是另一个人。

世界尽头的帝国

亚历山大那世界性的帝国于其晏驾后便衰落了。它分裂成了多个王国，其中有数国一直维持到由奥古斯都（屋大维）时代的罗马鼎盛时期之继承为止。但东西方相会的伟大运动却一直持续到政治大冒险之后。如果大家希望重提一下希腊化文化的文明是多么丰富多彩和具有世界性特征，那只需要举出一例就足矣。这就是佛教与希腊化文化之间那令人瞠目结舌的关系。那种被称为希腊—佛教艺术或者是犍陀罗（Gandhara）艺术者，是丝绸之路文化交流的最佳象征。

作为这种宗教和艺术的惊人结合的源头，便是标志着亚历山大帝国崩溃的戏剧性情节。希腊王位继承人之一的塞琉古一世（Séleucos Nikator）② 梦想恢复马其顿国王的基业。他在向西进军时失败了，但却创建了塞琉古帝国，占据了美索不达米亚、小亚细亚、巴克特里亚（大夏）、索格底亚纳（康居）和帕提亚（安息）的领土。塞琉古帝国很快就逐一地失去了其领土，一直退缩到今叙利亚的边境③。

塞琉古一世试图从安提俄克（Antioche，安都）出发，重演一场亚历山大的东征。他遇到了印度的孔雀（Maurya）王朝的创立人旃陀罗笈多（Chandragoupta），并且缔结了受力量均衡关

① 该图书馆是于公元前48年的那场火灾中被摧毁了，还是在毁于公元39年狄奥多西（Théodose）统治时期，即恺撒夺取该地的战火中呢？或者是在公元642年被阿拉伯人摧毁的呢？这个问题已经争论两个多世纪了，至今仍为悬案。

② 太子或继承人（diadoque）始终是用于指希腊太子的尊号。本处是指瓜分了其帝国的亚历山大的将军们。

③ 该王朝仅随着罗马人于公元前64年到达叙利亚，才最终消失。

系支配的联盟。据说，印度军队共计有50万人和9000头战象。塞琉古接受了这些牲畜中的500头，希腊军队从此之后便使用了这些厚皮动物。它们形成了亚历山大的继承人之间兄弟相残战争的一张军事王牌，也是必须在印度或非洲寻求的一种财富，很快就成了大量交易的原因①。这是希腊—印度交易的另一种补偿物。塞琉古的女儿嫁给了旃陀罗笈多，孔雀王朝即将具有希腊血统了。

因此，君主们，希腊和印度人的君主，在阿富汗领土上的某些地方，勾勒出了一条划定两个势力范围的界限。这是一条大文化的界限。两个世界之间的关系发展起来了。好奇的求知欲也基本如此：塞琉古的常驻使节麦加斯梯尼（Mégasthène）有关印度的论著，可能是西方第一部描述印度王国的著作。这部手稿著作已佚，它曾是古代作家们汲取各自所需资料的源泉之一。麦加斯梯尼也哺育了那些《珍异记》中或奇书中的印度传说，也是在古代与中世纪旅行家们的全部想象内容中，最稳定的一种灵感源泉。

亚历山大与佛陀

希腊与印度文化的相会必将会产生其他成果：它会在旃陀罗笈多的孙子阿育王（Açoka）统治之下，找到其最高的表现方式。阿育王是一个“无忧王”，目光慈善，是公正与和平之王的化身，也是一个理想化的君主，他启发世人产生了一套东方传统，特别是佛法的最大弘法者。阿育王于公元260年在羯陵伽

① 我们可以很认真地讲一条“大象之路”，正如人们讲“丝绸之路”一样。事实上，赛琉古王朝的人与托勒密的后裔拉基德人（Lagides）之间发生了冲突，失去了占有印度大象的可能性，故转而去寻求非洲大象。为此，他们派遣其船只赴红海和印度洋的非洲海岸，又派其骆驼队从陆路出发。这种寻求大象的做法成了修筑海德鲁玛达（Hydreumate，这是沙漠骆驼队客站的希腊先祖）的起因，而且在沿途还设立了商行，以在索马里和吉布提猎狩大象。

（Kalinga）取得了战胜其敌人的一次特别血腥的战争胜利后，可能造成10余万人的死亡，并且还犯下了某些罪行，其中包括一次兄弟间的残杀。他于此之后，因内疚而受到了感情的震撼。他于是便皈依了解脱教义，并试图在大地上建立一种符合宇宙秩序的人间秩序。他在一种佛教空想主义思想的砥砺下，希望其臣民们幸福，试图说服他们采纳非暴力、食素和宽容的态度。“国王是目光友好的诸神之朋友，尊崇所有教派。”他颁布了一道刻于摩崖石柱上的诏谕铭文。他向各地派遣弘法大师，包括他自己的孩子，以说解脱之法。阿育王也是丝绸之路上的一个人员交流的媒介人之一，他传播了思想与典范。如果说他是印度的一个伟大的理想国王，如果除了乔答摩（Cautama）佛陀本人之外，他是传播佛法功劳最大的人，那么他也是希腊思想的一位大传播者。

阿育王作为旃陀罗笈多和塞琉古公主所生的孙子，故而也有马其顿人的血统，浑身浸透着希腊化文化的影响。他颁布的法令都被以宫廷语言阿拉迈克文（aramaïque）和希腊文镌刻成石刻铭文。在他的推动下，各种艺术传统都互相结合起来了。专家们甚至可以在一种佛教背景中区别出埃及—亚述—波斯人、印度—雅利安人、达罗毗荼人和希腊人的成分的互相融合。最奇怪的炼丹术，也在数世纪之后，使得中国佛教艺术与希腊佛教艺术具有了许多相似性，而且也肇始于阿育王执政时代。

希腊—佛教文化的会合，也并未随着阿育王的逝世而结束。阿育王派往中亚的弘法大师们都产生了一种持久的影响。佛教穿过今阿富汗而经陆路丝绸之路向中国传播，即将会产生其他惊世骇俗的综合化文明。

已经从塞琉古政权下摆脱出来的希腊—大夏王国的君主们，都处于了文化的十字路口。他们的权力于底密多留斯统治时期的公元前197年，一直扩大到印度河流域。他的伟大继承人是米南德（Menandre，公元前163—前150年）国王，也就是印度人所说的弥烂陀王（Milinda），此人可能是希腊父亲和印度母亲的混血儿。传说中把他与一位佛教僧侣——那先比丘（bhikshu

Nagasena）的一些哲学问答归于了他。在叙述这些问答的巴利文经文中，有一部《弥烂陀王问经》①，弥烂陀王显得如同是一位强大的君主，富裕而又公正，但同样也显得如同一名可怕的雄辩家。这是一名“优秀的演说家，酷爱与怀疑论者交谈”；一名懂19门科学的专家，一个“无与伦比的爱争论的人”。由于其思想敏锐和行之有效的诡辩术，故不辱其希腊先祖的名声。没有任何一名印度佛教徒，没有任何一名中庸之道的信徒，能成功地与国王相匹敌。然而，此人却成了怀疑论的猎物，是“狐狸式怀疑”的牺牲品。

罗汉（arhats）们，即居住在喜马拉雅山顶上的上师们，请求神的庇佑。只需要天神的一次干预，就会使能够在希腊诡辩术方面战胜他的人以一种人形出现。这个使者将作为比丘那先的化身而出现。他能回答弥烂陀国王的162个狡猾的、深奥的或曲折变形的问题。弥烂陀王被智慧和言论的武器战胜了，纠正了始终持怀疑的思想之游移，摆脱了异端，采纳了中庸之道并皈依了佛教。诸神以在大地上降下一阵花雨而对此表示欢欣鼓舞。民众欢呼真宗的胜利，特别是僧伽对此引以为自豪，因为他们刚刚获得了一支精锐的新成员队伍。

这段历史纯属于象征性的（事实上，没有任何事实能证明，弥烂陀国王曾是佛教徒），但它特别具有如下意义：中庸之道的优势被那个理智主义的和焦虑不安的希腊人接受了。《弥烂陀王问经》反映了新宗教在中亚这个令人难以置信的文化熔炉中获得的发展。马其顿血统的最后几位君主，无法抵御游牧入侵者的压力，必须放弃其中继站了。

继最后一位希腊—大夏国王下台②之后，乌浒水（Oxus，阿姆河）流域地区（康居与大夏）屡遭游牧部族入侵。这都是一

① 这里是指公元3世纪的一部巴利文经文，又作《弥烂陀王问经》（Milinda-Panha），现存多种文本。加利玛尔出版社1992年版。

② 很可能是在公元前130年左右，也就是在丝绸之路上的中国先驱张骞出使该地区之前不久。请参阅下文第3章。

些印度—斯基泰人，而他们自己又是为了逃避另一个可怕的民族匈奴人，才入侵乌浒水流域的。继此之后，似乎相继又是塞种人（Saces）和月氏人（Tokharoi，希腊人所说的吐火罗人）。从这些民族中，又诞生了中亚一个盛极一时的王朝——贵霜王朝（Kouchan），它是一个月氏部族。贵霜人建立了一个帝国，从公元1世纪初一直持续到5世纪，并且还创造了一种与众不同的文明。在公元1—2世纪的世纪之交，于其君主中的最伟大者迦腻色迦（Kanishka）执政的时期，它统治了一个包括大夏在内的地区，并且一直扩大到印度以北。因此，其领土基本上包括今巴基斯坦和阿富汗。正是在贵霜王朝的统治下，从公元1世纪末起，便发展起了一种犍陀罗（Gandhara）艺术风格，也就是最早期佛教艺术的三大学派之一①。

一名马其顿将军、一位印度皇帝、一个迷恋修辞学的希腊—大夏国王、一名月氏征服者、一批取经的和尚，这就是一直到中国的长途旅行路上的接力人物。甚至在中国，某尊石佛的体型、雕刻家们的某种技术细节……都会使人联想到古卫城（L'Acropole）的博物馆。这就是先驱者亚历山大的雕像头。

无可争议的发现者

为了使亚历山大成为绝对的发现者，他还会缺什么呢？他必须成为第一个亲自接触中国丝绸的欧洲人。在马其顿佩拉（Pela）附近的埃杰（Aigeai），亚历山大令人修造了其父的墓葬。马其顿的菲利普（Philippe de Macédoine）的遗骸被包裹于一种绣金的丝绸中，它是于希腊发现的这种原料的最古织物。某些人认为，这很可能是一种中国丝绸。

这一切实在是妙不可言了！我们可以想象一下在居鲁士的宝

① 另外两个学派是新德里南部的孔雀城（Mathura，马土腊）和印度东南达干的阿摩罗婆提（Amaravati）学派。

物中发现神奇的赛里斯织物的亚历山大。这些织物也可能是他令人从印度运往那里的，然后又放在其父的墓葬中，从而象征性地打开了后来将东方帝国与地中海世界连接起来的通商大道。这就使那些醉心于丝绸之路的人如愿以偿。但在距那里很远的地方，更靠北方一些，在巴德—符腾堡（Bade-Wurtemberg，符腾堡沐场）公元前5世纪的王陵中，也存在有中国丝绸碎片。这至少就是亚历山大并非为先驱的一个领域。

如果没有出现支配那些虚构事物——著作的大国之一的干预，那么亚历山大与丝绸之路的关系就可能会到此为止。这些造成幻觉的稿本著作之一，其力量能在数世纪和数千公里距离的地方表现出来。一本书那异乎寻常的历史会超过其主人翁的历史。无论是英国下士吉卜林，还是马来王子、阿拉伯讲故事的人，都不曾直接了解这部稿本著作，但它却出现在他们的命运中，这就是《亚历山大传奇》。

第二章　亚历山大传奇

作为伊斯兰教支柱的亚历山大，列于佛陀身旁的亚历山大，基督教圣人亚历山大，亚伯拉罕的后裔亚历山大，法老的儿子亚历山大，大流士的儿子亚历山大，大海深处的亚历山大，空中的亚历山大，坦诚的亚历山大，哥特人亚历山大，狡猾的亚历山大，撒克逊人亚历山大，埃塞俄比亚人亚历山大，塞尔维亚人亚历山大……

没有任何一种神话的变种不会出现，只要它敢向真实性挑战就足矣。从古斯洛文尼亚语（Vieux-Slovène）到泰语，这种传说一直在用所有的语言讲述，这名马其顿王始终被所有宗教、所有民族和所有事业纳入自我之中。没有一项事业，不被归于他的名下：他不断地将一切都推向了可能性和可信性的极限，标志着人类能力的限度。他是全世界的正面英雄①。任何一个征服者，都从未曾领受如此狂热的爱戴，也未曾有如此繁花似锦的故事。

① 除了一种很著名的例外，即袄教传说把他视为经书《阿维斯塔》（Avestas）的破坏者。《阿维斯塔》是一部20卷10万首诗的经书，分别写于12000张牛皮上，可能是在柏斯波利斯的火灾中被毁。传说中介绍说，该马其顿王可能是受其酗酒的战友们，也可能是受对于人们在柏斯波利斯发现的希腊奴隶中的残伤进行报仇之心情所驱动，也可能是为了纪念薛西斯（Xerxès）焚烧雅典城，才于其一生中绝无仅有的一次，干了一种非理性的破坏文化的行为。他将柏斯波利斯的庞大宫殿化为灰烬并将该城留给大兵们肆意破坏。

一部名著的问世

在所有这一切的背后，都隐藏着一部书的不可见影响，或者更应该说是一种含糊不清的文献，即亚历山大历史的不同版本和变种、受它启发而诞生的或从其中汲取素材的、对它进行重新创作的诸多著作。一种圣徒传式的故事在传播和嬗变，这就是我们为了方便起见而称之为亚历山大文学神话者。这种现象的第一种表现形式是被归于伪托卡利斯提尼（Pseudo-Callistbène）的一部著作，这是一部母本手稿，也是《亚历山大传奇》的原始形式。

它明显是指公元前3世纪时的亚历山大。但传说中却把它归于了卡利斯提尼，也就是亚里士多德的侄子、马其顿王的战友和圣徒传的作者。第一种明显的不可能性便是：这部著作叙述了亚历山大的最后日子，而真正的卡利斯提尼却先于其主4年而亡故，是有人奉其主的命令而处死他的，因为他拒绝于其主面前跪拜。这远不是唯一的一种可能性。

在伪托卡利斯提尼的著作中，已经先后汇辑了一大批最为荒诞不经的故事。其中的某些故事深受描述过亚历山大真实生平的史学家们的启发，如斯特拉波、阿利安（Arrien）等人。其他都是些晚期的和已经经过润色的著作。我们还应从中加入那些伪托书信：亚历山大致亚里士多德，或者是致其母奥林匹亚斯（Olympïas）王后的书信[①]。《亚历山大传奇》也从埃及、波斯、东方的史料中汲取素材，诸如有关塞米拉米斯（Sémiramis）的传奇故事。

作者创作得很少，而剽袭得很多。珍异历史或新奇故事的编纂，是一种从古代起就颇受好评的文学体裁[②]。公元前5世纪

---

① 人们写了许多伪托的马其顿人菲利普致汉尼拔（Hannibal）的书信。这种做法一直持续到19世纪。

② 巴比伦花园中的塞米拉米斯，是传说中的亚述王后，她鼓动产生了一部重要的文学著作，自己于其中显得如同一个吞噬男子的女魔。

末，泰西斯亚（Ctésias）是阿尔塔薛西斯（Artaxerxès）的医生，也是一部《波斯史》[1] 和一部《印度史》的著作的作者，曾搜集过大量传说。他将金泉、狗头人、小人国的侏儒、人面虎等一切，都置于了印度。那种认为巨人生活在印度北方的传说，同样也应上溯到泰西亚斯，他赋予了他们的身高为12肘长（coudée，法国古代长度单位，从肘部到中指端，约合0.5米。——译者），即6米左右。他还记载了印度野人，也是人们认定的独角兽之先祖。

《亚历山大传奇》同样也于希腊文学传说中汲取了素材，人们特别是从中辨认出了《奥德赛》中的独眼巨人，或者是食人者[2]，也就是他们的巨人邻居食人生番。希罗多德（Hémdote，公元前484—前420年）提供了其一大批奇异动物：巨蚁、守护黄金的狮身鹰翅马头怪兽、印度的食人生番。总而言之，《亚历山大传奇》没有任何创新的东西，而是将一切都混合在一起，使所有的魔怪都在世界的边缘地带游荡，搜集了对所有神话地区全部的描述。半人牛马的神人、搜寻金刚石的巨鸟、女仙子、世尊、锯掉腿的人、探测海底的玻璃盒子、大象墓地等。实际上，在这些奇迹或残酷行为中，没有一种不是我们在中世纪探险家们的游记中，阿拉伯文手稿中、一种大教堂的震耳喊叫声中、在赛里斯国中……早就遇到过的。随着《亚历山大传奇》的远播，丝绸之路上的想象物，也编制好了它自己只会结结巴巴地叙述的一切事物之目录。

想象中万物的共同起源

如果文献具有一种不受约束的空想和奇迹，那就似乎没有任

---

① 公元前200年左右，卡里斯托斯的安提戈涅，在这方面特别著名。

② 独眼巨人和食人生番，由荷马描述过的神奇民族的地理定位和对尤利西斯（Ulysse，即奥德修斯）路线的复原，导致产生了一类硕果丰富的文学，而且从此之后便始终如此。

何因素可以使它事先注定要变成可与《伊利亚特》相媲美的共同想象之源。

这部著作于3世纪或4世纪，被六品修士发利略（Julius Valerius）译成拉丁文。它首先被译成了一种完整的文本，后来又被译成了节本，但始终都是使用于一种流畅的语言，几乎是通俗的和所有人都能听懂的语言。由此开始，译本便与日俱增，这应该是亚历山大文学的一种显赫的成果，也是一种时髦的小说，甚至变成了一种国际现象。它稍后还愈加愈烈地先后拥有了埃塞俄比亚文、犹太拉比文、粟特文或亚美尼亚文等文本……人们到底应该怎样解释这样一种文学的发迹呢？

这其中有亚历山大个人的人格，再加上由伪托卡利斯提尼的署名，使之具有了一种真实标本的全部奇遇。但《亚历山大传奇》还拥有其他王牌，以确保它能获得特殊成功。某些王牌，则是由于它是神奇地区文集的特征造成的。其中列于首位的是印度。传奇般的印度系由最奇特的人与畜的种类居住，属于古代文化。普林尼书的一名大编纂者指出："主要是在印度和埃塞俄比亚地区，麇集着诸多奇迹。"事实上，并非是《亚历山大传奇》反驳了这种非常古老的传统。

《亚历山大传奇》中搜集的大批传说，早在真正亚历山大本人的冒险之前，就已经为人耳熟能详了。亚历山大肯定是在有关该神奇地区那荒诞绝伦的故事哺育下，才形成向印度进军的念头。正是在该马其顿王之前的一个世纪，希罗多德认为，在印度，也就是在最接近"有人居住世界"（oikouméné）的地带。这一切都应该是很特殊的："事实上，印度便位于有人居住世界的东方。在那里，一切都非常生机勃勃。畜类和飞禽，都比在其他地方大得多。就在这同一地区，黄金大量地显露出来，野树也有累累果实挂满枝头。印度人自己也利用这些树叶，来裁制衣衫。"因此，黄金时代的种族，得以在印度，在有人居住大地以及在环绕所有大陆的大洋边缘，找到避难之地。

马其顿的军队越过了最东方阿契美尼德王朝的波斯行省中，

并且一直向印度河流域推进，越过了安息、大夏、康居和犍陀罗诸多地区。他们发现了这样一些地区，为波斯人效劳的希腊人肯定已经进入过那里，但那里却被认为是野蛮而又危险的地区。我们理解，为什么伪托卡利斯提尼在描述那些已经有许多传说流行的地区时，便能充分显示其想象力。它们那种据古代舆地学家们认为是“世界极端”的处境，使它们注定要成为所有极地现象的发生地。那里有大地上的最后居民，也有第一批世尊——他们已经是半神祇了。那里还有外表的黑暗，也有一条环绕整个大地的江河。那里也是亚历山大远航的最远点，也就是传奇故事的所有不同文本，使他与真相发起了一次决定性的相会、一次智慧的发现，一种对万物之空虚的揭示。

无益的征服

在《亚历山大传奇》的大部分文本中，那些享真福者们都居住在一个外大洋的岛屿中。为了到达那里，则必须前往远东，到达印度海岸。人们越是接近那里，就越会遇到鬼怪和奇异居民，人们也就越会感到昏暗，征兆和奇迹也就越来越多。这样一来，“青春之泉”或会讲话的树（其中还具体说，它讲希腊语）就可能正好位于这些地区。但享天福者们的地域，却处于本世界之外。它在地下，在地狱中最幸运的部分；或者根据希腊那想象中的传说认为，是位于北极圈之外。《亚历山大传奇》更喜欢看到它位于大洋中一个巫术岛屿上。亚历山大的失败，或者是他获悉神的某种警告时的放弃，则是他回师的序曲。在致其母的一封疑为伪托的书信中，马其顿王叙述说：“我也看到了两只有人类目光的鸟飞去了，它们以希腊语鸣叫道：‘亚历山大，你为什么要蹂躏一个只属于神的国家呢？你赶快从这里回师吧！不幸的人，赶快从这里返回去吧！你将不可能蹂躏享天福者们的岛屿！赶快回去吧！你这个人蹂躏了诞生你的大地，再不要来招致打击了。’一切都在颤抖，我怀着钦佩的心情服从了飞鸟向我下达的命令。其中一只鸟又重新用希腊语对我说：‘是东方召唤你去战斗。继你胜利之后，波罗斯的王国将归附于你。’小鸟讲完这些话后，便飞走了。”

因此，印度是一个所有的种类神话的天然原生地，丝绸之路上的故事又在历史的岁月中重复了它们。或者是于伪托卡利斯提尼的书中描述的哪一种“印度奇迹”，它会有幸于数世纪之后重新再现，也可能正是出现在《一千零一夜》中；或者是在同一时代的阿拉伯故事中，也可能是在《奇迹》或《奇书》(Mirabilia）的故事集之一中。马可·波罗的书经常参照《亚历山大传奇》，让·德·曼德维尔（Jean de Mandeville）的《珍异记》是那个威尼斯人的重要竞争对手，它是一部纯属想象的著作，依然广泛地从伪托卡利斯提尼书或其中世纪的修订本中汲取素材。

那些羊蜱蝇的情况即属此类，这都是一些吃畜群的蝇虫，个头巨大和浑身长满了长毛。它们不会讲话，但其叫声却使人联想到了狗的狂吠声。它们当然都是食人肉者。在《亚历山大传奇》中，亚历山大致其母亲的书信，叙述了他与被抓住的食人肉者之一打交道的一段神奇经历：“它落到了我们的手中，怒视着我们。我于是便命令把一个裸体女人推到了它的面前。它抢占了她并开始吞噬她。由于士兵们冲上前去，以从它手里把那个女子强行拉出来，它于是便开始以其自己的语言叽里呱啦地饶舌。其他同类在听到它的声音之后，立即从它们的沼泽地飞出去，以向我们进攻，其斗士总数多达一万名。”在《亚历山大传奇》的其他文本中，导致亚历山大使美女与昆虫对峙之经历的性关系特征，则更加明显得多。这些巨大的长毛和食人的昆虫，在丝绸之路的所有十字路口，从亚历山大的领土直到雪山（geti）的领地，都可以遇到它们。理所当然，类似的好奇心也应该表现在水手辛伯达曾面对的大量鬼怪身上。辛伯达的著作是丝绸之路上的另一种经典，它也从希腊的传说中的动物界借鉴了大量内容。我们应列举首位的，恰恰正是向《亚历山大传奇》的大量借鉴。

旅行记与入门书

亚历山大在享天福者之国的边境上，于与印度的波罗斯王相会的前夕，他发现了许多巨大的飞鸟。它们如此之大，以至于它们完全可以于其脖子上驮载一个人。这也是人类的一种非常普遍的谈论话题，而且还似乎是出现于希腊人之前许久，尤其是出现在巴比伦的神话中。阿拉伯人通过东方神奇巨鸟大鹏的传说，也应该熟悉了这种在许多情节下都会出现的神奇动物[1]。《亚历山大传奇》的一种文本，重新提及了希腊人的宇宙观，但却这样预告说……贝尔热拉克的西拉诺（Cyrano de Bergerac），或明喜豪森的男爵（baron de Münch-hausen）与他们那奇怪的飞行机器。

这就是《亚历山大传奇》中介绍的故事原貌。亚历山大始终是探索的勇气与精神的化身，他决定使用这些飞禽的力量并试图征服空中。他令人制造了一副枷锁，并于上面绑了一对这种飞禽。他有意地使它们于数日间失去食物，然后又在这一套奇怪的设备之上加挂一个吊篮，他手执一根长矛，矛头挂着一块马肝。因此，那些奇形怪状的飞鸟一直向上飞到高空，以夺取食物。但飞鸟们却永远不能触及到它，于是便把亚历山大也带到了它们所希望的高度[2]。一种带翅的人形生灵接近了那架奇怪的机器，然后便对征服者说："啊！亚历山大，你尚未完成你在大地上的征服，你却开始探讨天域了，所以，你赶快返回大地去吧！大家害怕你会充作这些飞禽的美食。"亚历山大低下了双眼，发现了一条大蛇正盘成圆圈状。现在把你的长枪转向这个圆圈，它就是世界。因为它是环绕大地的海洋。这就是被外大洋环绕的一大片有

① 在印度学者们所说的金翅鸟（garouda），波斯的狮子（simurgh）和狮身、鹰翅、马头怪兽（griffon）等，还有在所有国家的故事中充斥着的巨鸟传说。

② 这种思想并未失传。1865 年，一名美国人为《美国科学》杂志寄去了一项有关用 10 只鹰带动的飞行器的计划草案。

人居住的地区，人们所知道的大地上的全部知识，就已经说明大地本为球形的了。这种观念与当时的科学知识非常相吻合。亚历山大重新落到了大地上，他发誓永远不再攻击不可能的事了。类似的升空是一种在整个中世纪欧洲流传的内容，它导致产生了许多想象物，正如在巴厘的那座罗马大教堂的壁柱上，君主被两只狮身、鹰翅和马头怪兽掠走了。这种升天便相当于圣徒传说中流传最广的另一种内容。在大部分情况下，亚历山大都令人建造一艘深海远航船，使用了从上古时代起就非常著名的空舱原理。

宝石谷

下面就是不可见道路运行方式的另一种例证，也就是某种神话内容走过的一条神秘路线，它在一种文献中出现，然后在相距数世纪的另一种文献和另一个地区又重新再现。《亚历山大传奇》中最著名的情节之一，便是蛇谷的情节。一批体形硕大的爬行动物，在那里看守着个头同样也很特殊的宝石，如缚在魔怪动物脖子上的祖母绿。毒蛇的目光可以杀死与之相遇的一切。因此，足智多谋的亚历山大命令其手下的人使用他们那磨得光如镜子般的皮甲盾牌，并将它们那目光的可怕力量转向攻击蛇本身。这种策略使他得以夺取宝石。在更为著名的阿拉伯《珍异记》的作家卡斯威米（Kaswimi）的文本中，伊斯坎达尔（Iskandar，伊斯兰教中的亚历山大）正是以这种方式行事的。在该故事的另外一种情节中，亚历山大令人将动物骨骼抛撒在了某个山谷中，那里的金刚石如同砾石一样多，但金刚石却受到了无法战胜的爬行动物保护。金刚石与腐肉混杂在一起，以至于当雄鹰接近它以夺取腐肉时，它们每次也都要带走附在腐肉上的宝石。只要驱逐这些飞鸟，或者是让它放弃其掠夺物，以重新收回它们在禁谷中挟裹的宝石。该谷（究竟是祖母绿谷还是金刚石谷，这无关紧要）当然是神奇印度最有价值的地方之一，尽管在《亚历山大传奇》的某些不同文本中，它被与“儒尔丹”（Jour-dain）

谷相混淆了。

宝石谷的文学奇遇令人非常吃惊。我们在水手辛伯达的传奇中，又一次发现了这一切①。其中肯定具有丰富的希腊化文化史料。辛伯达于其第二次旅行中，遇到了著名的大鹏鸟，此鸟通过辛伯达的缠头巾而以双爪抓住了他。当辛伯达触地时，他才与大鹏鸟分开，并且置身于一个具有丰富金刚石的山谷中，但那里也有大蛇。阿拉伯短篇小说的作者写道："其中的某些蛇长如一棵棕榈树的树干，肥胖得足可以与一头大象相媲美。"

辛伯达自以为一切都完了，突然间发现自天而降了许多肉块。它们是由那些富有创造才能的商客们抛出去的，以用来吸取被嵌入雄鹰带回的金刚石中的光芒。只要辛伯达能紧紧抓住一块肉，以被巨鹰抢走并将肉块放置于其巢穴中就足够了。于此时便出现了"寻求金刚石的人"，他们驱赶走了捕食生物的飞禽，并使辛伯达再次被发现了。

另外一种不同的说法，出现于数世纪之后。马可·波罗介绍了在马拉巴尔以北的米特菲利（Mutfili），人们怎样"猎狩"雄鹰衔走的金刚石的故事。这段故事几乎完全与上文所叙述的那种相同。当居民们无法进入装满宝石却又受蛇侵扰的山洞。他们便向那里抛撒肉块，以使之与宝石相混合。如此类推，其利润丰厚。马可·波罗曾作为结论而指出，因为"你们知道，在全世界，唯有在此地才能找到金刚钻"。

追求金刚石，在8世纪，甚至有一种奇怪的中国传说。一个王子可能于公元6世纪初叶，向皇帝呈报说，在一个海岛上生长有"宝石树"。有一条深达千尺的沟壑，人们习惯于向那里抛撒肉块。当那些贪婪的猛禽争抢而吞噬肉块时，便会从中掉出大块宝石，它们出自"魔王"的宝库。所有这一切还可能具有同一来源。《亚历山大传奇》，首先在整个地中海世界被人阅读，后来又被传播到骆驼队市场的中亚，它可能还被纳入撒马儿罕粟特

① 水手辛伯达，正如大家将会在有关他的专章中所看到的那样，它将取自真实游记中的故事与要上溯到古代的传奇，混为一谈了。

商人们的那些博闻强记的人士中。粟特人批发商是最活跃和最勇敢的人，他们经常前往中国，很可能得以在那里也叙述过这个最美好的故事。

想象中的国家

亚历山大神话般旅行的另一极，就是中国。我们在一个阿拉伯故事中发现，他最终放弃了征服中华帝国。在这个传奇性的巨大范围中，那个希腊人也可能会面对出现在带蒙古眼褶眼睛的英雄左右的中国传统的龙。

在亚历山大城流行的伪托卡提斯提尼的《亚历山大传奇》文本中，有两处暗示到了中国。它们虽然很简短，却意义重大。第一次，是亚历山大穿越了大夏地区以前往“神秘的”赛里斯国时，赛里斯人在树上采摘一种羊毛，然后用它纺织成布帛。有关丝绸起源的流传最广的传说，也正是在这个时代。在数世纪期间，这种珍贵的织物被认为是一种植物产品。

《亚历山大传奇》描述了“赛里斯国，赛里斯人享有所有民族中最公正的人之美名。有人介绍说，在那里从不会有人犯任何谋杀、通奸、违背誓言和酗酒的罪行。他们只以面饼、蔬菜或清水为食。他们以最佳食物招待我们，指引我们走最正直的道路。他们经过里海之门，把我们一直带到法西亚塞（Fasiacé）的波罗斯国王那里”①。

来源不详的织物、一个极其难以进入的国家，以至于在有关它的问题上，大家不敢想象世人们叙述的有关印度和以丝绸闻名遐迩的中国人的道德品质之百分之一，这很少，但很重要。在数世纪期间，西方只会重复这些内容，因为它的全部知识和有关丝绸之国的全部美梦，仅寄寓于此。

---

① 中国人的谦虚和素食，是有关该国自上古时代以来，最经常谈论的话题之一，赛里斯人具有高尚的道德。

在亚历山大旅行过的其他神话王国中，有一个埃塞俄比亚。该国与真正的丝绸之路没有任何关系，但却与想象中的道路具有不胜枚举的联系，人们在数世纪期间坚持将其地望确定在印度[①]。所以，亚里士多德便完全将埃塞俄比亚人置于尼罗河之南，占据了一个一直向东延伸到波斯湾的巨大王国。但他将“东埃塞俄比亚人”作为埃塞俄比亚人的对应者，“东埃塞俄比亚人”居住在已知世界的极东，其国土有印度河流经。为了再增加一点混乱，“埃塞俄比亚人”一词则意为黑人。希腊人认为，其本意为“晒得黝黑的面庞”。在世纪流逝的岁月中，许多编年史学家都自认为，在人们指出了深肤色人的地方，到处都能看到埃塞俄比亚人。

《亚历山大传奇》中的一个情节，向我们揭示出了希腊人正在大洋的海岸，凝视埃塞俄比亚的岬角。这是世界一端的一个埃塞俄比亚，与印度为邻，与传说相吻合。亚历山大会见了坎达斯（Candace）王后，她统治着有道德的埃塞俄比亚人，其首都是伯罗埃（Boroé）[②]，接近于亚马孙人（Amazones）的王国。希腊人—埃塞俄比亚人的这次相会却并不算非常荒谬的事。如果说真正的亚历山大从未逆尼罗河而上，直至孟菲斯以远地区，那么从托勒密三世（Ptolémée Ⅲ，公元前283—前246年）起，希腊化文化的君主便经尼罗河而与麦罗埃的埃塞俄比亚王国建立了持久的关系。该地区的一位君主埃尔加麦尼（Ergamène），甚至接受过希腊教育。亚历山大城与麦罗埃之间的文化和贸易关系，可能解释了埃塞俄比亚属于主要神话传说国家的组成部分。

亚历山大会见了埃塞俄比亚的神话皇后坎达斯。人们把一次冒险活动归于他的名下，他于其间乔装打扮进入女后的宫闱之中，化装成他自己派遣的使者。但由于王后获得的一幅画像，他

① 暂且不说我将用一章来论述的约翰长老的传说，它将真正的想象中的埃塞俄比亚、中亚的许多王国、《亚历山大传奇》的内容、有关历史混乱的背景、数千年的恐怖、戏弄人的笑话或风流韵事等，都杂乱无章地混合在一起了。

② 这是对于真正的麦罗埃（Méroé）的一种讹变，麦罗埃即指努比亚（Nubie）王国的首都。

被识破了。这种有关化装成君主和揭示秘密的画像的内容，经常被重复使用。于是，一名波斯史学家便把一段类似的历史归于萨珊波斯王沙普尔二世（Chapour Ⅱ，309—379 年）的名下。此人隐姓埋名混入了其敌人——君士坦丁堡（Constantinople）皇帝的宴会大厅，但由于在花瓶上绘有他的画像，他被人辨认出来了。该故事与亚历山大传说的混淆，明显都属于将变成了波斯人英雄的萨珊朝君主神话化的组成部分。

中世纪的那些《奇迹》类著作或奇书都重复了《亚历山大传奇》中的手法，经常暗示埃塞俄比亚。其中最著名者，即蒂尔布里的热尔韦（Gervaiscle Tilbury）的《奇迹》一书，又提到了这个完全是《亚历山大传奇》传说中的地区，向它借鉴了许多细节，并且附有由于过于浓厚的神话色彩而造成的地理上的不确切性。

在“大洋的边界”，距采掘宝石的江河不远处，在生活着能回答一切问卦的卜师——索拉斯人的地方，“当地人被称之为埃塞俄比亚人……大约在同一地区，有两座宫殿，其一为太阳宫，其二为月亮宫，太阳宫白天温暖而夜间灼热。那些长 16 法尺和宽 7 法尺、头颅硕大和双耳如翅的人，便诞生于那里……”蒂布里的热尔韦[①]具体解释说，埃塞俄比亚距赫利奥波利斯（Hél iopolis）的太阳岛不远。他将与埃塞俄比亚国王公主的一次短暂婚姻归于摩西（Moïse），而摩西已变成埃及的法老王。她将麦罗埃城交给了他，此城过去称萨巴（Saba）。诸多传说在互相印证、互相感染、互相结合和反复交叉：神秘的埃塞俄比亚是类似相会的一个首选的交叉路口。

在《亚历山大传奇》中，传说中的神奇国家，无一付之阙如，任何一个无头魔、任何一个半人半马者、任何一棵太阳树、任何一个畸形的生灵、任何一种魔法、任何一部古代奇迹目录中的一切东西，都绝对不会缺少。我们的中世纪正是以此而被孕育

---

① 英国人蒂布里的热尔韦于 1209—1214 年间，为不伦瑞克的奥顿四世，写了一部《皇帝的消遣》的书，这是一部专供皇帝消遣的地理奇闻集。

出来的。

《亚历山大传奇》与寻求生命之源

即使亚历山大的神话未能传播得更远，这也已经是令人相当惊奇的现象了。在地理学方面的幻想体裁作品中，又加入了神秘的奇观。最早的《亚历山大传奇》本身就可以被作为一种入门故事而被阅读。亚历山大与贤士们、命运的象征物、神的使徒们的多次相会，他的远征一直到达地域和人类的边界。他与上部神灵的相会，便会证明这一点。其结果往往是放弃征服那些人类能够越过的界限以远地区。亚历山大的自豪、勇气、愿望、放弃、奥义传授，尤其是其命运女神（Moira）、神祇所钟爱的儿子必须服从的命运，亚历山大那不可思议的生涯，都象征着一切存在并带来智慧的行为准则。你们再从中加入围绕着这种稍微有些含糊的哲学的丰富象征物，你们还拥有为了侵占，也就是神秘剽窃《亚历山大传奇》所必需的一切条件。

诸宗教从此之后，即将互相争夺亚历山大。大家知道，亚历山大与先知耶利米（Jérémie）的一次具有严重时代错误的相会。先知向马其顿王亚历山大预言，他将会取得胜利，并在无所不能的上帝的帮助下，夺取波斯、埃及和印度。那些认为亚历山大接受了基督教归化的教化人的说法，为数实在很多。在这些晚期的和中世纪的说法中，亚历山大成了宗教虔诚和骑士荣誉的化身，与基督教信仰的敌人作战，它们同样也很得人心。

但最重要的现象仍然是亚历山大与伊斯兰教的相会。通过波斯人和阿拉伯人，也是通过海员、商贾和征服者，由于安拉的朝觐人，特别是由于数百万人不断重复的唯一一部书，亚历山大也出现在伊斯兰教传播的大路上了。他现在于通向麦加的大道上，到处都被奉为伊斯兰教的英雄、先知或先知摩西的启示人。这完全是由于《古兰经》中最神秘的经文之一——第 18 章《山洞》的原因，马其顿王于其中成了“左勒盖尔奈英”，本意为“双角王”。

公元 7 世纪时，就在穆罕默德（Mahomet）时代，亚历山大长有安蒙（Amon）那著名的双角，正如在长期流通的那些带有其肖像的钱币上一般。因此，他的名字本意就是“双角王”。这个绰号可能也意为“两个时代的人”，也就是说其命运于来世预示着伊斯兰教的时代。由于所有这一切并不算相当复杂，所以必须把亚历山大比定为另一个人物，也就是犹太教和基督教传说都赋予了双角的人物——摩西。

在撰写《古兰经》的时候，亚历山大这个人物也出现在犹太人和基督徒们的著作中了。与亚历山大故事的伊斯兰教的版本同时，那些希伯来文和科普特文（Copte）的文本，也向经书中的所有人物散布了其传奇故事。在这些诸多的文献中，便是卒于 521 年的雅各派主教雅各·德·撒鲁吉（Jacques de Saroudj）。他是一部寓言性著作的作者，其中领报了《古兰经》中的预言[①]。

护教者以七个酣睡人的故事而开始，也就是受信仰之敌人追捕的七名年轻基督徒，他们最终躲避在一个山洞中。上帝让他们沉睡了数年，当一切都消失时，才使他们醒来[②]。后来，主教向我们描述了考察大地边缘的亚历山大，一直到达黑暗之海和享天福者的地区。征服者遇到了印度的贤士们，他让人陪伴其中之一，然后出去寻找生命之泉，也就是能导致长生不老之泉。其不远处有另外一种情节，完全是受《亚历山大传奇》的启发，介绍了鱼与厨师的历史。亚历山大访问了一个神奇的地区，在那里出现了无数的泉水。但他不知道哪一眼泉才是他所寻找的魔泉，于是便委托其厨师去感受每条河的水力，以将一条盐鱼沉入其中

---

① 我们有关该文献的一切知识，均借鉴自穆罕默德·德·莫里斯·戈德弗洛伊—德蒙比尼（Mahomet de Maurice Gaudefroy-Demonbynes），阿尔班·米歇尔出版社 1969 年版。

② 这里是指七名酣睡者的传说，他们在上帝使他们沉睡数年（某些文本认为是数世纪）之后才大梦初醒。他们仅仅在几个时辰中昏昏欲睡，但世界就在此期间发生了变化。由《古兰经》重复的这个故事（始终在第 18 章）于伊斯兰世界是家喻户晓的，并导致产生了许多传说。人们至今仍在土耳其的以弗所附近指点着酣睡者的山洞。

的办法来测试。在盐鱼重新获得生命的地方，便是魔泉。当厨师到达良泉时，他由于拙手笨脚而将鱼掉于其中，盐鱼当然立即复活并逆河流而上地游去。人们本可以沉入河底去抓住动物，但他徒劳无益。相反，沉浸于该泉中的厨师，也在无意中获得了长生不老。他返回了其主人处，但被迫承认无法返回生命泉。他于一种激动万分的感情中，忽略了为生命泉作标记，故使人永远无法知道水源在哪里。亚历山大几乎触及了其追求的目的，却立即又失去了它。他想惩罚那个笨拙的人。但怎样处死那个沉浸在传说性的泉水中并由此而变得长生不老的人呢？有人把那个不信教的人关闭在一个青铜箱子中，并且推进了大海的底部。他在那里变成了水神。这就是主教的结论。这个令人震惊的绰号，不会比与之特别相似的《古兰经·山洞》一章更使人吃惊多少[①]。

伊斯兰教中的亚历山大

作为训辞，《古兰经》第 18 章以七名酣睡人的传说而开始，这是复活的传统寓意。后来，又出现了到未知地区寻找两海汇合之处的摩西[②]一事。当他到达那里时，他正准备烹而食之的鱼却又复活了，逃脱了出去，也“重归大海”。这很可能是撒旦(Satan) 使它失去了踪影。

摩西遇到另一名朝觐人，以“缘人”之名而著称，系真主的一名仆人，安拉赋予了他一种神秘的学识。摩西又与艾尔·基德尔（El Khidr）[③] 一并乘船，此人以比《圣经》中的先知更高明的圣贤之面目而出现。事实上，他向摩西指出了吹嘘自己智慧的人、他认为这是邪恶的行为，愚者会屈从一种隐蔽的目的和上帝的一种心愿。缘人似乎是以居心叵测的方式行事的：他沉掉穷

---

① 同样也存在着该故事的一种塔木德文本。

② 可能是指阿卡巴（Akaba）和苏伊士海湾的结合处。

③ 某些诠释说，这就是亚历山大本人。

人的船只、杀死一名儿童、推倒一堵墙壁。当摩西对此感到气愤时，基德尔又向他询问其行为的秘密原因：船只即将被恶王夺走，儿童事实上是不孝行为的传播者，墙倒保护了一批财宝，以免使不老实的人发现它①。

此时再未经过渡阶段，便出现了世界的征服者亚历山大。双角王保护了世界一极的民众、那些只能勉强表达自我并受雅朱者与马朱者游牧部族威胁的最早受难人。这个情节注定要出现一次特殊的机遇。它叙述了亚历山大是怎样在一个狭窄的峡谷中，建造了一堵铁与青铜的高墙，以保护人类抵御雅朱者（Ya'djûdj）和马朱者（Ma'djûdj）人，也就是戈人和马戈人。

“他们说：‘啊！双角王，现在雅朱者人与马朱者人蹂躏大地。我们将向你纳贡，你能使我们进入城墙中吗？’他回答说：‘我的先师能够给予我的一切，都是最好的。尽力帮助我吧，我将在你们中建一道城墙。给我一批铁块吧，以便填满两道城墙之间的空隙。’他说：‘吹风吧！直到在那里起火。’他说：‘给我青铜吧！以使它从其城墙上面浇灌。’从此之后，他们再也不能翻越城墙了，在攀登城墙时，也不会踏破它。”

在《古兰经》中，引自《以西结书》的《圣经》内容与马其顿王这个历史人物的奇怪相会，又有基督教中的一种相对应的说法：《圣者美多迪乌斯的启示录》，这是公元7世纪末的一部在拜占庭帝国很通俗的预言集。但于其拉丁文译本中，这一切却是出现在拜占庭帝国的西部。人们认为应该将此书归于主教美多迪乌斯（Méthode），他于公元300年左右殉教。这是一大错误：一名伪托美多迪乌斯（Pseudo-Méthode）的人抄袭了伪托卡利斯提尼的书，并且在想象的古怪性、使传说史料混合和混乱的技巧方面，均可与之相媲美。伪托美多迪乌斯介绍了亚历山大是怎样想把那些不纯洁的人关起来，并且用一堵青铜墙把两座无法接触的大山连接起来。他这样做时，是为了“无论是通过火、通过

① 这种认为一个似乎是作恶而实际上是行善的人之比喻，后来又于数世纪中被反复重新使用，因为我们在伏尔泰的《查第格》中也发现了它。

铁、还是通过其他某种举措，他们都不可能穿破他建起的大门，也不可能从那里逃走。但这些不纯洁的人，在最后时间，根据以西结的预言，声称在完成创世的最后几天，雅朱者人和马朱者人将出来入侵以色列大地，亚历山大押在波罗埃边境的人，正是这些民众和这些国王”。

伪托美多迪乌斯的预言又补充说，在世界末日（Apocalypse）那一天，由亚历山大建起的屏障垮塌了。我们的世界将会受到入侵。在很长的时间内，对这一恐怖事件的等待，于人们的思想上留下深刻烙印。六个世纪之后，有关蒙古入侵的流言又激起了这些潜在的恐怖，而且似乎证明了那些预言。另外一种因素又刚刚地在这部无穷尽历史的形成中出现了。

我们要补充说明，这部犹太—希腊—阿拉伯—基督教的可疑历史中，可能包括某些更为古老的史料：普林尼（Pline）有关高加索之门（一种自然现象的著作）；弗拉维尤斯·约瑟夫（Flavius Josèphe）的著作，他于《犹太人的战争》中，将以“铁梁”而关闭把米迪亚与斯基泰地区（在此情况下是指阿兰或奄蔡部族，Alains）分隔开的山口，归咎于亚历山大……一件真实的事实，也促进了这种传说的形成……萨珊朝波斯国王科斯洛埃斯一世（Chosroès Ⅰ，531—579 年）以军事工事而封闭了高加索的达耳班（Derbend）山口。

我们已经指出，在中国的万里长城与亚历山大长城之间造成了混淆。我们还将会看到与雅朱者人（Gog，本意为“复活”或“再生”）为敌的亚历山大的神话。当在 12 世纪时，由《亚历山大传奇》的热心读者所写的另一部伪托文学作品《约翰长老的信札》，也将保护人们对抗雅朱者人与马朱者人的角色，归于了世界另一端的一位基督教君主。当时对于雅朱者人和马朱者人的畏惧心情，是很难想象的。这是对天堂神话的对应主题，也是由于对一切恐怖的汇集处——伊斯兰教的害怕而激起的至福千年说的表述。当时一位著名的编年史学者埃蒂克·迪斯特里（Ethique d'Istrie）介绍说，亚历山大曾经将雅朱者人、马朱者人

“以及22个作恶的民族”驱逐到北大洋的里海之门。那里由于一个地狱之湖的沥青而变得很坚固，它们可能被用于隔离撒旦所有盟友们生活的半岛。但悲惨恐怖的入侵始终是可能的。

由于所有传统都在那里出现，所以这部历史已经足够混乱了；由于旅行家们都准备去证实它，或者是要看到其“证据”，所以这部历史已足够明确了。某些同音异义（Magog和Mongols、Goths和Gog……民族）、有关已有加固工程山口或神奇长城的传言，这一切就如同在一场赛马中一样，中继站已越过，神话又变成了现实。这种现象可能会持续数世纪，只要有著作在流行，外国商人就会讲述它们。

无尽的传奇

亚历山大在伊斯兰教世界中的后裔，并未到此为止。波斯、土耳其和印度许多文学中的人物，都与他相联系起来了。在《古兰经》传播的所有地方，亚历山大的传奇故事都在流传，并由此而产生了其他传说。波斯诗人夺占了这种神话。这些诗人中名声最大者费尔都西（Firdousi），便于公元1000年左右，写过一部很长的史诗《列王记》，他为亚历山大专设一章。在真实的英雄事业之后的13个世纪时，亚历山大大帝不再是摧毁阿契美尼德人的破坏者了，而是变成了一个民族英雄、穆斯林和波斯人。

复兴亚历山大的过程仍在继续，费尔都西把一个波斯母亲归于了亚历山大。由于经文——《古兰经》和东方的所有文人都欣赏的世俗诗歌——《列王记》的双重媒介作用，这种神话的传播，在12世纪时仍在继续。

苏非尼札米（Nizami）[①] 写了一部《亚历山大的故事》，此

① 尼札米（1140—1203年）是波斯苏非派诗人，也是《秘密宝库》的作者。此人被认为是穆斯林神秘诗歌的大师之一。

书又导致产生了多种语言的译本。在这部诗歌著作中，认为亚历山大出自先知易卜拉欣（Abraham）之后裔，曾作出过史诗般的业绩，其中包括进攻俄罗斯人的一场奇怪的战争。他同样也寻求长生不老的灵药。尼札米也认为，亚历山大（Iskandar，伊斯坎达尔）将雅朱者人和马朱者人都封闭在铁墙之间了。作者发挥了该神话的另一个方面：正受形而上学之反思折磨的英雄，又与人类最大的圣贤们开始交流，包括阿基米德（Archimède）、亚里士多德（Aristote）、苏格拉底（Sourate）、柏拉图（Platon）。两种箴言立即出现了：亚历山大发现了一个非常幸福的人类，他们已放弃了本世的欢乐；亚历山大于一次升天期间，曾观赏了整个大地。这位征服者的历史，是万物空虚的证据：一种人们无法拒绝接受其后果的寓意。

现存《亚历山大传奇》的一种犹太文版本。其时间应断代为12世纪，叫做《亚历山大通向天堂的光辉道路》。世界的征服者希望一直统治到天堂。他到达了一条河畔，正处在一堵他不知道如何进入的无垠城墙的墙脚下。该防御工事的唯一开口是一扇窗户，从那里出现了一名老翁。他警告亚历山大，必须放弃这最后一块占据地。他送给了亚历山大一块比世界上所有金块都更沉重的黄金，但金块的上面却覆盖着泥土，从而使金块失去了任何价值。完全如同亚历山大一旦遇到了死神，其生命与业绩就会突如其来地轻如鸿毛一般那样。这就是虚荣中的虚荣。世界之主明白了，他放弃了这一切并撤退回到巴比伦。

这种无法到达的天堂（我们应把它比作亚历山大征服路线的界限福岛），似乎已被中世纪的基督教文献通俗化了。

这种传说以一种令人目瞪口呆的方式远播他方。它还有些泰文和蒙古文版本，甚至还有粟特文版本①。该传说不但在穆斯林们的存在地到处传播，而且也在有商人的地方到处传播。也可能曾在中国传播。

① 我们觉得这种语言在20世纪时更具十足的外国情调，但在中世纪时代却是丝绸之路上的一种媒介语言。

骑士亚历山大

亚历山大的远征史是一部由最优秀作家们写成的历史，但也是一部在港口和沙漠骆驼队客栈讲述的故事集。当亚历山大向东方开拔时，该神话故事却在西方传播开了。从11世纪起，有关亚历山大东征史的通俗语言译本日益增多，其中包括庇卡底（Picard）方言和法文—普罗旺斯（Franco-provençal）方言的译本。那些新撰写的著作也都彼此之间互相交错和互相借鉴，但它们全部都取得了一种巨大成功。这些编译本之一，也就是12世纪末的伯奈（Bernay）的亚历山大和彼埃尔·德·圣—克鲁（Pierre de Saint-Cloud）的编译本①，实际上是用12音步的庇卡底方言诗写成的。这种方法取得了成功：人们无可争议地发明了一种亚历山大文体；或者，我们更应该说12音节的诗刚刚被正名。

在这种中世纪的史诗中，亚历山大具有了勇士或勇敢骑士的一切特征，他们那些娓娓动听的冒险故事把他引向了一个最具神话特色的地区，即天际的最高界，或者是深渊的最底处，带有古代史中和较晚或具有外国情调的一大批可以预料到的财宝、怪兽、巫士。传奇故事变成了所有幻觉的汇聚处，也是对所有神奇故事的汇编。

在这种文学内部，始终是12世纪的沙提雍的高狄埃（Gautier de Chatillon）的《亚历山大传》占据着一种特殊的位置。它被奉为一部经典著作，一部不朽的书。人们毫不犹豫地赋予它一种诸如维吉尔（Virgil）的作品那样的史诗价值。

13世纪赴蒙古人中的大旅行家们，都不会不知道《亚历山大传奇》，他们也会试图为其中的某些情节确定地点。无论如何，马可·波罗曾明确地讲到过这一切。

在法兰西王国之外，《圣徒传》的编纂也日益增多。其中之

① 他是《勒纳尔传奇》的作者之一。

一是13世纪的德文作品，出白兰普雷茨（Lamprecht）长老。他为我们推出了一名发现人类的基督教道德、具有希望与上帝试比高之虚荣心的亚历山大。此书还有某些不同文本，如西班牙文、英文、意大利文、波兰文等文本。其中心内容变成了文学灵感的重大源泉之一。随着时间的流逝，其神奇特征削弱了。当然，拉辛（Racine）的文本和梅塔斯塔斯（Métastase）的剧本，在今天已经完全不为人所知了，但它们在18世纪时，却是情节剧的巨大成功之一，不过与中世纪的奇书没有任何关系。

一名纯粹是荒诞的亚历山大又于18世纪末出现在希腊的民间童话故事中，以反击土耳其人的解放斗争为掩饰。亚历山大于其中变成了民族独立的英雄。非常奇怪，这些传奇故事之一将与美人鱼很相似的一种海上戈耳戈（Gorgones，三女怪）作为其妹。这是一段非常美好的故事：当水手们航海时，他们发现自己有时会接近戈耳戈，她向他们询问其兄亚历山大是否始终都活在人世间，是否始终为世界之主。人们不应该欺骗她。如果船长向她高呼一切都很好，亚历山大始终为天下之王爷，那么她便会微笑着沉入海底。但向她宣布说该英雄已死的人，都会遭到不幸。戈耳戈便会掀起一场风暴，整个船组人员都会死亡。

这是最后一种传说：从此之后，只有史学家们才多少关心一下这些怪物了，任何戈耳戈都会提醒史学家们，亚历山大不会死亡了。

必须有这样一段时间，才能使人忘却那部不可思议的《亚历山大传奇》，才会使3世纪时的一名亚历山大时代的文人那不可靠的欺骗故事之影响减弱。这是巧妙地扮演了卡利斯提尼那部伪托作品的一种精彩表演！

楔子二 大发现的时代

继亚历山大史诗的大前奏曲之后，真正的丝绸之路便可以开通了。这就是从中国出发的那条大道，商人们就是通过这条路而来往的。它甚至还有一个官方的出生证——张骞通西域。汉武帝①的这名使节于公元前138年从长安出发，以去寻求可以援助受匈奴劫掠威胁的中华帝国的盟友。事实上，一直统治到公元3世纪第一个四分之一年代的汉王朝，则在北部和西部边境，发动了一场无休止的反击匈奴人的战争。匈奴这个游牧部族的分支之一，稍后一直推进到更靠西部的地方，人们在那里，直到高卢人中，则以匈人（Huns）的名称而认识了他们。

随着张骞出使西域，中国进入其外交和贸易开放的伟大时代。丝绸仅仅在中国制造，它不仅仅是一种很豪华的产品，而且也是一种货币计算单位。丝绸在交易中扮演了一种重要角色，而且西方还必须进口它。

公元前105年，中国的第一个使节到达当时尚处在帕提亚人（Parthes，安息人）统治下的波斯，帕提亚人此时占领了大夏（巴克特里利，Bactriane）、印度的一部分、亚述（Assyrie）和巴比伦。阿萨息斯（Arsacides，安息）王朝的统治期（公元前225—公元224年），与中国汉王朝是同时代的。帕提亚人是国际

① 汉武帝执政于公元前140—前87年，他不容置疑地是中国最伟大的皇帝之一。

贸易中的天然中介人。罗马人一直寻找各种不同方式来对付该帝国，特别是在克拉苏（Crassus）于公元前53年在卡尔莱（Carrhes，卡雷）的失败，与公元202年塞普提摩斯·塞维鲁（Septime Sévère）的胜利之间，更为如此。在此期间，丝绸一直传到了罗马。这是一次经济革命。先是罗马共和国，其后是罗马帝国，都输出了大批黄金，以便购得丝绸。

最后，萨珊朝的波斯人（Perses Sassanides）于公元224年灭掉了安息帝国。萨珊朝一直统治到651年，其帝国从中亚一直扩展到美索不达米尼（Mésopotamie）。它在扮演中国与欧洲之间的中间强国的角色中，取代了安息王国（这种局面一直持续到伊斯兰教的征服为止）。

因此，公元初年，丝绸从该大陆的一端流向了另一端。罗马与中国都试图重建接触，但从未能成功地建立直接联系。至少是人们所介绍的有关可能曾从丝绸之路的一端到达另一端的个人，可能都是无法核实的故事，其中包括伪托"使节"和真正的冒险家。

至于海路，其运行的困难性也可能不及在政治和技术范畴的困难大。在亚历山大统治时代，这条通道（它后来变成了香料之路）[①] 已经开始运行。这里不是指沿海航行，而是指一种真正的航海，它可以使中国人如同使波斯人和阿拉伯人那样到达印度。从汉朝开始，中国人除了印度次大陆和锡兰之外，还触及了越南、马来亚、苏门答腊。苏门答腊岛是海上贸易的另一大站，阿拉伯船舶很早就定期驶往那里。公元前1世纪，对于季风现象的发现（也就是根据季风那颇具规律性的时间），可以使罗马人一直到达印度西海岸。

尽管丝绸从陆、海两路传到了罗马，尽管商行数目与日俱增，尽管帝国的面积辽阔和其道路发展得都很快，但拉丁人却从来都不知道丝绸的起源；而在对于神秘的赛里斯（Sérès）国的

① 在唐代（618—907年），随着中国造船业的发展，在亚洲港口（直到高丽）便有许多阿拉伯和波斯商人。从伊斯兰教开始，这条海路便起到了一种更重要的作用。

所知方面，他们也不比希腊人更向前推进一步。公元3世纪初叶，由于汉王朝的崩溃和罗马于其东部边界的衰落，丝绸之路衰败了。

自公元1世纪中叶起，被称为印度—斯基泰（Indo-Scythe）的贵霜帝国（Kouchan）在中亚崛起，它事实上是定居在古代希腊—大夏王国中月氏游牧部族的继承人。公元1世纪末和2世纪，贵霜帝国在东西方列强之间占有绝对优势，从印度河以北一直到达阿姆河流域，甚至包括东突厥斯坦。对手在变化，但游戏规则却始终如一。丝绸之路的两大极——萨珊朝的波斯和拜占庭，发动了一场真正的工业战争，其赌注便是丝绸。制造丝绸的秘密已经从中国泄露出来并向南亚传播。在拜占庭，加工丝绸的工作变成了其经济的重要组成部分，它无论如何也想揭示丝绸全部秘密。小小的蚕茧，却产生了许多令人如醉如痴的间谍故事。

由于中亚突厥部族的入侵，以及索格狄亚纳（康居，粟特人地区）的一个商业王国的出现，重大贸易关系的游戏规则更复杂化了。公元7世纪中叶前后，中国经过一个时期的退缩之后，唐王朝又困难地赢得了对部分丝绸之路——塔里木盆地的控制。在此期间，中国于东部加强它与高丽、日本和东南亚的关系。最后，于此期间又出现了一个佛教和航海大国——室利佛逝（Srivijaya），也就是今之苏门答腊岛。它统治了马六甲海峡。总而言之，在伊斯兰教的强大统一政权即将登上历史舞台的时候，丝绸之路仍在运转，并且是以一种接力赛的方式运转，商品就如同思想一样，于这条道路上缓慢地和经过无数中介站地传播。

第三章　帝国的相会

匈奴[①]是一个令人望而生畏的民族。其名称本身就意味着“有骚味的人”。世人对他们的蒙昧行为，很难相信。在他们之中，唯有一个带来许多敌人头颅者，方会受人尊重。在草原上，这些战利品堆积得如此之多，以至于垒成了灾难的纪念碑。还有更糟的情况，这些骑士把战败者的头颅皮悬挂在他们马匹的笼头上，而且还在头颅骨杯中无限欢乐地开怀畅饮。是的，匈奴人所做的一切，肯定会激起文明人类的憎恶。我们就来倾听一下在帝国中到处都喃喃地讲述的话：他们只以未煮熟的肉来填饱肚子，身上穿着皮革，只会在充满寄生虫的旃裘中睡觉，头戴狼面具。匈奴人所做的一切，都会使人联想到野兽：他们饮自己杀死的第一个人的鲜血，也以鲜血而批准条约（歃血为盟），仍以鲜血而尊崇死者（血祭）。他们都是黧面。但最糟的却是他们那令人难以忍受的骚膻味。

---

① 匈奴人形成了由“吐门”（万户长）统一的第一个大部落联盟。他们在某种程度上是成吉思汗的先驱。每个“吐门”（万户长）都包括多个语言和民族各不相同的部族。但其中的古突厥部族成分占突出地位。匈奴汗国最早的中心位于今蒙古以北。在某些时代，还从朝鲜一直扩展到西伯利亚以西的草原。该部落联盟曾遭到过多次分裂，其中一次分裂导致产生了一个使欧洲人直面以匈人（Huns）之名而著称的民族。

战马与天马

所有这些故事，都传到了汉朝第六位皇帝——汉武帝耳朵中[1]，并打乱了其宁静的心绪。在公元前2世纪中叶，中国天子还有其他的关注中心。他梦寐以求的是长生不老、实现长生不老的手段、其占星家向他讲述的天马。天马将于某一日将其帝王之灵魂带到无限乐土。这就是说，他必须要防范匈奴人。是否只派遣一名将军和数千人去戍边，就足够了呢！在其大军出发之前，有人提醒军队统帅要遵守游戏准则。如果他失败，那么他就将会被斩首；如果他被俘，那么其家庭就会为其后果付出代价。但胜利会为他赢来巨大荣誉，他只要等待探马前来向他报告匈奴人失败的捷报了。

啊！事态并非如此简单。任何一位中国将军，无论人们怎样威胁他或向他许诺得天花乱坠，他都无法战胜这些游牧部族。汉武帝现在必须考虑这场灾难的严重后果了。自从战国时代以来，已经有一个多世纪了，中国中原王朝一直受匈奴人的侵扰。在前朝秦王朝[2]执政期间，匈奴人的潮流涌向了长城。汉朝的缔造者高祖皇帝曾试图击退他们。他陷入一场恶战之中，最终逼迫与匈奴人谈判。高祖皇帝甚至将一名中国公主下嫁匈奴单于。这是一种极大的羞耻。但匈奴人始终都会退而复来。他们焚烧了京师长安以西的一座帝王宫殿[3]，而且还控制了整个蒙古地区。中原王朝不允许更长时间地容忍这些劫掠了，但也只能仅满足于被动地等待下一次袭击，希望万里长城能够阻挡这种攻击。

中国的将军们都清楚地向其皇帝解释了使胡人变得如此可怕

---

① 汉王朝于公元前206年—公元220年统治中国。其统治年间相当于一个具有巨大活力的时代。

② 秦代在位于公元前221—前206年。

③ 这是位于中国西北部的陕西省省会，它是一座控制了丝绸之路的城市，是多次成为中华帝国首都的地方。

的原因。尽管这些胡人不属文明民族，但也并不愚蠢。他们懂得最好地利用其骑士与优秀射手的本领。他们善于敏捷地操作，调节其运动，就如同他们的小马也像其将军们一样善于使用策略。匈奴人被认为是采用佯攻术和难以预料的退却术的老手。他们善于吸引一支部队，使之相信它将追上一小批逃亡者，从而在沙漠中或在一条山谷的深处消灭敌人、通过饥饿而削弱敌人，从而得以在敌人处于最大衰弱时去攻击他们。这就是为什么许多天子的头颅都被用做了匈奴人的酒杯，为什么人们不能实现皇帝的最高愿望。为了与这些胡人以相应的兵械作战，则必须有一支强大而又疾速的骑兵部队。自从这些战争持续展开以来，中原人都学会了不同的作战方式。他们放弃了不太容易操作的战车，因为必须按冲锋方向而调整战车的方向。他们也都变成了优秀的骑手和射手。但中原人尚远不能与那些在马上诞生的游牧民族相匹敌。中原人还必须拥有几支盟友，以使匈奴人不能退缩到他们希望的那样遥远，从而使万里长城的北方和西方整个空间，不再成为匈奴骑兵们自由驰骋的地域。

马匹，盟友？当时确有月氏马。那些红头发和蓝眼睛的相貌古怪的人。大约在35年前，匈奴单于就曾使他们受重挫。稍后不久，单于的亲生儿子便得于在月氏王的头颅中饮酒。从此之后，月氏人便向西隐没，放弃了甘肃，穿过了令人不寒而栗的戈壁大漠。我们知道中国一名使节可能曾找到过这些已失踪的部族，并说服他们与中华帝国结盟，以图向匈奴人报仇。匈奴人如此便处于被夹击之中。对于这次出使，则必须选择一个既称职而又勇敢的人。郎官张骞以其勇敢精神和坚定性格而誉满朝野。朝廷因此就选中了他。朝中向他提供了100多名志愿人员，他便启程出使西域。皇帝又略微安静下来。

汉武帝在派遣这次出使时，他只是启动了一个历史过程，必将间接地打乱欧亚大陆的历史。张骞只不过是简单地想打通中国与世界的联系。他是一个凿空了真正丝绸之路的人，他的出使形成了丝绸之路正式诞生的出生证书。

大出使

我们刚才提及的宫廷中的场面，或者是另外某种类似的场面，可能发生在公元前2世纪中叶之后不久。当然，中国在张骞通西域之前就已经开始与西域通商，并非与外部世界从无接触的。当然，中国丝绸已经穿越了古大陆。然而，我们必须接受一个开通丝绸之路的假想。导致希腊人到达中亚腹地的向东大举推进，正与中国的一种向西的运动相吻合。

黩武的汉武帝开创了与周边民族的真正贸易。在中国，经商只是一件很简单的事：信条与禁令支配着这种经营，而经商原则上仅受唯一的利润计算的主宰。根据时代，根据认为经商是受人鄙视之事的儒家传统影响，根据汉王朝的政策，根据人们认为是应该使中华帝国与远藩隔绝的安排，或者相反是应该确立它在境外威望的国策……一切都变得具有可能性了。朝廷有时会以最大的好奇心欢迎来使与番商；在其他时期，又会使将造船的人处以死刑，将出口商品视为一大罪状。在这一切是非之中，又掺杂进了一种对于礼仪的极大关注。中国编年史向我们讲到了为皇帝带来贡品的朝贡使、在中国稍事停留并献礼以求交换颇受欢迎的赐物的旅行家，我们必须理解这其中有交易和经商的成分。这些商品及其象征性意义、由于对礼仪的尊重和中国官方势力的干预，而变得复杂起来了。

但我们尚不能到此为止。张骞当时便面对着更要紧迫得多的许多问题。他所获得的信息已经略显过时陈旧。首先，月氏人究竟到了哪里呢？

史学家们可能会回答说，在康居[①]。为了简化起见，我们可

① 月氏人可能首先撤退到了伊犁河谷，然后再向西部锡尔河流域迁徙，锡尔河即希腊人所说的药杀水（L'Iaxertés）。他们在那里与塞种人（Sace）建立了联系，而塞种人又可能入侵了亚历山大后裔们的康居（Sogdiane）和大夏（Bactriane）。月氏人本身可能最终占据乌浒水（阿姆河、Oxus，Amou-Daria）以北的康居。

以说匈奴人的敌人边战边撤，一直退到撒马儿罕地区。因此，他们当时的栖身地要比张骞想象的那样还远得多。这仅仅是其灾难中的小事一桩，因为这次远征开始时很糟。一旦当这支小军队进入甘肃，他们就必须穿越匈奴人的地面。张骞及其战友们都被俘。他被带到了匈奴王——单于面前。接着便开始了一系列讨论，单于在这些讨论结束时便决定，不再将其俘虏的头颅变成酒具了，而是把他们严密地监禁起来。为了更加安全起见，人们又让他娶了一名匈奴夫人，甚至还生下了几个孩子。但我们不明白，匈奴之主怎会对他表示出如此之宽容。

但张骞是一名忠臣。正如有人向皇帝就他的情况而呈奏的那样，他同样也很勇敢，时刻不忘其使命。他始终保留着代表其使节身份的汉节（牦牛尾）。从而使他时刻记得起来，尽管他娶妻生子，但他首先是为天朝帝国效劳的人。他的助手是一名堂邑父，即战功丰厚的兵勇和优秀射手，也表现出了同样的道德品质。因此他们只想完成任何一名兵卒在类似情况下都应完成的使命：等待有利机会以逃脱并继续完成其使命。等待……

他们确实要等待。十年！这一天终于到来了，其背景不详。这两个汉朝使节成功地逃脱而去。他们行走数十日，一直到达大宛（Ferghana，费尔干纳），现在距其出发地已有 10 万余里（6000 公里）了。在大宛河谷，已经建立了一个由定居民占据并且高度文明的小国，即今之浩罕（Kokand）。逃亡者们在那里看到了一些品种很特殊的马匹。这都是一些山地马种，抗疲劳，蹄坚硬（这在当时颇受器重，因为那里不为马匹打铁掌）。人们声称，它们可以日行千里。还有更加奇特之处，这些随时都会使人联想到耐力的牲畜都出汗血①。事实上，它们早已经在历史上出现了。人们很早以来就知道其特殊的本领：不是有人说亚历山大曾梦见过它们吗？在亚历山大本人之前，阿契美尼德人（Achéménides）也不是曾寻访过它们吗？某些人也曾声称，这些

① 我们必须再等二十个世纪才会知道，这种棕红色的汗血事实上是由寄生虫造成的。

神奇的马匹均为出自亚历山大的战马（Bucéphale）的后代。

浩罕国王似乎完全倾向于欢迎中国的外交开放。“大宛（浩罕之居民）闻汉之饶财，欲通不得。见骞，喜，问曰：‘若欲何之?’骞曰：‘为汉使月氏，而为匈奴所闭道。今亡，唯王使人导送我。诚得至，反汉，汉之赂遗王财物不可胜言。’大宛以为然，遣骞，为发导绎，抵康居，康居传至大月氏。”这就是中国史学家司马迁告诉我们的情况①。

张骞来到了亚历山大的康居地（Maracanda），也就是后来的撒马儿罕或康国，最后，汉使即将在妫水（乌浒水，Oxus）流域遇到著名的月氏人了。据汉代的编年史记载：“大月氏王已为胡所杀，立其夫人为王。既臣大夏（巴克特里亚的希腊人）而君之，地肥饶，少寇，老安乐”，“自以远汉，殊无报胡之心。”我们解释得清楚一些，那就是：月氏人很乐于生活在和平的环境中，远离匈奴。他们似乎忘记了自己对其宿敌的不满；至少是他们还相当害怕匈奴人，而不敢惹怒如此强大的对手。月氏王显得非常模棱两可。张骞正好有时间观察到了某些奇怪的现象。他在大夏看到了“邛竹杖、蜀布”，人们声称这些商品均自“身毒”（印度）市之。

相反，汉使却只能记述说，大夏由征服者统治，征服者就是来自西部的胡人。但他却未指出该地区那非常新奇的艺术或都市的形式，它们均出自与希腊文化的相会。事实上，张骞是继马其顿血统的最后一位君主——希腊—大夏王之一的崩溃之后两年左右，才到达那里的。汉天子对于希腊人，从来就什么也不知道。在亚历山大的继承人与丝绸之路上的先驱之间的过渡失败了。这永远都是失约的一种美好象征。

经过一年之后，便是张骞取道回程的时候了。他汇集了他直接获得的、或者是通过他向附近各国遣使而间接地获得的全部信息资料。张骞的报告是第一份描写丝绸之路腹地的文件：大宛

---

① 司马迁（公元前147—前87年），是中国最伟大的史学家，也是《史记》的作者，与张骞同时代，他赋予了这些远征一种它们理所应得的地位。

(费尔干纳)、大夏(巴克特里亚)、康居(索格狄亚纳)……他指出了在西方存在着一个强大的帝国——安息帝国(帕提亚)。

张骞在回程中，也并非未遇到过新困难。他再次被匈奴人俘虏。这第二次囚禁只持续一年。这一次，他利用了匈奴单于薨逝的机会，才得以逃脱，当时其主人们更多关心的则是为继承权而争斗的惯例，以及由此而产生的斩首。张骞于其流浪年间所娶的胡人妻子肯定是忠于他的，他将她带回了中原汉帝国内。

在这次共由100多人组成的远征军中，唯张骞及其忠实的校尉堂邑父是得以还长安的幸存者。他接受了与其毅力与勇敢精神相称的赏赐。他被封为“太中大夫”。稍后不久，他甚至获得了“大行”的封号。这是我们可以肯定的基本情况。

丝绸之路的悖论

“大行”总共去国13岁。但当他归国时，所有人都似乎认为，生活的进程从未被一段如此漫长的离别而中断过。正如我们也不断地遇到的那些人一样，其对时间知觉与我们完全格格不入。张骞是由于相信了至少是20年之前的信息，才出使西域的。但对于那些认为10年的滞后也不会使一道命令失效的这段插曲的人来说，张骞仅为一项孤例。不仅仅那些旅行家们会不皱眉头地接受，可能会耗去其生命四分之一或三分之一的时间去从事旅行，而且这些人也不认为人们可能会忘记他们。我们发现波罗(Polo)氏一家或伊本·白图泰(Ibn Batouta)出发20年，甚至是30年之后，才会重新见到其祖产与住宅，并恢复其正常生活。1—3年的旅行、共用4年来作商品运输，才会从丝绸之路的一端到达另一端，这都是司空见惯的现象。同样，我们还知道许多致早已亡故多年的人之书信和外交文书。一条诸如一个帝国的入侵或存在那样重要的消息，也需要用几十年的时间来传递。有时，一桩政治事件的风言传播得特别快，有时那些非常强大的官僚机构、组织严密的国家，都会根据那些有时已有数世纪的古老信息而生活，就如同某些知识在任何情况下都不能被提出质疑一般。丝绸之路上的时间概念，出自我们现在已无法理解的一种精神领域。

张骞也不具备实际上是很近代的观念，即认为信息是一种要消亡的东西，其价值随着时间的变迁而贬值。他亲眼目睹的一切，确实应纳入到人类那最悠久和最神奇的共同信息库中，也就是中国的断代史中。中国几乎是逐日地记录了它自己的历史：一批数目庞大的档案、记事与本章。这种成文历史的文明善于保留、而从不丧失一旦获悉的内容。仅由一名旅行家发现的内容，都会变成历代人的财富。更具体地说，张骞带回的如此之多的信息收获，其震撼效果必将全延续许久。

张骞出使的外交成果统计是令人失望的。但他揭示的新鲜事物则具有极其深刻的意义。他讲到了他在大夏国看到的产品，提及了他所遇到的民族，讲到了其存在已被证实和位于已知边界以远地区的民族。在这些民族之中，有的是波斯的居民；有的是一个更遥远的王国——犁靬（黎轩，黎鞬）的居民，黎轩只能是指东罗马帝国。其中也提到了一个大海和成千种惊世骇俗的事物。张骞揭示了从突厥斯坦到云南的一条商路，它可能应经过印度。张骞后来又讲到了大宛的汗血马。大宛马的父母本都是来自山区的种马，它们如此野性十足，以至于使人无法捕获它们。人们必须将母马拴在那里，以使它们能与公马交配。人们还声称它们是天马的后代。皇帝听到这段叙述后，耳朵都竖起来了。

毋须玩弄字眼，张骞无疑掀起了一场“文化革命”。他揭示了一个外部世界的存在，至少是这个世界所包括的多样性、辽阔的范围和内在的潜力。他确实是讲到了天地的另一极。

汉武帝决定作出反应。他要避开匈奴领土，而向南方派遣使臣。

匈奴人的战争

但一切肯定是变化得很糟，使节们不能成功地穿越过其旅程。无限忠于汉王朝的张骞本人，也在对匈奴人发动军事远征中遭到了失败。继此之后，甚至是一名类似的仆从也会遭到被处死的惩罚。张骞保住了其头颅，却失去了其官职。

然而，军事形势却在缓慢地改善。汉朝军队将匈奴人从甘肃河西走廊驱逐了出去，某些较小的游牧部族与汉帝国结盟。汉朝的两支骑兵部队越过了戈壁大漠，并一直推进到我们今天称之为内蒙古的地方，捷报频传，战果辉煌。突然于其老巢遭到袭击的匈奴人，在一次上天适得其时地掀起的沙尘暴中逃遁。战胜匈奴游牧部族的主将霍去病去世了，他是一名天才的战略家，从 18 岁起便开始了其所向披靡的征战。其墓地装饰着一种圆形隆突状的雕刻，代表着一匹踏碎敌人的马匹（马踏匈奴）。这是为了纪念那位刚刚证明唯有马匹才能战胜胡人的将军。汉王朝的战略原则是：定居民应以一种勇敢精神和一种更占优势的骑兵，来对付游牧民机动灵活的速度。霍去病曾根据匈奴人的模式而组建了一支骑兵。汉武帝本人也运用了这项兵家准则。他在出兵远征之前，令人修通了北路，由沿途的兵营来保护道路上的交通。他也不忽略为远征军提供必需牲畜的中继种马场。此外，汉武帝又毫不犹豫地率领 18 万骑兵，去挑战匈奴之主单于本人。汉王朝的军队着手征服了丝绸之路上的第一批绿洲，也就是罗布淖尔（Lob-nor，罗布泊）和吐鲁番诸绿洲。当时，汉王朝正在向突厥斯坦挺进。

但汉武帝始终都在想着马匹，他记得张骞就这一问题对他的忠诚谏言。在浩罕以北 2000 里的地方，便是出产汗血马的王国。那里还有另一个拥有出色坐骑的民族，这就是伊犁河谷的乌孙人。乌孙人过去曾向匈奴人纳贡，他们当时正试图恢复其独立。这些胡人可能因豪华的礼物而动心：牲畜、黄金和丝绸……汉朝在与月氏人打交道时遭到的失败，却在与乌孙人打交道时获得了成功。为什么不重新尝试一下其运气呢？张骞向汉武帝介绍了他在被囚期间所获知的有关乌孙人的一切情报，并且得出结论说："蛮夷俗贪汉财物，今诚以此时而厚币赂乌孙，招以益东，居故浑邪之地，与汉结昆弟，其势宜听，听则是断匈奴右臂也。"

这一次，张骞率一支300人的军队出发，携带了为这样一次出使所必需的一应礼物，其中包括"牛羊以万数，赍金币抽直数千巨万"。乌孙人以应有的全部美意欢迎来使。但他们只作出了一种非常含糊其辞的答复，与月氏人与数年之前的答复相差无几：乌孙远汉，又近匈奴。向如此危险的近邻挑衅，则是很不谨慎的。然而，他们对于汉朝的礼物却非常自鸣得意。但如果汉使张骞确实希望为天子带回几十匹皇帝非常钟爱的此种汗血马，那也是乌孙人报谢皇帝的微薄表示，可能期待建立更持久的关系。

事实上，乌孙王娶了一名汉公主，即其右夫人，以马千匹聘。该女叫做刘细君。她抱怨其命运，特别令她不满意的是，其谨慎的丈夫又娶了一名匈奴公主为左夫人。刘细君前来时，带有一支豪华的卫队，并且还有驮着丝绸的马匹。即"赐乘舆服御物，为备官属宦官侍御数百人，赠送甚盛"。这是一种类似交易中的惯例。小公主清楚地知道，她将在毛毡帐篷中度过余生；特别难以忍受的一件具体事，则是她从此之后将以肉和奶酪为生。她对其命运发出了哀怨，写了一首留传给我们的诗：

"吾家嫁我兮天一方，
远托异国兮乌孙王。
穹庐为室兮旃为墙，
以肉为食兮酪为浆。
居常土思兮心内伤，
愿为黄鹄兮归故乡。"

为了安慰她，汉朝皇家每年遣使者，持帷帐锦绣慰问她。

刘细君仅仅是为了巩固王室间的联盟，而穿越丝绸之路的诸多和亲者之一。这些道路很快就变成了公主之路，就如同是奴婢和嫔妃道路一样。交换这种人员商品的机会并不缺乏，因为中国的外交当时就充分发挥了这种才能。张骞又向安息人地区和印度分遣副使。习惯已经形成，汉朝经常派遣携带礼品的使节。

这种政策最终对国家预算造成了沉重压力。在某些时代，帝国收入的三分之一被作为“礼物”而送出去了。此外，汉朝始终以其公主的下嫁，而向遥远的国王们表示其友谊。作为交换，这些国王们服从于汉朝皇帝并向他们纳贡。那些藩部国王们甚至还派遣其家庭成员入长安宫廷，这在理论上是为了证明他们与天朝皇帝的良好关系。他们交换豪华产品，并互相监督其人质。

争夺丝绸之路的战争

汉武帝组织了帝国的几道防御线。他建立了一些郡，以保护当时被称为丝绸之路的轴心。人们当时都害怕被驱赶到高地蒙古地区的匈奴人，还有返回的可能性。汉武帝创建了“酒泉”郡，以便发展与西北地区的关系。司马迁告诉我们说：“汉率一岁中使多者十余，少者五六辈，远者八九岁，近者数岁而返。”

并非是一切始终都进展得很顺利。许多出使均被胡人阻止，使节遭到拦路劫掠，皇家的礼品也遭抢掠。此外，某些使节们也都多少有点倾向于利用这种机会，以将他们自己的买卖交易做好。一切发展得都很缓慢，很缓慢……天子抱怨说，他的许多圣旨在颁降一年之后，尚不为遥远的省份所知。但这一机制一旦启动，异国情调的物产便会从外部世界传来，当然包括西域的马匹和苜蓿。苜蓿是大宛马所必不可少的饲料。此外还有葡萄；作为豪华用品的犀牛角之类，它们对于娇艳的嫔妃们是很有用的。当然，事态进展得并不算糟，上天对于中华帝国并不太残酷无情。

汉武帝始终都想长生不老，并且还会想到应将其灵魂带到无限福乐的具体地点。被其忠实的使节张骞带回的乌孙坐骑当然都是良马宝驹，但它们无论如何也都是常见的牲畜。皇帝聆听了《易经》之卦辞，卦中始终向他讲神马，还在想大宛的这些汗血马。其他使节却就此问题向他报告说：

"'宛有善马在贰师城，匿不肯示汉使'。天使既好宛马，闻之甘心，使壮士车令等持千金及金马以请宛王贰师城善马。"司马迁就是这样告诉我们的。他同样还向我们描述了在大宛王宫举行会议的情况。老人们声称，这些汉朝礼品已不是什么新鲜东西了。"汉去我远……汉使数百人为辈来，而常乏食，死者过半，是安能致大军乎？"他们最好是保留其宝马。因此，大宛王向壮士车令作出了否定性回答。汉使如此大怒，以至于他椎金马而去。大宛人于此后不久又杀死了他。

我们可以想象汉武帝的愤怒了，他既受到了凌辱又失去了宝马。公元前104年，他派遣李广利去讨伐大宛，李广利出师之前就被拜为贰师将军。但李广利也遭不幸。汉朝的这支军队共有6000名骑兵和数万名步兵，他们也遭到了大宛贵人们曾预料到的那种命运。这支大军既无法在途中获得给养，也不能进入大宛。李广利将军被迫率领其残余的一支小部队撤退。由于皇帝钦定禁止他返回中国，所以他依照惯例而在那里等待着刽子手的大刀。因此，这支军队处于了一种混乱不堪的境地，它不知道应向哪里移动。汉武帝有些谨慎起来，但由于已陷得过深而欲罢不能。他给李广利派去了援兵和大批辎重给养。李广利使这一切都成功地到达贰师的城墙之下。他在行军中，又损失了其6万人马的半数。他围住贰师城，并且根据兵法的所有规则而建起了包围圈。

汉朝的某些水利专家将为该城供水的河流改道，"决其源，移之"。贰师城中无水井。然而，中国的编年史却告诉我们说，该城的居民等待着大秦工匠的到达，秦人知穿井。如果我们理解得正确的话，如果史学家确实是以"大秦"而指东罗马的话（人们有时会将大秦与当时由安息人占据的波斯相混淆），那就是几近于与中国人接触的西方旅行家们最早的记载之一。

汉军攻破了外城，并进行了第一次杀戮。大宛王廷逃到了中城，并将善马也关入其中，它们成了最珍贵的“马质”。在聪明的人之间，大家始终都会找到一种解决办法：借助于几十匹善马（它们是由皇帝的马医精心选择的最漂亮的马匹），另加3000匹比较普通的马（中马以下牡牝）匹，汉军罢兵而引归。他们另外还带走了大宛王的头颅。

当对这次远征作最后总结时，只有六分之一的人生还。但皇帝仍可能感到非常满意，贡品和人质又重新滚滚而来。中国的威望又重新得以确立，但皇家国库却为此而亏损。《汉书》记载道：

太一况，天马下，沾赤汗，沫流赭。
志俶傥，精权奇，籋浮云，晻上驰。
体容与，迣万里，今安匹，龙为友。

天马来，从西极，涉流沙，九夷服。
天马来，出泉水，虎脊两，化若鬼。
天马来，历无草，径千里，循东道。
天马来，执徐时，将摇举，谁与期？
天马来，开远门，竦予身，逝昆仑。
天马来，龙之媒，游阊阖，观玉台。

胡人与商人

外交活动仍在继续。大约到公元前2世纪末左右，又派出了一个具有特殊意义的使团。它将汉朝使节带到了安息王国，也就是带到了波斯：“武帝始遣使至安息，王令将将二万骑迎于东界。东界去王都数千里，行比至，过数十城，人民相属。因发使随汉使者来观汉地，以大鸟卵及黎轩眩人[1]献于汉，天子大说。”接着进入历史舞台的便是帕提亚人（安息人），他们当时占据了波斯，而且直到公元3世纪，即将扮演丝绸之路上的主要经纪人的角色。长期以来，珍贵商品都要通过他们的手拍板成交，他们无论如何也要保卫一种几乎是垄断的权力。

只要中国发挥其外交主动性，它的军事征战就会使它面对宿敌匈奴人而处于最佳有利地位。两强对峙的地面，当时几乎被划定在塔里木盆地的绿洲中。汉人从此之后再也不用为了击退游牧民于帝国腹地的劫掠而作战了，而是为了确保丝绸之路的安全，以维持将中国与世界联系起来的必不可缺的纽带了。

汉朝必须维持一个郡县网，有时还要建立军屯。由于始终是在类似的情况下，最优秀的良民都不倾向于接受这些任务。所以必须经常使用雇佣军或被流放的囚徒。最重要的则是无论如何也要控制塔里木盆地诸王国[2]，因为骆驼队之路的北缘和南缘，便是令人望而生畏的死亡之海塔克拉玛干大沙漠。中国希望控制其中那些至少是直达帕米尔山脚下的地区，也就是说直达石堡。石堡经常被人描述，但人们却从未确切地为它定位。它是一个交流地点，也是来自斯基泰、波斯或安息的骆驼队与来自中国的骆驼队大相会的地方，他们在那里获得神奇的丝绸和其他外来产品。石堡是中华世界与亚洲大陆剩余部分的分界线。在石堡以西，便开始了印度—伊朗世界，即波斯人的世界、安息人的世界，稍后便是贵霜人的世界。

经过汉武帝那个辉煌的时代之后，则必须再等待一个世纪，才是中国确立它在塔里木盆地诸绿洲中统治权的时代。这项事业的缔造人是班超[3]，一个其家庭成员中主要是文仕的青年人。其兄班固是《汉书》的编修人，此书是有关丝绸之路最早时期最

---

① 因此，这些黎轩（可能是罗马的另一个名称）眩人是认真地谋求最早进入中国的罗马人。

② 根据时代不同，塔里木盆地的小王国徘徊在30—50个之间。

③ 班超的历史于公元5世纪时载《后汉书》，《后汉书》由范晔所著。

可靠和最珍贵的史书之一。

公元 74 年，班超将军一直深入到玉门关之外去冒险，因为玉门关标志着汉帝国的西陲。他在那里必须穿越沙漠、草原、高山和令人恐怖的地区。人们讲到了野骆驼地区、如同魔鬼般的龙城。班超的口号是："不入虎穴，焉得虎子。"他被派遣到罗布淖尔（Lob-nor，蒲昌海）之西南的鄯善国，以完成一次简单的考察使命，他发现了一名匈奴使者前来鼓动鄯善王推翻前盟并背叛汉朝。次日清晨，班超以匈奴使者的首级示鄯善王，后者立即保证了他对汉朝的忠诚。在于阗国，班超也使用了同样的办法，他怒斩一名巫士的首级，此人曾劝于阗王选择与匈奴结盟。班超在试用了这种心理战的方法之后，便率领一小支人马，推翻了当地国王，以重建另一个亲汉朝的王朝。通过一名也很活跃的青年人的努力，使整个塔里木盆地民族的关系都改变了，那些首领们很快就坚信与汉朝结盟是天意。

班超的余生是不间断的一系列令人难以置信的勇敢举动，尤其是该将军曾多次违抗上命。官僚们使他的任务变得复杂化了。如在公元 90 年，当时非常强大的贵霜王向中国遣使，以向汉朝公主求婚。西域都护禁止外交使团通过。龟兹人突然间动员起来了，即将发动一场战争以报仇雪耻。班超花费了很大力气才使他们的情绪平静下来。中国差一点与贵霜这个正处于蒸蒸日上中的强国进入战争状态。贵霜即将扮演一种双重角色：在国际贸易的中介人角色中与安息人竞争，同时又促进了佛教和所谓的希腊—佛教艺术的东传。总之，班超可能避免了丝绸之路的一次阻断。

班超的任务是无穷尽的，他说服改变态度的内附者，很快又被匈奴人颠覆或推翻，整项事业需要重作一次。他的努力却最终以付出代价而告结束。大约到该世纪末，他征服了整个塔里木盆地。20 年之后，其子班勇必须重新平定西域，并将坚不可摧的匈奴人从那里驱逐出去了。

难以接近的帝国

班超还值得以另一种原因而名垂丝绸之路的青史，他不仅仅维护了陆上丝绸之路，而且还差一点就开通了直达罗马的海上丝绸之路。

事实上，在公元97年，班超派遣副使甘英出使大秦国。此人一直到达“大海”①。他想一直航行到罗马。《后汉书》叙述了这位行人的冒险故事。大家都说，安息人拥有与罗马人贸易关系的垄断权。他们散布了一大堆令人丧胆的无聊废话，旨在使试图前往其商客—罗马人中的勇士们失去勇气。这样的事也正好落到了甘英身上：“安息西界船人谓甘英曰：‘海水广大，往来者逢善风三月乃得度，若遇迟风，亦有二岁者，故入海人皆赍三岁粮。海中善使人思土恋慕，数在死亡者。’英闻之乃止。”经过于波斯的一段长时间停留之后，甘英返回了中国并为其考察留下了一份报告。

本报告未曾提到的，则是甘英天真而又容易受骗、胆怯而懦弱，或者是对大海有一种不敢公开明言的恐惧心态，它正好说明了旅行道路上的另一条大法则：错误的信息可以建起一道比沙漠与大山更难翻越的屏障。正是某些传说才开通了丝绸之路，又正是这些传说故事封闭了丝绸之路。班超的副使甘英不知道，他放弃的旅行本身即将成为一种传说故事：神话般的大失败、传奇性的失约，撰写有关丝绸之路历史的任何人都会想到这一点。

但甘英的档案却是可以辩护的。实物比知识能更加可靠并能更快地传播。一种复杂的却又几乎是自发的体系，可以使其思想意识彼此相距很远的人，能在价格、交易体制，总而言之是在交

① 大家在思忖，“大海”到底是指里海、地中海或者甚至是波斯湾。一种理论认为，甘英一直受骗到底，安息人把他带到了今巴士拉的地方，然后又使他认为自己已到了地中海畔，并认为通过此路可以一直到达罗马。

换有用信息方面达到高度一致。相反，有关人民、地区和商品流通方面的更为广泛的知识，在数世纪期间被一道道不可见屏障阻挡住了。中间商的权利是以他们所掌握的秘密、他们善于使之笼罩在神秘气氛中的所有欺骗行为为基础的。

甘英冒险的另一种教训则是：中国自某些时间以来，一直在寻求与罗马建立直接接触。中国人坚信，在这个网络的另一端也持同样的观点：大秦“王常欲通使于汉，而安息欲以汉缯彩与之交市，故遮阂不得自达”。即使是中文文献零零散散地提到了黎鞬、大秦国，那么安息人的势力却为长安和罗马之间的任何直接接触都设置了屏障。此外，在世界的另一端，到底发生了什么事呢？

另一个帝国

在某一时刻，也就是在张骞出使西域与甘英到达“大海”之间，罗马人“发现”了丝绸。在此问题上有一种传说。公元前53年，叙利亚的执政官和统帅克拉苏（Crassus）的军队渡过了幼发拉底河并向东行军。在卡尔莱（Carrhes）[①]，他与安息人那气壮如牛的骑兵遭遇，无法比中国人能更好地抵抗骑兵弓弩手。这是罗马所遭到的一次最惨痛的失败：20万人死亡、10万人被俘。一种传说认为，卡尔莱战役之后，安息人所俘虏的罗马兵团士兵都被押解到了中国。人们今天甚至还能指出其村庄——黎鞬，它采用了中国人对罗马人的古称，位于甘肃和青海湖之间。这些勇敢的军人可能是继安息人作为礼物而送去的大秦幻人（眩人）之后，最早生活在赛里斯领土上的罗马人。

罗马人正是利用卡尔莱战役的机会，才得以首次看到了丝绸。当然，拉丁人不会不知道（至少是通过希腊人）这种丝绸

① 今天的哈兰（Harran），古美索不达米尼的这座古城位于幼发拉底河的支流萨博拉河（Chaboras）畔。

料子的存在，也不会不知道生产丝绸的国家的名称。但只有稀少的西方人才有机会见到过丝绸。

我们是否由此而应相信卡尔莱战役中的战旗神话传说呢？它声称，由安息军队展开的丝绸军旗，以其闪烁的光芒和大风吹动的响声，吓坏了罗马骑兵部队。这是丝绸为摧毁罗马帝国而作出的第一次贡献！尽管罗马后来连绵不断地向安息人发动战争，如屋大维（奥古斯都，Auguste）的征战、图拉真（Trajan）的征战、哈德良（Hadrien）的征战、马可·奥勒留（Marc Aurèl）的征战、塞维鲁（Septime Sévère）的征战。罗马人从未曾逾过这道障碍，他们也从未与这些赛里斯人有过直接交易，尽管他们对此已朝思暮想，渴望已久了。

寻求天马并向安息骑兵发动攻击，张骞使团以大肆展示丝绸而令胡人眼花缭乱。卡尔莱战役中的罗马兵团士兵也向罗马呈奏了他们面对金光灿灿的军旗而感到的恐惧与惊慌……当然，这都是丝绸之路开通的浪漫性的关键。这首史诗需要两种基本事实。也就是说需要有这两篇传说性的序言。由此开始，整部历史的剩余部分便是一部漫长的解读、一种困难的密码解释、一种艰苦的徘徊。丝绸之路的历史就如同一种不断遭拒绝和间有失败的交流史。使丝绸与其他原料有别之处，也就是说无论是琥珀之路，还是香料之路；无论是铜器之路，还是瓷器之路，都不具同样的隐喻意义，这其中有一种丝绸的秘密在控制着一切。

第四章　丝绸——秘密与权力

丝绸的秘密……这并非是一种荒诞的幻象，而是一种历史事实。这是历史上最持久的秘密之一，共持续了4000年。

4000年一件事

公元前2700年，中国的新石器时代产生了第一批人工饲养的蚕虫之蚕丝。由此而到卢卡（Lucques）和里昂丝绸，道路是漫长的。织造技术从来都既不能自由地，又不能畅通无阻地传播。蚕蛾的种籽和缫丝技术始终都沿迂回之路，往往又是非法之路传播。

如果说丝绸于公元前1世纪时，就在罗马为人所熟知，那么其来源之地的秘密，在当时却远未曾翻越出长城以外。当时有成千上万的中国人为这种产品而工作，但天朝那卓有成效的海关与警察，却禁止任何一条桑蚕成虫的外流。数世纪期间，这要比美国联邦调查局（FBI）和中央情报局（CIA）合并后，也未能将核武器的秘密保持在几间实验室中的时间长得多。这种始终都很珍贵的秘密，一旦越出中国国界，也只能以令人瞠目的缓慢速度传播。西方开始生产丝绸的时间，在拜占庭是公元6世纪，在伊斯兰时期的西班牙是9世纪，西西里的养蚕业是十字军东征的结果（12世纪）。为了使它在“西西里的晚钟”时代[①]越过梅西纳（Messine）海峡并传到意大利，还必须再增加一个世纪。无论如何，这一切一共用了四个千年纪。四个千年纪，才使三大秘诀变得使人完全可以掌握了。这三大秘诀是：一种信息——存在着一种叫做桑蚕的蚕虫，其茧产丝；一种动物，蚕虫本身；一种技术，全套的养蚕术。这种信息往往又是技术人员的事。14世纪时，摩洛哥旅行家伊本·白图泰（Ibn Batouta，伊本·拔图塔）以一种非常天真的震惊而发现了中国的养蚕术：“丝绸在中国很丰富，因为产丝的蚕虫依附在水果上，以水果为食，而且也不要求付出许多辛苦和心血。”

丝绸的秘密创造了美好的传说。最著名的传说流传于整个远东地区。它是由取经和尚玄奘法师介绍的[②]，记录在唐代的正史中。吐蕃人对于这一切，也有他们的一种民族传说文本。这个美好的故事也被描绘在于阗的一幅壁画中，就如同在敦煌五代时期洞窟的墙壁上那样。敦煌是丝绸之路上的一个值得纪念的地点。

在公元5世纪中叶之前不久[③]，于阗王希望制造丝绸。他懂得养蚕业的基本原则，但却缺乏这一切的基本条件：桑树籽和蚕卵。将它们运出中国中原之外，是严格受禁的。对于从事不正常交易者，要处以极刑。海关人员严密监视，走私者从来都未曾成功地将任何一点这些东西运出境外。瞿萨旦那（Jusadanna，于阗）王于是便卑辞下礼，求婚东国。玄奘叙述说：“尔致辞东国[④]君女，我国素无丝帛桑蚕之种，可以持来，自为裳服。”少女在听到这些话之后，密求桑蚕之种，然后又将它们置于帽絮中。当她到达关防时，主者遍索，却不敢验公主的帽子。这样，

---

① 1282年，屠杀西西里的法国人和安茹（Anjou），导致了将巴勒莫（Palerme）的纺织工驱逐到卢卡的结果。

② 我们将于下文不远处讲到的取经和尚玄奘（602—664年），他曾在丝绸之路上一直旅行到印度。

③ 据某些文本认为，更具体地说是420年。

④ 我们很难肯定“东国”即中国中原，但这是一种很可能成立的假设。

她遂入瞿萨旦那国。

因此，在于阗，人们已开始植桑和养蚕。新王妃令人刻石为制，不令杀蚕，蚕蛾飞尽，乃得治茧①。蚕蛾的生存与飞翔的自由很具诗意，并且被正式承认是永久性的。

这段故事的藏文版本则略有小异。这一次，于阗王妃——天朝公主则主动养蚕。于阗人是无知的粗俗，将蚕虫当做了危险的蛇。国王命令将它们摧毁，王妃却抢救下了几只蚕蛾，并且成功地秘密饲养它们，甚至还成功地制造了少许丝绸。她当时作为胜利者，可能向其丈夫泄露了这种秘密工业的产品。于阗王理解了，这些所谓的“蛇”对于其王国，该代表着怎样的财宝啊！然后便下令，为了其人民的最大利益，君主感到非常高兴并大力发展养蚕业。

但我们却很难相信，必须用2500年，才使养蚕的秘密传到西域去。在印度，人们从公元前5世纪起，就提到了中国丝绸。当时使用的梵文文字，便提到了一种昆虫的分泌物，这说明印度人已经知道了丝绸的起源。

拜占庭之路

具有决定意义的第二站：从西域到拜占庭。由此而出现了另一个故事，其中包括与公主发髻故事同样多的浪漫性与可变性。这个冒险故事发生在公元5世纪，它是工业间谍史上一大插曲。拜占庭越来越难以忍受其波斯敌人对原料丝的垄断权了。这始终是中介强权的问题。拜占庭人加工丝绸，并且大量消耗它，因为国家的经济要依赖它。但他们却无法接触丝绸的源头。他们无论如何也必须绕过萨珊朝波斯这个障碍，夺取丝绸生产的秘诀。即

① 这一详细情节会使人联想到，高质量丝绸的秘密尚由中国中原保持，也就是不将蚕茧煮沸以获得长而均匀的丝。相反，用经虫蛾钻洞的茧获得的丝很接近希腊人从科斯岛（Cos）上所获得的那种丝。

使通过间谍行为，也无所顾忌。这场影子战争在查士丁尼（Justinien）统治期间，达到了巅峰[①]。

查士丁尼皇帝令人偷偷地将蚕卵从于阗运到了君士坦丁堡（Constantinople）。最早的成功是很短暂的。拜占庭人未能成功地饲养桑蚕。

因此，谁能成功地同时引进蚕卵及其生产技术呢？根据不同的说法，这是某些景教修道人或佛教徒；还有人说是一名袄教徒，即来自赛里斯国的波斯人。那些非常著名的蚕种越过了边界，但它们却不是被藏在美人的发髻中，而是藏在一名朝圣人的空竹杖中。

在《哥特人的战争》一书中，切萨雷的普罗科波（Procope de Césarée）这个与事件同时代的史学家，便证明了这一切。在查士丁尼宫中，来自印度的修道人，自我吹嘘手中掌握有秘诀，并能够向皇帝揭示它。这种建议是恰逢其时地提出来的：皇帝希望下令停止毁灭性地进口丝绸。修道人声称，这项绝妙的秘诀出自“西域”（Serinda）地区。皇帝以一系列问题紧逼他们，他们向皇帝解释说，“丝绸系由某些虫子所产，大自然向这些虫子传授了此种技术，天性迫使它们为此而工作。”他们又补充说，“根本不可能将活蚕虫运来，但却很容易和很方便地生产它们；蚕种是由许多虫卵组成的。经过产卵之后很长时间，人们用厩肥将它们覆盖起来，经过充分的加热时间之后，便可以促使这些小动物的诞生。”

经过倾听这些修道人的讲述之后，皇帝向他们许诺将给予厚报。他雇用他们为其秘密代理人。因此，他们返回了“西域”，成功地完成了其使命，并且为君士坦丁堡带回去了蚕卵（可能是在著名的伪造手杖中），最终如此！他们向拜占庭人传授了饲养蚕虫的方法……据说，拜占庭人从此之后就拥有了大量的丝绸。

---

① 这里是指查士丁尼（482—565年），我们应将拜占庭的重大历史古迹归于其时代。

丝绸的秘诀、蚕虫的秘诀、桑叶的秘诀，究竟哪一种是决定因素却无关紧要，怎样过境也无关紧要。最重要的是其中有一种秘密，更重要的可能是一种秘密的神话。那种明显为近代的思想，认为拥有工艺便是势力的同义词，这已由丝绸的历史得到了证明。国王和皇帝认为（并非完全是错误的），拥有某种种籽和某种知识，便会改变一个民族的命运。

皇帝与丝绸起源的神话

秘密、有意的信息操纵和传说故事，互相交织在一起。如果在探求秘密方面，存在着许多美好故事，那么在有关丝绸本身的问题上，却存在着最美好、最古老和最深奥的传说故事。

在中国人中，第一条丝线的出现就已经产生了各种内容相互交织在一起的故事。类似的发明是一项重要事件，是一种开山鼻祖性的事件：由于普通的织物，人类便很快又获得了其他基本知识。理所当然，这一切都应该追溯到神话皇帝们的时代。

长着蛇尾的伏羲，是否已经制造出了丝绸衣服呢？他是否利用了丝绸绳子，以作为结绳记事的计算器使用呢？人们赋予了神农另一种重要角色，他发展了桑蚕种植业和附带地发展了线麻的生产。

丝绸也有一个神圣的女主保圣人——黄帝的元妃西陵氏（嫘祖，即先蚕氏嫘祖）[1]。黄帝是第三个千年纪的人，可能是中国文字的发明人。所以，天朝帝国文明的支柱都是唯一一对皇帝夫妇的作品。西陵氏可能通过一次纯粹撞大运而发现，一只蚕茧是怎样被缫成了神奇的丝。某一天，该元妃经过御花园中的一棵桑树之下，漫不经心地摘下了一个蚕茧。她将茧抛在沸水中，便从中抽出了一条很长的丝，从而理解了其神奇的能力。

---

① 西陵氏也被称为嫘祖，其时代基本上与中国蚕桑业的真实时间相吻合。有人曾提出假设认为，元妃可能是于山东省发现了蚕虫，因为汉人刚刚在那里开拓。

最后，中国神话不满足于将丝绸的发现归功于伟大的君主们，它们还赋予了丝绸一位保护女神——蚕女或蚕姑，同样也被称为马头娘。

有一次，某位少女的父亲被强盗劫去。在他消失的那一天，其牡马独自返回。被囚人的女儿在哭泣，唯有她对此牲畜的照料才使她得到安慰。少女的母亲答应将她许配给能够解脱其父亲囚禁之苦的勇敢男子。任何青年男子都不曾获得过成功。某一天，其牡马脱缰而去，然后又驮着被囚禁者返回。一切都似乎恢复了秩序，但牡马却变得狂怒不羁，不停地以一种令人恐惧的怨声而嘶鸣。被马恢复自由的主人开始大怒，杀死了这头牲畜并剥其皮。某一天，少女经过正在晒干的马皮旁边，她感到突然刮起一阵暴风。风力将她裹在死马皮中，并把她卷到了空中。稍后，人们在一棵桑树下发现了已变成蚕虫的少女。在她放弃其茧的那一天，她又出现在已长出翅膀的马匹身上。蚕女向人类揭示了养蚕术，然后便乘其坐骑而消逝在长空中。自此之后，养蚕人与纺织人都在祈祷蚕女。

树林中的羊毛

中国的这些历史故事从未像丝绸本身那样远播他方，因为它们没有必要。商客们杜撰了他们自己的传奇故事。他们按照各自的无知程度而想象出了许多秘密。

希腊人并非是远未猜测到事实真相。亚里士多德（Aristote）提到了一种长角的大虫，它自我置身于一只茧内。亚里士多德清楚地知道妇女们用该茧抽丝，但他也讲到了科斯岛的野蚕丝①。所以，维吉尔（Virgile）于其《田园诗》（Céorgiques，又译《农事诗》）中，描述了人们用梳子从一种特殊树的树叶上取下来的细羊毛。比较合乎情理的斯特拉波（Strabon），则将这种羊

---

① 野蚕丝可能是由桑蚕之外的其他蚕生产的，其卵不适宜饲养。

毛的生长归功于东方气候的酷热与潮湿。老普林尼（Pline L'Ancien）总结了公元1世纪在罗马流传的信仰，即在一个丝绸已经变成了某种肯定是豪华却又常见的产品之时代："赛里斯人以其森林中的羊毛而著名。他们以喷水的办法而使白色绒毛从树叶上脱落下来，所以女子们便要完成缫丝和纺织的双重任务。人们正是通过一种如此复杂的工作，才从非常遥远的地区获得使贵夫人身穿透明衣裙，而在大庭广众之下出现的原料。"① 普林尼解释说，他声称很"文雅"的赛里斯人，却使人非常陌生："他们逃避与其他人的社交，等待交易送到他们的门上去。"此外，他们那遥远的地区非常难以进入，它紧傍沙漠，由于大雪和蒙昧人（其中就包括"食人生番斯基泰人"）而令人无法居住。

公元2世纪时，希腊舆地学家包撒尼亚斯（Pausanias）已经在更大程度上接近于解开这个谜了："至于赛里斯人制造其衣服的丝线，它们并非是出自一种树皮，而是具有一种完全不同的起源。其具体情况如下：在他们的国家中有一种小动物，希腊人称之为'赛儿'（ser），而赛里斯人自己却赋予了它们另一个名称。这种小动物的体积是大金龟子的两倍。至于其他，它酷似在树上结网的蜘蛛，也如同蜘蛛一样拥有八只爪。赛里斯人饲养这些动物，让它们建成了能适应冬季和夏季气候的小外壳。这些小动物的产品是一种很细的丝网，位于其小爪的周围。"②

总而言之，丝绸的本性与以它命名的国家令人难以理解。尽管在中国，在许多省份都完整地参与了这项产业并以此为生；尽管罗马进口的丝绸于其鼎盛时期代表着一个巨大的数额，无论在财政方面，还是在物质方面都一样；尽管罗马人对于赛里斯人具有很大的好奇心，但任何信息都未曾泄露出去。类似的秘密与丝

① 普林尼：《自然史》第6卷，第54页（美文学出版社版本）。

② 为了获得一种真正漂亮的丝，即一条便可长达数百米的丝线，则必须有一系列的操作工艺，这一整套工序形成了一种真正的秘密。在数世纪期间，唯有中国人才娴熟地掌握了其每个阶段：选择和培育不同种类的桑树、在生产缫丝茧的所有虫子中选择桑蚕、在适宜温度下保存蚕卵、孵化程序、在蚕房中饲养蚕虫、在蚕作茧时加热与保护、在开水中或蒸汽中脱胶、在使蚕蛹窒息后保护蚕茧，最后才是缫丝。

绸的影响力是互相一致的。

丝绸的影响力

丝绸并不是一种简单的豪华产品，也并不仅仅是罗马帝国的罗马人所迷恋的一种珍品，这是一次文化革命。随着丝绸产品，便出现了两大现象，它们后来与西方的历史变得不可分割了。这就是追求异国情调与时尚。追求远来事物以及新鲜事物的情趣，似乎是微不足道的小事。然而，当它们渗透于时代精神中的时候，它们便会改变历史，包括经济史和行为史。

异国情调？罗马人随着轻盈的织物而发现了丝绸，其吸引力大部分应归于丝绸那遥远而又神秘的起源。丝绸当然具有一种豪华的功能，但这却是另一种资本。大家应该知道，它在某些时代，其价值恰恰是等重的黄金。我们可以理解，这一切可能会代表着什么样的开销。当卢坎（Lucain）企图证明如何来展示豪华和克利奥帕特拉（Clèopatre）王后能有什么样的豪华时，他便叙述说，在一次令人终生难忘的宴会上，埃及王后身穿丝绸衣服出现在满座宾朋面前。在所有人的心理上，丝绸都享有一个神奇东方人的所有内涵。所以，在世界史的这新一章中，也就是在有关审美观的一章中，异国情调是一种具有决定性意义的经济学和心理学素材。丝绸之路是第一条大文化和通商之道，它的历史便是最佳证据。

我们于世界的另一端—终极上来验证它。在日本的奈良，既有丝绸之路博物馆，又具有外国情调思想的最佳绘画——Shoso-in。这个在孝谦皇帝（756 年）晏驾时而建起的楼阁中，收藏有皇帝的特藏宝物，其中大部分是向东大寺的布施品。皇帝酷爱的艺术品是从中国转口而来的[①]。有许多件是在那里用经海洋之路

① 这座楼亭本身那巧妙的木结构，便是时代变化的反应。它在 13 世纪以来，确保了对珍贵品的一种无以复加的保存质量。

运来的材料而制成的：象牙和犀牛角、热带木材、珍珠、玳瑁、印度支那香精、波斯或粟特金属器。由孝谦皇帝选择的物品反映了其个人的性格爱好、对于外国风格的兴趣。这种模式对于日本社会产生了一种巨大影响，在日本掀起了传播外来艺术的风潮，日本宫廷的这种审美观迅速地传播开了，并触及了整个日本社会。

即使是以其最具体的形式——珍贵物品的运输和交易来看，丝绸之路并未被归结到其物质意义上。它们也是一种向往之事。没有任何商品会具有如此梦幻般的意义。那些促使骆驼队穿越沙漠、大碛或乘船漂洋过海的致因，也是为了这一切：对于美好物和外来物的一种无尽的渴望。

随着外国情调的升温及其商业开发，游戏规则嬗变了。贾客们都寻求来自远方的东西。艺术品的收藏，始于罗马。某一庞培城的人（Pompèien）拥有一尊印度象牙雕，某一公民珍藏有一尊中国战国时代的青铜器[①]。商品都具有人为地转移进去的“附加价值”。丝绸之路上的经济史在这个范围之外是不完整的。在整个历史发展过程中，这一切都是真实不误的。例如，追求享乐、稀有、怪异的所有思想与丝绸相关的方式，从而可以解释它在罗马帝国中和帝国之外所取得成功的原因。中国制造商怎样生产完全符合酷爱东方商品的欧洲顾客们的标准的瓷器，中国工匠是怎样纺织装饰有阿拉伯文字和人们在埃及发现的丝绸的[②]。

---

① 中国战国时代为公元前475—前221年。我们所引例证，并非是想象出来的。人们既在罗马的一个家庭公园中，又在坎特伯雷（Canterbury），都发现了这个时代的中国青铜器，坎特伯雷的那件可能是由罗马官吏带去的。这些东方物品的“收藏”应始于1—2世纪。

② 例如，可参阅在埃及的阿尔—阿扎母（Al-Azam）大墓地发现的13—14世纪的缎纹丝绸。

时髦与忌讳

这次文化革命的另一个方面，便是创造了时髦服装。我们不仅应该把“时髦”理解作对上层阶级（特别是他们的习惯）的想象，而且也应理解作某种新鲜事物，这恰恰就是新产品。为了时髦，则必须使某种物品、某种行为突然间变成令人向往的对象，它们相当稀少而可以作为名誉地位的标志，接触到它就可以变成生活的典范。必须被一种出自成千种异想天开的念头所感染。我们为之确定意义的“时髦”，便是在模仿和扬名的愿望之间的一种妥协，仅仅在于有变化和创新的地方。事物的稀见（相对）特征和消费者的自由（表面现象）。引入丝绸的原因依然是：鉴赏力的变化。因此，我们必须将时髦风气的发明，追溯得比中世纪（正如人们至今所作的那样）更远，直到丝绸出现的时代为止[①]。

史书得以指出这种新织物存在的最早机会之一，便是儒略·恺撒（Jules César）的一次胜利：一顶丝绸华盖。这在当时甚至是令人难以想象的豪华，表现了礼仪那超乎寻常的特征。一件全丝长裙在长时期内始终为一种不敢想象的奢华。我们必须等到公元3世纪初叶的埃拉加巴勒（Elagabale）时代，才能使一位皇帝完全穿丝绸。这依然是指罗马帝国衰退时期的一名恺撒（Cèsare，指皇帝），其古怪举止和淫荡行为激起了他那些同时代人的反感。追求丝绸的时尚仍在发展，这不会不激起反抗。公元16年，罗马元老院禁止男子穿丝绸服装。因此，这种织物首先变成女性专用品了。一个男公民身穿它会感羞耻，使人怀疑他与另一个性别的人相混淆了，如同一个妓女一般地卖弄假裸体和透明，是迷恋于这种服饰的小丑，使那些有德之士对此感到气愤。

---

① 特别请参阅吉勒·利波夫斯基（Gilles Lipovetsky）：《昙花一现的帝国》，载《新法兰西杂志》，1987年。

但还有许多缓和此项禁令的措施。

伊斯兰文明也经历过同样的现象。《古兰经》声称，不穿丝绸的人就不能进入安拉的天堂。但从阿拔斯哈里发国（Califat Abbasside）时代起，富人和强人都以使其丝绸长袍倍增而炫耀其豪华。16 世纪时，奥斯曼帝国的豪华王苏里曼（Soliman le Magnifique）身穿棉布衣，禁止穿戴丝绸、金银丝织锦等衣服。但在他晏驾的翌日，全部豪华又都重新出现了。

在中国，一部很严格的法典决定了什么衣服适宜什么样的人，由此而支配穿戴服装问题，一直到它向公众开放为止。在暹罗国，人们发现了使丝绸专供贵族使用的法律条款，但这却是他们争来的一种特权……

总而言之，我们知道围绕丝绸文明的许多例证，包括宗教禁忌或法律与社会禁令。其差异仅在于，罗马在历史上首次发动了“推出一种属于纯洁状态时髦的‘电影剧’运动”，一种革新出现了，一种社会精英占有了它，人们很快便争相模仿它（甚至不惜自身的毁灭），“保守派”们提出了抗议，他们最终却失败了。他们的论据始终如一：新的时髦是轻浮的、昂贵的和具有腐化性的。

在罗马，丝绸非常性感，造成了一种诱惑和具有女性化气息。时髦、豪华和享乐是密切地联系在一起的。罗马美女们使用来自东方的粉脂和香水，在衣物的轻盈和透明方面互相比赛勇气，古罗马的世袭女贵族们都满足于这种新鲜而又让人爱抚摸的手感，那些女佳人都懂得在某种运动中揭示其身体的外形。所有这些场面均属于罗马衰落时代之虚构的组成部分。塞尼卡（Sénèque）于其《论幸福》（De benéficii）中愤怒地表示：“我看到了丝绸衣服，如果可以把那种没有任何办法保护身体，甚至连廉耻也不能保护的织物称作衣服的话……即使对其情人，我们的夫人也不能于其房间中公开暴露自己。”

提比略（Tibère）皇帝抱怨说，罗马将会变成什么样子呢？它从世界的另一端运来了织物，以使两种性别的人甚至再无区别了。此外，由于皇帝占据着有利位置，所以他能够知道这一切会使国家付出多大代价。由这些进口引起的货币外流具有一种很难估计的规模。我们是否应该相信普尼林所揭示的那种情况，每年由丝绸造成的货币逆差都有一亿个马罗小银币。据吉本(Gibbon)[①] 认为，贵金属的外流加速了罗马帝国的衰落与崩溃。我们可以得出结论认为，在中国向世界开放之后，丝绸具有一种使罗马陷落的特殊力量。这就是经济上的罗曼蒂克。然而……

然而，追踪这些作为罗马钱币的模糊轨迹的考古学家们，在整个丝绸之路上，都会发现它们[②]。考古发掘证明了贵金属流动的巨大意义，以及罗马遭受的损失。在整个商业网络中，罗马金币作为非常严格的本位制，始终很受重视。根据其发放的时间及金属比率，来估计其记名证券或其金属票据。总而言之，一笔不可见财产的等值，既是凭经验主义却又是以可靠的方式运算的。

丝绸本位制

如果说丝绸是一种财富的外表征象，那么它也是一种卓越的交换标志，它本身就已经变成了一种货币。在中国，人们用丝绸纳税，用丝匹做交易，就如同用丝绸来计算财富一样。但在历史的长河中，其价值的变化幅度很大。在周代（公元前 11—前 3 世纪），它作为一种货币证券而强迫人接受。据说，最多要用五名奴婢和一匹马来换取一卷丝绞。在汉代，官吏们都是用丝匹来支付俸禄的。在唐代，丝绸始终为无用物品的一种典型象征物，8 世纪时的一名诗人杜甫便曾将民间的疾苦与宫廷的奢侈作一番对照。他写道：“彤廷所分帛，本自寒女出；鞭挞其夫家，聚敛贡城阙。”

---

① 爱德华·吉本（Edward Gibbon）于 1787 年出版了其《罗马帝国的衰落与崩溃》，《布甘（Bouquin）丛书》，罗伯尔·拉封（Robert Laffont）出版社 1983 年再版。

② 特别是印度的情况。

穿着丝绸衣服，在变得使所有人都能接触之前，曾是皇家的特权。在某些时代，丝绸变成了一种出口的理想产品，可以使人赚取巨额利润。这不仅是一种将贵金属保留在中国的手段，而且也是廉价获取更多贵金属，尤其是获得中国人比对黄金更宠爱的白银的手段。

因此，丝绸作为积累资本和交换的有价证券，扮演了一种要远远高于其常用价值的角色。这就是为什么在许多国家中，织物的进口和生产周期才具有一种如此之大的经济和政治影响。在拜占庭，丝绸属于一种皇家的垄断产品，与它有关的一切都受条例的制约：职业、被称为“闺房”的国家织造（因为主要是女子于其中工作），当然还有海关。负责监控的官吏们被誉为“飞钱”账和“便换”账。随着丝绸以及国家织造的整个系统、对价格和优惠价的控制，拜占庭发现了中国的官僚体制和统制经济。由于织物的制造与其染色，也就是与所有产品中的最珍贵者——紫色的使用相结合了，国家就必须保护其垄断权：对于擅自制造某种颜料的人要判处死刑，严惩那些解雇闺房中的人员或帮助织逃亡的人。危机、失业、镇压等，这就是对付那些最早已显示出一种对高雅女性迷恋的人之常见后果。面对如此的赌注，政权不会忽略任何努力，它在寻找秘诀。但一种收益甚丰的养蚕业的创建，则是很长期的事。因此，拜占庭必须找到其他盟友和其他道路。查士丁一世（Justin Ier）和查士丁尼与埃塞俄比亚谈判，以打开一条通向印度的道路。

另一条道路

切萨雷的普罗科波证明了丝绸的地缘政治角色。公元531年左右，查士丁尼向两位基督教君主派遣使节，即派向埃塞俄比亚国王和西姆雅尔（Himyar）的国王，西姆雅尔相当于今也门的领土，当时为一个基督教王国。查士丁尼要求他们充作与印度关系的媒介。尽管他们作出了许诺，但两位君主都无法满足东罗马皇帝的要求。普罗科波说：“埃塞俄比亚人不能向印度人采购丝绸，因为波斯商人始终盘踞在印度船舶（其人生活在某一个附近地区）靠岸的港口。他们习惯于采购其整舱的货物。至于西姆雅尔人，他们似乎很难穿越一个原本就是沙漠的地区，而且该地区如此之大，以至于要穿越它就成了一次长途旅行；他们同样也很难反对一个比他们自己更为好战的民族。”

现在只剩下发现另一条道路了。在查士丁尼二世统治期间，从西域来了一名胡商，即某一个粟特人—突厥人的使节马涅亚克（Maniakh）。他带来了某个遥远王国国王的一封信。此信提议建立一种出乎预料的联盟。这是与世代宿敌波斯人就此了结的一次机会，也是由一名因形势变化而成为外交官的商人出乎意料地提供的机会。这名外交家商人变成了丝绸之路史诗中最重要的人物之一。历史取决于某些偶然的相遇：这就是历史上惊人的一幕，但它在丝绸之路的传说故事中却曾多次重复。

马涅亚克及其同胞们，首先曾试图将丝绸销售于波斯宫廷。波斯设（Chah，王）接待了粟特商人，收购了他们向他推销的织物，然后又当着他们的面把它焚毁，以羞辱他们。经过这次失败之后，马涅亚克便开始为突厥人效力，突厥人在西域形成了一个部落联盟，而且刚刚开始意识到自己的日益增长的势力。这就是一个几乎不为人所知的民族，由拜占庭人发现了其存在，而且也不怀疑它于九个世纪之后为他们确定的最终交流是什么，其后代于1453年夺取了君士坦丁堡。在外交方面，其成果并不特别昭著，即使是一个拜占庭使节再度出发赴突厥人中也如此。相反，其贸易后果却成了最重要者。马涅亚克刚刚非常简单地经黑海和黑海之北，开通了一条新路。这就是康居—拜占庭之路，或者是撒马儿罕—君士坦丁堡之路。为了更准确一些，我们似乎更应该说是阿夫拉锡亚卜—君士坦丁堡之路，因为阿夫拉西亚卜是该城的粟特文名称。

马涅亚克不仅仅打通了一条道路，而且还对笼罩着神秘色彩的粟特人的西域稍微撩开了一点面纱。粟特人是印欧居民的堂兄弟，他们于班超时代定居在妫水（Oxus，阿姆河）以东。粟特人当时面对那些在政治上和军事上都无限强大的近邻——贵霜人、波斯人或游牧部族，而确立了其独立地位。粟特人的王牌是他们在经商交易和外交中的灵活而又巧妙的手段。直到阿拉伯人征服为止，他们都保持了一张严密的商行网络，主要是分布在丝绸之路的所有道路上。史学家们很喜欢把他们比作欧洲的威尼斯人。

在中国的许多城市中，直至广州（人们都会发现粟特人从公元3世纪起就定居在那里了），都有粟特人的聚落。他们既通过海路又通过陆路而到达广州，于此处采购商品，而又于彼处抛售。但他们随着其行囊，也输送其知识。由于他们的能力及其智慧，粟特人被确认了其卓越中间经纪人的角色，甚至他们的语言和文字也很快都变成了交流语言——交际共同语。他们对所有宗教都采取宽容态度，甚至成了这些宗教的伟大传播者，他们分别成了佛教、祆教、摩尼教甚至是景教的布道人。

撒马儿罕——阿夫拉西亚卜不仅仅变成了丝绸之路的象征，而且也变成了这条路上的一座充满诗意的城市，也就是接受所有梦想并启发产生一切联想的城市。它继承了古代亚历山大的撒马儿罕（Maracanda，康居）、草原神话皇帝的阿夫拉西亚卜的这种特殊权力，但也可能是继承了那些来自全世界的无名氏、商贾、旅行家和使节们的特殊权力，这些人都于那里留下了其踪迹。他们为那里带来了信仰、传闻、故事和知识，然后又腰缠万贯地离开了那里。现存有关这座活跃的和世界性的城市的一种形象，即一幅使节们的巨幅画面。大家于其中可以看到具有外国情调的牲畜、珍稀产品、外来服装、各种不同的容颜相貌、遥远王国的使者。在使者之中，还有高丽人。这幅画面始终存在于撒马儿罕，就如同是为了提醒人们注意粟特人的强盛一样。

丝绸之路——著作的道路

通过西域的道路，又传来了另一种内容，中华帝国的另一种赠礼，也就是另一种秘密——纸张。

在中国内地，继订在一起的甲骨文书、竹简和木简之后，帛书也作为另一种高级的书籍而出现了。帛很适宜用毛笔书写一种漂亮的文字。但纸张成了毛笔成功的王牌和解脱人们因贫困而造成的不便。

纸张是继丝绸之后被造出来的，又与丝绸密切地联系在一起[①]。纸张的历史却更为家喻户晓，人所共知。只有很少的传说才围绕着这种新物质而传播开，纸张是历史的产物，而不是神话时代的产物。从始皇帝（公元前220—前210年）执政时代起，许多匠人可能就已经会造纸了[②]。纸张在整个中国甚至在中国之外传播之前，可能先出现在中国南方省份[③]。中国造纸术的伟大人物，将纸张的制造置于帝国政权控制之下的人，也就是使纸张具有“贵族”身份的人，仅仅诞生于公元65年。蔡伦出生于湖南的一个农民家庭，后入宫做太监，并且在那里成为佼佼者，将其每周两天的闲暇时光用于从事自己的工作，即研究造纸。他为此而受到了犒赏，皇帝封他为侯爵。对于后人来说，“纸神”蔡侯始终为一个历史人物。

这其中既没有神话皇帝，也没有神祇启示，而只是一些真真实实的事件。纸张是一种非常实用的产品，一种普通的文字载体。就如同丝绸会使人联想到财富与豪华一样，纸张也只能以其生产的容易程度而为自己辩护。纸张很柔软、很便宜，也可能很

---

① 指“纸”的汉文字就参照了丝绸（带有偏旁系）。此外，最早的纸张也是用碎丝绸片和桑树皮等制成的。

② 据某些东方研究人员认为，即如此；据其他人认为，纸张的发明只能断代为公元1世纪。

③ 一种公元前1世纪的纸张样品已在蒙古国发现。

结实①。在几乎是 10 个世纪期间，其秘密一直被限制于万里长城之内。纸张似乎只是在很晚的时候才出口的，而又未曾引起过轰动。它是否曾大量出口过呢？它出现在萨珊朝人的宫廷中，科斯洛埃斯二世（Chosroès Ⅱ）让人进贡带花露水的香纸。哈里发欧迈尔（Omar）于公元 650 年左右在麦加使用过它。但纸张似乎只在中国及其周边地区才被普遍使用过。

751 年，怛逻斯（Talas）战役使中华帝国与阿拉伯人（大食人）对阵，最终结束了中国在西域的抱负，而使之有利于伊斯兰世界。但这次意义巨大的战役（我们的史书中却傲慢地对此只字不提），在技术流传方面招致了丰硕后果。胜利者们随军带回了养蚕专家，而且还有造纸匠人。在最早的一段时间内，在撒玛儿罕创建了许多造纸作坊。这种工业很快就在巴格达和整个哈里发国运作起来了。这就是纸张的传播之路。

古登堡之前的印刷术

谁要讲到纸张和书籍，当然就会讲到印刷术。一种相对廉价的和容易加工的文字载体，要非常便于机械印刷。它首先是被用于石印，其后是木版印刷，以等待活字印刷术的出现。公元 175 年，在儒教碑上拓印刻字，系第一种印刷的例证。这是继 105 年使造纸术规范化之后的事。由此开始，纸张的使用和技术，便多样化起来了。普通的纸被用于写短信，或廉价木版印刷（朝山礼佛人喜欢这些在阿兰若圣地的游记）。

现在只剩下创造活字，促使现代印刷术的诞生了。这是毕昇的功德，他于 11 世纪中叶之前不久，是一个炼丹术士。4 个世纪之后，在欧亚大陆的另一端，一名德国金匠也“发明”了印刷术。纸张是丝绸的一种卑微的竞争物，甚至有时又是丝绸的副产品，其主要优点是很容易获取。它能适应于印刷物的特征：易

① 最早的纸张是布浆纸，最漂亮的纸是以丝绸废料造成的。

保存、很方便地重印，总之是对于成文作品可作任意处置。

这种由纸张促成的震撼效应的产生，远不如丝绸引起的动荡那样有气派。纸张为传到欧洲而走过的道路，当然要比丝绸之路短得多。但它们遇到的障碍，却完全不同。腓特烈二世霍亨斯陶芬（Frédéric Ⅱ Hohenstaufen）禁止在公共文件中使用纸张。在他之前，西西里国王罗杰（Roger de Sicile），是将养蚕术引入其王国的人，大学问家伊德里西（El-Idrissi）为他而编写了一部图集。他下令让人将已经写在纸上的官方文书，再重抄到羊皮纸上，而且纸文书要被销毁。由于纸张被怀疑易损和太庸俗，所以它必须战胜成见。这尚且不讲印刷术本身引起的反抗。面对革新而出现的心理状态，于此起了根本作用。所以，中国人酷爱木版印刷术的原因之一，便是对其漂亮文字的鉴赏力。相反，在15世纪初叶，一名朝鲜国王依靠国库资金，而赞助铸造了10万个活字，并以如下措辞而确定了一种“启蒙”政策：“永乐元年（1403年）春二月，殿下（太宗）谓左右曰：凡欲为治，必须博观典籍，然后可以穷理正心，而致修齐治平之效也。吾东方在海外，中国之书罕至，板刻之本易以剜缺，且难尽刊天下之书也。予欲范铜为字，随所得书必就而印之，以广其传，诚为无穷之利。然其供费，不宜敛民。予与辛勋，臣僚志者共之，庶其成乎！”

“于是悉出内帑，命判司平府事李稷、骊城君臣闵无疾、知申事臣朴锡命、右代言李膺等监之……又出经筵古注《诗》、《左氏传》以为字本。自其月十有九日而始铸，数月之间我至数十万字。恭维我殿下浚哲之资，文明之德，万机之暇，留心经史，孜孜不倦……拳拳焉为铸是字，以印群书，可至千万卷，可传于万世。”（《李朝实录》卷五）①

---

① 我们的这段引文和前文的许多资料，均借鉴自吕西安·费夫尔（Lucien Febvre）和亨利－让·马丹（Henri-Jean Martin）：《书籍的出现》，阿尔班米歇尔出版社版，收入《人类的进化》丛书，1971年。

丝绸之路不仅仅是纸张传播的道路，它也不仅仅是取经之路[①]。丝绸之路于其某些阶段，还保护了一座座神奇的书库。20世纪初，数千种写本和书籍的发现，对于丝绸知识的重要意义，就如同商博良（Champllion）在埃及学中的作用一样。思想及其载体始终是在欧亚大陆上出口和进口的主要商品。至于我们，我们认为事实远远地超过了那位考古学家搜集的有形踪迹，正是著作叙述造就和神化了丝绸之路。

纸张一出现，就保存了丝绸之路上最珍贵的证据。然而，这是一种短暂的和日常的信息，是公私书信的载体。我们通过一扎书信而获悉，居住在中国的粟特人曾致信他们在撒马儿罕的家庭和主人。兵卒的抱怨、思乡情，有时还会出现如痴似狂的情绪。到底该如何办呢？有何教益呢？被流放的无名氏们的这些呼吁要由骆驼队每年两次传送。信使有时会中断，是皇帝诏令，还是一名职员的疏忽，谁知道呢？8—10个世纪之后，考古学家们又发现了这些书信，这些最早的写于纸上的书信，它们是在敦煌附近的一个长城烽燧中发现的[②]。

似乎是在丝绸之路的这一段上，形成了一种对纸张的特殊消费，同时又大量地使用文字。根据已发掘到的大批文献来看，难道不正是如此吗？在敦煌本地的一个石窟中，人们还发现了成千上万件文书，其中包括许多用粟特文字书写的文书。这些卷子中的大部分，均是写在中国纸上的，当时的纸张与兽皮、桦树皮，当然还包括丝绸（这都是重要的文字载体）共用。

最后，由考古学家斯坦因（Stein）与伯希和（Paul Pelliot）在令人难以置信的背景下发现的这些文献中，便有现在所知的最古老的刊本书。更确切地说，它是于868年5月11日印制的[③]。丝绸之路作为著作媒介而运作的另一个例证，便是发现了雕刻在

① 我们将特别会看到，文化上的重大事件是由取经僧人们寻求佛经原文。

② 塔克拉玛干沙漠，以其气候而成为世界上最佳的纸张保存地之一。

③ 此书确实已被断代。此外，这里是指《金刚经》，寻求此经应该是为丝绸之路史提供了最著名的情节之一。高僧玄奘于629年正是为了该经才出发赴印度取经的。玄奘是有关此经的关键人物。

方木块上的回鹘活字，刻于14世纪初叶。

商贾、从事交流的人员以及著作、语言，他们都越过了时空的限制，而且有部分是互相联系在一起的[①]。当看到丝绸之路也变成了纸张传播之路时，那也再正常不过了。

一切财富之路

丝绸之路是象征物的道路，它也是一种象征性的道路。众所周知，“丝绸之路”一词是指通过同一条渠道流通的各种产品的一个借代词或换喻词、一种象征符号，它同时也传递了真实信息、虚假信息、时尚与信仰、风格与模式。如果这些产品中的每一种即使只有丝绸的象征性意义，那么它们也理所当然地具有各自的学问、各自的书籍和各自的道路。在各种可能性的混杂中，暴露出了许多网络。

这样一来，则必须谈论一条玻璃之路，它将罗马与中国联系起来了。远东当时正在思考彩色玻璃的技术秘密。

瓷器之路也有它自己的秘密，也就是色泽的秘密，还有瓷器原料高岭土的秘密。任何一块破瓷片，都会向专家的眼睛揭示千种迹象：一个时间、一种原形、一种传播道路。这条路上到处都有瓷片。此路是了解历史知识的基本之路。

一种更为微不足道的东西是玻璃珠子，人们用它来制作彩色玻璃小饰物。从一种小迹象中，诸如玻璃碴的形状，人们便可以推断出多种事物来。公元前3世纪时，从今本地治里附近起，人们可以追踪印度玻璃的足迹，如在斯里兰卡、越南、泰国、马来亚等地区；例如，某些彩色珠子，也是历史、信仰、人类社会内部等级的证据。如果有一串玻璃珠子之路，那就是也有一条贝壳之路。无论如何，某些贝壳，特别是在安曼捡到的贝壳，都在数世纪期间，形成了一种货币交换的单位，它们的存在，其数目、

① 最早的文字——楔形文字（Cunéiforme）是由于记账而诞生的。

在丝绸之路上某一地点的类型，都是国际关系之古老性和密切性的另一种证据。

另一条潜在的大道，便是香料之路，它要大大早于由欧洲人的地理大发现而诞生的印度之路的开通。香料、化学品和药品，人类都准备接受疯狂的冒险，以便获得它们，甚至是以此而改变其命运。犀牛角这种著名的刺激性欲的药物，由中国人以比黄金还贵的价格采购。从犀牛角到继亚历山大之后广泛传播的鸦片，其名单甚长。在丝绸包裹和货舱中旅行的珍贵物品的清单该多么冗长啊！其中当然会有金属——金和银，完全如同铁器、铜器和青铜器一样。珊瑚、油漆、皮货，特别是宝石，也都沿同样的道路传播，同样还有茶叶、呢绒和羊毛制品也都传向了东方。丝绸之路广泛地覆盖了那些非常古老的琥珀、玉石，也可能是最漂亮的天青石和供奉神祇所必不可缺的神香之路。

物品的这种广泛流动，则是人类的另一种运动，无论这些人是商人还是商品（奴婢和嫔妃）。然而，尽管在丝绸之路两极之间存在着诸多人员与物质的接力站，真理却以它特有的不可预料的速度传播。非常合理的和非常神秘的东西并存，在港口和传播各站，人们都会比较公正地估价来自世界另一端的一块小货币，但人们却又在互相叙述丝绸之路上的魔鬼和不可见的城邦。

第五章　想象中的屏障

在人的记忆中，没有任何一片处女地。当人们启程上路时，他们却不能发现，也不会辨认出这一切来。大地正如人们告诉这些旅行家们的那样，也正如他们曾阅读过的那样。文化的含金量是巨大的，占压倒优势的地位：始终是一尊神、一名圣贤或一名诗人，描述了冒险家将会遇到的一切。

物品、其秘密及其传说，都从欧亚大陆的一端传向了另一端。他们手递手和一站接一站地传播。随着其价值的增加，每次传播也都会加剧其起源的神秘性。当传播虚假消息的人、骗子手以及关心保护其交易、以可怕的传说故事而打退竞争的人出现时，丝绸之路上的信息不均等，或者更应该说是间歇性的流通，也就是“奥秘”的积累，这本身就是一种奥秘。

世界的地图，思想中的地图

什么是打乱了这场游戏的真理的过滤器、知识的障碍、歪曲的真相、杜撰错误的诠释呢？其回答是形形色色和五花八门的。

一方面，我们必须回归具体：人员和物品流通的物质条件，促进了思想与象征符号的传播。另一方面，世界的形象影响了最追求实际的观察家。最平庸的商人或旅行家，也在不知不觉的背景下，成了一种古老的世界观和形而上学观念的继承人。对错误的一部分诠释属于纯技术范畴，另一部分原因则属于思想意识或神学范畴。天体演化论、神话和舆地学，有时却很难分别清楚。

因此，没有探讨，便没有世界形象：任何远游都开始于一幅地图、一部书和一场梦。在丝绸之路上，从古代到耶稣会士们进入中国，便发明了一种虚构的舆地学、一种神话地图学，它们又诞生了探险和调查。到处都充斥着错乱：臆想中的海洋与大陆、地区的混淆或对其幅员那令人难以想象的歪曲……《亚历山大传奇》以其“黑暗之海”、“大洋之江”而环绕有人居住的所有土地，其“仙人岛”与其神话般的印度则紧傍埃塞俄比亚，这一切均不为特殊例证，而恰恰相反却成了惯例。

其他国家的大地

我们知道埃塞俄比亚人那椭圆形的大地、日本的立方体大地、许多漂浮的平地。印度大地中的四大陆按四个方向划分。印度教徒们认为，大地形成了围绕须弥山（Meru，妙高山）的七香海和七金山组成的坛场（mandala）[①]，山上生活着诸神并承负着苍穹。佛教又采用了同样的思想。一幅地图代表着印度世界，一个岛屿具有瞻部洲（Jambu）的象征性形状。一部佛教经文对它作出了描述：“须弥山矗立于位于四方的四大洲之间，它下方上圆。它距我们最近的一侧是由蓝宝石组成的，所以我们面前的天是蓝色的。其余几侧分别由红宝石、黄宝石和白宝石组成。所以，须弥山为大地的中央。”

我们欧洲人自己的中世纪却并非未欠下其地图之情，其中的大陆被画成了十字架状，耶路撒冷位于中央。

---

① 坛场或曼荼罗（mandala）是有形世界的几何形与象征性的形象，也是祈祷和禅定之所缘，在佛教和印度教中是一种神秘形象。

但没有任何一个国家的世界形象能比在中华帝国更具重要意义。在中华帝国，第一幅地图应断代为 40 个世纪之前，天上的龙马于神话皇帝时代出自黄河，马背上驮着已失传的大地图。这幅地图——河图是不可想象的权力之源，因为它载有已存在的所有王国，而且还有未来的事件。中国人也如同其他民族一样，认为世界应由一系列的同心圆所代表，在皇宫的整个四周，各民族均以其“蒙昧”之等级而排列在空间中。

中国王权的缔造人大禹可能是两部论著的作者，即《禹贡》与《山海经》[①]。这两部著作指出了中国人对他们自己领土（至少是对于中华帝国中原相当大的部分地区）的相对具体的知识。当这些地图略微偏东一些的时候，便变得相当含糊了。它们不知道海岸线，非常模糊地描画了一片东海，仙人诸岛可能位于那里。中国人将神仙生活的地区昆仑山，置于了西部。穆天子曾去昆仑旅行，这位神话中的西行者曾在那里会见了萨巴王后（西王母）。

中国皇帝非常注重地图的准确性，他们渴望了解异域的情况。所以，汉武帝派遣打通丝绸之路的张骞（原文误为玄奘。——译者）返回后，皇帝曾向其使者询问西域的地理，并且将这些信息与古地图作了比较。他特别坚信，其使者看到了昆仑山，那里出产宝石，而传说中将它置于了泰西。在汉代，将军和工匠们都需要地图，帝国官府便向他们提供这一切。从晋代起，某一位裴秀——中国地图之父于公元 267 年被任命为大臣。其迫切任务之一就是校勘《禹贡》地域图，并由此而编制了皇帝保存于其秘密档案《禹贡地域图序》中的地图。《禹贡地域图序》中指出：“图书之设，由来尚矣。自古立象垂制，而赖其用。三代置其官，国史掌厥职。暨汉屠咸阳，丞相萧何尽收秦之图籍。今秘书既无古之地图，又无萧何所得，唯有汉氏《舆地》及《括地》诸杂图。各不设分率，又不考证准望，亦不备载名

① 事实上，第一部论著是公元前 9 世纪的，第二部则应断代为公元前 4 世纪下半叶。

山大川。虽有粗形，皆不精审，不可依据。或荒外迂诞之言，不合事实，于义无取。”

所以，裴秀以方格法和正交投射法而确定了一幅科学地图的基本原则。这一切又发生在坚信地球为方形的同时。稍后不久，另外一位大地图学家贾耽，于801年编定了《海内华夷图》，它是现已失传的巨幅地图，人称它长30尺和高33尺。地图学家们的努力从未松懈过，但始终具有功利性目的。有关世界的基本知识，并不与有关中国及其战略性四周的知识同步发展。

尽管取得了明显进步①，中国的地图学却在长时期内始终浸透着一种中国中心观。例如，在16世纪时，当那些著名的入华耶稣会士们将中西科学进行比较时，完全是为了满足中国官吏们的最大兴趣，但有一个学科激起了抵触情绪，这就是地理学。在华耶稣会的第一位伟大的代表人物利玛窦（Matteo Ricci）叙述说：“中国人完全相信天是圆的，但他们却认为地是方的。他们使人确信，中华帝国就位于大地中央。他们由此而坚信，并不耐烦地坚持认为，中国被西方舆地学家们弃置于远东的一个角落中了。”该耶稣会士为了不激起怀疑并推动上天的事业，而必须找到与地图真相的妥协：“把福琼群岛（Iles Fonunées，即卡纳里亚，Canaries）的第一条子午线置于对其左右地区的地理描述的边缘，这样就会让人看到中华帝国位于描述部分的中央，从而使中国人感到满意和高兴。人们在当时尚不能找到一种更适合的创新，以促使该民族接受我教的奥义。”② 但我们不要讽刺16世纪的中国人。同一位利玛窦还刚刚地向其同胞们揭示了一大信息，它可以摧毁15个世纪之多的一种地理传说。事实上，只有一个中国而不是两个，西人通过海路到达的那个中国（Chine）并非一岛屿，而是与人们经西域从陆路而至的那个中国（Cathay）为同一个国家，后者就是马可·波罗所说的“契丹”（Ca-thay），也就是自上古以来就以“赛里斯”（Sères）之名而美名远布的那

① 特别是在地籍测量图和航海图领域，更为如此。

② 利玛窦：《基督教远征中华帝国史》。

个国家。

两个“中国”实际上只是唯一一个具有无数地理神话的国家，其中的大部分神话都诞生于古代。还有一种神话持续了数世纪，这就是有关锡兰的神话。佛教恰恰又加强了一个更加古老的传说，它有时以这种名称，有时又以一个更古老的名称“楞伽”（Lanka，即“兰卡”）相称，它是一个著名的圣地。在印度史诗《罗摩衍那》（Ramayana）的伟大时代，于那里囚禁了公主，其夫罗摩（Rama）必须从劫持了她的魔怪那里把她夺回来。《罗摩衍那》将“以黄金城墙环绕的一个庞大的神奇城邦”置于锡兰……“它与天国之城并列”。在佛教传入该岛之前，一种很扎实的传说使锡兰成了俱比罗（Kubera）王国，而俱比罗在印度神话中指财神。

在山峰上，佛教徒们崇拜一处他们声称是佛陀足迹的遗迹。当基督教的朝圣人拜谒该岛时，他们便会重新诠释这个巨大的脚印。该山变成了亚当峰，当第一个人被从亚丁驱逐出来之后，便在那里落脚。在伊斯兰教传说中，另一只脚则在麦加，阿丹（亚当）峰位于距天堂有40古里的地方。人们针对锡兰而始终都会介绍形形色色的奇迹（如其田野中生长宝石等）。锡兰甚至变成了人间天堂可能存在的地方之一。这就是科斯麻·英迪科普莱特（Cosmas Indicopleutes，“到印度去的科斯麻”），于公元5世纪在《基督教地貌学》中所断言的情况（此人曾于印度旅行）。他询问道：“事实上，对于丝绸来说，既然某些人毫不犹豫地前往大地的边缘，以从事一种微不足道的贸易，那么他们为什么不能毫不犹豫地启程去拜谒天堂呢？”[①] 为了发挥这种理论，以证明“红锆石所在的岛屿”，而他还知道该岛是海上贸易的大交易中心，也是天堂四条江河源出的地方。它们在经过大洋以下地区时，同样也到达了其他地区。事实上，它并不比东方地貌学传说更令人惊讶，这种传说将该岛的神话首府楞伽补里

① 科斯麻·英迪科普莱特本义为“曾到印度去过的科斯麻”。请参阅《基督教地貌学》，赛尔夫出版社1970年版。

(Lankapuri)作为经纬度的中心和0°，也就是说是世界的中心①。它也不比其他那些传说更加不可思议，它们让人在该岛上参观了毗湿奴（Vishnou），战神韦驮（Skanda-Mumkan）、狄俄尼修斯(Dionysos)、亚历山大（Alexandre）、《古兰经》中的艾尔·基德尔（El-Kidr）、水手辛伯达。在一个诸如锡兰那样的世界性地区，而且又笼罩着一种极大神奇财富的神秘色彩，佛教不可能垄断那些传说，正是它们对于“光明之岛”的地理作出了一种象征性解释。

哥伦布之前的20个世纪

一道桎梏长时间地压在大地上的发现者们身上：亚里士多德(Aristote)、《圣经》或托勒密②只能讲真话。某些人出于对对称的爱好和为了忠于毕达哥拉斯（Pythagore）理论，而勾勒出了所有大陆的形象。神话被登录在地图上。在数世纪期间，人们都在描绘天堂及其4条江河的源流、阿马宗人（Amazones，希腊神话中的女战士）的地区、磁山、地精（Djin）的地区等。

然而，舆地学是在最有利的条件下诞生的。它很快就获得了诸如大地的球体、经纬度、地球圆周率的计算、科学方法的基础等概念，而这一切都发生在亚历山大史诗之前或紧接其后的时代。

希腊地图学扮演了一种双重角色：既是探险家们的指南，同时又是交流的知识，就如同对待一种珍贵商品的运输和维护一般。如果说希腊地图决定了丝绸之路的历史，那么它也决定了地图学的历史。

事实上，地中海世界、欧洲、阿拉伯世界甚至是波斯社会，

① 《斯里兰卡和丝绸之路》，联合国教科文组织斯里兰卡国家委员会，1990年版。

② 托勒密（Claude Ptolémée，公元90—160年左右）是《数学运算》和一部《舆地学》著作的作者。我们必须等到哥白尼（Copernic）时代，才能驳斥他的地球中心论。

都依靠古代已取得的知识，而生活了数世纪。即使是伊斯兰教的学者们大幅度地发展了这种知识，他们也继续在一个于希腊化文化时代确定的范畴内，来思考世界。但在更多的情况下，古人的地理知识都被伊斯兰教忠实地保存下来了，并且由于十字军和文艺复兴而又传至欧洲。

科学知识的这种往返象征，便是托勒密的地图，它是对古代所有研究的总结。在中世纪，它被人遗忘了，并且被更加符合宗教教条的形象所取代。总而言之，欧洲失去了托勒密地图。为了使它能被重新发现，则必须使它经过直到15世纪的一段被遗忘期，以及阿拉伯科学的漫长迂回。它的重新出现、它曾出现在最早刊本文献中的事实，都刺激了文艺复兴时代的西方科学，间接地刺激了地理大发现①。因此，一切都是从古代地理书出发的，并把我们推回到了丝绸之路的开通时代。

人们过去对于大地都知道些什么呢？

腓尼基人，于公元前第一个千年纪时，就在大西洋上航行，并且为寻找锡兰而一直深入到很靠北部的地方，也可能一直到达不列颠群岛（英伦三岛）。我们应该将从红海经海格立斯擎天柱（Hercule，直布罗陀海峡）而到达埃及的一次海路远征，实际上视为一次环非洲旅行②，也归功于这些腓尼基人，但他们在公元前600年左右，是为法老王尼科（Pharaon Néchao）效力的。希腊古代史可能从他们的游记中接受了一种基本概念——大江大洋。荷马（Homère）就已经讲到了环绕全部已露出水面大地的外海。此外，这不正是亚历山大于其小艇高处观察到的场面吗？他在那里被巨鸟叼走了。

---

① 当然，“蒙昧主义的”中世纪的一句口头禅？便是相信大地是平的，从而完全退化到失去已有知识的地步。这是一种传说，至少也是一种巨大的夸张：大地为球形的思想从未被彻底地“遗忘”。勇敢的哥伦布先驱者的形象，独自坚持反对其时代的伪学者们，认为大地是圆的。这是一种传说：这种讨论主要涉及地球的体积，哥伦布错了。

② 希罗多德非常怀疑，那些在这一方向环非洲航行（即经过南方绕非洲大陆航行）时，声称太阳在他们右方的那些人的记述。

当舆地学家米利都的阿纳克西曼德尔（Anaximandre de Milet）[1] 绘制第一幅地图时，便将球形的大地置于宇宙的中央。同样是在公元前 6 世纪，毕达哥拉斯与其学派宣布大地为球形体。他们的理论是世界是对称的。由此而诞生了一种第四大洲的信仰。这就是安提克托纳洲（Antichtone，黑暗之地的对跖点），其在南方的地面重量能与北方的地面重量保持平衡。由此开始，便诞生了千般假设，包括有关对跖民族的假设。人们便会思忖，这些人到底像什么，他们怎样才能使脚维持在地面上。

秘密与安提克托纳洲大陆上的神话故事一样浓厚。它往往受另一种秘密的感染，即无法越过的赤道之秘密。那里的天气应该是非常酷热，以至于北半球的人都被一道不可穿越的屏障，而与其南方同胞们分隔开了。

天下有几大洲

公元 1 世纪中叶前后，庞波尼乌斯·梅拉（Pomponius Mela）认为，担罗跋摩（Taprobane）国[2]，即锡兰，可能正是此大陆，即一片相当于欧罗巴的土地。“根据喜帕恰斯（Hipparque）认为，担罗跋摩国可能如同另一世界的开头处。此外，有一点也显得是很有可能的，因为这片土地是有人居住的，我们尚不知道是否有人曾环这片土地旅行过。”时隔不久，普林尼又纠正了这种错误：“担罗跋摩在很长时间以来，便被认为是另一个世界，被称为安提科托纳洲。正是亚历山大大帝时代及其事业，才明显证实这是一个岛屿。因此，从公元 1 世纪起，担罗跋摩国并非是

---

① 米利都的阿纳克西曼德尔是天文学家和几何学家米利都的泰勒斯（Thalès de Milet）的学生。阿纳克西曼德尔当时就已经知道，月亮只会反射太阳的光芒。他同样还发现了子午线的弧度。

② 今斯里兰卡是一个“光明岛”，它同样也以其印度名字斯黎（Sielediba）、赤铜岛（Tampabamni）、狮子国（Sinhala）或僧诃罗（Sihala）、细轮叠（Serendib）等名而为人所知。其岛名几乎是无穷尽的。

Antichtone，即‘黑暗之地的对跖点’。但这并不能阻止该岛拥有许多摩国。从此之后，旅行家们从中看到的奇特物的数目，完全可以与印度和埃塞俄比亚相媲美。”①

据斯特拉波认为，担罗跋摩国可能如同不列颠（英吉利）群岛一样大，但一直延伸到埃塞俄比亚。托勒密又将锡兰的国土扩大了20倍，并且果断地把它置于赤道的高度。普林尼认为，锡兰岛位于世界的东南极。该岛是丝绸之路上的一大贸易转运站。自古代以来，它便以提供象牙、龟甲（玳瑁）、黄金、珍珠特别是宝石而使商贾云集，名播远方。

锡兰是介于阿拉伯海与孟加拉湾之间的海路中继站，它也是两个世界的交会点，是海上丝绸之路的大边界。我们对于它在地图上，占据一个与其在古代臆想中的意义成比例的地位，则没有任何令人惊讶的地方。

如果锡兰失去了其安提科托纳洲（“黑暗之地的对跖点”）大地的地位，那么毕达哥拉斯有关一个南方大陆的思想，对于与北方大地保持平衡，却始终是非常必要的。

继毕达哥拉斯之后，柏拉图同样也影响了那些地理假想，而且并非是始终都有利于科学的清晰性。他相信大地为球体，但他又散布了一种被吞没的“阿特兰提斯洲”（Atlantide）的神话，这个神话一直持续到我们今天②。

相反，柏拉图的信徒尼多斯的欧多克索斯（Eudoxe de Cnide）③，将于埃及的赫利奥波利斯（Héliopolis）与在尼多斯观察到的同一颗星辰的方位，作了一番比较。他测量了其方位与地平线相对的差异，并由此而推论出纬度的基本概念。

一个球体的世界，全部露出水面的土地都由唯一的一个大洋所环绕，在南部很可能还有一片辽阔的未知大陆、一个通过观天

① 就如同出于偶然一般，乌托邦文学的经典著作之一《太阳城》，于1602年由康帕内拉（Campanella）著，它将一座理想之城置于了担罗跋摩国中。

② 从第二次世界大战之前起，人们就已经发现了2000多部有关大西洋洲的著作。

③ 欧多克索斯（公元前390—前340年）的原籍为卡利亚（Carie），同样也是天文学家和几何学家。

便可以测量的世界，这几乎就是亚历山大征服之前的一种占主导性的观点，也是其师亚里士多德又继承了其主要内容的观点。亚里士多德知道大地是圆的。但他是通过怪诞的论据而证明此说的。他依靠的是游记。据此认为，海格立斯擎天柱地区接近印度地区，而且恒河形成了已知世界的东部边缘。据他认为，“介于海格立斯擎天柱与印度东部之间的距离，不会非常遥远。所依据的事实是，在毛里塔尼亚的边缘，同样也生活着大象”。在亚洲就如同在非洲一样，存在着大象这样的厚皮动物。这便是其证明：这些土地互相衔接！由于亚里士多德曾指出，向大熊星座方向或向南去的旅行家，都可以很容易地发现天体形状的变化。他由此而推论出，地球不应该特别庞大。否则，这样的差异在相当短的旅行中，就不会出现了。

亚—非大陆的神话更加强了另外一种神话，即有关地球很微小的神话。一种比它在事实上还要狭窄的大地的这种幻觉，启发了托勒密，同时也启发了哥伦布。总而言之，那名热那亚人发现新大陆的时候，与其时代的学者们相反，并非是由于他已理解到了大地是圆形的，因为所有人都知道这一点，而是由于他相信了亚里士多德和托勒密，却不相信厄拉多塞（Eratosthène）。这是于公元前 4 世纪开始的一场科学大论战难以预料的结果。

最后，亚里士多德认为，赤道地带的酷热如此严酷，以至于在那里形成了一种空气的凝结，甚至连人员与河流也均被烧毁。因此，在南部有一道不可逾越的屏障。

当亚历山大放弃进入印度并班师巴比伦时，便随身带回了未能通过东方而到达海格里斯擎天柱的遗憾吗？征服者已经知道了米都斯的海卡泰奥斯（Hécatée de Milet）[①] 的地图。此图已由希罗多德作了诠释，它散布了一种可以作环球航行的历史故事。据传说认为，印度接近一片环绕有人居住大地的大洋。该洋从南部一直延伸到非洲，与另一个神话国家埃塞俄比亚处于同一水平线上。亚历山大很可能是通过希罗多德，也了解到对印度河流域以

① 公元前 6 世纪的舆地学家和史学家。

及能在那里看到的所有奇迹之描述，这样一种合理性观念，取自早期收获和大神话的谬误推论之混合，可能会主宰过亚历山大的那些大地测量人员与几何学家的研究，甚至还主宰了那些演说家。他们已犯了某些错误，如将锡尔河[①]与塔纳伊河（Tanaïs）或顿河（Don）相混淆了。在印度，亚历山大看到了一条江（希达斯佩斯河），其中生活有鳄鱼；或者是一条河（阿克希纳河），其中生长有莲花。他于是便在有关大象的问题上，匆匆忙忙地得出了与其师相同的推论。他相信了尼罗河的源头，并考虑从事一次通过印度河而到达埃及的江河远征。然而，亚历山大的那些大地测量员们的考察工作却无比珍贵。

亚历山大本人使亚里士多德了解到了他的发现。作为第一次，一次军事远征也变成了一次科学远征。直到地理大发现为止，地理知识的主要内容，都与亚历山大的远征有关。世人通过亚历山大，才掌握了有关里海以东社会的绝大部分信息；由于奈阿尔科斯（Néarque），我们才知道了有关印度西海岸、锡兰以及印度本身的知识。唯有塞琉古（Séleucos）的使节麦加斯梯尼（Mégasthène），对于古人从亚历山大、其大地测量员、奈阿尔科斯和奥奈希克里特（Onésicrite）处所获得的知识，才增补了某些信息。然而，某些人产生了怀疑：斯特拉波对地理科学作了一番总结。他写道："所有那些撰写过有关印度的著作的人，都显示出是最大的谎言家。"他攻击麦加斯梯尼、奥奈希克里特和奈阿尔科斯，"以及其他此类吞吞吐吐讲话的作家们"。但亚历山大同伴们的观察，仅仅是显示了某些更为理论性的发展，也就是希腊化文化时代的研究。

从亚历山大城看世界

亚历山大的图书馆是收藏舆地书最丰富的中心之一。在那里

① 或者是说锡尔河与药杀河（Iaxartès），或者是斯基泰人所说的 Silis 河。

绘制成了厄拉多塞的地图[1]，这是已知世界的代表形象。他希望将科学考察与游记故事，都结合进一种坐标的严格系统中，共画出7条纬度线，代表着已知的三大洲：欧洲、亚洲和非洲（他称非洲为利比亚）。他始终忠于一种思想，认为有人居住的世界是大西洋上的一个巨大岛屿。他相信，唯有北半球才有人居住，这是由于在某一纬度之下，呈现出了极端的炎热。亚洲变成了一种经简化的几何形状，里海于其北部和斯基泰人地区而注入北大洋[2]。在南方，印度次大陆形成了一个结构紧密的板块。它以其地面而与阿利亚纳（Ariane）相似和具有可比性。阿利亚纳即波斯，印度河把它们分隔开。一片巨大的厄里特利亚海（Erythrée）把波斯与阿拉伯海、孟加拉湾和印度洋结合在一起，形成了地图的下端，有人居住的世界确为一岛屿。

使其周围遭受到如此巨大讹变的地图，则通过比较而提供了地中海世界的一种相当正确的观念。但这也并非是厄拉多塞获得荣誉的主要原因之一。此人由于通过纯推论的计算和以一种令人惊讶的准确性（与其考察工具相比较而言），而计算出了大地的围长。他的天才思想是在夏至日的中午，比较太阳知道其距离的，并且是位于同一道经线上的两座城市中的方位。他从而知道了两个观察点之间的距离，相当于多大角度。厄拉多塞推论出，地球的周长是5.2万节（stade）。如果他使用埃及节（157.5米），那么他就是通过纯推论而得出地球的周长是39690公里，这其中就出现了一种很微不足道的误差。换言之，在哥伦布发起大探险的16个世纪之前，人们不仅仅知道大地是圆的，而且还曾计算过其体积。事实上，另外一个学派，继斯特拉波和托勒密之后，也作了一次与厄拉多塞不同的计算，并且还获得了一种地球那很短的周长。这种有害于厄拉多塞理论的倾向之优势，后来

① 克兰尼的厄拉多塞（Eratosthène de Cyrène，约为公元前275—前193年）是一位全才的思想家、诗人、语言学家、天文学家、未来君主托勒密·菲洛帕托尔（Ptolémée Philopator）的家庭教师，当然也是舆地学家。他主持着亚历山大城的图书馆。

② 想彻底知道里海是否注入北大洋的问题，引起许多古人的关注。亚历山大曾指出，其水并不咸。

产生了对大发现的某些人所共知的影响。

从希腊化时代起，大地的球体状就不受任何质疑了。公元前150年左右，第一个已知球体，是一名希腊学者马洛的克拉特（Cratès de Mallos）的作品。他是斯多葛派信徒，曾认为大地应呈非常完善的形状，他希望它是合理化的、对称的、地地道道的几何形的。他将漏出水面的大地分成了4个大陆或大洲，各自占据地球的四分之一，它们沿赤道和第1道子午线而与大海相隔。几何思想于此诞生了一种镜子般的奇特效果。克拉特一举恢复了"反大地"（Antichtone，大地对跖点）的传说。与那些希望地球仅仅有一小部分露出水面并有人居住的观念相反，他还认为其他的大陆和其他的人类，可能是由一道无法翻越的障碍，而与我们分隔开了。已被克拉特遗忘的这个球体（我们仅仅通过描述才了解到它），培育了先是罗马学者和后是中世纪学者的观念。被称为"普世的"（唯一一个有人居住的世界）的地图以及"半球形地图"与克拉特地图相对立，并且一直持续到15世纪……那个希腊"异教徒"的假设不会受到忽略，即使它提出了一种世界的多样性也罢。由此而出现了很有意义的神学论战：上帝是否曾创造过一个人们无法到达的，因而也不能接受福音化的大洲呢？

图书馆管理员与商人

随着基督纪元，便开始了那些大型综合性著作的创作。其中最惹人注目的著作之一，便是斯特拉波17卷的《舆地书》。他于该书中辑录了其前人对于已知世界所阐述的一切知识[①]。他也相信世界第4大洲的存在。

在反映了宇宙起源论重大观念的地图之外，还为那些更为经

① 阿玛塞的斯特拉本（Strabon d'Amasée）约为公元前63—公元24年人，他同时从事地理学、数学、物理学和地图学工作。

学致用的著作保留了一席之地，如主要是供商贾们使用的真正的指南性著作。《厄里特利亚海航行记》[①] 叙述了其作者——一位匿名希腊人在印度洋的旅行，他一直到达印度东海岸和非洲东海岸。其中讲到了秦人（This）和秦奈人（Thinae）的国家，很少有人亲临那里，那里也颇为陌生，丝绸便从那里辗转而来。船舶全都纷纷驶向印度的西北海岸去寻找丝绸，因为船长们现在知道了喜帕尔风（Hippale，即季风）是什么，其规律性如何。

该书文中描述了“一个叫做秦奈的庞大内陆城市，生丝、丝线和被称为‘赛里斯织物’（Serikon）的丝绸，均出自那里，然后被用脚力经大夏地而一直运到婆罗羯车（Barygaza），再经恒河而运到利穆里（Limurie，小亚细亚）”。它又补充说，很难到达秦人（This）地区。“因为只有很少的人能从那里返回来过，非常罕见。”相反，《厄里特利亚海航行记》证明了红海海上贸易的繁荣，直到印度始终都很活跃，它还指出海路的重要地位，一个航海民族在海路贸易中扮演了重要角色，这已经是指阿拉伯人了。

公元1世纪末前后，某一位马埃斯·蒂蒂亚诺斯（Maès Titianos），明显是被称为马其顿人的巨商，他拥有大批建立了稳定商务关系的客户。他决定派遣其经纪人去考察运来丝绸的丝绸之路。这次探险旅行共持续7个月。它可以使人联想到从东罗马帝国的叙利亚首都安都（Antioche，安条克）出发的丝绸之路的路线。行人在进入安息人的领土之前，要渡过幼发拉底河。这条路经由埃克巴塔纳（Ecbatane），然后在经过今阿富汗的麦尔夫和巴克特拉（Bactre，巴尔赫）之前要经过今德黑兰附近。这样一来，他便到了印度—斯基泰人中，也就是到达了中国第一位使者张骞试图与之相会的月氏人中。他于是又来到了帕米尔山脚下标志着中国骆驼队商人与安息人或波斯人之间的相会点石堡，便位于其中的一个山谷中。由此而出现了两种选择：环绕无法穿越

① 专家们讨论了其撰写时代，认为是介于公元40—135年之间，甚至是在公元3世纪初叶。

的塔克拉玛干沙漠的北路或南路。所有两条路线都在进入中国中原地区之前，于敦煌相会合了。在叙利亚边境的赫拉波利斯（Hiérapolis）与赛里斯国的首都赛拉（Séra）之间，总共有11000公里的路程，携带希腊宝石和金器的马埃斯·蒂蒂亚诺斯的使者，与运载丝绸大行囊的中国人（至少是亚洲人）和印度人，在石堡相聚。印度人甚至在石堡附近，还拥有一家沙漠骆驼队客栈，以在那里存放其囤积的香料。

可能是从马埃斯·蒂蒂亚诺斯的人员（他们实际上究竟亲自到达过哪里呢?）之冒险中，产生了某部旅行记著作，也就是马可·波罗之前12个世纪时的某种语出惊人的故事集，它加强了对于东方那真正的和臆想中的大发现。事实上完全不是这样。冒险故事中的这些高级官僚，经营这些神奇商品的店家，他们只忙于自己的事业。他们从未记录下任何值得保存的东西。推罗人马兰（Marin de Tyr）[①] 写道："在七个月的旅行期间，他们未带回哪怕是绝无仅有的一条值得辛苦去保存的信息，他们返回后于其旅行问题上的叙述，纯粹是荒谬绝伦的内容。"我们确实只是通过马兰的记述（他本人又是通过托勒密而获得这一切的），才知道了这部航行记，许多资料可能已于沿途损失了。我们将马埃斯的手册列入那些未被写成的著作、未留下记忆的神奇冒险故事、已失传的信息、悲怆的失败之墓葬和东西方那些失之交臂的相会之连环故事中的情节之一。

失传的地图

现在尚留传下一幅著名的大地图，古代的以及其后来中世纪的全部知识都集大成地载于该图中了。这就是一个巨大的记忆储存器——托勒密地图。托勒密本人就是亚历山大图书馆的管理

① 推罗人马兰是一名重要的舆地学家，在公元1世纪初叶，曾通过数学计算而绘制了一个经纬度网络。

员。公元2世纪初叶，克洛德·托勒密接受了希罗多德、厄拉多塞、斯特拉波和推罗人马兰的遗产，也就是他们的旅行记著作。他完成了对这一切著作的总结，比较了他们的路线，为350个由天文学确定的固定地点确定了方位地望，并且为8000个地址定位。

但我们仅仅是通过稍后根据他注明的内容而很好地绘制的路线图，才知道了其地图的存在。对于丝绸之路来说，该幅地图却具有特别意义。它反映了两种神话：两个中国的神话和封闭的印度洋神话。

当人们观看此地图时，就会辨认出地中海以及阿拉伯海四周的常用路线。对于其附近的情况，却完全不同。这位舆地学家所熟悉的地区，粗略地由西向东延伸，也就是说从加那利群岛（Canari）直到阿南。在北方，它绝没有超越不列颠群岛。对于其南方，托勒密将神话般的亚非大陆的巨大部分，都置于赤道以南，而该大陆正好封闭了这幅地图的下部，使印度洋成为一个内海。

这个南方大陆从直布罗陀一直延伸到中国，或者是刚刚为我们传来的“中国”之名称Sina或Thina。这可能就是中国南方，与被称为“赛里斯”的中国北方完全不同，它位于斯基泰人的国家以远地区。因此，在未来的数世纪期间，欧洲人即将相信存在着“两个中国”，即南方和北方的“中国”，二者均为丝绸的出口地。人们可以通过海路而到达其中的一个“中国”，通过陆地而到达另一个。

有关骆驼商队之路，托勒密非常详细地描述了直到大都市赛拉（Sera Métropolis，长安）的绿洲之路。他认为欧亚大陆是由唯一的一条山脉从一端跨越到另一端的。同样，他还想象出了两个印度，即内恒河与外恒河印度。其中最靠东部的一个印度则由一个格尔斯纳（Chersonée）的半岛相隔，它基本上相当于马来半岛，他将苏门答腊与该半岛联系起来了。

这就是在15世纪地图学复兴时期，一次真正重新发现的内容的传说性地图。托勒密舆地书的印制是自1475年开始的，它产生了如同抛下一颗炸弹般的影响。

托勒密总结出的占突出地位的概念，特别是有关“两个中国”的传说，也只会使围绕着丝绸起源问题的神秘性有增无减。众所周知，丝绸是由“赛里斯国人”（Sères）生产的，这是一些特别难以接触的人，他们不会越过著名的石堡。庞波尼乌斯·梅拉介绍了与这个捉摸不定的民族进行交易时的奇特礼仪：在一片荒凉偏僻之地，塞里斯人将他们希望出售的丝绸堆放在了那里。他们必须亲自将他们希望以物易物做交易的商品，也放在同一地点。不必交易的双方见面，即可成交。这就是为什么商客和骆驼队商对他们那神秘的交易对手，始终所知甚少，因为他们从来不面对面地交谈，哪怕是只言片语也罢。

蓝眼睛的中国人

但事实上，人们是否确信“赛里斯人”就是中国人呢？是否有可能是指斯基泰人、印度人或安息人（帕提亚人）呢？人们很可能是把中国人与他们于其中采购丝绸的中介民族相混淆了；或者更可能是，人们将从事这种交易的不同民族中借鉴到的各种特征，都一股脑地归于这样一个笼统名称之下。其证据是普林尼对“赛里斯人”的描述：“他们超越了普通人的身材，具有红头发、蓝眼睛、声音令人恐怖而不与外人交谈。”

这些蓝眼睛和红棕色头发的中国人，到底是什么人呢？普林尼将这种资料的出现归于赤铜邑国的使节。这些人叙述说，他们的岛屿面对生活在“赫摩底（Hémodi）山以远地区”的赛里斯人。最可能会成立的解释，便是其中出现了双重混乱。首先是在赛里斯人（Sères）与赛拉尔人（Cérar）之间造成了同名，后者位于印度西南海岸上面对锡兰的地方；其次是地理上的原因，人们将那些中介人（他们是贸易中的经纪人）当作中国人了，中介人主要包括西突厥斯坦、大夏、北印度的塞种人以及亚洲的斯基泰人。总而言之，这都是中亚操印欧语言的居民。与赛里斯人有关的一切，都具有令人感到惊奇的特征。斯特拉波断言，赛里斯人能活 200 岁以上。更为热情许多的卢西安（Lucien）又为他们增加了一个世纪生命的希望。这种 300 岁生命的长寿之秘诀，却非常简单："他们只喝水。"与此对称的则是，中国人也相信罗马人熟悉丝绸的底细，把拉丁人想象成了身材极其魁梧和相貌奇特的人。事实上，罗马人完全可以与中央帝国的居民们具有可比性。这就是为什么罗马在它所拥有的许多名称中，特别以"大秦"（大中国）之名相称。促使中国人与罗马人互相想象得如此相似的"镜子"的作用，漫射得非常遥远。中国人也讲到过泰西的这些人那闪光的织物、恬静的风俗与特别的长寿。

此类特别长寿的历史故事并不罕见。在上古时代，人们将一种 140 岁的寿命归于印度人，但这次的长寿原因归于他们吃蜂蜜；或者是归于圣山（Athos）的居民，因为他们吃蝰蛇肉。在对神奇民族的列举中，无论是埃塞俄比亚人，还是担罗跋摩国或赤铜邑国的居民，他们均未逃脱这条准则：他们也具有活得非常高龄的名声。

狗头人身人、怕光的人及其同类

所有这一切，依然是由普林尼向我们介绍的。他辑录了其前人的所有著作，向我们介绍了有关世界上神奇民族的一份基本上是完整的名目。在《亚历山大传奇》与普林尼的《自然史》或《博物志》（而且它们也能广泛地互相印证）之间，再没一种身材畸形、一种大自然的畸变或一种怪异习俗的人类了。事实上，中世纪的虚构臆想再也未找到能萦绕世人梦想的"奇迹"。

所以，由塞琉古（Séleucos）派向旃陀罗笈多（Chandragupta）的使节麦加斯梯尼（Mégasthène），他曾描述过的著名的"狗头人身人"（Cynocéphales），在赛里斯国也不会付阙如。普林尼指出："在许多高山上，存在着一个狗头人种族，他们身披兽皮，只会狂吠而不会说话；他们武装以爪子，捕杀猎物和飞鸟以供食用；在作者记述的时候，他们共计有12万人。”

作为回应，马可·波罗以相似的方式对这些“狗头人身”人作了描述：“你们实际上应该知道，该岛（阿达曼岛）的所有居民都长有如同犬类一样的头颅、牙齿和眼睛。我告诉你们说，他们的头颅酷似大猎犬那样的狗头……他们吃自己能抓住的一切人，唯有他们自己的同类例外。”

这些狗头人身的人类变成了中世纪游记中的一种经典了(如柏朗嘉宾的一位旅伴就曾在斡罗思发现过他们，他们也被画在阶梯大教堂的三角楣中了)。那里还有独眼人（Arimaspes），他们只在额头中央有一只眼睛，长期与格里丰（griffon）这种狮身、鹰翅和马头的怪兽作斗争。格里丰“是一种长翅膀的怪兽，正如传说所描述的那样，它可以从地下坑道中掘取黄金，并以如同独眼人掠夺这一切相同的顽强精神而捍卫它们”。那里还有些其脚掌被倒转的人。普林尼甚至还具体解释说，当然曾遇到过他们的亚历山大却无法携带他们同行，因为他们无法呼吸其故乡之外的其他空气。蛇人（Ophiogènes）则“出于蛇”，若能触及它，便可治好中毒的伤口。普林尼总结说，事实上，“主要是印度和埃塞俄比亚才充满了奇迹”。大家特别是能于那里发现“独腿人”（Monocoles)，也有被称为“怕光的人”（Sciapodes)，“因为他们在最强烈的阳光下，是背朝上躺在地面的，以便用其腿的阴影来保护自己”。无嘴人或无口人（Astomes）浑身长满了毛，身上以树叶遮盖，仅以空气和香气为生。那些无法避开的侏儒(Pygmée，小矮人）始终与鹤争斗。我们还不要忘记那些穴居人(troglodyte)、无脖子和眼睛长在肩膀上的人等。“如果我们仅仅想到世界上和西西里的美好环境，那么我们就可能会觉得这一切都是不可能的，还会存在如此奇形怪状的人，如独眼巨人和食人生番（Lestry-geons)。”那些论据可能都不会被说服（但怎能怀疑由荷马描述的那些民族的存在呢?)。普林尼又抛出了最后一种论据：“事实上，谁在亲眼见到过埃塞俄比亚人之前，又会相信过那里的黑人呢？”

地平说

谁会在未曾亲眼目睹它们之前，相信背部长眼睛的人、独角兽、半人半马的怪人和没有意识的怪物呢？所有人都会相信，特别是我们中世纪的人。

但中世纪又从中增补了一种错误，中世纪失去了托勒密地图，遗忘了其希腊版本。它禁止自己以一种纯粹是理论上的荒谬去歪曲世界的手段，以重新发现世界。这是致使西方用了如此之长的时间去追踪丝绸之路的原因，它用这样的时间足可以步行走到东方了。政治上的动乱不能解释一切，一幅纯粹是异想天开的和教条性的地图所形成的思想障碍，长时间内制约了旧大陆的发现者们①。

某些地理学上的否定再加上那些不可思议的生灵，便产生了一种足以阻止任何冒险活动的大地观。

质言之，实际上是直到15世纪，从未有过欧洲人所认为的那种世界地图，唯有某些非常简略的图除外，更多的是出自象征体系，而不是出自复原大地形状的意愿。这些地图中的大部分都仅满足于以一个圆圈来含糊地表示世界的形象，并指出欧罗巴、亚细亚和阿非利加这三大洲。这三大洲由一片竖向的地中海、一条塔纳依河（Tanaïs，顿河）和一条横向的尼罗河（Nil）而分隔开了。一海两河在有人烟的地域范围内，形成了一个T字形，这些地图也被俗称为TO地图，这确实是非常恰当地描述它们的模式。当然，耶路撒冷位于世界的中心。在这个圆的背面，没有居民。认为其对跖点上的人系头朝下而立，则是荒诞不经的。因

① 地球的球体思想和某些基本观念，却从未被所有人否认过。怪诞的幻想之物与古代科学结合在一起了。所以，在14世纪时，曼德维尔（Mandeville）是最具空想性的编年史作家。他讲到圆形大地，并重复了厄拉多塞的数字，中世纪的某些学者们从未忘记过这些数字。

为圣·奥古斯丁（Saint Augustin）曾肯定过这一点。

在这种地图学简化的精湛著作集中，应该赋予生活在6世纪的某位拜占庭修道人科斯麻（Cosmas）一种重要的地位。他的方法（因为我们是讲方法，而不是讲地图学和地理学）获得了一种很难想象的成功，因为它是以那种认为大地的形状符合圣体柜形状的思想为基础的。在《圣经》（特别是圣·保罗）与大地之间存在着完美的吻合。它酷似一个长比宽多两倍的平盒子，由一个隆起的盖子——天穹所覆盖。科斯麻修士的呓语和谵妄特别令人感到惊讶，那是由于其炮制者在受归化之前，曾是一名商贾，因而也是一名务实主义者。他沿海上丝绸之路前进，并在那里赢得了其绰号“到印度去的人”（Indicopleutes）。他也可能是介绍了许多真实的事实。例如，当他讲到锡兰时，科斯麻非常公正地指出：“由于其中心地位，所以该岛成了来自印度和波斯所有部分船舶的避风港……我在该岛内的地区，听到了讲中国和其他市场，他收到了丝绸、丁香花蕾、芦荟……”有关锡兰，当大部分其他编年史作家在那里只看到大山和奇迹时，科斯麻却表现得更为谨慎一些，甚至是更为严肃一些。他以其对于一种世界性大神话——天堂神话的贡献，而又作出了弥补。他认为，长方形的大地被唯一的一片海洋所环绕。在大海以外，只有跨大洋的陆地，那里在诺亚洪水之前，便有人类生活。那里也有天堂，四大江河皆源出于那里：基训河（Gihon，摩西的尼罗河）、底格里斯河（Tigre）、幼发拉底河（Euphrate）与比逊河（Pishon，很可能是指印度河）。科斯麻又补充说，日月是围绕着北部的一座山运转的；大西洋是不能航行的，因为雾太多并且有海怪。

稍后不久，即到了17世纪末叶，百科全书派作家——塞维利亚的伊西多尔（Isidore de Séville），又重复了可与科斯麻相媲美的前提，并且还指出：“非常明显，欧洲和非洲这两部分，占据了世界的一半，亚洲独自占据了另一半。”

欧洲在数世纪期间，放弃了这个辽阔无垠的亚洲。

楔子三　佛陀和旅行家

人们在传统上，都习惯于从佛教史中区别出四个阶段。首先是“历史”佛陀的时代，其中的悉达多·乔答摩（Siddhartha Gautama）王子——未来的释迦牟尼佛，经历了其后一个凡间化身，很可能是在公元前560—前480年之间。他向人间揭示了解脱之道，奠定了一个僧伽修会的基础，派遣其弟子们去布道说法并在涅槃中圆寂。

其后便出现了第二个阶段，即佛教从印度开始的扩张阶段，特别是经锡兰向东南亚和经阿富汗向中亚的传播。这种传播是在卒殁于公元前231年的阿育王（Açoka）的推动下，才发展起来的。这个时代（直至公元1世纪）的佛教，被称为小乘佛教。

第三个时期：大乘佛教（它也是佛教的诸多宗派之源）的出现。它自公元1世纪起的传播，正好与贵霜的印度—斯基泰帝国相吻合。

最后，在于公元7世纪开始的第四阶段，便传播起了一种所谓的“金刚乘”（Vajrayana）佛教，其中充满了印度教的瑜伽（yoga）色彩，如同一种密教（怛特罗）巫术一般。它经过吐蕃，并且有广泛传播的前途。但就在同时，佛教在印度已开始充满了互相竞争的宗教的影响。13世纪时，在已经穆斯林化的蒙古人的统治下，它几乎从其最早的发源地彻底消失了。我们可以这样做一种粗线条的总结：佛教的演变明显与丝绸之路的发展具有深层次的关联。

今天，佛教主要势力范围反映了这种地理—历史的逻辑。小乘（以其僧伽罗的残余形式而出现，即上座部，Theravāda）一直残存于锡兰、泰国、缅甸和柬埔寨。大乘（Mahayana）具有差异很大的宗派，在中国、日本、越南和高丽获得了巨大成功。最后，金刚乘是于第一个千年纪中期前后，在北印度与大乘分道扬镳的，它经由吐蕃而传播。除了出现于其在吐蕃的中心之外，还出现在蒙古与日本。

地形地貌的特点必然会使某些地点变成文化中心、军事要塞或商业聚散城。诞生于恒河河谷的佛教，在它向北的发展中，遇到了作为次大陆之界限的诸多山脉。它被迫取道高山之路而传播，也就是说从尼泊尔一直到拉萨。据传说认为阿育王曾赴兰毗尼国（Lumbini）朝山礼佛，此处为佛陀的降生地。该皇帝的亲生公主夏鲁玛蒂（Charumati）创建了加德满都东部的沙巴希尔（Chabahil）窣堵波（stūpa，佛塔）①，从而奠定了佛教的基础之一。但该突破口却未能一直扩展下去，佛教依然远未能越过喜马拉雅山脉的屏障。它仅在7世纪时，才实现了这一目的。这种孤立的形势促进了藏传佛教特征的形成。喇嘛教由此而得以传播，并于蒙古人的宫廷中大放异彩。

如果说阿育王的弘法大师们在向西发展时，遭到了失败；如果说佛教未能越过喜马拉雅，并在那里找到其扩展的中心之一，那么阿育王的法师们却即将开辟这种教义的两条传播大道，通过陆海两条丝绸之路：通向中亚的路，是大乘佛教的皇家之道，而锡兰将是小乘佛教传播的主要中心。

在西北方向，沿着征服者和商贾之路，从呾叉始罗（Taxila）开始，经犍陀罗（Gandhāra）和著名的开伯尔（Khyber）山口，佛教传到了康居（Sogdiane）和大夏（Bactriane）。朝山礼拜之路经过阿富汗，于是便在喜马拉雅山脉

① 在佛教初期，窣堵波是为了掩埋佛陀本人遗骸的墓葬建筑，后来变成了佛陀弟子们遗骸的圣骨塔，最后成了纪念性建筑。它们都由一种典型的圆顶所覆盖。

的北麓，与骆驼队之路相汇合了。阿富汗和巴基斯坦北部地区，真正是希腊—佛教文明的发祥地。该地区的政治形势并不稳定：公元前250年左右，一名希腊—大夏总督创建了一个独立于塞琉西人王国的独立王国。他开始向南方和印度扩大其影响。公元前135年左右，出现了游牧民族风起云涌的时代。希腊化文化的君主们均被取代。月氏人向该地区迁移，并在那里创建了印度—斯基泰人的贵霜帝国。这种周边环境却从未阻止该地区成为繁华的文化交流之地。由此而诞生了公元初期在贵霜王朝统治之下的一些真正的新颖形式。

史学家们绝对无法为其最重要的国王迦腻色迦（Kanishka）执政的时间断代①。但迦腻色迦的在位期很可能与图拉真（Trajan）的执政期，以及班超的军事远征时间相吻合，换言之，在印度—斯基泰帝国的鼎盛时期和东罗马帝国向东的最大扩张中，与中国将其势力沿西域的骆驼队之路和印度之路而向前所未达的遥远地带扩张，都具有同时性。在所有情况下，在公元2世纪的转折期，又出现了发展丝绸之路和全面贸易的理想条件。特别是因为出现了一场紧张的外交活动。所有帝国都在互相寻找，所有的社会都在试图相会，公元82年，一个安息人的使团入华。在此后的20年中，当班超的副使甘英由于胆小怯弱，而使出使罗马和贵霜人使命流产时，贵霜人也确实派遣了一个使节赴罗马，如同印度人一样。几乎是在同一时间，商人马埃斯·蒂蒂亚诺斯（Maés Titiyanos）的使者，也试图测量通向会制造丝绸国家的道路。贵霜的文化熔炉当时是在理想的条件下运行的。佛教的扩展也仅为其表现之一。

“觉”的教义正是通过这条骆驼队之路才传到中国，甚至是在中国的礼佛、取经人尚未取道这同一条路出发寻找佛教的真源之前。

① 他们在78—110年和144—172年之间犹豫不决。

第六章　从东方到东方

“啊！托钵僧们！我在向你们讲话：生与死，这就是万物之法。不要浪费你们的精力了。”

佛陀乔答摩出于纯洁的慈悲，而长期滞留于凡夫俗子之中，以向他们传授解脱的秘诀；当他讲完这最后一句话时，便准备好化入涅槃[①]。他将其弟子们遣往世界各地，派他们去向众生传授“觉”之道。这样一来，在公元前5世纪时，便开始了一场所有时代以来最广泛的运动之一。

“觉”的教义对一种现在看来很平庸的问题提供了最明确的阐述：在商业大道上输送的主要财富却是思想意识。商贾和修道人明显是沿同样的道路行进的。佛教的道路与丝绸之路广泛地重合。但其中一方却不能很好地解释另一方。这其中便有佛教的奥义。

① 可能是于公元前438年，但对佛陀时代的看法，则差异很悬殊，介于公元前7—前5世纪之间。

佛教在东方大地上的存在

佛教是怎样传播的呢？其长期传播的手段是什么呢？佛教大旅行家们的足迹，既可以在犍陀罗，又可以在敦煌石窟中，还可以在爪哇和朝鲜发现，而且尚远未被解释清楚。

这种多形态的教义与丝绸之路维持着特殊而又令人惊奇的关系，实为其第一种表现形式。它只会由西向东传播，从来未曾反向传播过。当衰退时间到来时，佛教便从其发祥地——印度几近于彻底消失了①，它未能抵挡得住伊斯兰教的冲击。佛教在西域也未能对伊斯兰教作出更有效的抵抗。由此而致使人们勉强才能记得起来，如阿富汗变成了佛教的一个繁荣的策源地；或者是人们只能勉强地想象出佛教在斯基泰人、突厥人或蒙古人中曾经占据的分量。

人们经常把佛教描述得如同是商贾们的一种信仰，或者至少是沿着商贾们的脚步而传播的信仰。这也是文人们的一种宗教。它在民间传播之前，经常接受国王和贵族们的皈依。这种世界性的宗教信仰在某些形态下，则是平等主义的，是对印度种姓制度的一种绝妙的抗衡力量。

佛教显得如同是一种绝对的虚无主义（无为，它只提倡一种修持术以解脱苦厄、虚幻与未来），但它同时又主宰了数百万生灵的日常生活。佛教并不许诺（至少是在其早期形式中）极乐世界或即时的利益，却又拥有一种惹人注目的吸引力，这就使佛教同时于其最高尚的形式中成为一种精英教理，同时又孕育着掺和有诸多迷信色彩的民间信仰，甚至是与先前存在的宗教信仰相结合：当时有许多向蒙古武士寻求知识的游方僧，蒙古人也被迫向这种非暴力伦理妥协，一切情况都可能会出现。

因此，佛教具有多种面孔。它有时颇为近似于迷信，将人神

① 这一切与印度教和耆那教（Jaïnisme）截然相反，后者抵抗了伊斯兰教的冲突。

化为佛，激起巫术的礼仪和修持；它有时又表现得如同最抽象的和在文化上最精致的形而上学的思辨，无色界与无我。任何宗教都会产生其奥义和虔诚信徒、其思辨神学及单纯的人对它的信仰。但佛教形式的真谛，已经超越了人们可以想象的一切。

佛教是一种个人解脱的宗教体系，它是以其信条、结集、异端和不可避免的皈依虔诚，而很快地围绕一个僧众集团组织起来的。它摒弃了感觉和真实之幻想，但却必须适应供像、法器和舍利等非常人道的需要。佛教的非物质论（唯心论）是通过物质之所依（载体）。一种可怕得颇为抽象概念的这种苦修通过信条和化身而传播。这种对真实之幻的摒弃，是通过文字和形象而传播的。这种无上帝的宗教却需要图像和真言。

这就是为什么与佛陀的舍利和形象、可以使人联想到“觉”或大弟子们的“觉”的有形特征的一切，都具有教理的一种特别意义[①]。图像、形象和象征物等，对于佛教来说，则代表着一种具有决定意义的焦点问题。在很长时间内，直到一个与基督教纪元之初及犍陀罗的希腊—佛教艺术相吻合的时代，人们才仅仅用象征物或标志符号来代表佛陀，如其足迹、修持的菩提树、觉者上路的法轮、供像、圣物和窣堵波的发展，连同仪轨的新形式，佛教经受了一种具有决定性意义的变化。图像和供像也在丝路上旅行，并充作了正在发展中的信仰的所依和所缘。抄经的情况同样如此。

《西游记》是中国文学中的一部大经典，它让一名“觉士”（如来）明确地讲道：“我今有三藏[②]真经，可以劝人为善……我有《法》一藏，谈天；《论》一藏，说地；《经》一藏，度鬼。三藏共计三十五部，该一万五千一百四十四卷，乃是修真之经，正善之门。我待要送上东土。”这就说明第一大宗教开始自丝路

① 佛教在大众部（Mahāsāṃghika）和上座部（Sthaviravardins）之间的第一次大分化，是在有关阿罗汉（arhats，达到了解脱的弟子）在梦遗问题上出现的。

② 佛教经文中的“三藏”（Tripitaka）系指经藏（Sūtras）、律藏（Vinaya）和论藏（Abhidharma）。

向东传时，是怎样由一种经文、抄经和思想的频繁运动而表现出来的。如果说佛教并非是一种经文宗教，那么著作也于其中占据重要地位。它没有启示的语言，而是一种施教。它必须经由戒律、思想和愿望，才能从思想、戒律和愿望中解脱出来。

佛教也有人员的长途旅行，有传播“四谛”[①] 的法师，是一种布道的组织和僧兵的代表，服从于一种修会和一种戒律。佛教也有朝山礼佛人，他们寻求佛经和最早的纯洁教理、追寻奠基经文，这些人是经过整个大陆上交流的频繁程度的伟大见证人。他们是丝绸之路上最早的探险家和作家。所有人都是文人。

供像、经文、人员，这就是主宰佛教传播的三位一体。

奉佛的皇帝——阿育王

佛教的真正传播是随着阿育王[②]而开始的。阿育王是孔雀王朝（Maurya）的皇帝，也是第一位皈依的君主。他决定确立一种佛法（dharma），一种受神法启发的世俗之法，从而使人类的秩序与宇宙的秩序相吻合。他的在位期既是一个黄金时代，又是佛教徒们的一种政治楷模。在阿富汗南部的坎大哈（Kandahar），用希腊文和阿拉米文（aramaïque）雕刻的一篇摩崖石刻（法勒），则是主宰阿育王冒险生涯的诸多文化之交流的著名象征物。其中叙述说：“天爱喜见王，继其十年的执政完成之后，向人类表现出了虔诚的道德。从此时起，人类被推动变得虔诚了。在大地上，到处都很繁荣。国王禁忌杀生，其臣民也效而行之。国王的猎人和渔夫都停止狩猎。”如果大家可以怀疑素食主义在整个帝国中取得了胜利，那么可以肯定的是，阿育王为传播佛法而不遗余力，同时又宽容其他宗教。据说，他共供养 604 万僧

① 由佛陀所说的四谛是：苦谛（一切皆苦）、集谛（造成苦的原因为业与惑）、灭谛（根绝惑必会引起根绝苦）、道谛（超脱苦的佛教中庸之道）。

② 阿育王生活于公元前 274—前 234 年左右，他是孔雀王朝的创始人旃陀罗笈多（Chandragupta）之孙，请参阅第 1 章。

侣，毫不懈怠地筑寺造塔。我们理解该皇帝在信徒中享有的荣耀。他既是一位征服者，又是一名理想的佛教徒君主的化身，更是佛法的伟大传播者。他支持了一次结集，即第 3 次结集，企图澄清教义的形势：僧伽——僧众集团当时共分裂成 18 个宗派，而大分裂时代尚未到来。

但阿育王特别是一个接一个地派遣布教团以使其他君主接受皈依：如叙利亚的安条克二世（Antiochos Ⅱ）、埃及的托勒密二世（Ptolémée Ⅱ）、塞利尼（Cyrène）的马嘉斯（Magas）、马其顿的安提柯二世（Antigone Gonatas de Macédoine）、伊庇鲁斯的亚历山大二世（Alexandre Ⅱ d'Epire），在希腊化文化世界的所有地方，而阿育王正是他们的继承人。其中甚至还提到了在亚历山大图书馆搜集到的佛经著作问题，它们很可能是奉献给托勒密二世的。这位印度君主不仅向数位希腊化文化君主们派遣使节，而且还派遣祖师。尽管存在着这些可疑的抄经，尽管有许多接触（这一切已经完全得到了证实），地中海世界的文化在一个令人难以置信的漫长时间内，却依然对佛教及其思想一无所知。丝绸之路上的传播网络提供了其最大的“屏障”，佛教思想未曾西传，可能获得的信息均已失传或者是未被人理解。

我们对于这些布道团、赠给亚历山大图书馆的抄经，已经一无所知了。

经过这次由一个强国和一个行之有效的寺院组织的双重支持的推动之后，佛教走上了一条一直将它带到大夏国和康居诸王国以北以及锡兰王国以南的地区。这两个地区很快就成了佛教教义和佛教艺术的传播中心。

在先是军人和后是商人经过的地区，又由僧侣和朝山礼佛人，沿由地势而决定的永久道路前进。

在阿育王时代，最蔚为壮观的成功，则是在南方，在海上丝绸之路上取得的。如果一种传说希望阿育王的祖师们到达了缅甸和泰国，但却是锡兰变成了佛教的圣地之一，而且那里也是东西方之路的交汇点。此外，僧伽罗王国也有一部史书，它追述了该岛的佛教史及其与外部世界的关系。

阿育王的儿子摩哂陀（Mahinda）也在该岛上传播佛法。其说法获得了如此之大的成功，以至于该国王及其民众很快就培养了人们长期形成的锡兰的那种幻影般的形象。在这里，佛教似乎是由两种倾向赋予其生命力的，这就是扎根与运动。

扎根：菩提树（佛陀之树）为其象征。一名中国取经人于其脚下设置了一个金刚座，它是与世界同时被创造的，即宇宙的中心点。为了保护无花果树而建起的一座寺院，变成了保持佛教正统的一片圣地[①]。总而言之，圣树所在的地方，便是真谛。

如果神圣事物于锡兰到处都能扎根，那么该岛主要是有志于成为其交流场所。史书中记载说，在公元前2世纪中叶，曾有过一座印度古建筑——摩堵波（Mhathoupa）的开光仪轨。参加这次仪轨的，有来自整个印度次大陆、大夏，甚至是一个未经考证清楚的“亚历山大城”的教友们。锡兰是传播上座部——小乘的一大中心[②]，这是一种可追溯到阿育王的接受皈依，并且创建了一个很积极的僧伽。锡兰与孔雀王朝的首都华氏城（Pataliputra）已经有了密切接触，现在两个王国之间的关系进一步加强了。更有甚者，有一个僧伽罗使节要求阿育王遣其公主僧伽蜜多（Sangamitta），以在岛上建立一个女尼修会，系比丘修会的女性对应机构，比丘即化缘僧或托钵僧，系在摩哂陀经过之后才建立起来的。

教理之岛

孔雀王朝的公主圆满地完成了其使命。她还做了更多的事，为锡兰带去了一棵菩提树的树苗，也就是无花果树，觉者就是于

① 上座部教派的教理是一个参照点：当他们希望结束教理争执时，12世纪的斯里兰卡国王或15世纪的缅甸国王，都会转向寺院，并强迫僧侣们站在正确的立场一边，而这种立场也只能是人们在大寺（Mahavihara）宣讲的那一种。

② 在公元3世纪初叶，在遭受13世纪的消逝之前，在锡兰发展的却是大乘。

其树下悟道成佛的[①]。这一具体情节意义重大，因为它开创了斯里兰卡的一种宗教舆地学，一种地点与神祇的辩证关系。从此之后，在“教理之岛”上，所有的宗教事件都与某些地点和某些物品建立了联系，而这些地点与物品又孕育了人们所形成的锡兰那幻觉般的形象。佛教在那里似乎受到了一种双重倾向的砥砺：扎根与传播。

扎根：菩提树便为其象征。在树根下，一名中国进香礼佛人放置了一个金刚座，它与世界是同时被创造的，为宇宙的中心点。为了保护无花果树而建起的寺庙，变成了保持正统的一片圣地。总而言之，圣树在那里变成了真谛。

如果圣树于锡兰到处都扎根，那么该岛就必然会成为佛教传播的十字路口。佛教史书中提到，公元前2世纪中叶，为一处佛教建筑——孔雀城时，便有来自整个印度次大陆、大夏和甚至是一个未经考证清楚的“亚历山大城”的信徒们参加。锡兰是上座部（Theravāda），即小乘佛教的传播中心。小乘这种佛教形式，要上溯到阿育王。况且，追求成为最纯洁最原始的佛教，也就是“长老”的佛教——上座[②]，在该岛上找到了其存身之地及其传播中心。它从锡兰一直传到整个东南亚。即使僧伽罗佛教具有了不少正统的倾向，那么该岛上的僧众却长期地保持了与印度僧众的联系，并充分地承担了其向东南亚传播的驿站之角色。它吸引了说法的祖师和朝山礼佛之人，其中也包括中国人。如果我们再从中加入与古代西方的古老关系、贸易与文化关系的密切程度（当然是与印度，但也包括伊斯兰世界、东南亚和中国），那就很清楚了，锡兰是海上丝绸之路的一个得天独厚的十字路口。物质财富与精神财富都经过其港口而转运。它那佛教会合处的作用，也只会加强其天生的感召力。

---

① 我们在斯里兰卡始终都会看到这棵树，或者至少是一棵出自它的树。

② 上座于第二次佛教结集时，与大众部（Mahāsāṃghika）分道扬镳了。该宗派的信徒们都沿用了僧侣大天（Mahadeva）的论点，他坚持认为罗汉、已获解脱的上师，都属从于人的吸引力，以至于使佛教的第一次分裂是在有关罗汉梦遗问题上产生的。

至于运动，再没有比佛牙那真实或假定的长途旅行能作更好的解释了。佛牙于公元4世纪在该岛受到了欢迎。当朝者的权力又与占有佛牙相联系。佛牙到哪里，哪里就是首都，也就是权力的神秘活动中心。每次当君主们改变其首都时，他们便会运走其最珍贵的财宝——已经变成君主权力象征的佛牙，12个世纪以来的首都和宗教中心阿努拉达普拉（Anuràdhapura）先迁到波罗纳鲁瓦（Polonnaruva），然后又迁至康提（Kandy）。世界上持续最久的君主政权之一，却从未离开过佛教圣物。

追逐着这颗佛牙而流传的数目巨大而又互相矛盾的传说，对于神话与舍利的流通，却意义重大。传统上认为，四颗佛牙舍利是最珍贵的圣物。神祇取走了一颗，蛇取走了一颗，其余两颗都回归了人类，它们在佛教两大会合地受到了接待：其中一颗于犍陀罗的首都（白沙瓦），后一颗在锡兰。公元7世纪时，中国的文人和取经僧人义净[①]介绍了围绕该圣物而展开的奇特防范："其师子洲防守佛牙异常牢固，置高楼上，几闭重关，锁钥泥封，五官共印。若开一户，则响彻城郭。每日供养，香花遍覆。至心祈请，则牙出花上，或见异光，众皆共观。"

事实上，僧伽罗传说却认为，佛牙失踪之日，夜叉（rakshas）即能啖鬼便将会吞啖该岛。当朝山礼佛的一名中国人——义净的先驱进入佛塔并试图偷走佛牙时，这种情况差一点发生。

由义净介绍的另一种传说认为，佛牙可能于某一日传到了中国。在20世纪初叶，人们还在福州的一座寺院中指点一颗佛牙舍利。据某些文献认为，公元6世纪时，一位波斯使节可能将这种舍利奉献给中国了。其他文献认为，这一事件可能是在成吉思汗的孙子和中国的元朝第一位皇帝忽必烈汗（Koubilaï Khan）统治时期才发生的。这后一种传说又由马可·波罗所证实，他在此问题上向我们提供了一个新的例证，说明了丝绸之路上的传说，根据文化和宗教不同，而被误解和反复解释的方式。事实上，这个威尼斯人叙述过，一名撒拉逊人（Sarrasin）是怎样说服大汗

① 请参阅下一章。

相信，锡兰国王保留着亚当的圣物，其中包括第一个人的牙齿。一个蒙古使者航海直至锡兰，前来大张旗鼓地索求圣物。这一要求被答应了。“当使节们从那里返回大汗所在的汗八里(Khanbalik,北京)大城时，他们使大汗获知，他们是怎样为他带回了他派遣他们去寻求的东西。因此，大汗诏令其所有公民和其他人，前往迎接这些圣人舍利，有人告诉他们说，这是亚当的圣骨”。

圣物一共有两次离开锡兰岛，第一次是在1315年，当时泰米尔人（Tamoul）夺取了该岛，锡兰王手执武器，一直前往印度寻求它；第二次是1560年，当时葡萄牙人入侵了锡兰。葡萄牙人夺取了“崇拜偶像”的牙，带走了它并且大张旗鼓地将它摧毁。但僧伽罗人承认，被毁掉的实际上只是一件仿制品。无论如何，时至今日，我们还可以在康提见到著名的佛牙，夜叉们始终未能吞噬掉该岛。

被遗忘的帝国

在陆路丝绸之路上，另一个必须经过的地点，便是西域那些今天已被人遗忘的王国。从地理上讲，它们都接近于佛教的诞生地恒河流域，那里位于阿育王帝国的边境。阿育王之祖父——孔雀王朝的缔造人和塞流西王朝的缔造人——塞流古一世(Séleucos Naktor)，一致同意划定其领土的边界并使他们的血统结合在一起。

贵霜王朝直到公元3世纪初叶，也就是在他们直面萨珊朝波斯人之前，始终占据前台。最后的贵霜王，甚至直到5世纪白匈奴人或哌哒人（Huns hephtalites）到达，一直维持在喀布尔地区。贵霜帝国于其鼎盛时期，一直将其影响扩大到整个北印度、兴都库什（Hindou-Kouch）和阿富汗以北，直到咸海和塔里木绿洲、塔克拉玛干沙漠以南。这样一来，经过波斯人或希腊人于西方、中国人和某些游牧部族于东方的争夺之后，丝绸之路的心脏地区最终拥有了它自己的帝国，不受任何君主的控制，更倾向于经商而不是战争。

这个商业强国更喜欢与中国和平谈判，以有利于它们的共和利益。一位贵霜王于公元1世纪末前后向汉公主求婚。此外，一个贵霜使节被派往罗马。这支新生力量即将在公元初的前两个世纪中，与安息人争夺东西方之间媒介的角色。

艺术和宗教是这个文明的和奠基者的帝国的基本因素，它利用它们以输出其自己的价值。仅仅是出于偶然，印度—斯基泰人的最大君主迦腻色迦（Kanishka）于公元2世纪初的执政期，正与犍陀罗的希腊—佛教艺术的繁盛期相吻合。人称该贵霜君主接受了佛教的皈依，人们甚至还将一次大结集的召集归功于他，这次结集对大乘佛教起了决定性的推动作用。在他统治之下，梵文变成了占主导地位的文学语言，这也是大部分大乘经文的语言，正如巴利文是小乘经文的语言一样。仍然是在迦腻色迦统治之下，当佛陀身体形象的革命完成之时，末度罗（Mathoura）的艺术发展起来了，形成了对犍陀罗那明显是希腊化文化的艺术之“印度化倾向”的一种抗衡。

迦腻色迦的伟大，由中国取经礼佛人玄奘作过歌颂：“迦腻色迦王以如来涅槃之后第四百年，君临膺运，统赡部洲，不信罪福，轻毁佛法。畋游草泽，遇见白兔，王亲奔逐，至此忽灭。见有牧牛小竖于林树间作小窣堵波，其高三尺。”

但贵霜人也实施宗教综合论：迦腻色迦筑起了火祆教寺庙；于其钱币背面，我们同时可以发现佛教、印度教、伊朗、希腊—罗马的神像。

佛教之路，艺术之道

然而，正是佛教以最蔚为壮观的方式传播开了，并留下了最明显的足迹。他利用了一种特殊的历史形势：印度—斯基泰帝国和中华帝国，似乎同时进入了充分开放的时代。巨大的文化运动以觉者及其弟子们的绘像与雕像装饰着骆驼队之道，这些画像与雕像布满了供奉虔诚形象的石窟，使寺院与佛塔在整个西域遍地开花。这一切也是随着贵霜人而开始的。为了使这场运动传入中国，则必须使中国能确保塔里木盆地南北诸绿洲的安全。

在这条路的整个沿途，希腊—佛教艺术、传法者和骆驼队并列前进。工匠和艺术家们的情况也如此。在于阗（Khotan），人们发现了代表拉丁神祇的罗马凹雕玉；在罗布淖尔（Lob-nor），又发现了一幅3世纪时的壁画，由某一位提陀（Tita）署名，其中将佛陀与戴弗里吉亚帽（bonnet phrygien）的人物、比丘与演奏曼陀铃（mandoline）的人混合在一起了。有关佛教那古代图像艺术的证据，始终如同是通向中国中原的门户敦煌的小路上的游戏一般，这种佛教艺术恰恰是在那里繁荣发达起来的；通向敦煌石窟，它们形成了丝绸之路上的图书馆。

但佛教经受了一次深刻的转变："大乘"（Mahayana）佛教于公元1—2世纪发展起来了。为了简化①，新教义又促生了多种倾向和教派，更多地保护了一种慈悲、虔诚的抽象和文化的佛教，而不是小乘佛教。同时，大乘促使追求菩萨的身份，菩萨虽已达到了觉，并能化入涅槃，以摆脱生死轮回，但他决定留在人间以帮助人类。大乘最"活跃的"和最广泛开放的计划，便是对于菩萨们的尊重，也包含有一种对上师和舍利崇拜相对应的萌芽。

阿兰若，特别是窣堵波，使得在丝绸之路上于其周围集中了一批僧侣，而且其数目也与日俱增。随同僧侣们，又增加了许多传说，其中包括赋予佛陀自身作虚构旅行的传说。塑造形象的艺术倾向发展起来了。对于一种需要形象语言的从异教皈依而来并具有世界性的宗教来说，它已变得必不可少了。或者至少是，在所有的因素之间具有一种吻合性：教理和艺术的复兴、佛教向西域的推进、贵霜帝国的和平与贸易。

---

① 最简单不过的做法正是将锡兰作为小乘佛教的传播中心，将大夏作为大乘佛教的传播中心。事实上要复杂得多。

佛爷的寓意

佛教在向东发展时，它应该是传到了中国。类似的事件又使人联想到出现在一名皇帝身上的奇迹故事。这就是后汉明帝（公元58—75年）。他于梦中看到了一种前所未见的形象：身材高大、于颅顶放出一种光芒。天子要求其谋臣为他解此梦之意义。《后汉书》告诉我们说："世传明帝梦见金人长大，顶有光明，以问群臣。或曰西方有神名曰佛，其形长丈六尺，而黄金色。帝于是遣使天竺问佛道法，遂于中国图画形象焉。"汉明帝便因感梦而遣使探访此佛——Boudha的中文名称，使者一直到达天竺—印度一带。这就证明皇帝的谋臣们知道在亚洲传播的新宗教信仰究竟来自何方。这一故事又介绍说，皇帝的使者们在西域沙漠中遇到了两名僧侣，与他们同行的一匹白马，其背上驮着一幅佛像以及大乘经文的抄经。如果这个故事是翔实可靠的，那么我们就可以把白马驮的佛像视为纯属犍陀罗风格，这是一种阿波罗神像（Apollon），仅以几乎常规的图像示意创作，而与其希腊化文化的对应者相区别。使节于是便带回了一尊佛爷像、使者及佛言。为了保护这些珍贵的遗产，东汉又在其首都洛阳建造了一座佛寺，当时便称之为白马寺。这是在公元65年。事实上，史学家们告诉我们说，在为这个传说所断定的时代中，中国已有了一个由皇帝的御弟保护的僧伽，佛爷于赴华旅行的外国人中，已拥有了其信徒。

汉代的编年史介绍说："遂于中国画图形象焉。楚王英始信其术，中国因此颇有奉其道者。后桓帝[1]好神，数祀浮图老子，百姓稍有奉者，后遂转盛。"

从印度和西域传来了经文和画图形象，同时也有法师前来。最早的一批法师肯定都是斯基泰人。经文、圣像、说法人，这又

① 公元147—167年。

是佛教传播中的三位一体。中国从此便会清楚地知道，佛教真谛之源头在印度。

但图画形象都是怪模怪样的，经文都是用梵文或其他陌生文字写成的，而且前来中国的印度法师也很少。此外，他们并不认为必须记录自己所看到的一切。一种真正知识的需要，发展得很快。有文化的佛教徒们都怀疑，他们所依靠的经文都需要证实和补充，这是即将持续数世纪的一场考察的开端。此外，在整个汉代，直到公元3世纪，佛教的传入并不像皇帝们梦想和皈依故事使人认为的那样，轰动一时。最早时期的中国佛教是一种外国人的宗教。如果它获得了成功，那也经常是在平民和道教徒各界，而且还应该知道是什么佛教。一部漫长的含糊不清的历史由此而开始。

老子或佛陀

一方面，佛教教义激起的兴趣与人们所说的巫术修持、气功修持术相联系。但更为严重的是，如同越过长城的所有宗教一样，佛教教义也倾向于诸说混合论。在此情况下，也就是与道教的混合。那种认为众生皆苦的佛教思想、提倡无我和不主张修持的谨慎智慧的做法，都符合传统的需要，它缺乏对家庭的崇敬、其缺点、明显可及的实际目的、其外来的特征，所有这一切都令人震惊。这些令人瞠目的语言——巴利语和梵语，似乎注定要形成一些非常难以理解的思想。这些诱惑一举变得如此之大，以至于人们想在佛教的范畴内来“翻译”佛教观念。“法”（宇宙之法）变成了“道”，“涅槃”（Nirvana，寂天，使任何修持的目的都越出生死轮回）被与道教的“无为”等同起来了……由于缺乏合适的词汇，便产生了混乱，又由于狡猾的道教徒们的补偿政策而进一步加剧了。

在公元300年左右，有一部道教著作《化胡经》，介绍了道教之师老子在骑牛离开中国并向西方消失之后，是怎样在印度说法并皈依了某位乔答摩（Gautama）。因此，外来教理只能是那古老而又受人崇敬的“道”之副产品。这样一来，在历史—教理的辩论中，中国佛教徒们必须使“觉者”更早500—600年，才能证明他在任何情况下都未曾受到过老子的影响。老子是与孔子同时代的人，只能生活在公元前5世纪[①]。

总而言之，直到公元3世纪，也就是在由梵文译成中文的第一批最重要的译经出现的时代，佛教是在缺乏教理纯正的情况下传播的。新宗教的观念与道教观念的同化，使知识分子们感到了失望，肯定也曾遭到儒生文士们的嘲弄。佛教仪轨被人们误解和歪曲，从而更刺激了那些虔诚的修持者们。在一个文字著作占有非常重要地位的国家，人们有时也会坚信，名称中的混淆只会在思想中产生混乱。这个真实经文的问题，变得至关紧要了。

尽管出现了文字和思想的这种混乱，中国佛教却仍在发展，一直变成了中华帝国的三大宗教之一，与儒教和道教并驾齐驱。但其中最典型的宗教，却经历了最奇特的发展历程。这其中必然会有相互的影响：首先是与道教，其后很晚又与理学相互影响。然而，尽管存在着中国著名的诸说混合论，这三大教理之间的冲突，却从未停止过，而且大部分冲突均出于政治原因。中国的国教——儒教，实际上是文士们的教理，也是官吏们的教理，经常需要捍卫其官方宗教的地位以抗拒竞争势力；但某些道教徒们也勇敢地抨击佛教。这场三角争斗不是平等的，佛教始终是一种外来的和令人质疑的宗教，它于9世纪时也经受了一次法难（灭佛，迫害佛教徒）。多少有点像查理大帝（Charlemagne）曾禁废作为东方宗教的基督教一样。佛教传入中国与基督传入欧洲的时代基本相吻合，只有数十年的差异。

---

① 《老子化胡经》被断代为公元前300年，因而形成了一场重要论战中心，其关键是道教作为国教的地位问题。我们还应该提一下，乔答摩最有可能的生活时间，实际上应为公元前560—前480年之间，人们对老子只含糊地讲是公元前6世纪。尽管这种断代仍招致了所有保留意见，我们仍可以假设认为，孔子、老子、佛陀和耆那教的创始人大雄（Mahavira）、毕达哥拉斯、赫拉克利特（Héraclite）、巴门尼德（Parménide）都基本上是同时代的人，从而使公元前6世纪下半叶形成了思想史上最丰富的时代。

净土之路

中国佛教的另一大特征，则是它那令人难以置信的文化创造性。佛教各派各宗在历史的长河中繁荣昌盛。然而，在缺少真经和对经文原文那令人难以置信的渴望的处境可悲的时代，传入中国的任何一部即使是微不足道的新经文，也会激起教理的发展，往往还会产生一个新的宗派。最具有说服力的例证，便是阿弥陀佛（Amitaba）的佛教教派（密宗）。

佛经中的每一行字都可能具有其重要意义。所以，于公元2世纪中叶输入的最早梵文经卷之一，便是《欢喜光佛经》的经文，中国译师稍后对其提供了一种短译：《阿弥陀佛》（《无量光经》）。该经文以及其他几种仅适合大乘传统的经文，包括了对"净土"的暗示。以这几行文字为基础，又发展起了中国佛教所特有的主要运动之一（也是它于其后传到日本的主要佛教之一）。净土宗和阿弥陀的这场大运动的其他组成部分，在引入对阿弥陀佛崇拜的同时，也为完全是以虔诚为基础的一种宗教信仰的发展，开通了广泛的可能性，而这种宗教又更接近我们在欧洲所了解的民间宗教的形式。不要过分将之漫画化，我们可以说，净土的崇拜者，相信该阿弥陀佛的慈悲，坚信自己在死亡时念其佛名，便会被"救度"。此外，阿弥陀佛教中也引入了"天堂"的概念。当然，佛教徒们都强调指出过，这样一种天堂主要是具有象征性意义，在与一切有部融合之前的一个等待时期。当然，将基督教范畴中的某些内容，忏悔、虔诚、救世、拯救灵魂、伊甸园等，移植到一种无论如何也是属于佛教的思想中，却是很危险的。然而，这种净土思想引入了与最初愿望相比较是很普通的变化，因为其最初愿望是放弃一切幻，其中包括自我存在的幻和解脱心愿之幻。所有这一切均与佛教的抽象背道而驰。对于信徒转世并享有大乐的净土这种神话[1]，人们赋予了它们某些西域起源。一位安息王子可能将对阿弥陀佛的崇拜传入中国，其信仰在贵霜人中曾广为传播[2]。

净土的教义通向了对位于地平线上不同地点的诸多“佛国”的信仰。这些地区中的最著名者——西方极乐世界，则是一种神话的庇护所，它已被做了大量描述并绘制成了图像，尤其是在敦煌石窟中。这是一个无名的极乐之地，它不知死亡，极乐世界的一切组成部分均在那里：宝石，它们如同植物一般地在那里生长；甘泉遍流、大量的水果和鲜花。这片转生福地禁止女子进入。阿弥陀佛在其两弟子的陪同下，于其中心统治。这应该是一种纯洁的形象，旨在表现一种智慧的身份。它很快就在迷信中变成了一个真实的地点，一片可作地望定位的乐土。在佛教宇宙论中，净土位于须弥山（Mere，妙高山）之上，为一个由大洋环绕的世界中心。总而言之，阿弥陀佛教将虔诚、千禧年说和空想主义的组成部分重新引入到了佛教中，而这一切本来与其原形相去甚远。丝绸之路又一次促进了诸说混合论。这也正是《汉书》编修者于5世纪中叶时所想到的内容：“至于佛道神化，兴自身毒，而二汉方志，莫有称焉。张骞但著地多暑湿，乘象而战；班勇虽列其奉浮屠，不杀伐，而精文善法，导达之功，靡所传述。余闻之后说也，其国则盛乎中土，玉烛和气，灵圣之降集，贤懿之所挺生，神迹诡怪，则理绝人区，感验明显，则事出天外。汉自楚英始盛斋戒之祀，桓帝又修华盖之饰，将微义未释，而但神明之耶？详其清心释累之训，空有兼遣之宗，道书之流也。且好仁恶杀，蠲敝崇善，所以贤达君子多爱其法焉。然好大经，奇谲无已，虽邹衍谈天之辩，庄周蜗角之论，尚未足以概其万一。又精灵起灭，因报相寻，若晓而昧者，故通人多惑焉。盖导俗天

① 净土作为最终进入涅槃之前最后一种化身的所在地，也是一生中“业报”功德的第一种报应，它使人联想到了“被基督重新打开”的天堂，公正者的灵魂在那里等待天国的最终到来，这是一种使最早神学家们极大关注的问题。

② 在袄教或琐罗亚斯德教的神话中，这是经常提及的一种起源，它使该内容更接近伊朗神话了。

方，适物异会，取诸同归，指夫疑说，则大道通矣。”

文士们的时代

当时也存在着一种文士们的西方净土，这就是神话中的印度，一个教义纯正的地区，也是人们觊觎的稿本经文的源出地。西域的骆驼队路线扮演了一种生命维系线的角色。

然而，佛教与印度的直接关系很稀见，它经常是经过南方，经过西域之路而传到中国。公元148年左右，一名安息人安世高到达中国，传说中明显把他作为一名放弃了世俗生活的太子。他于汉朝首都洛阳建立了一所学校和一个译经中心，使之成为佛教的一个真正摇篮。他带来了经文，但主要是引入了修禅之术，这也就预示了禅宗未来于中国所取得的成功。该中心非常活跃，很快又有来自西域其他王国的法师们接踵而至。在最早的译师之中，便有来自贵霜国的安息人和月氏人，他们既从事布道事业，但也涉足文学作品。从公元335年起中国人已被正式允许进入僧伽（Samsha），其中确有真正的教团。僧支遁（314—366年）以其道教思想知识而著名，创建了“色义学”（般若学即色义）。当时也出现中国人称之为“六家七宗”的学派，这都是一些真正的哲学学派，以道教思想哺育而成，致力于有关“无”与“理”等观念的非常博学和非常抽象的讨论。一种中国佛教哲学便应运而生了。它产生了大批教派和教宗。这场强大的教理运动更加强了对经文原文的需要。在任何一种宗教中，译经问题都不具有在佛教中的那种重要地位，成为大译师或者大上师，几乎是同义词。

然而，中国佛教徒们并不满足于等待西方国家的施舍，他们进入一场持续数世纪的冒险之中、前往印度寻求教义和写经。丝绸之路从未如此明显地成为经文之路。在四个多世纪期间，许多朝圣取经的作家们都从事过旅行，并且记下了对沿途的一种真正的回忆录。

第七章　走向印度之源

“观夫古神州之地，轻生殉法之宾，显法师则创辟荒途，奘法师乃中开正路。其间或西越紫塞而孤征，或南渡沧溟以单逝，莫不咸思圣迹，罄五体而归礼；俱怀旋踵，报四恩以流望。然而胜途多难，宝处弥长，苗秀盈十而盖多，结实罕一而全少。寔由茫茫象碛，长川吐赫日之光；浩浩鲸波，巨壑起滔天之浪。独步铁门之外，亘万岭而投身；孤漂铜柱之前，跨千江而遣命。或亡餐几日，辍饮数晨，可谓思虑销精神，忧劳排正色。致使去者数盈半百，留者仅有几人。设令得到西国者，以大唐无寺，飘寄栖然，为客遑遑，停托无所，遂使流离蓬转，牢居一处。身既不安，道宁隆矣？”这是取经路上的一名残生者义净所写下的内容。他是一名从不动摇地为取经而徒步旅行的僧人，也是佛经的搜集人，丝绸之路上的一名远游者。

纯洁的戒律

事实上，佛教徒中求法礼佛者的紧张运动，形成了一种独一无二的现象。在三个多世纪期间，求法僧都趋之若鹜地西行，以求法和取经文稿本。其中的许多人都满载新佛经而返回中国，并且还带回了新思想，往往还创立了他们自己的教宗。但这些取经人自身就是作家，他们为我们留下了有关所经过地区的资料，特别珍贵的是这些著作都是丝绸之路上的最早游记。有关当时所发生的一切、有关自张骞出使西域以来的东—西方关系，我们实际上只掌握了史学家或舆地学家们的含糊暗示，往往只是对一生或一次冒险的几行文字。出自印度或西域的法师们，对于赢得中华帝国的弘法史诗，从不作任何记载。由于我们的那双脚沾满鲜血的寻求经书的取经人、我们的那些从中国到印度流浪的知识分子们，一切都发生了变化。他们也都对此保持着记忆。

但时代被打乱了，随着商品和取经法师们的流动，政治事件也作出了干预。公元220年，最后一位汉朝皇帝被废黜，中国在60多年间被分裂，直到一个新王朝——晋朝非常短暂地恢复全中国的统一为止。突厥—蒙古民族的大举入侵开始了。正如在衰败时代的罗马帝国一样，胡人有时是入侵者，有时又是雇佣军，他们变成了这场游戏的主人翁。308年，一名匈奴单于宣布为汉王朝的继承人。在近三个世纪期间，中国即将被分裂成两部分。其北部由胡人支配。但胡人只建立了一个持久的、强大的王朝——魏王朝（390—500年）。中国南部由最后的晋人统治，紧接着便是五朝。这一切都是以无政府状态、苦难和战争为背景的。

这段近三个世纪混乱的漫长时代，却是佛教在中国立足并繁荣的时代，除非是这种教理在大众面前显得如同一种解脱这些世纪灾难的良策。法师们继续他们的事业。人们提到了粟特人、贵霜人、西域人，再加上印度的佛教徒。这一切都持续了很长时间。

在南方，一种更具文化色彩的佛教缓慢地赢得了中国精英们的支持；但非常奇怪的是在北方，在那些胡族王朝内，佛教教义迅速地发展并激起了一种深刻的民间虔诚行为。公元4世纪时，人们还特别崇拜一名贵霜“大和上”——佛图澄，他利用几种完全能使这些匈奴儿子们感到震惊的神鬼方术手段，成功地使匈奴人受皈依。他会把香变成具有奇异花瓣的莲花。其中国弟子道安（312—385 年）继续翻译佛经，在东都洛阳创建了一个重要的译经中心，人们在那里编纂和翻译佛经，并在那里从事教理诠释工作。人们将印度班智达延请到那里，并培养说法之人和未来的取经朝圣之人。早从公元 3 世纪中叶起，洛阳的一名和尚便出发前往于阗，以获取《般若心经》的梵文经文原文，但他未能留下著作。继他之后的那些人却相反，试图保持对其旅行的回忆并著书。

走向源头

礼佛取经人之中的第一位是法显（约 337— 422 年）。他从青年时代起便出家为沙弥，希望出发去寻找《律藏》（Vinaya Pitaka），也就是修道戒律之书。339 年，他与其同伴从中国京都出发，选择了经敦煌和于阗，通过环绕沙漠之路，翻过了帕米尔和兴都库什（Hindou-Kouch）山脉。法显以恐怖的口吻介绍了他所面临的危险。如在沙漠大碛中："沙河中多有恶魔、热风，遇则皆死，无一余者。上无飞鸟，下无走兽。遍望极目，欲求度处，则莫知所拟，唯以死人枯骨为标识耳。"法显一直向北印度和恒河流域走去，那里是朝山礼佛的四大中心之一，它们正相当于佛教中的 4 个阶段：佛诞之地、获觉之地、首次说法之地，最后是其圆寂和解脱之地。在菩提伽耶或菩提道场（Bodhgaya），也就是在佛陀于其下悟道成佛的那棵菩提树下，法显与全世界的朝山礼佛者擦肩而过。稍后，在那里建起的寺庙便变成了一种特殊崇拜的对象，在整个佛教世界（北京、泰国、西藏）都重新发现了其大量供像。这些供像均为旅行纪念品和虔诚用品。

在祇树给孤独园寺（Jetavana），在觉者悟道 25 年的祇园，法显及其一名同伴痛苦地联想到了他们长期的游方，也联想到了那些舍弃了一切的人或死在路途中的人。当这两名中国人如此而产生了强烈忧郁感时，便有一群僧人走出寺院，并询问他们自何处而来。他们回答说自己来自"汉"地。僧人对于他们自如此遥远的地方前来学习其教法，感到惊讶不已："彼众僧叹曰：'怪哉！边地之人乃能求法至此！'自相谓言：'我等诸师和上相承已来，未见汉道人来到此也。'"

法显在锡兰（狮子国）作了一次长期停留，尽管这个神奇之岛风景迷人，法显却产生了一阵思乡情绪。他获得了一种重要文献——小乘教派的经文，然后便经海路返回中国。当该旅行家理解了船长在印度洋寻找方向之方法的经验时，一点也不会感到胜券在握；"大海弥漫无边，不识东西，唯望日、月、星宿而进。"

大海是邪恶至极的。第一场风暴将僧人抛向了爪哇海岸。他只好改换船只。这一次，风暴又使其船改变了方向，以至于使他在山东，而不是如同他原来希望的那样在广州登陆。在他遭遇的灾难表中，还可以补充海员们的欺诈，他们试图抢劫他。他直到414年才返回中国，用了6年才到达印度中心，6年居住在佛陀之国，3年用于返程。经历30国、15年的旅行，法显开创了勇敢旅行家结队而行的先例，精心准备用数年来完成唯一的一次航海。他不是这条路上的唯一一个人，许多同时代的人也从事过从中国到印度的旅行[①]，但他是先驱。

来自印度的法师

最具有讽刺意义的是，如果说法显在出发前能再等待两年，那么他就会看到他期待已久的大释经师到达中国，此人带来了经文稿本。他也是一名精细的语言学家，使理解真经的大作品具有了严格的标准和方法。事实上，从401年起，这场运动便由印度人鸠摩罗什（Koumaradjiva）的个人人格所主宰，这是一名弘法

① 智猛子公元5世纪初叶，曾沿与法显相同的道路赴印度，但他却经陆路返回中国。公元420年，法融率领20多名和尚，经塔里木盆地北路、吐鲁番、喀什而到达印度，并经海路返回。

法师，其优势正在于他是一名优秀的双语学家。他那自梵文译作中文的大译经家[①]的能力，使他在宫中获得了“国师”的尊号。这种荣誉只保留给那些具有特殊才能的法师们，特别是那些皇帝自称为其弟子的法师们。

鸠摩罗什出生在一个定居龟兹（Koutcha）的印度血统的贵族家庭，是一名虔诚佛教徒的儿子。但其父放弃了其修道人的身份，娶国王御妹为妻，并充任高级职务。在鸠摩罗什童年时期，其母将他携至罽宾（Cachemire，克什米尔），他在那里学习了印度文学并献身于小乘佛教。后来，在中国的另一个印度文化中心沙勒（Kachgar），未来的国师又学习了天文学、数学、秘术，但也包括佛教的哲学和教义内容。他受到了大乘佛教的吸引。这位年轻的饱学之士已经名声赫赫了，沙勒国王崇敬他；当他返回龟兹后，国王亲自前来欢迎他。莎车（Yarkand，叶儿羌）王子们同样也都变成了其弟子，其名声一直传到中国中原王朝的朝廷。但鸠摩罗什本人却追随一位迁居西域的罽宾籍印度法师。

383 年左右，一名受中国北方皇帝任命的中国军官破龟兹并俘虏了鸠摩罗什。该将军似乎正在为建立他自己的王国而犹豫不决。但他最终还是带领着满载丝绸之路珍宝的两万头骆驼，一万匹同样也不失珍贵的马匹，还有这个和尚，班师东归。鸠摩罗什被囚 17 年，这是他学习汉语并思考其译经方法的时代。他通过逐次逼近法和连续校正的方法工作。他确定了僧侣之间的一种对话，达到了一种更符合经文思想而不是其文字的翻译方法。此外，他还用一种足以诱惑中国文人的文言汉语写作。在他被释放之后，他仍在长安使用这种方法。在天子的保护下，他在那里一直生活和工作至 413 年，有数千名僧侣在他的领导下主持译经工作。

① 中国人认为有四大译经师与上师齐名：鸠摩罗什（Koumaradjiva，350—409 年）、真谛（Paramartha，499—556 年）、玄奘（602—664 年）和不空（Amoghavajra，705—774 年）。

宋　云

然而，如果认为震撼了中国的政治动乱于寺院的大门口戛然而止，那也大错而特错了。僧侣们仍然在继续他们那艰难地到源头去朝山礼佛和取经的事业。

到5世纪中叶前后，异族的魏王朝占据或征服了中国西域诸绿洲，将游牧民逐回了戈壁。这些突厥君主（北魏实为拓跋氏政权。——译者）们很快都被汉化了，并将变成中国文明的捍卫者，以击退比他们更加蒙昧的北方游牧民。

因一次反抗阿哇尔人（Avars）的战争而出名的拓跋焘，摒弃了其先祖的阿尔泰宗教信仰，或者是更倾向于将它们融于儒教中。他害怕佛教那使人萎靡不振的影响，佛教引起的成千上万的人过修道生活和采取独身主义，他觉得这一切对于家庭很危险。从438年起，他强行使数千名比丘还俗。继此之后，446年儒教徒们借口寺庙中的酗酒和女色丑闻，促使皇帝推出了一套系统的灭佛政策。但这仅仅是一段插曲而已！在公元5—6世纪，佛教仍在不停地推进①。但拓跋焘的继任者却又与佛教重结旧好。洛阳很快便拥有1300座佛塔。拓跋焘的孙子甚至自己也削发为僧，放弃了王位而生活在皇苑中央的一座佛塔中，与修禅僧侣们共同生活，他于471年禅位于其子。其子也是佛教徒，最终完成了突厥人的汉化。他命令其臣民采纳汉族语言和服饰，并且重新迁居东都洛阳。他从刑法中删除了肢残，这就正如其高祖拓跋焘所预言的那样，证明了佛教被用于腐蚀其先祖们的风俗习惯。

魏王朝维持着与佛教的奇异关系。515—528年间，由胡太后执政，她是王朝的一类淫妇（Messaline）。她令人处决了那些已不再讨她喜欢的面首们（情人），也就是她的竞争对手们，任

① 如果我们将574年由中国的一个王朝（中国当时已经分裂）的君主发动的一次短暂法难除外。

何人都可能会谋反。在其生命的末年，她又囚禁了其亲生儿子，从而挑起了一场宫廷反叛。她被局势逼到了尽头，只好退避到一座庵院中，起义者又到那里去追捕她并将她淹死，以使她为其罪行付出代价。皇后以其残酷性而与其匈奴先祖的名声相匹配，但她也是虔诚的佛教徒。在她的推动下，特别又恢复了取经礼佛运动。正是她于518—521年派遣宋云和尚及其同伴沙门慧生出使天竺的。

宋云一行经罗布泊（Lob-nor）和于阗，一直到达犍陀罗，并从他们的探险旅行中带回170卷大乘宗经文稿本。可是，他们并未越过白沙瓦（Pechawar）。这次游历以其携归经文的数量和质量而显得非常重要，但既不轰动，又不很具异国情调。这两名朝圣经人始终局限于中国将军们于前几个世纪曾穿行过的道路上。他们的见证以其对所经过国家的地理、君主们的文化态度、相互关系，特别是信息流通的描述，而显得格外珍贵。

当这两名和尚到达乌仗国（Udyana，乌苌国），即今之斯瓦特（Swar）河谷时，他们便将由胡皇后签署的诏书（引荐信）交给了当地国王。国王以对待皇帝使节应得到的所有荣誉而接待了他们，特别是当国王知道胡太后是佛教徒时，对他们表现出了更大的热情。这些已登录在档案中的会见是通过一名翻译而进行的："卿是日出人也？"宋云回答说："我国东界有大海水，日出其中，实如来旨。"他向明显不太了解中国的国王描述了中国。

相反，乾陀罗（犍陀罗）的国王很愿意表现得粗俗一些。宋云抱怨这些"远番"凶蛮无礼。他描述了这些匈奴人的远方堂兄弟呎哒人（白匈奴人）。但呎哒人却既未受佛教影响，也未受中国影响，始终为真正的游牧民：他们"立性凶暴，多行杀戮；不信佛法，好祀鬼神"。宋云丝毫不同情这些胡人，他们生活在毛毡帐篷中，粗暴而又野蛮，屠杀了近三分之二的乾陀罗居民并抢劫了寺庙。他们将希腊—佛教文化的古老中心、贵霜人的国家，都变成了一片荒芜之地。此外，他们还炫耀其抢劫的豪华物。"五张大毡帐，方四十步，周回以氍毹为壁。王著锦衣，坐金床，以四金凤凰为床脚……𠯋哒王妃，亦著锦衣，垂地三尺，使人擎之。”宋云会见的可汗可能为某一位米西拉库拉（Mihirakowla），也就是印度的阿提拉（Attila）。经过征服罽宾之后，该王子在梵文中被称为“太阳家族”。但他最终却失败了，被一名印度王子笈多（Goupta）击败了。经过这段经历之后，𠯋哒人（白匈奴人）可能又被印度人战败，并被旁遮普（Penjab）的居民吞并，从而从历史上消失了。

禅的起源

在公元6世纪期间一个未能精确断定的时间，通过海上丝绸之路，中国迎来了印度佛教的一名新使者，这就是菩提达摩（Bodhidharma）[①]，即达摩大师。他将佛教的禅传入中国，但禅宗更以其日文中的变形名称zen（禅）而为人所熟悉。人称菩提达摩系天竺一名婆罗门王的儿子，乔答摩佛之后的第28代。他高龄时才乘船赴广州，在中国一直生活到150多岁。他应南朝梁武帝之邀来华。非常虔诚的佛教徒皇帝，对这位来自天竺的久负盛名的贤士，抱有很大希望。此僧向梁武帝提供了其弘法方法的一种样本，而这种方法本身就形成了禅的精髓之一。专家们从中辨认出了道教的某种非常深刻的影响。这种修持术在于激起顿悟，尤其是通过某种奇谈怪论而引诱对话人直观性地理解真谛。当皇帝询问他，什么样的正确行为可以使他避免生死轮回时，菩提达摩回答说“无”；当天子向他询问其教理的要义时，贤士反驳说“空”。在证明了这种悖论的新风格（日本人曾广泛使用它）之后，菩提达摩被认为能在一片荷叶上渡过长江，以去向中国的另

① 菩提达摩可能生活于470—543年之间。但传说中声称，他于其师傅圆寂之后，又等了60年才出发赴华。多种史料似乎互相矛盾。

一半——魏王朝传法[①]。

传说还赋予他在突厥斯坦的回程路上，曾与宋云和尚相会，宋云会见了禅宗的创始人，此人只穿一只便鞋。菩提达摩继这次相会之后，最终离开了这块土地。宋云将其便鞋作为一种珍贵遗物而保存下来了。

这个传说提示了那场激励了人员与思想的运动的强烈程度。这场运动是伴随着事件的疾速发展而加快的。当突厥汗国分裂时，中国北方与南方却于589年统一了。短暂的隋王朝，仅历二世和持续于581—618年间，结束了中国自汉代末年开始的分裂与削弱时代。隋王朝的功德在于使一个统一的中国重新掌握在其继任者们手中，这就是从618—907年间统治中国的唐王朝。如果隋王朝促进了佛教的发展，使之成为大众宗教并适应了儒家伦理传统，那么唐王朝又使佛教变成了一种官方宗教。

从法师到猴王

唐王朝的掌权是自亚历山大发动远征以来，或者是自汉代实施开放政策以来。丝绸之路史上最重要的事件之一。在数年期间，在唐朝第一位大皇帝——唐太宗的推动下，中央帝国确保了其西部边陲的安全，并重新打开了丝绸之路这条交通大道。蒙古地区的突厥汗国于630年内附。正如一方突厥碑铭所说的那样，游牧民投降了太宗，他们“在五十年间，将自己的业绩和力量都奉献给了他。他们为了他，向太阳升起的地方，向西方，向铁门方向，进行远征”。从玉门关到铁门，从万里长城到突厥斯坦，唐王朝统治了骆驼队之路。特别是西突厥诸部族，从阿尔泰山到咸海，也都归附唐朝。当唐王朝圆了开拓塔里木盆地的中国

① 菩提达摩创建了少林寺，并在那里让和尚们练武功，即创造了功夫武术。我们甚至还可以说，功夫、空手道，甚至是布鲁斯·李（Bruce Lee）的电影，都是丝绸之路上的远古遗产。

梦时，丝绸之路上的交通变得繁荣起来了。

由汉代开创的海上贸易，也在几个中间地带王朝中发展起来了，从而部分地缓和了陆路上的安全；在唐代，这条海路变成了主要的交通路线。宫廷中对豪华奢侈产品的需要骤增，与这些需要猛增的同时，还必须出口丝绸和瓷器。此外，帆船一直冒险驶往东南亚以远地区。它们与印度、阿拉伯和波斯商人的相会日益频繁，这些相会又造成了与新宗教的接触。中国的诸大港口，其中包括广州和刺桐（Zaitoun），都向全世界开放。一种令人难以想象的繁荣贸易在这些世界性的城市中流通，那些佛教徒见证人的游记便是这种贸易最清楚的遗痕。

当唐王朝登上舞台后，诠释佛教的著作尚远未完成，完全如同取经事业尚未完成一样。公元7世纪时，张说指出：佛陀诞生于西域，其宗教东传，梵字译音往往被误解，不同地区的句子也在错误的发音的基础上被误释，其真义已失，字误意讹。

最大和最令人尊敬的寻求知识的人，无可争议的是玄奘。他诞生于7世纪最初期。他的冒险故事与唐王朝的初期相吻合。那个即将成为民族英雄的人物，很早就进入了帝国东都的寺院。从20岁起，刚刚受度，他就在中国旅行，对不同大师们的教义作了比较研究，从中发现了互相矛盾或不确切的地方。他于是便决定奉法显为楷模，出发去寻找佛教的最早源头。

在玄奘法师于627年登程之时，太宗皇帝尚远未能稳定其东部政权，并已与西域诸王国断绝了外交关系。他严禁其臣民们离开中国本土。玄奘本来必须申请一次特许，但他不愿意这样做，于是便附一支商人骆驼队而逃走。他渡过了玉门关，经由塔里木盆地北路，也就是天山山脉横跨其中的那条路，其多名同伴于那里死亡。他本人侥幸勉强逃脱了一次暗杀行为。其向导于其酣睡中企图杀死他。在令人望而生畏的戈壁沙漠中，他迷失了方向，更糟的是丢失了储备的水。其传记中写道：“时行百余里，失道，觅野马泉不得。下水欲饮，袋重，失手覆之，千里之资，一朝斯罄。又路盘回，不知所趣，乃欲东归，还第四烽[①]。行十余里，自念我先发愿，若不至天竺，终不东归一步，会何故来？宁可西北而死，岂归东而生！于是旋辔，专念观音，西北而进。”

玄奘在吐鲁番作了停留。高昌国王是一名虔诚的佛教徒，他希望将这个法师挽留在自己身旁，玄奘以绝食被饿死相威胁，以使其主人同意看着他离开。高昌王是一名杰出的投机家，他交给取经僧人多封向西域其他小国王的引荐信。玄奘继续其行程，他似乎是按照一份商队城的目录而行进的：怛逻斯（Talas，塔拉斯）、赭时（Tashkent，塔什干）、飒秣建（Samarkande，撒马儿罕）。他通过铁门而进入了大夏，以翻越兴都库什山脉。他还到犍陀罗圣地巡礼，在到达迦湿弥罗（Kachemire，克什米尔）之前，曾经过布路沙布逻（Pechawar，白沙瓦）和呾叉始罗（Taxila）。

在北印度，他拜谒了那些著名的伽蓝。他在那烂陀寺（Natanda）度过了相当长的一段时间，那里当时是世界上最大的佛教文化中心。他的取经同样也使他到达南印度和西印度。他甚至考虑赴锡兰旅行，但由于震撼了锡兰岛的动乱，使他必须放弃其计划。很明显，他变成了一个在印度受人尊重的人物。其同伴、当地僧侣们都企图劝说使他打消回国的念想。他们告诉玄奘说，中国是一个蛮夷之国，那里鄙视一切信仰。正是为此，佛陀才未在那里诞生。玄奘绝不会被这种论点说服。他已作出决定——返回祖国。

在回程的路上，玄奘又在阿萨姆（Assam）滞留。该国王以最高礼节迎接了法师，并将他引荐给印度国王戒日王（Harsah）。后者亲吻了那个中国人的脚并颂扬了他。国王希望利用他的科学知识，与大神学家们组织了一次18天的佛法大会。玄奘显得很权威，并纠正了小乘信徒们的谬误。

---

① 这里是指发出信号的烽燧。

大师归国

经过南缘而归国之路，也并不太畅通。玄奘失去了数位教友，还失去了他用马匹和大象驮回的大批经卷中的某些经文。

然而，天不绝玄奘。例如，正像在沿恒河（殑伽河）河谷而下时的一个故事所证明的那样。他被一些想用他来祭祀的匪徒抓获。他向他们宣布说："今奘秽陋之身，得充祠祭，实非敢惜。但以远来，意者欲礼菩提像耆阇崛山，并请问经法，此心未遂，檀越杀之，恐非吉也。"他后来又祈祷并进入了三昧状态。须臾之间，黑风四起，匪徒们大骇，他们使玄奘脱离了三昧状态，并向他叩头致谢。迎玄奘到达于阗（瞿萨旦那，Khotan）之后，也可能是对于等待他的隆重接待感到不安。因为玄奘是非法离开中华帝国的，所以该法师便通过一道上表，报告了他的回国。从此时此刻起，他完全变成了一名民族英雄，而且也是前往印度的诸多取经礼佛人中的最著名者。无论如何，他也是最受尊敬的人，以等待变成神话。唐朝的断代史中记载说："玄奘既辩博出众，所在必为讲释论难，蕃人远近咸尊伏之。在西域十七年，经百余国，悉解其国之语，仍采其山川谣俗，土地所有，撰《西域记》十二卷。贞观十九年（645 年），归至京师。太宗见之，大悦，与之谈论。"

可能从未有朝圣取经人获得过如此殊誉。事实上确实是，自玄奘秘密出发之后，形势已发生变化。首先是政治形势，因为唐朝与西域国家的关系已改善得多了，唐朝的权威在那里得到了确认。这样一来，曾接待过玄奘和希望将他挽留在自己身边的高昌（吐鲁番，Tourfan）国王，也内附太宗。640 年，他又反叛，坚信唐朝军队永远不敢越过沙漠大碛。然而，唐朝军队恰恰是这样做了，以至于当玄奘返回中国中原之后，高昌又被平定了。在龟兹也发生了同样的情况。那里有一位支持佛教的国王，他同样也在取经和尚玄奘离开时盛情地招待了此人。该国王后来也叛唐，并于648年被平息。于阗同样也为唐朝的附庸。总而言之，中原王朝几乎重新收复了整个塔里木盆地。

太宗皇帝可能非常乐于搜集第一手的政治和地理资料。玄奘几乎如同间谍一般地又出现在了他的面前，尽管玄奘是以这样的言辞来结束其呈奏皇帝的上表的："推表山川，考采境壤，详国俗之刚柔，系水土之风气，动静无常，取舍不同，事难穷验，非可仰说。随所游至，略书梗概，举其闻见，记诸慕化。""记诸慕化"，这种言辞中向皇帝谄媚的意图是很明显的。但我们处于一个西域诸民族熟悉了唐朝之强势的时代。

如同唐人一般的佛教徒

在僧人玄奘去国期间，太宗皇帝本人也发生了巨大变化。在开始时，他更为钟爱道教，并喜欢重提其家族属于老子本人的神话世系（李氏）。所以，621年的一种诽谤性的上疏，胡乱地抨击佛教傲慢、愚钝、与孝道和忠君礼仪背道而驰的教义；它同时使数十万僧尼过独身生活，从而使帝国失去了许多儿童："佛在西域，妖言路远。汉译胡书，恣其假托。故使不忠不孝，削发而揖君亲；游手游食，易服以逃租赋。"皇帝对这些论据应该明显是很敏感的。他现在似乎是坚信相反的情况了，热情地迎接玄奘及其取回的经卷，并公开表示很遗憾地未能更早地会见法师。很快就出现一句中国谚语："如同一名唐人般的佛教徒。"

皇帝为译经师提供了许多助手：学识渊博的高僧。他们总数共有50多人，以帮助他翻译取回的经书，最初在弘福寺。他很快就主持了一所真正的译经学校。设在慈恩寺。他隆重地入住那里：幢幡、音乐、由京师神巫组成的侍卫。法师受到了来访者的极大鼓励，以至于他要求皇帝给他一个安静的蔽身之地。于是皇帝便赐他一个旧宫（玉华宫），直到其生命的末年，他都在从事自梵文译成汉文的译经工作；但他有时也从事反向翻译，我们应将一本《老子》的梵文译本归功于他。一通碑文指出，在法师的葬礼上，共有百余万名信徒出席。

主角人物

这一次，中国佛教有了其主角人物，教理也有了世人可比作圣热罗姆（Saint Jérôme）的大诠释人，我们也拥有了丝绸之路上的一个大证人。玄奘法师所携归的佛教遗产是巨大的：657部梵文经文，尤其是一种无可比拟的西域知识。在这方面，他携归的信息收获是绝无仅有的，他有关西域的回忆录，至少从其威望和成功程度来看，可以与马可·波罗的《寰宇记》相媲美。这种比较并非十分荒谬。他们二人都带回了一大堆真实事件与美好传说的混合物，他们根据其各自信仰而坚信这些传说。因此，他们以一种令人震惊的方式，叙述了同一种奇迹，其一将之归于毗沙门天王（Vaiçravana），其二将之归于圣多玛（Saint Thomas）。

玄奘认为，突厥可汗入侵了缚喝国（Bactres，古大夏都）的一座僧伽蓝。可汗正欲偷袭伽蓝，毗沙门天王于其睡梦中出现在他的面前，并用长戟贯彻胸背，他立即殒没。那位威尼斯人却认为，这一事件出现在马拉巴尔省，那里的撒拉逊人亵渎了教堂，圣人出现在穆斯林们的梦中，并以一根长柄叉来威胁他们。

与马可·波罗的比较，主要是通过我可以称为他们对后人留下的遗产之神秘感而得以证实的。我们的这两个人物同样地变成了民族英雄，他们的著作也以同样的方式哺育了各种传说故事。由于那名威尼斯人的描述被反复征引、歪曲和夸张，所以它们在地图上或者是在“珍异故事”中，又产生了千种奇迹，而玄奘的《大唐西域记》又启发了一种浪漫的和古怪的“遗产”。

从10世纪起，许多中国的传奇故事集都引证了玄奘这个人物，并赋予他许多充满鬼怪和神龙的奇迹与冒险故事。中国最早的刊本小说之一，因而是最早的刊本书之一，便直接地涉及了我们的这个人物，并称之为“三藏”（Tripitaka）[①]，也就是大唐三藏取经的变文。真实故事于其中变成了一种无边际的奇谈怪论，于取经人物中又加了一只行者猴子。他宣布说：

“吾今皈正向西方去，转上雷音见玉毫。你去乾坤四海问一问，我是历代驰名第一妖。”

16世纪时，这个故事变成了一部小说，名列中国伟大的经典小说之列，这就是《西游记》[②]。这一次，玄奘被猴王夺去了主角的地位。这个神话中的人物以其滑稽行为与放肆无礼而激怒了上天。他被西方极乐世界的佛祖判处关押在一座大山中，最后以陪同玄奘取经而赎罪。其剩余部分则是一大堆令人无法相信的神话故事，其中甚至出现了老子、魔、龙和佛、非常真实的太宗皇帝以及典型神话中的玉帝、龙马、食人巨魔和麒麟。在值得拍成一部香港电影的两次冒险故事或两次战斗之间，又发生了变化斗智，吟诗和制造奇迹。所有这一套神奇的故事并不仅限于此：猴王——中国那令人难以置信的民间神话人物，既出现在京剧中，又出现在现代动画片中。这些惊人的、苦难的、凶险的和异想天开的冒险故事，在整条丝绸之路上，从未停止过启发人的想象力。

上师与译师

同样是在初唐，义净（634—713年）沿着他曾阅读过其书的玄奘和法显的足迹西行。672年，他在广州率其他40多名和尚出海，乘一艘波斯船，一直把他们运到了印度。他同样也由海路而从印度经苏门答腊（Sumatra，室利佛逝）返国。他的游记同时证明了求法礼佛活动的意义以及海路的求法活动。当时正处在一个广州已变成巨大商港的时代。该城设有许多外国人的

① 这个法号暗示佛经中的“三藏”：律藏、经藏和论藏。

② 《西游记》很可能是对14世纪一种早期文本的修订。

“番坊”，其中包括波斯人和大食人社团，连同其清真寺和卡迪斯（Cadis）粗斜纹呢。义净取道这些海上贸易之路，因为它已不再是一次冒险行为了。

在印度，义净于那烂陀寺居住十年，在那里学习了佛律并培养自己从事译经的能力。在他返回后，获得荣誉，但他仅有一种想法：译经、再译经。他为了替自己那种狂热的追求正统的行为（这一切已与其生命本身融为一体了）而写道：“此则善符经律，何有过焉？然由传授讹谬，轨则参差，积习生常，有乖纲致者。”他返回了苏门答腊，当时那里是一个重要的宗教中心，以便补充其知识学业。义净最终返回中国，将其有生之年（他圆寂于79岁）用于对印度经文的翻译工作。他共译成30多部汉文经文。

在义净的著作中，有一部书对于研究丝绸之路特别珍贵。这是一本小书，作者于其中统计了在他之前西域求法高僧的传记。其中共包括60多个人。对于其中的某些人，他仅用短短的几行文字，以指出高僧的名字、祖籍、梵名、出发的时间、人们最后一次传闻他的时间。义净在高僧传的结束处，往往要指出，世人已经不再有该人物的消息了（不知今在何所）。通过所有这些传记，义净对于所经过的国家不大感兴趣，其注意力都集中到了这些高僧们身上。他提到有时在求法高僧之间存在的关系、激励他们的情感和他们对于祖国故里的思念。

对于其中的一个人，义净写道：“即于此国遇疾，而瘗他乡矣。”许多人都再没有其他墓志铭了。尼婆罗（Népal，尼泊尔）是他们特别不吉利的地方，许多求法高僧都于那里寂灭。

此外，义净又附成群结队的行人结伴而行，这些人都充满了恐惧、真正或假想的惊骇。例如，当他向比哈尔（Behar）方向北上时，曾随一支数百人的商队前进。但在南印度，他却与其同伴们分散了。为了赶上大队人马（因为于他们中会处境安全），他为掩饰自己那光洁的皮肤，只好用灰土来涂面。有人告诉他们说，当南印度居民看到一个白色皮肤的人时，他们就会抓住他并用他来祭天。这是流言还是实情呢？我们不知道。但独行人经常会发现处于恐惧之中。

这些寻求真谛的法师们，都在数年内，甚至是在十几年内，接受忘却他们的风俗习惯、语言及其国家的事实。义净也表示当远足者们偶尔面对其同胞们时，所出现的全部激动情绪。中国人、粟特人、印度尼西亚人、斯里兰卡人，所有人都产生了同样的感觉。义净与其他国家的人相反，却对于中国尚无国家寺院来接待赴佛国的求法高僧一事，深表遗憾。

如果离开中国要求有皇帝的准许，那么普通朝山礼佛者的行走也往往具有一种官方特征，皇帝亲自委派其中的某些旅行家。义净强调指出了这一点,所以,慧超的史著揭示了这些政治变化。当他翻过兴都库什山后,便到达吐蕃并接受了一名唐公主——当地君主之后的帮助。他又从那里出发，在经尼泊尔和重新经吐蕃返回之前，去过印度。

"慧超在宫中被召见，并接旨，命他前往迦湿弥罗国，以在那里带走长寿顺世外道（Lakayata）婆罗门僧……"这就是说慧超是钦差，前去寻找持有不死秘诀之一的婆罗门僧，中国天子们一般都对此非常迷恋，无论是哪一朝哪一代都一样。

在其他的道路上

但求法取经僧并非仅仅是出发赴印度，这种活动一直到达丝绸之路的另一端，直至日本。如在742年，鉴真（日本人称之为Ganjin）大师应邀东渡日本，以在那里传道弘法。当时笃信道教的中国皇帝，对此坚决反对。鉴真一行必须作出不少于五次秘密尝试以及某些很不情愿的迂回行为，其中一次是在一个海盗们的小岛上策划，这名中国的弘法大师才到达日本，尽管他在途中失明了。最后，他在奈良创建了一座寺院（唐律招提），并向日本皇家的所有成员授戒。

在反向，也有日本求法巡礼人。如圆仁，他于836年到达中国。他也不服从天皇的诏令，在未获准许的情况下入华旅行。他们都面对风暴，同样也用了其一生中的十年来完成一次旅行，忍受苦难、步行，同时也记下了他们的冒险故事。

我们由此而结束佛教徒求法高僧名表，也不算太公正，因为直到蒙古时代之前，他们是最后旅行的见证人，尚且不谈新罗僧慧超（Hye Ch'o）[①]。慧超可能生活在8世纪，即在一个佛教已经大幅度发展的时代，而且也是在伊斯兰教已经沿丝绸之路广泛传播的时代。他本人叙述说，大寔（食）人（阿拉伯人）来侵，西天竺国半国已损，他还指出了伊斯兰教在西域的推进，并且在那里取代了过去已在那里立足的宗教。慧超的功德并非仅仅是记载了地理疆界的变化，而且也在于编制他自己的直到波斯的旅游图，每次都指出与佛教不同教派各自的习俗、文化和势力。该文系用中文撰写，并且代表着恰恰在爆发于751年的怛逻斯（Talas）的中国—大食之间大战役之前，当时所存在的各方（包括突厥人和吐蕃人）的势力。在丝绸之路未变成伊斯兰教之路以前，慧超是最后一个大求法巡礼的僧人。他也是中国向世界开放的最后一位见证人，更是最后从事危险旅行的人物之一。在突厥斯坦，他遇到了中国最后的使节之一，并送此使一首诗，表达了旅行家的全部痛苦，我们的所有行人都会吟诵它：

君恨西蕃远，
余嗟东路长。
道荒宏雪岭，
险涧贼途猖。
鸟飞惊峭嶷，
人去偏梁口。
平生不扪泪，
今日洒千行。

---

① 慧超的写本著作《往五天竺行记》，于1906年由法国考古学家伯希和在成千上万卷敦煌写本中发现。

楔子四　神祇也是游牧民

“今天下僧尼不可胜数，皆待农而食，待蚕而衣。寺宇招提，莫知纪极，皆云构藻饰，僭拟宫殿。晋、宋、齐、梁，物力凋瘵，风俗浇诈，莫不由是而致也。况高祖、太宗以武定祸乱，以文理华夏。执此二柄，足以经邦。而岂可以区区西方之教，与我抗衡哉？贞观、开元，亦尝釐革，刬除不尽，流衍转滋。朕博览前言，旁求舆议，弊之可革，断在不疑。而中外诸臣，协予至意。条疏至当，宜从所请。诚惩千古之蠹源，成百王之典法，济物利众，予不让焉。其天下所拆寺四千六百余所，还俗僧尼二十六万余人，收充两税户，拆招提兰若四万余所，收膏腴上田数千顷，收奴婢为两税户，十五万人，隶僧尼属主客。显明外国之教，勒大秦穆护、祆三千余人还俗。不杂中华之风。”

这道于845年由武宗皇帝颁布的诏令，被列入了“排外性”的法难名表中，这类法难——会昌法难在中国总会间歇性地爆发。在此情况下，唐武宗皇帝作为虔诚的道教徒，却又受到儒家社会环境影响，主要是抨击不可胜数的佛教僧侣（诏令涉及4600座寺宇招提），指责他们同时不生产、不参与社会生活和信仰一种外来宗教。此外，这次法难又由此后的一位皇帝所中止，根本未能遏制中国社会的深度“佛教化”。

相反，845年的诏令却更长时间地触及其次要的靶子：景教和祆教。它使近30万佛教僧侣还俗。诏令只涉及其数目不及佛教徒百分之一的其他夷教的司祭。另外一种宗教——摩尼教，同样也遭受迫害。这种宗教未被纳入会昌法难的诏令中，因为它在200年之前就已遭禁，而且是出于更为政治化的原因——它是突厥回纥人的宗教。

这次镇压间接地证明了夷教在中国的立足。除了伊斯兰教、景教、摩尼教和祆教之外，稍后又从中加入了犹太教，都已传到了丝绸之路的另一端。这类宗教在那里主要显得如同外藩社团的宗教。这些来自西域的信仰在中国——距其发祥地极其遥远——的存在，充分反映了商业网络的重要地位。然而，每种宗教的传播，都必须遵守不同的教法。

波斯的宗教信仰均出自马兹达克派的分支，琐罗亚斯德教（祆教）便是其组成部分。这些宗教信仰很少能越出印度—伊朗的空间。它们始终都由中介民众修持，在阿契美尼，德王朝时代是指波斯人；在希腊化文化时代，则是指安息人、贵霜人或粟特人。在萨珊王朝时代（226—651年）和直到阿拉伯人征服之前，对火的崇拜变成了一种正式的宗教，其信徒们具有很大的政治分量。其他宗教有时会遭到限制和刁难，从而激起了它们的迁徙。

犹太教实际上并非是新近从异教归化的宗教。它主要是随着犹太商人的步履而迁徙的，当时犹太商人在中国很活跃，可萨突厥人（Tums Khazars）接受犹太教的归化是一种特殊现象。相反，摩尼教是一种综合宗教，能适应所有的地区，也是丝绸之路上的著名宗教。

最后是基督宗教的一种形式，它在西域传播；越过西域之后，便主要是成为聂斯托里（Nestorius）异端了，其历史影响是沉重的。一种被西方遗忘的基督教却在罗马几乎一无所知的情况下传播。罗马只是首先通过圣·多玛（Saint Thomas）在印度的传说，其后通过约翰长老的传说，而获悉了该异端的某些遭到严重歪曲的反响。这种异端继431年的以弗所（Ephèse）公会议之后，便被认为是“失踪的”基督教，在八个世纪之后，又在人们最不曾期待的地方被重新发现了，这就是蒙古人的宫廷。

神坛上这些旅行家们也使传说故事随着他们的步伐而流动。

第八章　神祇的游牧

在卡菲里斯坦（Kafiristan），希腊化文化的二至点、苏格兰（Ecosse）的密特拉（Mitra，太阳神）的秘传宗教、福建最边缘地区的摩尼草庵、黄河流域犹太教礼拜堂……丝绸之路同时又是失踪的和重新发现的神祇之路。

旅行家们随身携带其神坛及其宗教崇拜，信仰于这里消失，却在数世纪之后和数千公里以远的地方又重新出现。

波斯人的宗教

公元前第二个千年纪时，印度—雅利安民族和印欧民族的宗教，似乎尚颇为接近。它们那过分充满奥义的、含糊不清的和犹豫不决的历史，也是世界上最古老宗教的历史。人们首先称之为马兹达克教（Mazdéisme），后来变成了琐罗亚斯德教（Zoroastrisme）。琐罗亚斯德（Zarat-houstra/Zoroastre）[①] 教与波斯文明有着深刻的联系，由丝绸之路上的中介大民族奉行。

① 我们放弃了分析世界上最早的独神论宗教并确定琐罗亚斯德、马兹达克和扎尔万（zurvanisme）等之间的区别。事实上，我们只从想象物的流动角度，用几行文字来解释琐罗亚斯德教，并不意味着必定会忽略其历史和文化的意义。

因此，最早曾有一种很古老的宗教，其独神及其预言者（先知），最早便是琐罗亚斯德。人们今天都一致同意，应将琐罗亚斯德的生平断代为公元前8世纪，但尚不能完全肯定。近代史上的未决之争，与希腊—罗马古代的矛盾相比较，则不值一提了。对于普林尼和第欧根尼·拉尔修（Diogène Laerce）认为，琐罗亚斯德可能生活在柏拉图（Platon）之前6000年，或者是在特洛伊（Troie）战争之前5000年；狄奥多罗斯（Diodore）或查士丁（Justin）认为，琐罗亚斯德是一个历史人物，为大夏王，被亚述的君主尼努斯（Ninos）和塞米拉米斯（Sémiramis）战败，也是巴比伦空中花园的建造者。柏拉图的弟子蓬特的赫拉克利德（Héraclide du Pont）认为，琐罗亚斯德是阿特兰提斯洲（Atlantide）经地震而沉入大海时的侥幸逃生者。数世纪之后，阿米安·马尔塞兰（Ammien Marcellin）又将他视为婆罗门僧的一名后裔。从一开始起，与琐罗亚斯德有关的一切情节，便都与世界性传说相交叉。

与在东方道路上到处都建其寺庙的佛教相反，马兹达克教及其后来的变种琐罗亚斯德教，都首先是一个民族、一种文化和一片地域中的宗教，它基本上就如同是阿契美尼德及其继承者们的宗教。火神庙不仅在伊朗很繁荣，而且在安息人和西域也都兴盛一时。他们赞扬独一神阿胡拉·马兹达（Ahura Mazda）。其他神祇都是代表其神力中的某一种。神祇专心致力于阿胡拉·马兹达。

当安息朝的帕提亚人继承了希腊化文化的国王①时，他们也与西方发生了冲突。

尽管这是一个紧张的时代，商品仍在继续流通，丝绸始终都会传到罗马。更有甚者，神祇也与丝绸共同旅行。如果说宗教与商人始终是结伴同行，那么它也与那些被迫迁徙的人共同流浪，

---

① 尽管毁掉《阿维斯塔》（Avesta，火袄教经书）的罪名往往被归咎于亚历山大，但这个马其顿人的征服却加强了宗教综合论的倾向。某些人认为，这些经书甚至要晚于那名马其顿王的征服。

这其中也包括兵卒、囚犯和奴婢。

波斯帝国的宗教始终依附于其文明的时代，但某些派生的宗教信仰却一直传到了其帝国之外。

密特拉或耶稣

除了罗马人对丝绸的酷爱之外，还应补充他们受异国情调的信仰的吸引程度。那些怀念罗马共和国的人对此感到惶惶不安。到处都是地中海东岸的商人及其奇特的礼仪。所有的宗教信仰都会带来其神职人员，都会用含糊不清的语言来修持，主要是强加给罗马而不是与之相结合。“奥龙特斯河（Orontes）必定要注入太巴列河（Tibre）”，朱韦纳尔（Juvénal）对此感到愤愤不平。

在所有这些东方的教派和这些具有不同程度的诸说混合论倾向之中，有一种将来必有希望取得相当特殊的成功，尽管它可能显得如同安息敌人的宗教信仰。这就是对密特拉（Mithra，太阳神）的信仰，一种介于创世神与灾难之间的神祇的使者，它有时被比定为太阳神与赫耳墨斯（Hermès，畜牧业与牧童的保护神）。

大家在这种宗教中，辨认出了许多伊朗的、巴比伦的、希腊—罗马的和犹太—基督教的成分。然而，密特拉教的诸说混合论是结构严密和行之有效的，其统一又由于它属于一种具有奥义的宗教、接受奥义者们的宗教，而得到了进一步加强。密特拉从世界的一极传到另一极，到处都以同一种方式受到褒扬。

这是一种与战争有关的宗教信仰，主要是沿着军团的步履而传播的。这是一种男人的宗教（女人从不被接受参加）[①]，“从未被战败的太阳神”（Sol invictus）从苏格兰到美索不达米亚，到处都有人修持。密特拉在各地的浅浮雕上都宰杀神牛，所有牲畜

---

① 许多史学家都将这种严格的男性特征视为该宗教长期以来失败的原因之一，女子在帝国时代罗马的作用远未被忽略。

种类均由此而出。到处都是“洞穴神坛”。人们到处都从事入教洗礼、密特拉教的斋宴，到处都于12月25日庆祝密特拉的诞生日①。许多类似的做法激起了基督徒们的愤怒，尤其是因为这两种宗教处于竞争之中。勒南（Renan）写道：“如果基督教于其发展中，曾受到某些死亡绝症的阻止，那么世界就可能会成为密特拉的了。”

如果密特拉是安息朝君主们的保护神，那么其神坛也会接受戴克里先（Dioclétien）向“帝国的施主”们所做的祭祀。相反，公元312年，基督徒皇帝康斯坦丁一世（Coustantin Ier）的胜利，却招致了对密特拉教的禁废。

然而，50年之后，一位昙花一现的皇帝——同一位康斯坦丁的侄子，人称“布道者”的尤里安（Julien）被其以太阳神的使者——赫里奥多罗莫（Héliodromos）之名而命名的兵团欢呼。当基督教首先于313年被“米兰敕令”允许传播时，它便变成了官方宗教之一。尤里安恢复了由康斯坦丁的儿子禁止的古老宗教崇拜礼仪。但公元363年，在一次攻击萨珊朝波斯人的战争中，尤里安被飞来的致命一箭射伤。某些人声称，此箭是由一名基督徒射出的。传说中将一句著名的话归于了这位年轻的皇帝：“你战胜了加利利人！”这句话可能是伪造的，但其思想却是真实的：密特拉和被战败的太阳神均遭禁废。

阿胡拉·马兹达的帝国

当公元224年萨珊朝人②执掌政权时，琐罗亚斯德教变成了国教，世俗政权又加上了一种宗教权。波斯帝国的每个行省都不仅受一名世俗总督的统治，而且还要受一名宗教总督（Mobad）的统治。在国家的最高层，其主要人物之一便是大司祭。其中之

① 仅仅从公元2世纪起，基督徒们才于12月25日庆祝基督的圣诞。
② 该王朝的缔造人阿尔达希尔（Ardachir）本人是萨珊司祭的孙子。

一正是卡尔特（Karter），他以组织宗教迫害而变得臭名昭著。他于一方石刻中自我吹嘘：“我，卡尔特，从一开始，便为神祇、国王和我本人的灵魂，感到了很大的痛苦和极大的愤怒……阿赫里曼（Ahriman，邪恶的精灵）① 和妖魔鬼怪，都被从帝国中驱逐出去了。犹太人、佛教徒、婆罗门僧、拿撒勒人和瑜伽行者，都将被击败。”

一道禁教令又一次揭示了当时所举行的宗教信仰之多样性、一个社会的世界性。总而言之，我们获知了某些宗教教团在人们正欲消灭它们时的存在。

但一切并非特别简单。琐罗亚斯德教并非是一种独神论的宗教。它曾经历过与异教的危机，正如公元5世纪末的“马兹达克共产主义”以及扎尔万派（Zurvanisme）② 一样。萨珊朝王子们的宗教，已经远离了最早的纯洁性。除了伊朗神祇之外，在那里还存在着其他的神：沙普尔二世（Chapour Ⅱ）皇帝曾要求一名基督徒，他不仅仅能辨认出“太阳、月亮、火，而且还认识大神宙斯（Zeus），整个大地上的大女神那那（Nanai），以及强大的神贝勒（Bel）和那波（Nabo）”。

主要指向基督徒们的第二次迫害浪潮，是在沙普尔二世统治时代发展起来的。它形成了一种明显的政治特征，因为它将基督徒与罗马人等同起来了。康斯坦丁及其儿子的统治时期，正相当于沙普尔二世的执政期，后者又奉基督教为一种真正的国教。在波斯，对基督徒的迫害于5世纪才告停止，当时正形成一个与教廷分庭抗礼的基督教分裂教派。波斯—拜占庭战争，其中包括贸易战、海关战和丝绸战，尽管也出现过缓和时期，但却一直紧张地持续了数个世纪。这两大帝国中的任何一个，都既未成功地获得过胜利，也未曾实现过融洽的关系。萨珊朝最大的君主之一——沙普尔一世，同时发动了反对拜占庭人和匈奴人的斗争。

---

① 阿赫里曼是邪恶势力之神，与阿胡拉·马兹达相对立。

② 扎尔万（永恒的时间）的信仰当时对于其“子”占据了优势。阿胡拉·马兹达是有限的时间。

562年，沙普尔一世签订了一项未来50年和平的重大和约。这项条约当然会涉及丝绸贸易，但科斯洛埃斯（Chosroès）却通过这同一项协议，而谈判让雅典学院的哲学家们返回其祖国。正是在科斯洛埃斯的统治下，当然也是应他的要求，希腊古代的知识和学问，才受到了欢迎。阿拉伯人在以丝绸交换哲学家的条约签订一个世纪之后，又继承了这份遗产。继伊斯兰教征服之后，波斯人的古老宗教残存下来了①。

更难以肯定的，则是“中国祆教徒的存在”。《唐书》告诉我们说，公元631年，一名祆祝——琐罗亚斯德的弟子，出现在唐朝宫廷，并向那里传入了对火神的崇拜，皇帝为它而下令建造祆祠。很明显，在波斯、贵霜或粟特商人能到达的任何地方，都出现过火祆祠。就此而言，却没有任何因素能证明一种使土著人改宗的愿望。祆教信徒们都受到了845年颁布的禁止一切夷教的诏令的伤害。该教团明显不太发达。此外，中国人有时将祆教与另一种出自它的宗教——摩尼教相混淆了。

先知之印

摩尼教比其他任何宗教都更容易适应浪漫主义的幻觉。

在围绕历史人物摩尼（Mani）的生命和殉教的光晕，与人们赋予其神秘宗教的那多少有些秘传的影响之间，我们很难归纳到翔实可靠的结论。围绕着摩尼教而出现的含糊不清，大部分原因是由于这种教义诸说混合的特征，它完全可以占有所有的遗产。历史人物摩尼希望成为“真理之神的使者”，这是由于受到了圣灵（paraclet）的启发，他自认为是为圣灵的最后一名先知。在由亚当、琐罗亚斯德、佛陀、耶稣和其他人揭示出的神的启示中，又由摩尼的结论、全面玄秘和启示取代，这就是“先知之印”。

① 伊朗的祆教一直残存到我们今天，其证据就是印度的祆教徒确实出自古波斯人。

摩尼教作为一种诸说混合论的宗教，它希望建立一个世界性的教团。“我的希望是赴西方，也想去东方。人们会以所有的语言来聆听其启示的声音，并将在所有城市中聆听它。我的教团在这一点上要高于前者，因为这些教团是在特殊地方和特殊城市选择的。”摩尼教徒们的活动即将至少在11个世纪中发展。因为在中国，最后一道禁教令应断代为1370年，并且还又一次提供了一种很方便适用的标记。他预见了那些宣扬“光明尊者宗教”首领们将被绞杀，以及对于普通信徒的沉重棒喝。这可能就是对摩尼教的最后一次正式记载。

摩尼教的传说持续了很长时间，我们甚至未曾提到那些无可指责的理论，它们使不里阿耳的博格米勒派（不里阿耳二元论，bogomiles bulgares）和我们的蒙塞居尔的卡特里派教徒（Cathares de Montségur），成为摩尼的远祖遗产。这种不知疲倦的新入教活动是随着摩尼本人而开始的，摩尼从24岁起（公元240年，此时萨珊朝的第二位皇帝沙普尔一世已经加冕）便从圣灵处接到了登程的命令。他穿越了整个帝国。自从他征募到几名弟子起，他便分别派遣他们赴呼罗珊（马尔吉亚纳，Margiane）、大夏、埃及等地。他受到了宽容的沙普尔一世的保护。但当瓦赫兰一世（Varhan Ier）加冕时，一切都变了。瓦赫兰一世是大司祭，卡尔特派信徒，马兹达克教的真正的托尔克马达（Torquemada，宗教裁判官），获得了对摩尼的判决，摩尼面对其弟子们，而表现出了其宗教热忱。这是一场持续26天的漫长的垂死挣扎，他于此期间在锁链下被窒息。这种殉教的故事又激励了布道法师的虔诚。

围绕着这个人物，又创造了旅行家摩尼的许多传奇故事。在印度河流域，他可能归化了一名君主，此君主把他奉为一名新的佛陀。他可能也到过吐蕃和中国中原。事实上，我们相对可以比较清楚地追踪这种宗教信仰的发展，只要其信徒们（或者是其反对派们）留下的踪迹足够多就可以了。这些足迹首先被作了记述，因为摩尼教曾激励大量著作的诞生，既有支持它的，也有反对它的。对摩尼教最著名的驳斥系由一名弃教人——圣·奥古斯丁（Saint Augustin）所为。基督教修会的这位教父（354—430年）在32岁接受基督教归化之前，曾受明教教理的吸引。《忏悔录》的作者也投入了同样多的精力，以反对过去吸引过他的那种异端。

有另外一种史料可以使人追溯摩尼教在西方的生命力，这就是多种刑事法律。该教派具有双重的可憎性，它那简单的善恶二元论可能会吸引大批人员，其后明教也诞生于波斯，而波斯始终是罗马的世代相传之宿敌。镇压摩尼教的文献大量存在。297年，戴克里先皇帝命令非洲的总督处死并盘剥该教派的首领们。445年，人们在罗马本地也要驱逐摩尼教徒们了。过了近一个世纪之后，到527年，查士丁和查士丁尼皇帝也将摩尼教徒们判处死刑。这一切都把西方逼到了绝境。

但我们也通过该教本身的文献而了解到了摩尼教。摩尼相信经文的力量。他将保存真正教理的劳苦留给了稿本经文，并在教堂中为抄经人指定了最前列的座位。摩尼本人就是画家，他同样也赋予了神像一种特殊的价值。其信徒们创建了画校。西域的壁画便有出自其中者，如同无数的细密画那样。这股潮流属于一种新的艺术风格，它后来从伊朗到中国都曾大放异彩。无论是波斯的细密画、吐鲁番的绘画、撒马儿罕的绘画，还是潘治肯特（五城，半制，Pendjikent）；无论是世俗画还是宗教画，图像都如同是丝绸之路上的画册一样展现出来。这条丝绸之路正是摩尼教扩张的皇家大道。

在萨珊王朝统治下的波斯，该宗教从未超越阿姆河（Amou-Daria）与帕米尔的范围。

在最早的一段时间内，阿拉伯人的征服并不会引起对教派的镇压。“最早……进入阿姆河流域地区的人，便是摩尼教徒。其原因是，当科斯洛埃斯处死了摩尼并将他钉在十字架上时，他禁止其国全体民众对宗教作任何讨论，并下令屠杀了摩尼的信徒……当摩尼教徒们定居于阿姆河以远地区后，他们便一直在那里停留到波斯王国的崩溃和阿拉伯帝国的巩固为止。当时，他们又返回了我们所讲的这个地区，特别是在波斯瓦解和本·伍麦叶（Beni Omayyades，倭马亚王朝）时代，更为如此”。这是伊本·纳迪木（Ibn-an-Nadim）所介绍的情况，他还介绍了摩尼教徒们是怎样受到了阿姆河以远地区突厥可汗的保护。

走向回鹘王位

在阿拔斯王朝统治时代，形势发生了彻底变化，摩尼教徒有时也会受到非常残酷的迫害。公元10世纪时，许多摩尼教徒都逃亡到呼罗珊，大史学家比鲁尼（Birouni）曾指出过，在撒马尔罕和索格狄亚纳（Sogdiane，康居）发生的这一切。

明教之路的一端便是中国。摩尼教取道东突厥斯坦的骆驼队之路，该路是公元7世纪末由中华帝国重新开通的。摩尼教的使徒们自那里一直到达天子之国。人们指出过其中的一名摩尼教徒，曾于694年进入唐朝宫廷。此后又有一位由吐火罗斯坦（Tokharestan）国王推荐的天文学家摩尼教徒入唐。然后便是外交家们了。中国皇帝感到如此困惑，以至于他于731年要求明教的一位教祖大德拂多诞用汉文写一部《仪略》（《摩尼光佛教法仪略》），以使人得以判断该宗教的价值。

大德很谦虚地以一种典型的中国思想行事。事实上，完全如同佛教善于与道教相结合以被中国人承认一样，摩尼教也将浸透着佛教和道教因素。教祖慕阇（主教）把摩尼说得如同是第五尊佛——末摩尼。其中也出现了暗示阿弥陀佛（Amitabha）的地方，阿弥陀佛是民间信仰中的慈悲佛，热衷于净土。法师解释了先知的名字：“译云光明使者，又号具智法王，亦谓摩尼光佛，即我光明大慧无上医王应化法身之异号也。”文献已由唐代负责宗教事务的有司衙门做了研究，达到了其目的：宗教获得了允许，甚至还颁布了宗教自由传播的诏令，其内容毫不含糊。玄宗皇帝开元二十年（732年）的一道敕指出：“末摩尼本是雅邪记，妄称佛教，诳惑黎元，宜严加禁断。以其西胡等，既是方法，当身自行，不须科罪者。”摩尼教在华史的后续发展，却与一种政治的偶然性相联系。

大约到了8世纪中叶，诸多突厥部族之一的回纥（即后来的回鹘）部族，于北蒙古的鄂尔浑河（Orgon）畔创建了一个回纥汗国，其中为中原朝效力的可汗之一，很快就帮助唐朝收复了被叛军夺取的洛阳城。他在那里遇到了一名摩尼教徒，很可能是一名粟特人，此人使可汗改宗而归正教。这种信仰很快就变成了回纥部的官方宗教。明教教义由于后来回纥人的强大，而享有一种令人羡慕的地位。此时距摩尼的殉教和对卡尔特的迫害已经遥远了。

在这个时代，对于已经被削弱的唐朝来说，回纥人变成了一个既难以对付而又必不可缺的盟友：天子被迫优待摩尼教徒并允许祆祠倍增。

世事多变。840年，回鹘人（即原来的回纥人）在蒙古被另一个突厥部族——黠戛斯人（Kirghizes）击败。唐朝皇帝立即利用这种难得的有利形势，于843年禁止了摩尼教。摩尼教随着回鹘人而成为国教，曾经历过其繁荣时期。它从此之后仅剩下在西域、中国南方的某些孤立的教团了，某些更神秘的运动也通过中国那些不可避免的秘密会社而逐渐显露出来了。

失踪的支派

“耶和华，以色列的上帝如此说：‘我必将我国从所罗门手里夺回来，将十个支派赐给你’”（《列王记》上，第11章，第31节）。于此向耶罗波安（Jéroboam）讲这一席话的先知，是为所罗门王效劳的仆人。他预言了以色列民众的分裂。大卫（David）的世系保留了犹大（Juda）和便雅闵（Benjamin）的部族，而其他的10个部族则背叛了所罗门的继承人罗波安（Roboam）。这些事件是于公元前第一个千年纪之初发生的。

由此而来便是两个世纪的内讧，一直到亚述人于公元8世纪末出现为止，他们以占领北方省和发配以色列诸部族的办法，而使整个世界统一起来了，这些以色列部族便是著名的已失踪的或丢失的以色列的10个支派。如果他们确实从未存在过，那么他们就可能是消失或融合在原住民中了。类似的事件明显与丝绸之路没有逻辑上的联系，但他们却在数世纪期间引起了一种到处传播的伟大神话，该神话至少一直沿存到19世纪。该神话又孕育了犹太教在这些道路上的那非常真正的游移不定。

因为犹太人在丝绸贸易中所占的重要地位是不可否认的，完全如同他们在丝绸之路的所有中继点上都存在那样。首先是在亚历山大城，菲伦（Philon）① 讲到了埃及的100万犹太人，并声称犹太人在“亚洲和叙利亚每座城市都形成了人员群体”。犹太人在罗马本地的人数并不多，他们在奥古斯都皇帝时代的整个罗马帝国中，最多也可能只有600万—700万人。犹太人散居区不仅在数量上很大，而且还以其在亚历山大城、叙利亚的赫拉波利斯（Hiérapolis）、帕尔米拉（Palmyre，且兰）的要害地位，更以其在丝绸的纺织与印染中的作用而占据重要地位。

当然，这个商业网络再加上一个互助的网络，一大部分丝绸交易，一旦进入罗马领土，便会使他们获得丰厚收入。在这个时代，对已丢失的10个支派的记忆并未忘却，在反叛罗马期间，犹太人希望他们那些失落在幼发拉底河以远地区的兄弟们前来支持他们。

弗拉维·约瑟福斯（Flavius Josèphe）② 认为，犹太人当时于东方某地形成了一个幅员广大的民族。

有关东方希伯来王国的这种尚不太明朗的神话，由著名的“犹太突厥可萨人”的存在，而得以特别强化。

---

① 犹太人菲伦（公元前13年—公元54年）主要是因他在柏拉图和《圣经》之间调和，因而名声赫赫。

② 弗拉维·约瑟福斯（公元37—100年）是罗马的犹太人，也是《犹太人的战争》一书的作者。

这一切都开始于7世纪，也就是在犹太教成为真正布教热忱的对象之时。如同袄教、佛教、摩尼教和丝绸之路上的其他宗教一样，犹太教也在中亚那些对神祇有渴望企求的某些部族中取得了一种始料不及的成功。在此情况下，本处就是指突厥族群中的一个重要部族，但其起源却使人觉得陌生。这就是可萨突厥人(Khazars)。

人们希望将可萨突厥人作为西匈奴人的后裔。他们是回鹘部落联盟的成员，出自太和岭（高加索，Caucase）。可萨突厥最早是作为拜占庭人的附庸而出现的。他们于7世纪初叶，被用于攻击萨珊朝波斯人。后来，他们便定居在顿河流域和伏尔加河下游地区。创建于里海畔的可萨汗国和君士坦丁堡之间的联盟实际上一直持续到11世纪。这样一来，拜占庭人便背叛了其盟友，并帮助俄罗斯人，挫败他们①。

如果说可萨人出现的背景尚含糊不清，那么这些游牧民接受犹太教的方式，却沿用了一种经典模式。很明显，一名突厥可萨可汗于641年改宗，并且还鼓动其部族追随他。随着时代的迁移，这一切使我们觉得他们如同一种历史怪物。如果人们联想到摩尼教在回鹘人中曾取得的成就，佛教在突厥人中的进取，或者是景教在蒙古人中的传播……那么，这一切也不会使人感到手足无措了。在当时，可萨犹太人的存在，是一件使阿拉伯史学家们感到惊讶的大事。其中之一的马苏第（Masoudi）断言，在诃伦—赖施德（Harounel-Rachid）执政期间，可萨贵族们都信仰摩西的宗教。对于圣者奚利耳（Cydlle）来说，这也产生了一种惊骇，他于9世纪中叶被派去归化该部族；他惊奇地发现了由拉比们占据的位置。可萨汗国是于10世纪逃离拜占庭的犹太人的一个避难地。

毫无疑问，我们不应高估这种特征：犹太教更应该是贵族的宗教，而不是整个部族的宗教。它始终与伊斯兰教、基督教和异

---

① 波兰和克罗米亚卡拉派犹太人（Karaitas，Kaïmes）的数目尚有两万多人，他们可能是可萨突厥人的后裔。

教处于竞争状态。伊本·豪卡尔（Ibn Haukal）具体解释说："大部分居民都保留了偶像崇拜信徒们的特征，他们在相会时互相跪拜，他们的判决都根据与伊斯兰教、犹太教和基督教相反的古老习惯，被严格执行。"相反，伊本·法德兰（Ibn Fadlan）曾参加过一个于921年出使赴伏尔加河流域的突厥—蒙古部族的使团。他叙述说："可萨突厥人及其国王都是犹太人。"但他也注意到，该地区的穆斯林教团也服从其独有的教法。

人们提到了一名可萨汗的例证，他同时传播三种经书宗教。然而，因为"犹太汗国"的历史包括了部分夸张内容，所以它必然会引起巨大反响。

重新找到的支派

公元9世纪时，也提到过某一位埃尔达德·本·马赫里（Eldad ben Mahli）出现在突尼斯，他向当地的犹太人社团描述了神奇的埃塞俄比亚的犹太王国。此人正是来自那里，以色列的四个支派亡命于埃塞俄比亚……这是一种一直持续到我们今天的传说①。

在十字军时代，某些希伯来人接受了东方王国的神话。特别是因为始终存在着一种能够证实这种神话的因素。例如，这可能就是西班牙拉比－杜德拉的便雅闵（Benjamin de Tudèle）的记述。12世纪时，他拜访了许多犹太教社团。他于1165年从萨拉戈斯（Sargasse）省出发，访问了环地中海地区，包括叙利亚、阿拉伯半岛和下埃及，于1173年返回萨拉戈斯并死在那里，曾经历过许多冒险。但这些冒险于后人中却并不足以与马可·波罗或伊本·白图泰相媲美。

---

① 这就是著名的法拉沙人（Falachas），即埃塞俄比亚的犹太人，他们于1984年迁居以色列曾引起过巨大反响。这些人自认为是但（Dan）之丢失支派的后裔，可以将起源上溯到摩西与所罗门王。这种神话传说性的起源也出现在现实中。法拉沙人（其宗教首领根本不懂《塔木德》）正是以它的名义，而自认为是"真正的拉比"。

正如这后一个人（伊本·白图泰）为伊斯兰教所做的那样，便雅闵似乎也把拜访全世界的犹太人确定为自己的目标。此外，他还计算了这些犹太人的数目。他有关丝绸之路的见证很珍贵。所以，人们获悉，在撒马儿罕，共生活有四万名犹太人；或者是他们在底比斯（Tbébes）只有2000多人，却控制了当地的丝绸生产。在旅行家拉比们身上，一切都不是很严肃的，他们有时也会对普通的传说作出反响。人们相信，在罗马，有一个在山岭之间的地下网络，因为罗慕路斯（Romulus）出于害怕所罗门王，才令人建起了该网络。我们暂时不讲便雅闵在印度和中国的问题上所搜集的有关港口的所有神话。

然而，在他相信的传说中，便有关于已丢失支派的传说。在距撒马儿罕有数日行程的地方，于波斯领土上的尼斯本（Nisbon），拉比又重新找到了其中的四个支派："人们介绍说，那里有以色列的支派居住在尼斯本的城市中，这就是但、西布伦（Zabulon）、亚设（Asser）、拿弗他利（Naphtal）支派。他们在最早囚禁期间被强行押解到了那里。在这些地区的戈壁沙漠中，生活着剽悍的游牧民。牧民们直至前往埃塞俄比亚进行抢劫。"①更进一步说，这些黩武成性的民族都没有鼻子，但却是他们保护的"以色列人的朋友"。

东方犹太人的传说，具有一种大胆而又能引起阿特兰提斯洲与前往该地区访问者相媲美的理论，那具有民俗特征或者更应该是有趣的形式出现的继承者。

新大陆的发现，对这种以其"犹太—印度"的形式出现的理论，形成了一种格局。这种理论希望美洲的居民也是经海洋而来的著名部族的后裔。某一位蒙特济莫（Montezimos）叙述说，他曾在秘鲁遇到过犹太印第安人。在由这种神话引起的历史——圣经的胡言乱语之中，我们还应提及一场被称为"英国—以色列人"的非常奇怪的运动。它于整个18世纪末和19世纪都经历

---

① 我们重新提一下，当时的"埃塞俄比亚"一词可能如同印度一样，系指一个位于多少有点随心所欲的地区的国家，对这个神秘地区地望的比定，变化很大。

了其最荣耀的时代。一名具有宗教幻想的人布拉泽（Bother）自称“上帝的侄子”，将盎格鲁—撒克逊（Anglo-Saxons）人经斯基泰人，变成了已丢失的以色列支派成员的后裔。这场运动似乎触及到了数千名信徒。

相反，由 17 世纪的传教士们“发现”的“中国犹太人”，却远不像过去那样随心所欲。我们知道一部羊皮封面的中文《摩西五经》（Torah，《托拉》），明显是在一座于 1642 年被黄河洪水淹毁的犹太教会堂中幸免于难的。事实上，犹太商人（他们也是航海家）在诸如广州那样世界性港口城市的存在，从 9 世纪起便已得到了证实[①]。在 12 世纪时，中国便于开封存在着一座犹太教会堂。“带蒙古人眼褶的犹太人”激起了许多想象。他们可能出自那博纳（Narbonne）的那些犹太人，一直到达信德、印度和中国。据伊本·胡尔德（Ibn Hurd）认为，他们有时经红海，有时又经波斯湾，远航到达中国。

是唯一的一个人吗

与犹太教相反，基督教基本上是世界性和由布道者传播的宗教。许多传道人出发赴东方和西方。他们彼此之间越离越远，其信仰也变得不同了。1054 年的大分裂将罗马天主教徒与拜占庭东正教教派分开了。但早在此之前，于公元 5 世纪时，也产生过另一次决裂。

这次决裂使被称为“卡尔西顿会议之前”的教团从罗马分裂出来[②]，其后果是东方基督教的分裂。在数世纪期间，教廷对于已在丝绸之路上失踪的景教异端信徒们，几乎一无所知。

在于 431 年以弗所公会议上完成的景教异端分裂与 13 世纪

① 如同出于偶然一样，12 世纪之前在中国发现过极少数希伯来文经卷，在骆驼队大城市敦煌和于阗附近，也曾发现过类似经卷。

② 为了讲得更加准确一点，景教徒们被认为是“基督嗣子”，他们的基督教观说明，神在某种意义上夺占了基督的人性（成了其嗣子）。

末之间，我们仅通过传说和美好故事，才知道了这些遥远地区的基督徒。欧洲的基督徒们当时又重新发现了已在世人最预料不到的地方牢固立足的其同教教友们，这就是在神话般的印度，在蒙古人的宫廷中。在这些神奇的基督徒们身上，流传着根本不可能成立的谎言。

即使在景教于13世纪末的鼎盛时期，人们对该宗教也所知甚少。但它却拥有250个教区。在蒙古、整个中亚、南印度直到爪哇，都存在着景教徒。他们也存在于塞浦路斯。教廷，因而也就是西欧，在数世纪期间，一直失去了与丝绸之路上基督教团的接触，而这一切仅仅是为了一种教理观点的分歧。

是什么重要问题将基督教世界一分为二呢？这其中只有一个词：Théotoks（上帝生母）。这里可能真正是指马利亚是上帝生母吗？我们回答是“不”。安提俄克的修道者聂斯托利（Nestorius）发动了一场分裂基督教的复杂过程，同时也引起了文化之间的决裂，进一步使幼发拉底河以远地区形成另一个“世界”。

聂斯托利的论点是：马利亚是作为人的耶稣之母亲，而不是上帝的母亲。因为在基督的身上有双重性格共存，即人性和神性①。这种教理观点部分地反映了安提俄克和亚历山大城（以奚利耳的主教为首）的神学家之间的对立。后者发动了一次反对聂斯托利的斗争，于428年变成了君士坦丁堡的大主教。这场“主教论战”很快就使皇帝感到了大事不妙，他以罢免奚利耳而开始行动。但奚利耳却获许召开一次全体教会的公会议，这是教会史上的第三次。这次会议于431年在以弗所召开。亚历山大城奚利耳的论点于这次主教会议上大获全胜，正如“以弗所信经”中所总结的那样。教会的正式教理是，在基督身上实现了两种性格的统一。

聂斯托利被放逐到埃及并被开除出教会，他很孤独地死去

① 这就是说，东方教会要倚仗于451年卡尔西顿主教会议确定的教理之前的观念，即景教教会和耶稣单性说派教会，我们于下文将再讲到这一切。

了。历史本来可以到此为止，聂斯托利至今也可能仅仅是诸多异教徒之一，在基督教神学那漫长而又复杂的发展史上，曾留下过烙印①。唯有深知内情的神学家们才会记得起其名字。

难道是唯一性吗

但聂斯托利异端首先产生了第一种后果，通过落入“过分颠倒”中的反响，君士坦丁堡的优迪克（Eutychès）宣布将基督的人性与神性结合起来。这种论点曾被一次公会议所采纳，而这次公会议又受到了争议并被称为“以弗所强盗会议”。最后，一次真正的全体教会的公会议，即第4次会议，也就是451年的卡尔西顿（Chalcédoine）会议，绝罚了新的论点。教会宣布说，在基督身上“只有唯一的一个人，唯一的一种性或位”，基督的双重性格并无分裂，而是只有差异。

这一次，其差别确实非常微小。指责优迪克和所有那些追随同一条教理线索的人，即耶稣一性论派者。这就是错误地相信这些有差别的本性，这就是决裂。在聂斯托利那过分神性的基督和一性论派者那过分人性的基督之间，被认为勾勒出了一条正确教理线，也就是来自教廷和罗马教会的一条线，而且都是有关其剩余时间的。

然而，这后一种异端——一性论派是科普特人（Copte）、雅各布教派（Jacobite）和亚美尼亚都会的起源。以至于在20年间，即从以弗所公会议到卡尔西顿公会议（431—451年）之间，又出现了两种互相对立的异端，丝绸之路上的所有基督教教团均属于它们，包括埃及、叙利亚、伊朗、伊拉克、印度直至太平

① 基督教神学，也就是涉及基督之性质的基督教理的研究和三位一体的问题，实际上导致产生了可能想象出来的一切变种和异端。全体教会的以弗所公会议本身就是尼西亚（Nicée）公会议（325年）的继续，尼西亚公会议抨击了阿里乌派信徒，他们认为基督低于天主。后来在君士坦丁堡公会议（381年）上，又绝罚了反天主圣灵派信徒（他们认为圣灵要低级一些）。

洋。尽管基督一性论派的异端，产生于严格地说是与景教教理相反的一种教理地位，它们依然熟悉一种具有可比性的命运。在一种非基督教的环境中残存的国家教会，或者是在其信徒们都独立于拜占庭的范围内，由战胜者们（萨珊人或穆斯林）所宽容的教会，被政治形势与欧洲隔绝的教会，往往是文士民族和扮演了一种文化间媒介作用的教会，均被置于文化交流的影响之下。它们同样地被西方基督教徒们"遗忘了"，他们必须为这些教团提供自然联系人。它们也是一种已经失落的基督教的组成部分，这种基督教曾起过一种重要作用，并且能取得令人震惊的成就①。

景教的进取要归功于某些首先是政治的形势，更可能应归功于对基督双重性的细微考察，波斯教团始终都受萨珊朝当局怀疑，认为它为了拜占庭的利益而背叛了自己，它处于很强大的马兹达克教派信徒们的严密监视之下。它于424年宣布独立，并在484年的教区会议上投靠了景教。这样一来，便形成了一个东方教会，教皇对它没有任何控制。经过萨珊朝时代之后，景教徒们也并未随着伊斯兰教的传入而消失。在阿拔斯朝的哈里发（Califes Abassides，750—1258年）统治期间，一位景教大总管（Catholicos）甚至定居在巴格达。景教的布教活动在印度和远东都很活跃。

印度的圣多玛

印度基督教修会采纳了景教，它是诸多传说之源。世人失去了与这些修会的一切直接联系，来自印度的一切都只能具有传奇

---

① 亚美尼亚教团在穆斯林入侵之前，便残存下来了。叙利亚雅各布派教团曾在从希腊文化到阿拉伯文化的转换中起过重要作用，其政治上的独立应归功于它在阿拉伯人征服之后，才被很好地接受了。至于埃及的科普特教团，它同样也应将其很相对性的受宠归于它与拜占庭的对立关系。科普特教团的埃塞俄比亚分支与犹太教建立了一种对话关系，我们将会看到，由于阿拉伯人的征服，它与基督教会的残存势力分裂之后，除了埃及教团之外，它是怎样的默默无闻并导致产生了各种传说。

虚构性。于这一切之中，又加入了一个更古老的故事。它早于以弗所公会上宗教分裂的时间。它叙述说，圣多玛曾前往印度，并在那里殉教和被安葬。其他的神话传说也认为，波斯君主冈多弗纳斯（Gondopharnès）是曾前往伯利恒（Bethlem）的袄教修道僧国王，也曾接待过圣多玛。公元2世纪末，一名布道人被亚历山大城的主教派往了印度。他介绍说，在他之前还曾有过圣巴多罗买（Bethléem）。其后，人们又将最早归于圣巴多罗买的所有美好故事，都归于了圣多玛。

公元6世纪初叶，该圣者的一种受难史被译作拉丁文，介绍了他在印度的布道。“到印度去的科斯麻”(Cosmas Indicopleutes)自我吹嘘说，他曾在印度遇到过圣多玛教团的信徒们。他还补充说：“在印度洋的岛屿锡兰，也就是在印度以远地区，还存在着一个基督教教团，其主教由波斯指定……同样，在大夏、匈奴人地区和波斯、印度的其他部分，也都存在着许多基督徒，许多修道士和主教。”

该文献与另一个传说结合在一起了，传说中认为基督的孪生兄弟多玛（Thomas）曾在印度为奴，并在那里从事福音化事业，而最终却遭殉教的命运。其他的不同说法，甚至还声称，圣多玛一直旅行到中国。

从如此之多相互一致的传言中，任何人都不应再得出怀疑的结论了，圣多玛的墓应在印度，距马德拉斯（Madras）不远。这个神话又由于景教修会的存在而得以维系。这些景教修会不大为人所熟知，尽管叙利亚教团的教堂马拉巴尔的马尔·多玛（Mar Thomas de Malabar，它至今仍存在）在当时很重要。这就是将圣多玛在印度的神话被强加给世界的过程。长期以来，这位使徒那被假想的墓地吸引了许多朝圣人。

13世纪时，马可·波罗也未疏忽提到这个位于马拉巴尔海岸的著名圣地，“在一座小城中①，几乎没有居民，很少有商人往来，因为那里基本上没有交易，地点很偏僻，有些基督徒和甚

① 买拉普兰（Mailapuram）后被葡萄牙人重新命名为圣·多美（Sáo Tomé）。

至是撒拉逊人前往那里朝圣。这些地区的撒拉逊人非常虔诚地信仰圣多玛。他们声称，圣多玛是撒拉逊人，也是一位大先知”。人们前去拜谒该使徒被杀的地方。据马可·波罗认为，圣多玛的死亡是因偶然事故造成的：一名笨拙的猎狩孔雀的人一箭射穿了他，当时他正在全神贯注作祈祷。当然，人们还讲述过许多奇迹：将其墓地的土掺和进一种饮料中，便会医好间日疟或四日疟[①]。同样，马可·波罗也曾声称，他还发现过圣多玛经过亚丁的踪迹，并将努比亚（Nubie）的福音化成果归功于圣多玛[②]。同样，葡萄牙人也从锡兰山亚当的足迹中，看到了这位使徒留下的标记。

圣多玛墓地的这种神话，掩饰着作为景教的印度基督教之现实。此外，罗马也不信任一个与“撒拉逊人”非常随便地共存和司铎们纷纷结婚的修会[③]。景教受到了蒙古时代反基督教镇压的影响；后来又因丧失信徒而削弱，因为信徒们都作出了依附罗马或依附雅各布修会的选择，它实际上已从印度消失了[④]。数年前，人们还在马拉巴尔海岸指出过某些“圣多玛的基督徒”。他们断言，可以将其修会的起源上溯到使徒在德干布道的时代。

中国的基督徒

更加令人感到惊讶的是，印度的景教，也就是中国的景教证

---

① 在其手稿的某些文本中，马可·波罗甚至声称带回了一小撮这种神奇的土，并且治好了间日疟。

② 一种普遍的信仰将埃塞俄比亚的福音化成果归于圣多玛名下，这个单独的修会是科普特人的，而不属于景教。

③ 景教司铎们于5世纪末是必须结婚的。

④ 对于景教，也就是叙利亚的东方教团，现在仅于伊拉克和伊朗存在有数万名信徒，而且还生活在一种非常复杂的处境中（自从在美国杀死异端大主教以来，一名伊朗主教和一名伊拉克主教便争夺其继承权，景教修会在这两个国家处境困难）。在印度，其形势更为复杂，景教修会失去了其印度的，甚至是伊拉克的一大部分信徒，后者又依附了罗马那被称为迦勒底天主教修会的教团。后来，其他人又于1664年加入西叙利亚教团，变成了基督单性论派信徒，并且也形成了印度的叙利亚正教教团。

明了其令人震惊的活动能力，这就是基督二性分裂信徒们用于传播其信仰的能力。

我们对于景教传入中国之所知的主要内容，只有几行石刻文字，即781年的长安大秦景教碑。该通碑中载有汉文和叙利亚文碑文，碑名为《大秦景教流行中国碑》。其碑石很可能是在9世纪迫害夷教时，被埋于地下；它于17世纪时在古都西安遗址发现，后又安置在西安碑林中了[①]。

大体上讲，该碑文声称，公元635年，某一位阿罗本到达中国京师，载真经，来自西域那个著名帝国，人们对该国地望的比定很含糊，只称之为“大秦”。阿罗本“占青云而载真经，望风律以驰艰险”。碑文也向我们描述了太宗皇帝的明智之举，这是唐王朝开放思想的特征，至少在其开国之初是这样的。帝使宰臣，总仗西郊，迎宾入内。他在特令传授之前，曾令人对新教理“深知正真”。“翻经书店，问道禁闱，深知正真，特令传授。”皇帝正确地指出，在解释了该教教理之后，他也希望这种教理能被其臣民所熟知：“详其教旨，玄妙无为；观其元宗，生成立要；济物利人，宣行天下。所司即于京义宁坊造大秦寺一所，度僧二十一人。”

京城的景教寺，甚至以出自唐太宗皇帝继承人之手的一方赞美性碑文，而感到骄傲。在高宗皇帝时代（650—683年），似乎在唐帝国诸州，各置景寺，正如在碑文中所指出的那样。我们从中发现了对景教徒们享受的青睐的各种记载。公元8世纪时，某一位皇帝向西寺“赐绢百匹，奉庆睿图”；另一位皇帝又为西来的传法人“重立景寺”；最后的另一位皇帝又派遣其亲信，接待了一名来自阿富汗的景教学者。某些宗教文献，诸如《大秦景教三威蒙度赞》，或者是《序听迷诗所经》，都在中国流行过，我们在敦煌写本中发现了它们。

这就是845年的会昌法难所打击的基督教修会的处境。从此

① 这通碑如同罗塞塔（Rosette）一样著名，也成了诸多争论的焦点，甚至有人将它视为耶稣会士们伪造的一块赝品。

之后，景教便从中国消失了。然而，以弗所公会议上很微小的争执冲击波，却并未停止让人始终都有所感觉，被人遗忘的异端即将在蒙古冒险时以令人震惊的方式重现，并使整个丝绸之路上的想象力能够进一步表现出其强势来①。

因此，直到9世纪的禁教之前，中国人一直了解并容忍四大主要夷教：佛教、以大秦光明教而为人所知的景教、来自波斯的“火神天神”② 之名而著称的人数很少的琐罗亚斯德教（祆教），最后是摩尼教。事态至少是这样从理论上出现的。史学家们很难断定，人们是否能特别清楚地区别开国家与教义。我们于这一切之中，还应加入著名的“中国诸说混合论”的倾向，尤其是道教的影响。公元前3世纪的《庄子》就已经提及：“何谓真人？古之真人，不逆寡，不雄成，不谟士。若然者，过而弗悔，当而不自得也。若然者，登高不栗，入水不濡，入火不热，是知之能登假于道者也若此。”

道教不仅仅宣扬对其他宗教的宽容，而且对于自己介入其中也不会感到反感。此外，人们还倾向于用道教术语来翻译外来宗教观念，诸如佛教和摩尼教等。在道教的影响下，中国的商业、政治和海洋开放时代，与对来自西方宗教的宽容是相吻合的。长安大秦景教碑将夷教教理的传入，视为一种荣耀的标志：“巨唐道光，景风东扇。”

① 请参阅前文有关约翰长老的章节。

② 祆教实际上是与景教同时传入中国的，于631年由一名麻葛（穆护，Mages）传入。

楔子五 大刀与经书

继穆罕默德（Mahomet，570—632年）布道之后，其信徒们一直抵达海格力斯擎天柱（直布罗陀海峡），通过飞袭而打到瑞士以及亚美尼亚，当然还包括整个阿拉伯半岛、今巴基斯坦的信德、直到锡尔河流域的整个中亚。与经书同时传播的，往往是大刀。如果伊斯兰教之路在很大程度上与丝绸之路相重合，那么这一切就不大可能了。

《古兰经》传播的东—西方大道，仍是沿用了骆驼队和船队同样的法则。当伊斯兰教随着大军的步伐而扩张时，这一切都是真实的；当伊斯兰教的教法由阿拉伯和波斯旅行家们在城市和港口传播时，这一切都显得更加明显了。早在伊斯兰历之前，便存在着一个由阿拉伯商人们经常往来的商行和市场的强大网络。当伊斯兰教的时代降临时，它们也变成了《古兰经》传播的中继站。有许多王国举国受归化。伊斯兰教作为外来少数民族的宗教，它始终存在于丝绸之路上。从威尼斯到广州，没有一个十字路口不生活有一个庞大的穆斯林教团。

早期的所有局面均被伊斯兰教的这种扩张行为打乱了。在穆罕默德于632年归真（无常）时，对阿拉伯半岛的征服已几近于完成。这些事是在其继承人和岳父——纺织品商人阿布·伯克尔（Aboubaker）时期完成的。人称此人为“最虔诚者”，在信士会议上，被推举为首任哈里发的继承人，既是政治—军事首领，又是宗教指导。当他两年之后归真时，教团的领导权又回到了第二位哈里发“信士的长官”欧迈尔（Omar）手中，其综合成就相当可观。伊斯兰教的新势力，现在却使面对面的两大帝国感到不安，这就是拜占庭帝国和萨珊朝的波斯帝国。

在第一阶段，穆罕默德的信徒们不仅仅夺取了半岛上的交通大道，而且还和平地征服了阿拉伯海的两个交通要塞：也门和安曼。也门诸部都改宗而受归化。香料之路上的这个关键地区，曾相继由三个国王统治，其中一个是犹太人，后来又处于基督徒内古斯（Négus，埃塞俄比亚君主）的主权范围之下；它最后变成了波斯的一个行省，因而也就是处于一个袄教民族的统治之下。从此之后，它最终成了伊斯兰教的一个桥头堡。

此外，安曼接受伊斯兰教的归化，同样也是在波斯的宗主权之下，至少是在形式上，为伊斯兰教打通了阿拉伯海，其中包括该地很活跃的苏哈尔（Sohar）海港。古代的帆船也曾于此转港运输香料、宝石、木材和象牙。安曼的海员与商人在伊斯兰教之前曾属于这类人中的最活跃者。他们从此之后便会在丝绸之路的所有港口、印度、中国和直至东非相遇。

安曼和也门的这次自动接受归化，使萨珊朝的波斯人失去了通向阿拉伯海的出海口。他们惊奇地发现，被他们视为周边的蒙昧部族和勉强只能从事没出息的抢劫行为的贝督因人（Bédouins），却正向他们挑战。阿布·伯克尔哈里发，以及在此之后10年间的奥马尔哈里发，其行为都更加令人瞠目。新的强国都在攻击这两个帝国。

传说中认为，先知曾致书拜占庭皇帝希拉克略（basileus Héraclius），以邀请他接受伊斯兰教的归化，尽管希拉克略做过一场带有预言色彩的梦，向他预示叙利亚即将屈从于一名实施过割礼的人，而它过去在其宫廷的影响下，曾拒绝这样做。从632年起，在基督徒们的加萨尼朝的阿拉伯人、拜占庭人的支持者和穆斯林之间，爆发了一场冲突。至于萨珊朝波斯人，他们已经为保卫美索不达米亚（Mésopotamie）而感到不安了。

穆斯林军队同时以击溃大马士革希拉克略的军队和美索不达米亚设（Chah，国王）的军队的方式，使美索不达米亚变成了“阿拉伯的伊拉克”（Irakel-Arabi），从基督徒手中夺取耶路撒冷，从波斯人手中夺取泰息丰（Ctésiphon），所有这一切都证明了全部事态的一种神奇的加速发展。阿拉伯军队经过伊拉克领土之后，便一直深入到波斯，于642年在内哈旺德（Nehavend）取得了“胜利中的胜利”，即为阿拉伯人打开了柏斯波利斯之路，又导致已经削弱和处于无政府状态的萨珊帝国彻底崩溃。在628年和最后一位萨珊王伊嗣俟（Yezdeguerd Ⅳ）登基之间，共有12位君主或所谓君主相继继位。其军队的组成很广泛，搜罗了许多雇佣军，却从未抵抗便亡命于木鹿（Merv）。他最后被当地的一名波斯总督杀死和背叛（651年）。同一年，阿拉伯人就进军到了赫拉特（Hérat）。

总而言之，在穆罕默德（570—632年）归真之后，又过了不长时间，小亚细亚、埃及、叙利亚、美索不达米亚、波斯西部都已受伊斯兰教归化。从公元7世纪中叶起，向中亚的扩张便开始了。经过四任“受神灵启示的”哈里发之后，伍麦叶（Omayyade，660—750年）王朝将其势力范围一直扩展到波斯东部、河中府（Transoxiane）和印度的边境。

逊尼派的伍麦叶王朝的人（白衣大食人）曾经渴望获得神话的继承权，也就是有关亚历山大的神话；在希腊和小亚细亚之外，他们重建了一个大帝国。经过巩固其占领区并将之从阿富汗扩张到摩洛哥（Maroc）。他们于8世纪初叶正准备一直推进到亚欧洲际大道的东端。难道还曾一直到达丝绸之国吗？

第九章　先知之路

705 年，中国是否差一点变成伊斯兰教的土地呢？

这一年，阿拉伯将军异密屈底波（Kotaïba Ibn Moslem，孤特拔，即古太白·伊本·穆斯林）征服了布哈拉和撒马儿罕，他还抵达费尔干纳（Ferghana，拔汗那），越过了天山以向疏勒（Kachgar）推进。中国驻当地的都护获悉，屈底波发誓要夺取中国土地及其财富并统治其民，于是便给他送去一袋泥土、几个钱币和四个王子做人质，从而使中国皇帝得以明哲保身。

这局暂停的博弈推迟了近 50 年，直至 751 年怛逻斯的中国—阿拉伯战争，才又重新开局。在欧洲，恰恰是在先知归真近一个世纪之后的 732 年，大约在普瓦捷（Poitiers）战役前后，查理·马特（Charles Martel）使用了一种不及中国都护巧妙的方法，以确定伊斯兰教扩张的西部边端，或者至少是穆斯林军队可以到达的西部极限。

当然，现实可能更为复杂。但我们可以接受怛逻斯和普瓦捷为两种象征性事件，它们表明了伊斯兰教是如何几近于从欧亚大陆的一端传到另一端的，进而创建一个从长安到罗马的政治和军事帝国，这是继启示（天启）之后一个世纪的事了。

经书的旅行

伊斯兰教在一个神奇得令人难以置信的短暂时间内，便推进到跨大陆的道路上了。

在佛教问题上，我们要思考改宗的奥义以及在解脱、精英、商人、教士和朝觐人之间，在圣像与经文之间那尚不明朗的关系。伊斯兰教通过征服或通过谈判而传播，这似乎是遵循着更为明确的原则。

一部书和一种语言影响的传播，似乎也是一种信仰性质的反映，伊斯兰教力图成为唯一一种真正结构严密的独神论。经久的单一性，用于诵经的语言的单一性（《古兰经》的一种译本，便不再是《古兰经》了）[①]，以上所有一切都不能阻止这种宗教的分裂，并且使其传播具有了一种很奇怪的特征，即达到一种前所未有程度的世界性单一信仰。

伊斯兰教是诸大宗教中的“新生儿”。它的历史略早于我们的中世纪，它的发展演变是人所共知的，一切都高速地形成定制、写成经书和编纂成典了。这种信仰关注于拒绝任何迷信，乍看起来似乎是“异教的”，希望毫不改变地保留神的“最后”启示，它结束了先知们的连贯性，反对一切可以歪曲其意义的行为。一种连贯性和简化性又使它富于说服力，由此而产生了将某些不变原则从大地上的一端传到了另一端，而又不使它们有任何能改变其传播的能力。信奉一种启示，即多种经书的启示，与其他宗教有别，直接地表达了造物主的圣言，似乎放弃了神话和传说。然而，伊斯兰教刺激了一种无可比拟的想象，特别是一切与大地形象有关的想象。这很可能是因为该宗教在大多数的情况

---

① 我们必须等到1920年在土耳其和1932年在埃及，使哈乃斐学派（hanafite）的一名逊尼派大师穆罕默德·穆斯塔法·马拉基（Mohamed Mustapha El Marghi）才接受一名非阿拉伯语的穆斯林也可以使用一种被认可的译文来举行祈祷。在此之前，《古兰经》的任何译本也都只能是一种诠释文。至今尚如此，这只能是正式地指一种注释文。

下，是向游牧民、商人和海员传播的。

另外一种附加明证：根据一种约定俗成的说法，那就是伊斯兰教诞生的沙漠，被置于旅行标志之下。为了修持该宗教，只要有一本经书、一块地毯、相当多的水，或者是在缺乏这一切的情况下，则使用沙子，以净化自己；要利用太阳或星辰，以知道其祈祷应转向哪个方向。清真寺仅用于集中其信徒们，其米哈拉布壁龛（mihrab）仅仅为指出其神秘中心——克尔白（Ka'ba，天房）的方向。伊斯兰教强迫人（至少是强迫可以这样做的人）赴麦加（La Mecque）从事大规模朝觐。但除了这种将全世界的大批人都集中到同一地点的戒律、圣地的象征意义之外，任何事都不能使其宗教信仰扎根。

最后，如果伊斯兰教是沙漠宗教，那么这实际上就意味着它是城市宗教。自从它在阿拉伯地区诞生以来，它就在骆驼队相会合的地区传播。穆罕默德本人也曾是骆驼队商人，在与麦加的异教徒富商巨贾们发生冲突的时候，才会首先表现出来，麦加是经商和朝觐的绿洲[①]。先知从他逃难的竞争性城市麦地那（Médine）开始，通过一系列的战争而征服那些绿洲城邦，首先是麦加。一切都对与贝督因部族的联盟起了作用。我们不要忘记，麦加人曾与先知的对立面——犹太人结成过联盟。

经过63年夺取麦加之后，伊斯兰教的推进便是一系列的围攻城市和建筑城市，它沿骆驼队那羊肠小道和大路的推进，是显而易见的不争事实。

诞生于突尼斯的大哲学家和史学家伊本·赫勒敦（Ibn Khaldoun）在写下下面一段文字时，似乎略有点言过其实：后来便出现了先知之印——穆罕默德，正是为了它才向真主祈祷。他成功地使阿拉伯人聚集于伊斯兰教周围：

“他曾联合信士们的心；假若你耗尽大地上的所有财富，你仍不能联合他们的心；但真主已把他们联合起来了”（《古兰经》

① 据传说认为，最早的克尔白系由阿丹（Adam）建造的。它从穆罕默德的启示起，便吸引了朝觐人。

第8篇，第63节）。

真主在他下令发动圣战（djihad）之后，又把先知召唤到自己身旁，并且以至高无上之主的名义许诺，大地将会归于其乌玛（Oumma，穆斯林公社，穆斯林社团）。先知归真的两年之后，阿拉伯人便向科斯洛埃斯（Chosroés）和恺撒（César）发动攻击，并夺取了他们的政权；他们在波斯之前便接触到了突厥人，当然是经由大秦人、柏柏尔人（Berbères）和马格里布人（Maghreb）。全世界从此之后便归附了伊斯兰教政权。

公元7世纪中叶，伊斯兰教对萨珊波斯人取得了“胜利中的胜利”，而拜占庭又被沦至一种被动防守地位。这一切便使伊斯兰教得以征服整个亚洲大陆。

帝国的崩溃

萨珊帝国已经灭亡，但它在数十年间还残存着一个“流亡政府”。由此便证明了在波斯与中国之间仍存在着的联系，这是丝绸之路上的大保护主和大中间商之间友好商业关系的遗产。

不幸的波斯末帝伊嗣俟（Yazdgard Ⅲ）被阿拉伯人击败之后，曾请求大唐这个天朝帝国进行军事干涉。天朝拒绝作出一种如此冒险的尝试，但却坚信西域大道所代表的利害关系。因此，中国赋予了伊嗣俟的儿子卑路斯（Peroz Ⅲ）一个纯属理论上的波斯帝国的政府。事实上，卑路斯及其继承人只统治着其古老帝国的最东端省的一座城市①。这些多少有点傀儡性的国王，仅仅是由于中国在表面上的赞同和突厥斯坦小国王们那比较具体的支持，才组成了中亚的小王国之一。

伊斯兰教的驰骋能在一次扩张的间歇期间，追赶上了波斯的皇帝们。刚刚统一中国的唐王朝，正考虑重新夺回河西走廊，但

① 于此后不久，到了731年，波斯的这个幽灵帝国甚至还向中国朝廷派遣了一名景教使者。

却没有想象到它会在一个世纪之后遇到伊斯兰教的推进。就在公元7世纪的中叶，唐王朝仅将伊斯兰教视为海员与商人们的一个社团的宗教，由番邦人在某些世界性的城市中奉行的一种宗教信仰。这样一来，穆斯林先贤——先知的直传弟子们来到了中国，那里已经存在着一个小小的大食人聚落了。

穆罕默德的第一位继承人阿布·伯克尔于634年归真，欧迈尔直到644年才继任他。于其哈里发时代，耶路撒冷、埃及和利比亚（La Libye）、伊拉克都被夺占，波斯人遭到了全面失败。

在遭一名波斯奴隶杀害的欧迈尔归真之后，相继出现了两名哈里发：伍麦叶部族的奥斯曼（Osman），他也于1656年成为一名凶手杀害的对象；再其后是阿里（Ali），他本人为穆罕默德的女婿，四大贤配中的最后一位“启示”哈里发，伍麦叶王朝正是继承了他。

阿里的哈里发政权以其分裂为标志。他必须相继地对抗那些受排斥的觊觎者们的信徒。叙利亚的一个伍麦叶部族的总督穆阿维叶（Maouia）曾反抗其权力并征服了埃及；最后是“分裂派”哈瓦利吉派，他们既反对阿里，又反对穆阿维叶。该派宣布，它属于自主选择其领袖的信士的教团，而并不关注其先祖世系，阿里被一名哈瓦利吉派信徒杀害，其什叶派支持者们企图使伊玛目的职位——教团的宗教领导权保留给其后裔们，而他们又都是后来变成哈里发的伍麦叶朝人。这个令人难以置信的混乱、阴谋和家族屠杀、哈瓦利吉派与什叶派和逊尼派信徒之间的分裂、这些内战、所有这些具有严重和持久后果的事件，都勉强地推迟了伊斯兰教向跨大陆道路之边缘的大推进。在8世纪初叶，它又重新开始了向前推进①。

在西部，马格里布的主人——安拉的斗士们，于公元710年，越过了征服将军塔里克（Tarik）以其名命名的海峡，该海峡很快又被命名为直布罗陀（Gibraltar）海峡，即塔里克山

① 在这个时代，伊斯兰世界已经采纳了它自己的希吉来历（hégire）纪元，即伊斯兰历或回历。它开始于先知于公元622年向麦地那迁徙的期间。

(Djebelel-Tarik)。西班牙的哥特人（Wisigoth）王国未作抵抗，整个半岛后来也都不战而降。一名17岁的将军穆罕默德·本·卡西姆（Mohamed Ben Kassim），也是通过海路，于距今卡拉奇不远的信德登陆。他率领其骑兵部队及其骆驼，还携带5架投石器（据说其中的一架极其庞大，以至于必须500人才能使用它），一直向印度河流域推进。

几乎就在同时，即711年，伍麦叶朝的军队先后渡过了阿姆河（Oxus）和质浑河（Djeihoun）。阿拉伯人称该地区为“河中地”或“河中府”。直到此时为止，他们一直在入侵。

阿弗拉西亚卜城

伊斯兰教现在需要征服丝绸之路的中心地区了。布哈拉(Boukhara）很快就陷落了，阿弗拉西亚卜——撒马儿罕城也很快被围困得水泄不通。

据传说认为，粟特人可能是登上了“酷似天堂”一般的城墙，以嘲弄其气势汹汹的来犯者，并劝告敌人放弃这种徒劳无益的围城手段。因为先知的一种预言使他们确信，该城是坚不可摧的。它只能由“驼鞍”上的人所战胜。但那些被围困的人并不知道，“骆鞍上的人”就是那位阿拉伯将军名字的译文。阿弗拉西亚卜城陷落了。

夺取阿弗拉西亚卜城是一种意义最大的战略性的，同时也是象征性的赌注。

袄教经书《阿维斯塔》（Avesta）是用金笔写成的。它记述说，在一个遥远的时代，草原部族的一名大王阿弗拉西亚卜执政，他以其名字命名其都城。

该国王掌握了巫术秘诀。其权力似乎是无限的。直至其薨逝，他似乎也未曾决定放弃这种权力。当时机降临时，国王下令建造一座城下之城。在某京师阿弗拉西亚卜山岭的地下，有一座很深的城邦准备供国王永寝。他以其权力而使该世界布满了模拟造物。其钢铁宫殿由一个假太阳照亮，诸多钢铁星辰照耀着一种苍穹的仿造品。许多没有任何生命的机器人却代表着其主人的唯一学识。为这个幽深处的拱形建筑提供服务，志在度时光。阿弗拉西亚卜国王定居于其隐遁蔽身之地，以在其创造物的周围永远地生活下去。

死亡之魔鬼阿斯托维哈德（Astivihad）成功地钻进了国王机关设置之城的深处，挫败了这些机器的监视并带走了国王的灵魂。

自从阿弗拉西亚卜归真之后，始终存在着一个地下的撒马儿罕城。那些为死者服务的机器始终是发狂般地在那里转动，那些模拟造物也在日夜不停地于一座空旷的宫殿之上经过。

历史并非仅仅是美好的，它也是强有力的。古代神祇的力量如此之大，以至于有关地下深处的城市，以及可以使两界沟通的通道之神话，能长久地传播。后来也于其中混入了有关粟特骑士与商贾们时代的撒马儿罕，向全世界遣使时代的真正撒马儿罕。撒马儿罕山岭的奥秘产生了一种非常强大的吸引力，以至于从中诞生了某种伊斯兰教的传说，穆斯林们以此而消除或重新占有先前的神话。

人们声称，在征服该城的时候，城中生活着一名虔诚的穆斯林，即库萨姆·伊本·阿拔斯（Koussam Ibn Abbas）。某一天，当他正在作祈祷时，有一个非信徒抓住了他的大刀并将此圣人斩首。当时库萨姆将此人的头颅藏在自己的臂下，经过某条通道，而钻入地下。他始终在城下的撒马儿罕，他在那里祈祷安拉并等待着裁判。

有关精底格设（Chah Zindé，不信教的国王）、活着的国王、遁世的国王以及有关进入其王国的地下通道等问题而流传开的所有传说，都表达了丝绸之路上的这座要塞城市所产生的诱惑力。

沙漠风暴

阿拉伯征服者们于距其基地非常遥远的地方的突然涌现，导致了一场难以想象的相会，即伊斯兰教与中国的相会。

撒马儿罕（Samarcande）也就是亚历山大所说的马拉干达（Maracanda）、贵霜人和粟特人所说的阿弗拉西亚卜（Afrasyab），在当时也是中国一个都督府的治所。唐朝当时正处在重新全面征服西域期间。他们结束了由吐蕃人一直深入到塔里木盆地的入侵。中国中原人面对突厥游牧民而立场坚定，或者是他们操纵一个部族去反对另一个部族，这就是中央帝国为了保护它对于通商大道上的城市和王国各站程之支配权，所玩弄的一套复杂的把戏。即使是诸如撒马儿罕那样的情况，指与某个遥远权力机构和一种更多是形式上的关系，那么这种联系也是重要的，中国的目的在于控制丝绸之路。

事实上，在从萨珊帝国崩溃（651 年）到怛逻斯战役（751 年）之间的一个世纪期间[①]，在阿拉伯人与中国人之间展开了一场潜在的百年战争。西域在整个这段时间内都处于一种捉摸不定的变化形势中。丝绸之路上的小王国有时被置于阿拉伯人的宗主权之下，有时又处于中国人的宗主权之下，或者是处于不同突厥汗国的权力之下。有时是一些新来者，如吐蕃人，也发动了入侵。这种不稳定形势又使商贸关系变得很脆弱。

朝山礼佛的新罗僧慧超（Hye-Ch'o）[②]，曾于 730 年左右赴天竺旅行。他如同对待世界上再自然不过的事一般，提到这些非常软弱的小王国，都在不同程度上是大国的附属。如突厥斯坦以东和帕米尔山脚下的胡蜜国（Wakhan，瓦罕）国王“兵少马弱，

---

① 如果大家更愿意的话，那也可以说是在一个比伍麦叶王朝（661—750 年）略长一点的时期内。

② 我们在第七章，已经讲到了这名新罗佛教徒，他是西域史的忠实见证人。

不能自护。见属大宜（大食，阿拉伯人）所管，每年输税织三千疋”。大食领地以东六国的情况也相同，其中就包括安国（Boukhara，布哈拉）和康国（Samarcande，撒马儿罕）。但这一切却无法阻止人们于这里得以宣扬佛法，而又于那里能够宣扬袄教；它也未能阻止突厥人到达某一王国，而在另一个邻国又有中国的驻军。

然而，阿拉伯人和中国人最终必然会以相遇而告结束。阿拉伯人于公元8世纪上半叶的征服，在绝非是未曾遇到反叛和逆转的情况下，在大夏和索格狄亚纳强行确立了伊斯兰教的权威，甚至一直延伸到跋贺那（Ferghana，费尔干纳，拔汗那）。中国始终从费尔干纳河谷获得良种骏马，每头牲畜价值40疋丝绸。

公元713年，当屈底波（Kotaïba）将军夺取布哈拉和撒马儿罕之后，又抢劫了中国领地疏勒（Kachgar）。唐玄宗皇帝曾致他一封信，要求他遣使赴长安，以介绍骆驼队大道上的新来者之意图。玄宗皇帝曾怀着进行谈判的希望。事实上，这是中国与哈里发政权之间川流不息的使节往来之始。军事冲突从未成为商业交流的一种不可逾越的障碍。但有一种逻辑认为，是中国的重新开拓促成了对抗，因为当时必须划定领土疆界。但这些冲突似乎并未产生“意识形态”方面的仇恨。它们都受实用主义动机的支配。战争是贸易通过其他手段的延续。

中国军队夺取了帕米尔（Pamirs，播蜜川，波蜜罗），并且更进一步希望确保骆驼队的走廊。决定性的事件出现在这样一个具体时刻：在伊斯兰帝国的中心，被称为“屠夫”的阿拔斯（Abbas）推翻了伍麦叶（倭马亚）王朝，并创建了阿拔斯（黑衣大食）王朝。

公元750年，中国将军于天山和帕米尔确立了唐朝的权威，正如控制了阿富汗与迦湿弥罗（Cachemire）的大部分领土一样，但他却犯了一个错误。他下令勒杀今乌兹别克斯坦首都塔什干（Tachkent，柘枝）的突厥小王。该小王的儿子反叛，并请求一个敌对强国的援助。

撒马儿罕和布哈拉的阿拉伯驻军，与其突厥盟军互相勾结，使中国人于751年在怛逻斯河畔遭受了一次历史性的失败。

经过一场持续五天的胜负未决的战斗之后，穆斯林们终于取得了胜利。某些人声称，这是由于唐朝军队中突厥雇佣军部族的背叛，才造成的悲剧。伊斯兰教的兵勇们抓获了成千上万的中国俘虏。我们发现，在这批中国俘虏之中，有许多制造丝绸和纸张的工匠。正是由于这些人，制造丝绸和纸张一类的新技术才一直传到巴格达。至于养蚕术，它在阿拉伯—波斯世界，即使不是被取代，那至少也是受到了促进。

中国皇帝在怛逻斯失败之后，已无能力作出反应了。因为这场失败恰恰使唐朝重新收复骆驼队之路的数十年努力，刚刚毁于一旦。受到了内乱威胁的唐王朝，只好放弃了其报仇和在帕米尔以远地区发动一场威胁性战争的计划。阿拉伯征服者们自己也忽视了进一步利用其有利地位。这样一来，他们便确定了一条边界，它一直持续到蒙古人入侵为止。正如在公元前三个世纪期间，希腊人和印度人瓜分了世界一般，现在是阿拉伯人和中国人划定了他们的势力范围。在东方，中华世界又在其万里长城的保护下，重新变得神秘起来了。在西方，从西班牙到帕米尔，则是阿拉伯世界。托勒密所说的石堡，可能正是这两个世界的边缘。如果对它的定位准确的话，至少是如同波斯学者比鲁尼（Birouni）所叙述的那样，那么石堡就位于塔什干附近。

伊斯兰教手持大刀，首先是在阿拉伯半岛的小路上的伊斯兰教，接着是在王家大道上的伊斯兰教，这也正是自阿契美尼德人开始，骑马或骑骆驼的伊斯兰教再未向前发展更远。但伊斯兰教的船舶，却继续向东航驶。

伊斯兰教的面纱

新的王朝——阿拔斯王朝，现在正统治着历史上的最大帝国。

中国—阿拉伯之战的时间，似乎标志着一种历史断裂、一道屏障的建立。正如安息人和罗马人，或者是波斯人和拜占庭人之间爆发冲突时所发生的那样。事实上却绝非如此。相反，由此却开始了一个丝绸之路大兴盛的时代，这种现象一直发展到远东。就在同时，又诞生了一种新的旅行文学，完全如同反映了世界的一种新形象一般，而且随之出现了一个我们后来会多次遇到的人物，也就是一名穆斯林旅行家。

此人不一定是阿拉伯人，但用阿拉伯文写作。他常常表现得非常虔诚，经常受到一名国王的保护。在所有情况下，他都能享受到一种很有益的帮助，他所到达的一切地方，都有穆斯林教团。

丝绸之路带有这些游移不定的穆斯林们的踪迹。这就是他们的墓志铭、墓葬，有时又是他们的居住区。他们生活在保留区，由谢赫（Cheikhs，长老）和卡迪（Cadis，教法官）们主持，正如在泉州和广州那样。我们有时还会看到，他们以其小帽、胡子、典型的体貌特征，而被塑造在中国或泰国的陶器中。或者是他们的泥身塑像，仍在保卫着8世纪时高丽庆州的墓葬。如不是在伊斯兰世界存在着真正的保存记忆的博物馆、整整一个渴望知识的和带有尊重著作之烙印的环境，那么穆斯林旅行家们的远游和观察就很可能会丧失。

亚里士多德和托勒密的继承人

为了达到这种地位，还必须具备以下条件：海上丝绸之路的大发展，这是在中国航海家和阿拉伯水手们的双重推动下才实现的，某些政治背景使一种相对和平不会有碍于穆斯林商人们的活动（甚至在唐代的中国也不会有障碍，唐王朝从未要求穆斯林们为怛逻斯战役的失败付出代价），特别是在海上丝路沿途出现了许多商业王国。在巴格达、中国以及高丽和日本等地，对外来产品的需求量，一直在日益增加。

这种情况一直延续到赴麦加朝觐的宗教义务方面，朝觐也促进了旅行和地理学的发展。旅行指南和回忆录之类著作日益增多。但也有一种我们称之为理论性的运动，也就是地理学家们的活动。与欧洲地图学形成鲜明对照的情况，则是伊斯兰教重新发现并补充了希腊科学。

阿拔斯（黑衣大食）人赋予这种科学一种黄金的价值。哈里发马蒙（Manoun）是诃伦（Harounel-Rachid）的儿子[①]，以称重量而支付每卷译著，而且还是以贵金属的重量才支付，即按一盎司译经支付一盎司黄金的价格。他令人建造了智慧宫，其中附设观象台和图书馆，并于其中藏满了购自君士坦丁堡的希腊文文献，他还创建了翻译局，而且对这一切付出的心血，丝毫不逊于中国皇帝对于负责研究从印度携归的经文之机构的重视。

对上古文化的重新发现，受到了刻意的鼓舞，无论是指科学和希腊哲学，还是指亚里士多德、毕达哥拉斯（Pythagore）和柏拉图等人都一样。托勒密地图于其中占有特殊地位。它被充作理论上的地理知识基础。然而，阿拉伯地图学家们毫不犹豫地对其中的某些方面提出了质疑，或者是对它作了补充。对这幅地图的反复阅读、阿拉伯天文学的发展、印度思想的贡献，特别是信息在舆地学家商人和朝觐人之间的不停流传，更促进了阿拔斯王朝时代的科学兴趣。

正因为如此，卒殁于840年的花剌子密（Khouarizmi），才将数学与舆地学知识结合起来。他有关代数（al-jabr）的著作之一的译本，将代数学传入欧洲；他同样还传播继承自印度人的知识，特别是被称为阿拉伯数字的字母和零（0）的概念。他同样也关心天文计算和星盘技术。公元9世纪上半叶，他写成了一部《大地形状书》，其中纠正了托勒密的某些断言。人们还认为，花剌子密应哈里发马蒙的要求，与其他学者们精诚合作，以研究

---

① 诃伦（诃伦－赖世德，766—809年）是阿拔斯朝的第五位哈里发，其统治期可能也是该王朝最光辉灿烂的时代，尤其是在欧洲以击败拜占庭人并与查理五世（Charlemagne）建立外交关系而著名。从传统上讲，诃伦是强大而公正的哈里发的人格化代表。

天球平面大图和各种地图。另外一名天文学家和数学家是巴塔尼（白塔尼，El Battani，858—926 年）。他是一名皈依伊斯兰教信仰的异教徒，曾在叙利亚求学。他对于天体运动的计算和对于球体三角学的研究，使他直至欧洲都获得了巨大名望，但在那里却以阿尔巴特尼乌斯（Albategnius）之名而为人所熟知。他也依靠其理论上的前沿性，而对托勒密的某些错误提出了质疑。例如，那名希腊人相信，非洲与亚洲是连接在一起的。艾尔·巴塔尼断定，印度洋并非是由一个堵塞了地图南部的大陆封闭，而是一片开放的海洋。

阿拉伯最著名的地图学家马苏第（Masoudi）具有双重的能力：他首先是大旅行家，曾亲眼目睹过印度、锡兰、中国海上的诸邦、小亚细亚和埃及，并于 956 年死于埃及；其次，他也是一名真正的百科全书类作家。他于其《黄金草原》中，描述了旧大陆诸民族的历史，其中包括法兰克君主们的历史。他也完成了其天体平面图，这当然是一种球体大地的形象。但他又从中加入了两个大陆，一个位于南部，另一个位于地中海世界的对蹠点上。古希腊的那种大陆平衡的理论并未被人完全遗忘。

伊斯兰历的 4 世纪（基督纪元 10 世纪）是中世纪地图学发展的巅峰。人们不仅仅根据新的理论知识（天文学、数学、经纬度数的计算）而对一切旧有成果都作了修正，而且还汇集以前所未公布过的数据，包括经济地理学的数据。有关道路、王国和伊斯兰教地图集的著作都特别兴旺发达。其方法似乎已经最终确定下来了：地图的方向（如在数世纪期间，南方始终向上，而北方向下）、单线条勾勒的方式、使用常见的形象等。伊斯兰教的地图集变成了一种真实的体裁，它系统地包括 20 幅伊斯兰国家的地图，前面附有一幅整个已知世界的地图。此外，伊斯兰国家同时也是一种义务的信德：这就是始终要反复述说安拉的伟大，使人回忆起还存在着一个信士的社团并行使着政治权力。唯一的地图便是世界的形象，它只服从一种义务。10 世纪的这些大舆地学家和旅行家之一是伊本·豪卡尔（Ibn Haukal），他曾非常自豪地写道："我逐省份、逐地区和逐区县地详细列举了伊斯兰国家……"

在此期间，纯理论性的工作仍在继续。能最好地代表这项工作的人物，无疑正是比鲁尼（Birouni），我们西方称之为阿利波伦（Aliboron）。比鲁尼系波斯血统，于973年诞生于今乌兹别克斯坦领土的喀特（Kath）。他曾为哥疾宁（Ghazni）的算端（苏丹）马哈木（Mahmoud）效劳，该算端建立了一个独立的王朝，即哥疾宁汗国，对今阿富汗与呼罗珊行使政权。地处阿富汗中心的哥疾宁王朝宫廷，正好位于通商大道上，是一个接待任何血统的学者的文化中心。此外，马哈木也是伊斯兰教的大布道人，曾在印度发动战争。比鲁尼通过该宫廷、其赴印度的旅行及其希腊文、阿拉伯文、波斯文和梵文知识，形成了丝绸之路上所有文化的交叉路口。他研究了印度教的哲学和宇宙论，既将波怛阇利瑜伽（Patanjali yoga），又将欧几里得几何学译成阿拉伯文。他同样也是植物学家、数学家、哲学家、史学家和博物学家……在世界知识方面，他编制了有关星宿的一幅很大的统计表（1029年），计算了经纬度。他甚至还重复了厄拉多塞的测量事业，并从中推算出了地球的周长。这一次，与最近代的计算相比较，其误差仅有200公里！比鲁尼与伊斯兰教的另一个文化大明星保持着接触，此人便是医生、哲学家、柏拉图和亚里士多德著作的读者、大旅行家阿维森纳（Avicenne，980—1037年）[①]。

罗杰之书

完全如同古代的著作似乎导向了斯特拉波和托勒密的综合论一样，伊斯兰教的所有百科全书似乎都会导致伊德里西

① 阿维森纳诞生于布哈拉附近，他是突厥母亲与波斯父亲所生的混血儿，系哈马丹国王的大臣，生活在木鹿和伊斯法军。阿维森纳（Ibn Sina，伊本·西拿）是世界主义和中亚主义潮流的典型代表人物。但他继承了向外开放民族的传统（如同粟特人那样），而且还继承了伊斯兰教的普世主义。

（Idrissi，1099—1165 或 1186 年）的《罗杰之书》（Kitab Rudjar）。这部著作的完整标题应为《希望走遍世界的人之趣味书》，系由西西里的诺尔曼国王罗杰二世订购的。罗杰二世是一个颇有文化修养的人，他将学问家、地理学家、航海家、十字军远征者和朝觐人，都请到了巴尔莫（Palermes），并向他们询问有关世界的诸类事项。这同一位罗杰将养蚕业引入了西西里，尚不满足于使自己成为丝绸秘密流通的主要环节之一。他也希望在一部思想性的巨著中名垂青史。他召来了伊德里奇，这个原籍为北非的人，曾在欧洲和小亚细亚旅行。在科尔多瓦的莫尔大学中，伊德里西研究了全部阿拉伯科学。

伊德里西从事了一项持续 12 年的工作：计算地球的经纬度和最著名各地点之间的距离、综合阿拉伯知识、修正托勒密的所有错误。这项工作于罗杰二世晏驾之前数周完成，便于一种 150 公斤白银制成的球体、70 幅地图和一篇解释文的形式出现。其球体已所剩无几，在一次反对罗杰二世继承人的反叛期间，叛乱者们打碎了银盘，并瓜分了其碎银片。其阿拉伯文和拉丁文稿本著作，现仅残存一种诠释文，而伊德里西未能完全按其意愿修订。为了罗杰二世的儿子——坏小子纪尧姆（Guillaume mauvais），他又写了另外一种文本。我们知道其一种简本：《欢乐的花园》或《小伊德里奇》，完成于 1192 年。这后一部稿本在欧洲图书馆中广为流传。伊德里奇的作品是中世纪和文艺复兴时代欧洲的过渡站。这是被认为由阿拉伯贡献大大丰富了的希腊知识之大发现，向欧洲传播的典型象征物。从巴格达到科尔多瓦，十字军时代欧洲搜集的知识得到了巨大发展。

伊德里西的地图集代表着一种球形大地："大地和水悬挂在宇宙之中，就如同蛋黄悬在蛋壳中"一样。出于对托勒密的忠诚，他将地球分成了相等的七个纬度区，即气候区，从而导致了某种变形。当然，其地图集都包括一定数量的错误。其南边由一个巨大的非洲占据，以至于它占据了地图的整个下方；印度洋通过一个海峡而与"黑暗之海"相沟通，这是希腊外海的遗产。

任何人都不知道其以远地区的情况，这是由于与航海不利的一面：黑暗之海的深度、风浪的高度、波浪的频繁程度、海怪的众多性、海风的激烈性。“但在该洋中有许多岛屿，其中有的是有人居住的，有的是荒凉的，但没有任何航海家敢冒险穿越它。”印度次大陆与一个巨大的锡兰相比较，则显得过于渺小了：波罗的海与黑海通过一条运河而沟通。相反，该幅地图与其东部地区则标出了高丽、日本、印尼群岛。特别在该幅地图中出现了西藏的第一种现象，伊德里奇于其中指出，那里有世界上最漂亮的奴隶。阿拉伯舆地学家们的远东知识与伊斯兰教的地域一样广阔。

除了阿拉伯舆地学家们的重要著作之外，还有大批论述丝绸之路的著作，它们自称为《道里与邦国》《珍异记》《中国与印度指南》《海上奇观》《造物与外来物统计》。这种文学是由《游记》（rhia）、《长篇记述》（Akhbar）组成的，也就是赴麦加，甚至是更远地区的某名朝觐人的游记或回忆录，以地理—历史书的形式出现。此外还有一些《奇迹》或《珍异记》（mirabilia）之类的书，至少是我们的中世纪充满的那些遥远稀奇著作目录的阿拉伯文对应著作。

这些著作中的最早作品之一，至少也是这些长篇记述或这些游记中的第一种，出现于851年。其书名为《中国印度见闻录》。这部匿名著作声称取自某一位商人苏莱曼（Soleiman）的作品，而苏莱曼又被认为是安曼人。它很少抱有文学与学问的奢望。巴格达的文人们从未重视过它。这部教科书的目的，明显仅在于向未来的旅行家们提供实用信息。它远没有为神奇事物保留与在晚期著作中相同的地位。

但这部教科书却以多种原因而使我们感兴趣。首先是它与水手辛伯达（Sindbad）游记之间那令人困惑的相似性；其次是由于它经常被大作家们反复抄袭[①]，如伊本·库尔达德比赫（Ibn Kourdadhbih）、比鲁尼、马苏第、伊德里西，即被那些曾描述过

---

① 人们今天称这种做法为剽袭。它在一个世人对于文学作品原著之价值，具有某种与我们当代完全不同的想法之时代，这一切则完全可以被人接受。

印度和中国的大部分作家们反复剽袭。

该部稿本著作除了证明这个记忆的大储存器和阿拉伯文化的美梦之外，它还向我们提供了中国、印度以及穆斯林想象力启发的其他国家最吸引人的形象之一。

中国的形象是一个法制的、道德的与和睦的国家，这是司空见惯的中国形象，从古代的记述经穆斯林而到欧洲中世纪旅行家们的游记，一贯如此。《中国印度见闻录》也未曾违背这条规则：中国人于其中被认为很漂亮、遵法守纪和酷爱艺术。在中国呈现的行政、财务和商务秩序，都受到了颂扬。当然，丝绸是一种繁荣与和睦的最佳象征物："中国的居民，无论老翁与稚童，冬夏季都穿丝绸。王公们穿最佳质量的丝绸，其他人则根据他们各自的能力而穿戴。"唯一的保留是，中国人的某些做法使优秀的穆斯林感到厌恶："他们不干净，当他们洗澡时并不是用水洗，而是用中国纸摩擦身体。"对于类似细节、对于卫生观就如同对于剔牙方法、宰杀牲畜方式的关注，则是所有阿拉伯旅行家游记中的一种常见现象。该游记中同样还提到，中国人修持佛教，他们的这种宗教崇拜出自印度。这些情况使阿拉伯人觉得是明显事实，但欧洲在数世纪期间却对此一无所知。

至于印度，这是一片阿拉伯人比西方人更要无限熟悉的大地，它远不及在中世纪著作中那样神奇，却更为实际一些。那里神奇的神灵和万物都显得即将离开锡兰。这种看法也反映在一种等级中，《中国印度见闻录》作出了这样的表述：印度和中国的居民都一致宣称，可以计算到的世界国王共有四位。第一位被列于这四位国王之首者，是阿拉伯人的国王。在阿拉伯人中，世人的看法是一致的，其中没有任何人对于他是诸王中的最强大者、最富有者、最出色者、没有任何因素能超越的大宗教之国王一事，提出过质疑。中国国王的地位列于阿拉伯人国王之后，其次是罗马人的国王，再其次是那些"扎耳朵眼的人"（ballaharaya，印度人）的国王。我们可以怀疑，中国人和印度人以商人苏莱曼所介绍的相同方式，而确立了其社会等级。但在中国和印度似乎都有一种神秘的传统，始终沿丝绸之路传播，它希望四位国王均为天子并统治大地。

即使不讲水手辛伯达，我们也必须提一下这种阿拉伯故事很乐于讲述的全部异国情调。我们将会再次讲到丝绸之路上的这种反常现象：某些具有名副其实的最近代意义上的科学著作，都阐述了那些在数世纪期间都从未曾有人阐述过的知识。就在这同一批丝绸之路上，旅行家、使节、文人和商人都接受并传播最有失常理的故事。

与雅朱者人和马朱者人的相会

最引人注目的例证，则是有关《古兰经》中的雅朱者人（Cog，Djûdj）和马朱者人（Magog，Madjudj）的传说。他们是一些令人诅咒的种族，亚历山大为抵御他们而筑一道青铜长城壁垒。如果这道长城能移动，一直到与中国的长城相重叠，那么雅朱者人和马朱者人地区，却依然非常难以确定方位。

公元921年，有一个使节自巴格达出发，以访问伏尔加河畔的那些突厥—蒙古部族，他们又以不里阿耳人（Bulgares）之名而著称。这次出使的目的是非常重要的：对于阿拔斯朝人或者是黑衣大食人来说，其目的是要在突厥人地区找到支持，从而使伊斯兰教更有利地对抗可萨突厥人、犹太人（或假定的犹太人）。但从长远来说，这却主要是为了重新活跃丝绸之路最北端的道路，它经由里海以北，并与皮毛之路和琥珀之路相汇合，一直到达波罗的海。

文人伊本·法德兰（Ibn Fadlan）是该使团的秘书。在整个沿途中，除了其本职工作之外，他还写了一部著作，对这些地区和民族都作了非常具体而又真实的描述。然而，在其旅途中期，他依然遇到了雅朱者人和马朱者人的一个直接证人和一种具体踪迹。

伊本·法德兰当时居住在萨加利巴（Saqaliba）人中，这是伏尔加河畔的一个部族。国王向他介绍说，数年之前，人们于该河中又发现了一个身材奇特的人，他从不讲一种为人所知的语言。国王令人留下了这个怪人，并将此人描述成一个身高 12 肘长（法国古代长度单位，指从肘部到中指端，约合0.5米。——译者），令人难以置信的蒙昧。巨人的身份已经得到了确认：他属于雅朱者和马朱者，安拉有时也会通过青铜之门而逃脱其民族的某个代表人物。最后，始终是国王叙述说，由于这个怪物使民众感到恐惧（其目光触及到的儿童都会因此而死亡，孕妇们也都会因此而流产），大家于是便决定彻底摆脱他，他被处死了。

伊本·法德兰要求看一下那个怪人的遗骸，它被安葬在森林中心一棵巨大的树下。事实上“其头颅被埋在这棵树下。我发现其头颅如同一个大蜂房，其两肋酷似最大的棕榈树枝，其腿骨与臂骨也同样很巨大。我感到了极度惊讶，于是便从那里返了回来”。如果伊本·法德兰是唯一一个曾看到过神话民族代表人物遗骸的人[①]，那么他却不是唯一一个将该神话民族地区定位于不里阿耳人地区以北的人。一种坚实可靠的伊斯兰传说认为，雅朱者人和马朱者人居住在很靠北部的地方，甚至是在斯堪的纳维亚（Scandinavie）半岛，或者是一个位于某个蓝眼金发的民族以远地区。另外一种传说则把他们置于更靠东部的地方。这种传统持续了很长时间，一直到 15 世纪。当瓦斯科·德·伽玛（Vasco de Gama）环球旅行时，曾为此人充当艄公的安曼人伊本·马吉德（Ibn majid）在讲到刺桐（泉州）时，曾写道：“这就是中华帝国的边界。在与你们相比的南方、东南方、北方和西方，便是突厥人的地区。其后，雅朱者人和马朱者们则位于北方的荒蛮之岛。”

① 这事实上可能是指一具猛犸的骨架。

世界边缘之岛屿

“你永远不会到达过哇嘎·哇嘎（Waq du Waq）之岛，即使你是在会飞的神灵和流星的帮助下也罢。在你与这些岛屿之间，共有七片水域、七条深壑和七座无法攀缘的高山……”这些哇嘎·哇嘎岛在阿拉伯故事中，显得就如同是具有最奇特和最令人害怕的现象之地区。例如，在陆地辛伯达（Sindbad Terrien）的游记中记载道：“……我们应该知道，哇嘎·哇嘎群岛总共有七个之多，它们由大批士兵保护，而这些士兵却都是童贞女。这些地区仅仅生活有神灵、撒旦、难以对付的精怪、巫师、食人巨妖，他们都是特殊生灵。”这些群岛在不同程度上被比定为好战的女子岛，或者是神灵岛，这一切都是阿拉伯故事中的经典性内容。

马苏第同样也提到了这些岛屿，认为它们富产黄金；在艾尔·伊德里奇的地图上，哇嘎·哇嘎岛占据着面对中国海岸的一个美不胜收的位置。人们最常接受的解释是，哇嘎·哇嘎群岛是日本，阿拉伯航海家们只在很晚的时期才在那里登陆，但他们已经在中国和高丽港口，频繁地听到过讲述这些群岛。

神话般的哇嘎·哇嘎群岛同样也向马达加斯加（Madagascar）或菲律宾借鉴了许多特征。它主要是用于所有幻觉的汇聚地。这是一个令人焦虑不安和非常古怪的地区。这个令人不可思议的地区酷似能吸住船舶的磁力岛；或者是酷似女国，这是对阿马宗人或骑马女士之国的回忆，阿拉伯旅行家们一直在设法寻找她们。女国有时也与另一个由美貌的女武士居住的所谓的日本国相混淆。

高丽不及日本那样富于神话性，它以其与中亚和唐代中国的文化经济联系而著名。它在长时间内显得如同是丝绸之路的最东端（而且那里从事养蚕业要早于其他任何国家）。

在穆斯林旅行家的眼中看来，高丽是可以到达的极限点。然而，阿拉伯人社团很早便在那里建立起来了。据古代作家们，如艾尔·迪马斯基（El Dimachki）、艾尔·努韦理（El Nouweiri）和艾尔·马克里奇（EI-Makrizi）等人都认为，阿里的忠实什叶派信徒们可能是为了逃避伍麦叶朝人的迫害，才躲到了南中国的岛屿中。这些岛屿如同新罗（Silla）王国一样遥远，阿拉伯人认为这个高丽如同一个岛屿。所有这一切都发生在公元8世纪中叶之前。

相反，一个世纪之后，《中国印度见闻录》把高丽半岛描述得如同是由白人居住的群岛，这些白人向中国纳贡，任何阿拉伯人都未曾见到过他们。几乎就在同一时代，伊本·库尔达德别赫（Ibn Kourdadhbih）反驳了这种看法，讲到了那些曾到过这个黄金储量丰富的和穆斯林旅行家们曾经讲过的地区。无论其时间如何，阿拉伯与高丽人的相会却未曾发生过。刚刚统一了高丽地区的王朝是新罗。新罗是一个好客的国家，尽管它与雅朱者人和马朱者人的领地相毗邻。该地区蕴藏有丰富的黄金、其令人惬意的气候、它与中国的良好关系，所有这一切都形成了高丽的一种田园诗般的形象，很快就被比作了福琼群岛。并非是高丽人自己不属于一个为伊斯兰教所熟悉的精神世界。马苏第把他们归于《圣经》的一种直系尊亲属：“他们都是诺亚的儿子雅弗（Japhet）的后裔。”

因此，伊斯兰教的海员们一直冒险到达中国、新罗和哇嘎·哇嘎岛，那里是已知世界的边界，也是想象中的阿拉伯人居住的环境。这就是人们看到的巴格达的蜃景，也就是水手辛伯达的旅行。

第十章 一千零一种真相中的辛伯达

水手辛伯达[1]是阿拉伯商人的传说性化身。他的旅行使人联想到了一种童蒙读物《一千零一夜》那回忆中的支离破碎的幻景。总之,《一千零一夜》是著名的阿拉伯故事,明显没有任何认真严肃的内容。在美好历史故事的背后,却掩饰着某些比人们的想象更加无限真实的东西,也可能是一名有骨有肉的旅行家。无论如何,这也是9世纪丝绸之路上一部真正的资料大全。为了使人觉察到这一点,则必须带上批评的眼镜,才能适应一整套调查研究的机制。它是由一场惊奇而开始的。

无名作家和商人

再见了,谢赫拉扎德(Chenrazade)。水手辛伯达的船舶远离了我们幻觉中的家眷,故事不会出自一个女人之口。《一千零一夜》的最早稿本并未包括该水手的史诗。

《一千零一夜》,该书名系指不同来源故事的一种长期未彻

---

① 有关这一章,我们利用了勒内·哈瓦姆(René Khavam)的著作《水手辛伯达的冒险》(福布斯出版社1958年版)。它谨小慎微地又重复了17世纪稿本中最早的已知文献。

底杀青的轮廓：一个波斯小集团，可以分别上溯到埃及、希腊、中美索不达米亚和印度的前伊斯兰内容。它于公元8世纪在巴格达被作了改编并被伊斯兰教化了，后于11—12世纪又在埃及作了补充。我们很难讲于18世纪之后真正最终完成的形式。我们应该知道，组成《一千零一夜》的部分内容是否为一种非常相对的概念：根本不存在具有权威性的稿本①。

然而，水手辛伯达的确切时代及其出身，也在这些故事重提有关海上丝绸之路的阿拉伯古文献的范畴内，而具有特别重要的意义，因为这些文献直至描述了海上丝路的最东端。更有甚者，"辛伯达"可能是多部地理著作的最原始资料。

我们知道些什么呢？《水手辛伯达的七次远航记》，可能是于835—840年左右编写而成的，参照了在诃伦时代发生的早期事件。这部"旅行记"的匿名作者可能生活在巴格达。他博览直至远东航行的批发商们的游记群书。更有甚者，辛伯达手稿的时间和某些段落，与《中国印度见闻录》非常接近，以至于人们无法分别清楚这二者中哪一种启发了另一种。然而，这部《中国印度见闻录》被归于某一位商人苏莱曼②。它是一部实用旅行指南，与某种随心所欲的故事完全相反。我们永远无法知道这同一部游记（甚至是一位有血有肉的真实人物）首先启发产生了一个故事，后来又变成了一部"实用"指南，或者完全是

① 其第一种法译本系由安东尼·加朗（Antoine Gallant）在18世纪最初期完成的。可能正是在这个时代，辛伯达被纳入《一千零一夜》中。

② 为了讲得更为准确一些，《中国印度见闻录》表现得如同是一部被确切断代为851年的著作，而不是由商人苏莱曼所著，只是介绍了他观察到的某些事实并且明显是向匿名作家叙述的。

反向的影响[1]。由此便可以说，真正的苏莱曼就是辛伯达。

这种调查似乎使我们远离了异国情调的幻想。它将我们推回到了一种现实，而这种现实依旧以对珍异事物的情趣而感到自豪。我们应该重提一下那些阿拉伯故事告诉我们的内容。

在巴格达，一个名叫辛伯达的粗野之人，因劳苦而精疲力竭了。他以其呜咽而怨天尤人。某一天，出于偶然，我们的这个人物出现在另外一位被称为“水手”辛伯达的府邸附近，后者也以该城最富商贾的名望而著称。那个赤贫的可怜人临时拼凑了几首有关财富不平等的诗句[2]，以至于使房子的主人只是听到了他的呜咽声，然后又将他请来。他慷慨地招待他，已经把他作为自己的朋友对待了。因为偶然机会，才使两个同名人不期而遇了。连续七个晚上，商人邀请其同名人共进晚餐，并向他讲述自己在海上冒险致富之前，也曾忍受过的意外事故、可怕的恐惧和痛苦。“我以真主的名义向他发誓，我的苦难在人们能忍受的辛苦中最多，我遭受的折磨比我的同辈经受过的考验都更加剧烈。我忍受的惊骇、疲劳、悲伤完全可以将一切想法与想象都抛入最彻底的愕然之中。那些偶尔为之的作家们，只要听到有人讲述它们，便会感到全部胆汁都快要爆炸了……”这种长期的苦难，这就是七次旅行。

商人了解到所有形式的灾难、对命运的所有打击，失而复得其财产达七次之多，每次都发誓永远不再重新出海。在第七天和最后一天晚上，当叙述了他最终返回巴格达之后，水手辛伯达汲

① 对《中国印度见闻录》（851 年）和《辛伯达的七次远航记》（按照哈瓦先生的看法，较前者早数年）的分别断代，则具有非常重大的意义。这些著作行文中的许多内容，都曾被晚期的阿拉伯和波斯作家们（如马苏第和阿利波伦〔Aliboron〕）、学者们、舆地学家和文学家们引证或抄袭过。这尚且不讲马可·波罗和其他欧洲人了。从时间上来看，无论是《辛伯达的七次远航记》，还是《中国印度见闻录》，都可能会声称其全部文献是利用的第一手资料。同样的论证对于《道里邦国志》也有效，它也应被断代为同样的年代。在所有的典型例证中，我们可以认为，在作家们个人间互相了解的巴格达，他们经常出入第一种直接赴中国旅行的作家所说的同一家图书馆，共享同样的资料信息。

② 这个时代故事中的人物，经常于其活动之中即席赋诗。乞丐中最低下的一个人当然也会吟诗作赋了。

取了历史教训：安拉或幸运女神永远不会抛弃勇敢的人。陆路辛伯达发现自己获得了其朋友航海家辛伯达的赠礼，并且吸取了以财产和享受损失为代价的折磨例证的教益。他在赞扬神之公正的同时又离去了。

以上就是其基本模式：一种教训人的传奇故事。但其背景却值得人们在那里略作停留，从辛伯达的住宅开始。那名暴富的商人向其客人们提供了葡萄酒、珍稀菜肴和由漂亮女仆们演奏的音乐，美食家热爱在一个优雅的花园中做长时间的纵横谈，雅士用花露水、芦荟和琥珀火熏香其大门的门槛，水手辛伯达证明了阿拔斯朝首都的一派繁荣盛景。

安拉保佑的王朝首都——巴格达

阿拔斯帝国被称为“安拉保佑的王朝”[①]，它比亚历山大帝国或罗马帝国更加辽阔。从西班牙边界[②]直到河中府(Transoxiane)，在伊斯兰教的历史上，从未有过一名信士的长官会将其权力扩大到如此辽阔的领土上。没有任何一个朝会比阿拔斯帝国更加辉煌，没有任何富商巨贾（Tajir）的商业行为会比在该国更加繁荣昌盛。人们对于巴格达的财富所说的一切，都是非常引人注目的。即使是考虑到阿拉伯人所特有的某种抒情诗，即使是承认什叶派信徒和声称逊尼派哈里发已被豪华腐化的正统派信徒进一步加强了其特征，那又怎能怀疑赞扬该城之宏伟和豪华的多种证据呢？

所以，在10世纪初叶，君主拥有一处府邸，其人工御花园中收藏着自动机器、以贵金属制成的树和于其中漂浮金船的水银

---

① 阿拔斯王朝是伊斯兰的第二个王朝，出自先知的叔父阿拔斯（Abbas）。它于750年取代了伍麦叶王朝，直到巴格达城于1258年被蒙古人夺取之前，它始终在巴格达执政。该王朝在埃及一直延续到奥斯曼人于1517年的征服时为止，始终为当地正式的宗教领袖并以哈里发的名义行使统治权。

② 西班牙当时正由一个幸免于难的伍麦叶哈里发统治。

池。拜占庭使节们描述了在哈里发召对他们时，他们访问宫中的情况。他们来到大理石柱廊下，置身于数百匹备有镶嵌金银马鞍的骏马之中，它们形成了一道藩篱。他们与无数野兽交错而过，看见了成千上万打扮时髦的卫兵和仆人。当然，他们都行走在大量的丝绸地毯与帷幔之上①。

商业交易由哈里发们奢侈的政治、一个进口豪华品的大进口国和黄金的大出口国，而得以强有力地促进。商人们通过各种敛财手段，而改变了《古兰经》中禁止放高利贷的做法。他们出售最典型的异国产品，包括中国产品。他们始终会以此而变得富甲一方。

这个社会是文明的，它赋予举止礼仪（abab）一种很高的价值。阿拉伯文 abab 是指一种意识，可以译成“知识”和“可嘉习俗”、“善人应懂的事”，或者是简单地译成“文化”。它包括了美文学（纯文学），特别是其目的在于消遣和教化人的韵或赋的文学。

那里的图书馆成倍地骤增，其中既有哈里发们的图书馆，以其藏书的丰富而独居鳌头；同时也包括那些收藏大众读物的藏书室。文学对话、文献诠释。都颇受赏识和重视。国家的重要职员、往往是番邦异国出身的文人。他们都完全如同商人一样，争相贪婪地追求生活与思想的欢乐，并且为此而感到非常高兴。他们如同辛伯达及其故事中的主人翁一样，于芬芳的花园树阴下修持夜间谈话的礼仪，这是朋友间温和而又引人注目的会见。思想与故事在这种世界性的环境中交流和传播。

公元 9 世纪初叶，哈里发迈蒙于其京师创建了一座智慧宫，人们在那里翻译希腊文科学著作，公共图书馆也日益增多。文明社会已经深刻地希腊文化化了。辛伯达的故事便是其明证：威胁他的许多灾难和妖魔完全出自《奥德赛》（Odyssée）。其中的许多情节使人联想到了尤利西斯（Ulysse）和食人生番、独眼巨人

① 在当时，那里的丝绸肯定不是出自中国。所以，它很可能是在波斯制造的，丝绸制造秘密已经一直传到了拜占庭。

(Cyclopes）和食枣人（Lotophages）。从中又加入已经在《亚历山大传奇》中所遇到的奇迹：渔岛、象墓、金刚谷、不同种族的食人生番或飞人。我们尚且不讲那些不可避免的大鹏鸟。

在撰写辛伯达旅行记的时候，巴格达的文学界在自希腊（但也有印度和波斯）传来的成果的哺育下，基本上由百科全书派倾向所占据。舆地学和世界历史学的论著，在那里非常兴盛发达。作家们互相引证和剽袭。许多通俗体裁，诸如故事或旅行记之类，却也未受到鄙视。10世纪的一名哈里发自吹阅读学术著作，而不是“诸如”辛伯达故事“那样世俗和轻浮的体裁”。这便会通过对立推理而证明，这些故事在宫中该获得了多大成功啊！特别是由于许多征兆都令人联想到，其作者经常接触巴格达的文化和政治精英。

这样一来，舆地学家伊本·库尔达德别赫（Ibn Khourdadhbih）[①] 便整段地抄袭了《辛伯达的七次远航记》中的记述，而这后一部书又全文重复了诃伦与锡兰国王之间的一批书信。《辛伯达的七次远航记》一书的作者怎能接触这些档案呢？这很可能是通过同一位伊本·库尔达德比赫，他充任驿站和情报站长的职责[②]。这一次。已不再是指一名商贾的记述了，如同在《中国印度见闻录》中那样。在辛伯达的故事中与那位地理学家著作所包含的实用情报的比较，依然是颇有意义的。这就证明了信息在文明的巴格达的流通。伊本·库尔达德比赫在《道里邦国志》中，以一种无可比拟的准确性，描述了自帝国中心巴格达出发，一直到达大西洋和东方，当然也包括直达中国的所有道路。官吏们仔细地指出了有关骆驼队客店之路上的驿站和港口的成千上万种细节：有关商业交易的实用细节、有关一位商贾可以理想地使用的七种语言[③]、有关犹太人和穆斯林商人的无所不在

① 他卒于849年，从而加强了那种认为《辛伯达的七次远航记》一书写成于公元9世纪前几十年的假设，因而是其他游记文献之源的辛伯达，而不是其相反。

② 请参阅前引哈瓦姆书。

③ 这七种语言是：阿拉伯语、波斯语、拉丁语、希腊语、法兰克语、西班牙语和俄罗斯语。

性等。作者描述了中国的伊斯兰教社团。他特别执著于广州的伊斯兰教团，那里是该教的一块自治移民区，拥有独立的司法。他讲到了主持祈祷和解决教团事务的当地卡迪（Cadi，教法执行官）：“伊拉克的商贾们自愿服从由此人作出的判决，因为在他的所有行为中，他只关心真理，也只受《古兰经》和伊斯兰教训示的启发。”我们在《辛伯达的七次远航记》中看到了类似的情节。因此，在神奇故事的背后，也有一种翔实可靠的文献。但是否存在着直接证据呢？或者是否确为真实的冒险故事呢？甚至是否为一个或几个有血有肉的真实人物呢？

活着的辛伯达

由此断定，若判定真正的辛伯达便是苏哈尔（Sohar）的一名安曼商人，正如当地的口碑传说所认为的那样，那尚需要再迈出一大步。但现在尚无任何因素能证明，这种假设是缺乏条理性的。安曼人在中国的存在，很久以来便得到了证实，至少其中有一人在发财之后，便定居在巴士拉（Bassorah），这已经是早于辛伯达故事被写成之前的时代了。

那种有关一名安曼人辛伯达的假设，则成了一桩了不起事业的借口，在根据当时一艘仿古木船上的安曼—广州之间的远航[①]。在“水上航标”丁·塞夫林（Tim Séverin）的指挥下，由安曼苏丹承租并被命名为“苏哈尔”号的一只船，于1980年又重复了一次神秘的远行。

这次远航遇到了人们可能会想象出来的一切困难，其中的某些困难是由于考虑真实性而造成的。传统航船的特点之一，便是其船板的拼接，用椰子纤维绳链接。因为一种古老的迷信认为，

① 为了非常准确地忠实于辛伯达的故事，这次远航本应从巴士拉出发，它当时是巴格达的大港，位于底格里斯河与幼发拉底河之间的三角洲上。这在今天已明显是不可能的了，由于江河沉积，该城已远离海岸100多公里了。

大洋之底的一块磁铁会将船舶的铁钉吸引到了大洋深渊。据其他传说认为，这里是指一座磁铁山①。航行是依靠季风而完成的，根据一种于公元1世纪由某名希腊人发明的技术，它使海上丝绸之路得以发展了（在阿拔斯王朝统治期间，这条路倾向于取代陆上丝绸之路）。

最后，1980年苏哈尔号仿古木船，也完全同其8世纪的先祖一般，一直依靠星盘（Kamal）航行。星盘是一块普通的木牌，中间穿洞。人们以伸直手臂而拿着它，拴在一条细绳上，航海者将绳端叼在牙齿间。学习它的人以此便可以通过计算仰角与平面之间的比例，而确定一颗已知星辰的高度。他们再由此而推断出纬度并选择航向。以巧加利用船长经验和个人天才的技术，阿拉伯海员便得以航遍了直至中国的七大洋②。每个舵手都有其秘密，并且要依靠其记忆力。《印度之书》（Kitab adj alb al-Hind）向我们描述了船长"与其手下以学习星辰、辨认昴星团的位置、于其记忆中确定往返道路的方向"而度过漫长之夜。稍后不久，大约到10世纪末，阿拉伯航海家们便拥有了各种星辰表，并且能经常参阅这些价值很大的文献。他们汇集了有关牵星航海和个人秘密的经验性概念。

我们还应再从中加入疾病、台风和海盗……大家会毫无困难地相信一种传说，即认为六分之一的船舶都在航途中损失了。人们还声称，其利润如此之大，以至于仅仅一次旅行就足以使一个人为富终生。类似的冒险应该是能够为谈话提供丰富素材，并能毫无障碍地想象残存者们的回忆录会如此获得好评，如《中国

① 磁铁山的传说，也出现在《亚历山大传奇》中。

② Kamal是指星盘的一种粗糙先祖，它反映了阿拉伯航海的古老技术，以"牵星法"和使用星辰的方位标而不是罗盘方位标。如果说从人们知道了北方之时起，计算纬度就比较容易了，那么计算经度却要难得多。我们可以假设认为（直到发明航标和星标之时为止），一条参照子午线和角度的计算，与一年一个特定时期的太阳或星辰方向相比较，则要复杂得多。更明确地说，直到详细地图的出现和通过很精确的时钟而计算时间之前，人们自东向西航行时，都很难估计所瞄准地点的距离。这个小小的技术细节对发现史施加了巨大影响。对于阿拉伯航海的一种亲自描述，大家可以阅读丁·赛夫林于其《辛伯达的七次远航记》（1984年，阿尔班·米歇尔出版社版）中对这些远航的记述。

印度见闻录》中的苏莱曼，或者是掩饰在故事背后的辛伯达。他们的回忆录充满着具体细节，对于自己也希望冒险旅行的人非常有益，如同对待在港口搜集到的大批流言蜚语那样。当时出现了这样一名作家，他记录了一切并略有增补，加入了取自他自己文学修养的内容。抄袭者的链条被动摇了。历史故事被传播、篡改和美化。归根结底，在20世纪时，我们便拥有这样一部经典，它启发并产生了许多电视连续剧和大学的博士论文。事态的发展与马可·波罗和其他人时代，没有多大差别。我们无法衡量文献在八个世纪的抄袭中所遭受歪曲的程度，这尚且不计专用名词反复转写之噩梦般的后果或翻译家们之间的争论[①]。有关辛伯达旅行的任何思辨，都必然会伴以大量口头提出要小心对待的地方。

《一千零一夜》故事中的舆地学

然而，我们现在可以接受唯一一个辛伯达的假定了[②]。其流浪可能占据了他仅有的一次生命的全部空间。绝对没有任何与历史年代相悖的地方。辛伯达从未去过一名阿拉伯或波斯商人未曾先于他而到达过的任何地方。对其路线的一种很可能的和无序的复原，是这样表现出来的：经过波斯湾的巴林（Bahrein）和霍尔木兹（Ormuz）海峡，然后便向西航去，经过了马达加斯加（Madagascar）、科摩罗群岛（Comores）、索马里和非洲东海岸。他也分别在印度次大陆、马尔代夫和锡兰登岸，又扬帆驶向印度尼西亚群岛之间的几个岛屿，如婆罗洲（Bornéo）、爪哇（Java）、苏门答腊（Sumatra）、椰岛（Cocos）、苏拉威西（西里伯斯，Célèbes）。最近一次，也是最漫长的一次旅行，将我们的

① 唯一的一个例证：根据对同一个词的翻译，人们将 Kalabiya 岛（可能是指苏拉威西岛，Sélébes）或者作为一个其居民是宗教自由争论派信徒的地方，或者是伪先知，也就是穆斯林们的伪基督，他于某一天将土抛在7万名犹太人的头上。

② 我们再重复一次，甚至可能是指多个人物的冒险故事、游记，根据从当时的神话传说的共同遗产中汲取的内容。却被人混杂、歪曲和美化了。

主角人物带到了中国，也可能带到了高丽。他们描述的地区非常奇特，但其名称却为阿拔斯朝时代的阿拉伯读者所熟悉。樟脑群岛、火谷、水晶堡、食人生番地区、美男子地区，还有其他许多形象的名称，它们形成了一幅人们所熟悉的地图。

辛伯达的故事以其写作方式而有别于其他故事，即在为情节进展所必需的两次冒险之间，加入一个数字、某一个名称和某一种往往是非常准确的地理或历史细节，有时也加入使商人大开眼界的某种看法。

在该游记故事的时代，阿拉伯商贾们都倾向于取代波斯人，人们在远东也经常把他们相混淆；这些阿拉伯商人也正与拜占庭人竞争。阿拉伯商业如同《古兰经》一样传播，因为商人和布道者是同路人。例如，在先知归真之后不久的时间，其直传弟子们来到了中国，并在那里从事其最早的传教。大约就在同一时代，锡兰国王风闻到了讲述正在传播的伊斯兰教，于是便遣使四处打探新教义。他很快就在岛上建立了阿拉伯人聚落，穆斯林朝觐人前往亚当山的山脚下，向人世间第一人的足印表示崇拜。僧伽罗人认为，正如大家所知道的那样，这里肯定是指佛陀的足迹。

阿拉伯世界与中国的关系非常密切。大约在公元 800 年左右，一名中国都护写了一部有关广州—巴士拉之间航行的著作[①]。在中国的几座城市中，来自波斯、伊拉克或海湾的商人，组成了一个庞大和活跃的人口集团，并且拥有其居住区和特权。由此而有时便会激起暴乱或屠杀外国人的事件，正如 758 年或两年之后，在广州利用一次镇压的机会，而对成千名商人的屠杀那样。这两个世界互相熟悉和互为了解了。他们之间的关系一直存在着，即使在中国于 9 世纪中叶暂时自我封闭的时代也如此。皇帝于是选择了禁废儒教之外的所有宗教，并禁止与远邦互市的决策。公元 879 年，一场新的排外浪潮使人注意到了广州藩坊的规

---

① 中国帆船在巴格达建城之前很久，便一直到达波斯湾的阿尔－奥博拉（Al-Obola）。

模。当黄巢起义时，他攻下广州并实施大屠杀。唐史中告诉我们说，黄巢起义共屠杀12万外国人[①]。总而言之，正如对待宗教一样，镇压的统计也以对立推理而揭示了一个社团网络的规模。

伊斯兰教的网络

此外，在辛伯达到达的任何地方，他都会遇到其同教教友或其同胞们。在靠近锡兰的一个岛屿上，有些农民操阿拉伯语。此外，这都是一些祈求真主名字的人，人们完全有理由相信他们是穆斯林。当辛伯达从事最后一次旅行时，很可能是前往高丽，在该地区受到了一名“番邦人”的接待与帮助，这是一名他最终聘娶其女为妻的商人。这次婚礼似乎由负责当地穆斯林事务的卡迪主持。

当然，辛伯达以与其他旅行家交往而度时光。《一千零一夜》中经常利用这些剧情变化，将不大可能的事情与现实的细节混合在一起了。因此，当他冒险而首次进入大海时，曾遭遇过第一次翻船事故。辛伯达又重新出现在苏门答腊的室利佛逝（Srivijaya）商业强国中。他在那里不失时机地获得了君主的青睐，并成为港口的港监[②]。他遇到了印度商人，这些人向他讲述了其国家，还向他解释了种姓制度。他询问了在那里登陆的所有旅行家。并检查了他们的包裹行囊。突然间，他谈到了带有他自

① 这些番邦异域人并不一定都是穆斯林，其总体人员中可能还有犹太人、基督徒、摩尼教徒和袄教徒。

② 室利佛逝明显出自一个王朝的名称，当时尚不为考古学家们熟识，人们长期以来始终怀疑这个持续于12—14世纪的王国的存在和方位。它将其权力扩张到了泰国、马来半岛、苏门答腊和其他许多番部。于其主港渤淋邦（Palembang），中国帆船与印度、波斯和阿拉伯船舶，从8世纪末便开始了交易。我们再也不知道更多的情况了。但许多例证说明，在这个时代，没有任何因素能阻止一名外国人获得此项职务。港监的职务对于一个商业王国具有最高的意义。例如，始终是在马来亚，但却是在数世纪之后的事了，这种负责征收赋税和关税的官吏，是马六甲苏丹国贵族中的最高成员，是“海人”（Oranglaut）中的精英，即接近苏丹的海人。

己名字的碑文。辛伯达刚刚重新找到他自己的船，此船正利用下一年的季风而返回到红海附近的海域。船长辨认出了他并为他作出了不少效劳。辛伯达重新收回了其商业资金，于是便返回巴士拉，同时又于途中通过交易更贵重的商品，而增加了其储备金。

在辛伯达第三次旅行时，又遭遇了同样的悲惨命运。这一次，辛伯达勉强摆脱了一条食人蟒蛇，这是一种可以窒息其受害者的蟒蛇。这可能是在婆罗洲海岸，一只船要在不远的未来经过那里，并接待翻船落水人。这第二个故事中的船长也与第一个故事中的船长一样忠诚，他正准备公正地出售很久以前于海上毙命的一名巴格达商人的包裹。这样一来，人们便可以在失踪者万一逃生和返回故乡的情况下，把银钱还给他。如果他已死亡，那么银钱便会归于其继承人。人们已经猜测到，本处是指由辛伯达在另一次远航时丢失的商品。

历史是互相渗透和混杂的。辛伯达利用多次机会，第二次又重新看到了先前的情节。他然后又落入同样的灾难之中，鲸鱼或食人生番。由于他使用同样的手段，即以建造水筏、结婚和遇到了一名富裕的保护人或开始为一名国王效力的办法，而分别摆脱了此类事件。

这种喜欢重复和象征性数字的情趣，导致产生了一种游戏手段，其中几类人物和动物，分作为朋友、妻子、贤王、蟒蛇、飞鸟和巨鱼。人们还可以沉湎于结构解析或心理分析学之诠释的乐趣中。我们仅限于考虑，本处是指一种文学手段。由此而出现了许多情节，一个人一生对此的积累，可以挑战一种逼真性。但如果分别考虑，其中许多则有可能是建立在一种真实基础上的。

厚颜无耻的尤利西斯

当辛伯达第六次旅行时，他完全是一名使节了。如同习惯上那样，这次幸运暴富之后，又是一次翻船事故和一次奇特的抢救。辛伯达在锡兰被带到了该岛屿的国王面前，国王非常友好地欢迎了他，并向他打听巴格达的事情。某一天，出现了一艘扬帆驶向巴士拉的船舶。辛伯达于是便决定乘此船而去。“幸运岛”的国王交给了他一封致哈里发诃伦的书信。在当时，将一封外交信件交付一名商人或一名过路的旅行家去传递，并没有什么不符合习惯的失礼之嫌。

这封信的行文，已被转载于其游记故事中了。这是由伊本·库尔达德比赫公布的一封真实的外交信函。信件附有许多礼物，如珍贵的杯子、蛇皮垫子（作者具体解释说，它对于治疗痔疮有特效）、芦荟木、樟脑、珍贵手稿和貌如天仙的女奴，后者似乎是锡兰的一种特产……辛伯达到达了巴格达，并且在哈里发身边完成了其使节的使命。哈里发决定回答锡兰国王，并将出使的使命又委托给了非常犹豫不决的辛伯达。他完全有理由犹豫，因为自己曾在路上被海盗捕获和出卖。为了由其主人给予他自由，也可能是为了再度发财致富，他必须去发现大象墓地[①]并经历其他千般冒险。

故事中描述了细轮叠（Sirandib），也就是阿拉伯人所说的锡兰。其中具有地理方面的许多细节和解释之处，诸如宫廷中的礼仪等。这个遍布宝石的岛屿经常被阿拉伯旅行家们所提及，其财富受到了普遍赞扬。辛伯达完全具有一名商贾的目光，他记载一切，对一切都要作一番评价和估量。

辛伯达的心理确为商贾们的心理，心细胆大、敢作敢为、机敏而有手段，肯定具有个人特色。其行为准则是光明磊落的：辛伯达始终都善于在有机可乘时做手脚。每当他遭受挫折时，便会以其呻吟而怨天，发誓赌咒说他不会向命运中的魔鬼屈服。他往往是以诗句介绍一切，这是为遵循当时的文学传统而行事的。经过一段沮丧、痛哭和恳求的习惯性长时间之后，辛伯达始终都能重新振作起来，并且表现出了聪明和积极主动性。所以，在其他

① 辛伯达遇到的海盗可能是印度的曼德人（Mandes），他们在巴士拉—锡兰之间的航路中肆虐，阿拉伯人在假想中的辛伯达出现的时间之后不久，便消灭了他们。至于大象的墓地，它于此出现也并非是随心所欲的，那里存在着带有大象残骸的真正的墓穴。

人死亡的时候，他却能残存下来。

他甚至重新再现了尤利西斯的一种错误。某一天，他的同伴与他自己成了一个黑色巨人，即一个“烤人肉者”的俘虏。他们武装以在火中烧红的锐器，于其酣睡中挖掉了其双眼。很明显，波吕斐摩斯的独眼巨人（Cyclope Polyphème）的情节（它在一种使《奥德赛》甚为满意的环境中颇为著名），又被移植到了另一个范畴中，我们可以辨认出其历史参照点：人类学上的黑色巨人属于在整个游记文学中风靡一时的食人部族神话的组成部分。

如同一个厚颜无耻的尤利西斯一般，辛伯达摆脱了最危险的灾难，使其道德伦理为此而受损。例如，他两次剥去了尸体的皮。有一次，辛伯达在印度南部翻船，看到了其所有同伴因饥饿而亡，而他当时正在自己面前看守着储备食物。当他扎了一个筏子以冲向一条地下河时，他偷光了所遇到的那些尸体上的黄金，掠走了他可以发现的一切珍贵的东西。

另有一次，辛伯达显得更加厚颜无耻。在他第四次旅行时，曾置身于苏门答腊地区，再一次发财致富。他将使用马鞍的习惯引入了这个对此事尚一无所知的王国，并且创建了其产业。他现在成了君主的宠臣，受到了尊重，飞黄腾达、一帆风顺，并且很快便与一个土著女子永结鸾俦。接着便是对其命运的又一次打击：他获悉，当地的一种习惯要求，当丈夫变成鳏夫时，就必须活着为其妻殉葬。在此问题上，依然有一种历史基础：印度的殉节自焚习俗，或者是以生人陪葬的诸多故事。

当然，一场暴病很快就夺去了辛伯达年轻妻子的生命。辛伯达非常隆重地和泪流满面地把她送到了埋葬尸体的井旁。人们向他反复说明，他该是多么遗憾她这样做啊！但一种习惯总是惯例。辛伯达连同绑在绳子一端的尸体，被降下到墓葬深处堆尸体的地方。他只有少量食物和饮水的供应量。但他非常坚定地遵循这种习俗。他以股骨而用力地杀死寡妇或鳏夫，然后再降入阴森可怕的井中，并偷去其食物储存。然后，他又跟随一只小牲畜而发现了一个小出口。辛伯达发现自己被困在一个海滩上。他只剩下能有一只船驶来的希望了。在等待期间，他以返回洞中杀死新来者而苟延残喘，以偷盗他们那点微薄的储存物。他顺便又夺取了死者的装殓饰物。这只“座山雕”甚至还怀有某种沾沾自喜的心情，大言不惭地叙述储存食物的陈规旧习：“一旦当它们具有使我断绝口粮的威胁时，我便在石窟中组织几次远征，我在那里只有等待人们前来埋葬一个活人。至于是男人还是女人，倒无关紧要。这是为了杀死他，或者抢去人们交给他的面包和饮水。继此之后，我又返回来坐在该海的海滩上，其含盐的咸水却对我丝毫无助，我等待上天能够想到拯救我。”这是大家经常听到的一句谚语那很特殊的表达方式：“你若助人，天将助你。”这样做当然不会使为辛伯达派来救生船的真主感到失望。

魔鬼和珍异物

在整个故事的发展过程中，情况就是这样的。辛伯达摆脱最恶险的危难，仅仅是为了继一个兴旺时代之后，能重新堕入更大的危险之中，一直到达标志着每次旅行结束的幸运之返归。他面对的魔鬼名表，则是其游记中最引人注目的部分，但同时也是最不真实的部分。然而，在任何一个例证中，大家也只能发现某种解释的开头部分。

辛伯达的第一次翻船事故发生在一个漂浮的游移岛上，它显得仅仅是一条巨鱼之脊背。这条动物如此长期间地酣睡，以至于其身体裸露出水面的部分上面长满了植物。但当热空气使它苏醒时，它便突然间沉入海底，并将于其背上立足的海员们也拖入了海底。这些鱼如此之大，以至于人们把它们当作一座小岛，这一切在中世纪的游记中都是热门话题。它们属于圣·布伦丹

（Saint Brendan）神话传说的组成部分[①]。《中国印度见闻录》在此问题上，仍是以对一只如此庞大的动物之描述为基础的。该只动物如此之大，以至于其背部已覆盖着贝壳与青苔："航海家们有时也会出现将锚错抛在它的身上，把它当做了一座小珊瑚岛。当他们发现自己的错误时，却已扬帆远离它而去了。"这只动物将头颅伸向空中，将水喷得如同清真寺的塔尖那样高。很明显，我们面对的是一条鲸鱼[②]。在另一次旅行期间，辛伯达的船舶在中国海上受到了一群此类动物的攻击。类似的事故都是古代航海家们的一场场噩梦。亚历山大的海军元帅奈阿尔科斯（Néarque）的船队就曾遭遇到一次这样的险境，其水手们用其喇叭在发出一阵可怕的喧嚣声之后，才迫使它们远离自己而去。

此外，辛伯达在水牛角上看到的人形，也向人们提示了一种很容易理解的答案。这里可能是指雕刻的牛角，是整个丝绸之路上的常见产品。[③] 马可·波罗讲过的这些经过装饰的物品，特别吸引了阿拉伯作家。在《中国印度见闻录》中，作者曾经指出："有时会于犀牛角上出现一个人、一只孔雀、一条鱼的形象或其他图像。中国人用犀牛角做腰带，其价值在中国，根据其形象的优美程度，可高达2000或3000第纳尔，甚更昂贵一些。"犀牛也启发了那些认真严肃的著名作家，诸如具有奇怪念头的卡斯维尼（Kaswimi），他认为牦牛能活700年，能够举起被它用角戳死的大象。人们还声称，牦牛怀崽长达4年。

即使是指保护金刚石矿藏的巨蛇，马可·波罗于五个世纪之

① 圣·布伦丹的传说故事介绍了这个爱尔兰圣人是怎样与其修道人于6世纪横渡大西洋的。这部史诗很可能是以爱尔兰真实旅行家们的游记故事为基础而成书的。这个故事获得了巨大成功。

② 在《中国印度见闻录》所描述的情节下，那些语言纯洁主义者们具体解释说，此处应该是指一种鲳鲸，其肋部长有鱼翅。人们同样还在考虑，辛伯达在第一次旅行时，曾置身于椰岛的海滩上。他于一个被高海浪覆盖的岛上登陆。但它与《中国印度见闻录》的相似性程度却会使人更倾向于第一种解释。

③ 犀牛角既是一种豪华的装饰物，又被认为是一种刺激性欲的药材，中国始终大量进口它。时至今日，每克非常提神的犀牛角的价值，可以超过黄金。因此，华盛顿公约严禁其交易。由此也产生了一种有组织的武装偷猎。在扎伊尔保护地，每头白犀牛都由其武装的或几乎是武装的护卫保护。

后也曾遇到过它们，在想象者看来，它也可能并不与之相像。人们提到锡兰有一些淤塞满泥的地道，泥土中不含金刚石，而是其他宝石，蛇经常在那里出没。捕捉蛇的方法在于向它投掷腐尸，腐尸便会沾上含金刚砂的泥巴，鹰会“捕捞”它们。这是我们会反复发现的一种传说。

同样，食人生番首先要对其受害者下毒，以便能使之神智不清，然后再将他们育肥。这些食人生番往往被比定为苏门答腊的食人部族，因为那里的人都使用麻醉剂。辛伯达发现了食物中含有一种毒药，他于是便在保持头脑清醒时逃走了，但却忘记了告知其他囚犯。

故事中的这些最著名的人物之一，便是“海上老翁”，他于辛伯达的第五次航行中出现。他酷似一名裸体和衰弱的老人，仅以手势来表达其思想。辛伯达以手臂搀扶他，使他涉水渡河以前去采摘水果。辛伯达希望放下其负荷，但老人“不想离开我的双臂。更有甚者，他开始变本加厉地紧勒我的脖子，将其双腿用力地盘在我身上。我于此时才看清了他的双腿：它们既黝黑又干枯，如同水牛皮皮带一般”。为了摆脱其对手，辛伯达找到了一种特别巧妙的解决方法。他在一个南瓜中发酵葡萄并由此而得到了葡萄酒，然后再让他那个不停缠绕人的同伴一饮而尽，此人很快就烂醉如泥。它放松其紧抱并在地上打滚，辛伯达于是便能很平静地砸碎其头颅。这个海洋老翁可能是出自有关围绕奥朗 - 乌担人（Orangs-Outans，林中野人）故事的变异。除非是老人受到了由普林尼描述过的希特拉（Scirates）人的启发，普林尼把他们描述得如同是长着像蛇身一样灵活的双腿人[①]。

在辛伯达的游记中，还记载着另一个有关猕猴的故事，但它却要容易解释得多。主人翁游览了这样一个城邦：其居民都撤退一尽，以将全城出让给猕猴们。猕猴们成千上万地，铺天盖地地入侵该城。这个故事情节显得特别有可能是真实的，因为人们当时还可以看到猴子们会季节性地入侵某一城市。在泰国的华富里

① 普林尼：《博物志》（又译《自然史》）第7卷，第25页。

(Lop Buri)，这些受到悠久习惯保护的动物，在某些时间，却具有占领城市的特权。

但在有关“海马”的问题上却并非如此，海马出现在辛伯达的第一次旅行中。人们为此而找到了一种解释：这是对希腊文 hypopotamos（本义为“河马”）的误解。

故事的奇迹，世界的奇迹

实际上，只剩下两类魔鬼能摆脱解说性与合理性的狂热。它们都与空中的象征物有着千丝万缕的联系，这就是辛伯达最后一次旅行中的人——魔和大鹏鸟。

其中第一类是人，它于每月之初都能长出翅膀来。他能“空运”辛伯达，直到辛伯达不慎讲出了真主的名称为止。其中还出现了能产巨卵的大鹏鸟。有一次，它无意识地拯救了辛伯达，他抓住了大鹏爪；另外一次，它以石块袭击辛伯达的船，从而造成了一次翻船事故。

大鹏鸟经常反复出现在阿拉伯的故事中。它在差异极大的地方筑巢，仅此便可以写成多部比较神话学的博士论文。它是一种狮身、鹰翅、马头的怪兽，与波斯鹰隼是近亲。它经常以“人类艄公”的角色出现，是一种无意识的渡海救生工具。因为在这一传说的大部分文本中，该动物根本不知道它带着一个人。

所以，在一个早于水手辛伯达的故事中，在有时又被认为是“陆地上的辛伯达”的故事中，其主人翁沿着丝绸之路的陆路，经过费尔干纳、蒙古和中国中原的道路前进。在一个特别悲剧性的情节中，他被一个“崇拜火”的魔鬼附身的人（祆教徒）所欺骗，被迫到一座山峰去采集一种魔草。为了这样做，他藏身于一个缝好的羊皮囊中，然后又让大鹏鸟带走。在《一千零一夜》和其他阿拉伯故事中，有关大鹏鸟介入的这类故事，可能存在着几十种不同的文本。

该故事最令人好奇的一种“犹太”文本，或者至少是由 12

世纪具有探索精神的拉比图德拉的便雅闵（Benjamin de Tudèle），在有关救人飞鸟问题上提供的那种文本。有人向他报告说，为了从印度附近的某些岛屿一直航行到中国，则必须穿过一道海峡，那里会卷起山呼海啸的风浪。只有一种办法。遭到翻船灾难的水手们装着一把利剑，自己钻进一个缝得严丝合缝的羊皮囊中。“在这些地区经常出现的雄鹰，人们称之为秃头鹫，很快就发现了他们，并且将他们当做了某种动物。它们冲向天空，并把他们带到了陆地上，或者是抛在某些山谷中，或者是撇在某座大山上。但当鹰隼准备撕碎和吞噬其猎物时，那个装在羊皮囊中的人便毫不迟疑地用剑杀死秃头鹫。一大批人就这样获救了。”

稍后不久，马可·波罗又介绍了大汗令人带来一支马达加斯加或摩迦迪沙大鹏鸟羽笔，因在这两个地名之间出现了混淆。那名狡猾的威尼斯人认为，该动物可以抓起一头大象，从而使其游记变得令人疑窦丛生起来，他找到了一种合理的解释，这里可能是指一只秃头鹫[①]。

为了再举出辛伯达一书内容的那变幻莫测的例证，我们将重温12世纪的一首德文诗，苏阿坡的埃内斯特（Ernest de Souabe）游记中，有许多与该故事非常相似的情节：运走翻船落水人（本处是磁力山的受害者）的巨鸟、宝石山、被抛入地下河中的筏子等。

辛伯达的记述是含糊不清的。人们有时会把他拉向真实，赋予他一种真实面目，使他更接近有血有肉的商人。我们有时又面对神话故事的流传：阿拉伯世界、十字军的欧洲、希腊—罗马的上古时代……于此之外，便是一个更加模糊不清的地带，有许多恐怖事件，如睡觉的恐惧、大地上的象征物、海员、所有文化中共有的动物……

① 有人已提醒我们注意，本处所说的大鹏鸟的羽毛（据波利安的稿本中的说法，大鹏鸟长12或16步幅，宽为90只手的宽度），实际上很可能是指晒干的油椰棕榈树那巨大的叶子。“大鹏鸟”本身也可能是受到了象鸟的启发，即一种近似于鸵鸟的飞禽。

在平淡无奇和仙术之间，连同其小算盘和大美梦，辛伯达介于诗人和店铺伙计之间。他传播了神话、宝石、药剂和丝绸。他是一个优秀的交流人员。他只能诞生在丝绸之路上。

楔子六　蒙古式的和平

13世纪初叶，开始了蒙古人的扩张，比阿拉伯人的征服更加蔚为壮观。1206年，铁木真（Temoudjin）作为于万里长城以北游牧的诸部族中一个微不足道的部族首领，变成了脱斡邻勒（Togrul，即王罕）的附庸，王罕是克烈部（Keyreits）的族长，克烈部是一个强大的信仰景教的部族。铁木真首先被宣布为蒙古人（他们当时仅仅是漠北诸部族之一，如同克烈部、汪古部、乃蛮部、鞑靼部、蔑儿乞部和其他骑马的民族一样）之王。所有这些已经不同程度突厥化的部族，有的是萨满教徒，有的是景教徒，甚至是佛教徒或摩尼教徒。铁木真与金王朝（金王朝是一个在北京统治了中国北方的异族王朝，中国南方由本民族的南宋王朝统治）结盟之后，特别是逐渐地强迫敌对部族接受自己之后，便摆脱了其宗主脱斡邻勒。他成了所有部族之王，于1206年宣布成立蒙古帝国。他自己变成了"成吉思汗"（Gengis Khan），意为"海洋汗"。当所有这些名称和这些事件的风言远播欧洲时，便产生了大量变形和传说。

成吉思汗作为一个游牧部族的首领，发动了对全世界的征服。1211年，他消灭了金朝皇帝，很快就越过了万里长城。1215年，他进入北京。夺取了中国北方之后，他便转向了西域，首先是转向了西域诸绿洲。在当时，塔克拉玛干沙漠以北的驿站城市，普遍都处于突厥畏兀尔人的统治之下；其南部，也就是駱驼队之路的南道，则处于喀喇契丹（Kara-Kitais，黑契丹）人的控制之下。喀喇契丹是信仰佛教的游牧民，金人把他们从北京驱逐出去了。他们决心夺取丝绸之路，蒙古人也在酝酿发动自己的攻击。蒙古人首先挫败了东突厥斯坦的喀喇契丹人。成吉思汗紧接着又夺取了穆斯林们的花剌子模（Khorezm）。这就是与阿拉伯—波斯文明和伊斯兰教之间冲突的起源，但伊斯兰教稍后却变成了中国西部蒙古诸汗国的宗教。

1218 年，在今哈萨克斯坦境内的斡脱罗尔（Otrar）对蒙古商人的大屠杀，激起了一场征服战争。成吉思汗夺取了布哈拉、撒马儿罕、玉龙杰赤（Ourgendj，乌尔根齐）、大夏（Bactriane）、呼罗珊（Khorassan）、阿富汗（Afghanistan）。游牧部族也战胜了库蛮人（Comans），库蛮（库曼）也是一个游牧的突厥部族，地处斡罗思（Russie，俄罗斯）南部。当成吉思汗于 1227 年晏驾时，其蒙古帝国已经很庞大了。其儿子和继承人窝阔台（Ogodai）继续其扩张，他成了与其兄弟们瓜分采邑后的一片领土上的最高首领。1234 年，中国北方被彻底征服。攻势仍在四面八方地进行：高丽、中国南方、中东、欧洲。1238 年，莫斯科被摧毁，高丽正在归附蒙古王朝之中。次年，便开始了对宋帝国的征服。在西部，蒙古人一直打到波兰，并于 1241 年推进到维也纳郊区。次年，他们接近了亚得里亚海（Adria-tique），大汗的晏驾恰恰拯救了被恫吓得如同惊弓之鸟的欧洲。蒙古帝国从太平洋一直扩张到亚得里亚海。对于整个基督教社会来说，这是一次冲击，也是大量赴东方旅行的信号，教皇或路易九世都希望知道，谁是世界的征服者。人们是否可以使这些征服者接受基督教的归化？

经过贵由（Guyuk，1246—1248 年）汗的短暂统治之后，新的大汗蒙哥（Mongka）又于 1251—1259 年执政，这是蒙古军队到达云南、夺取波斯、抵达交州（Tonkin，东京湾）、摧毁报答（Bagda，巴格达）、入侵立陶宛（Lituanie）的时代，蒙古轧道机的轮子始终是所向披靡的。

忽必烈汗（Koubilaï Khan，1214—1294 年）完成了对中国南方的征服，并成功地创建了元帝国，立都北京（元大都，即汗八里）。在他的统治下，蒙古人一直所向无敌地攻击到日本（1274 年和 1281 年）和爪哇（Java，1293 年）。在西部，蒙古人入侵叙利亚之后，埃及奴隶王朝（Mamelouks，麦木鲁克王朝）1260 年在加利利（Galilée）取得了阻止蒙古人的胜利，从而才拯救了伊斯兰教。

人们一致同意称之为“蒙古式和平”者，便是建立一种有组织的、行之有效的和宽容的政权，这与丝绸之路的黄金时代是相吻合的。特别是由于马可·波罗之主——忽必烈只有一种雄心大略：发展得比汉人更加汉人，从而证明已变成定居民的征服者，既然能够学习施政和经商的准则、文学修养等，那么他们为什么不能学习航海呢？总而言之，他打算创建一个持久的帝国。

蒙古帝国在成吉思汗晏驾时被瓜分成了四大兀鲁思（Oulous），大汗保持了对于整个帝国的权力。在忽必烈晏驾（1294 年）后，帝国分裂成了互相敌对的汗国。伊斯兰教到处传播并改变着一切……一个世纪之后，中国、波斯、俄罗斯或中亚的所有蒙古人都丝毫不像其饲养牲畜和骑马的先祖们了。欧洲对于类似的事件，应该做何理解呢？

第十一章　约翰长老，统治者中的统治者

“对于我们被称为约翰长老（Prêtre Jean）的一切，我们根据天主教祭坛的祭祀讲长老，根据公正和诚实的行为则讲国王。”[①] 获得重大发现的十字军、一阵风言使已被伊斯兰教的挺进吓破胆的基督教社会终于放心了：在世界的边缘的某处，有一名令人难以置信的富裕而又强大的君主，也是一名长老，是基督的仆人，其军队即将于某一日前来帮助欧洲对抗不信基督的人。在没有100万军队的前提下，约翰长老从不轻率地发兵去作战。

历代教皇、国王和全部居民都相信这一切。这种拯救是来自中亚、印度还是非洲呢？这个神奇的国家是位于吐蕃、撒马儿罕以东、爱尔兰以西还是尼罗河之源头，均无关紧要，人们于某一日总会到达约翰长老的王国。12世纪时，人们声称它在亚洲；在14世纪，又有人认为它在非洲。人们只差一点儿就会相信它在美洲了。

哥伦布是否即将会见约翰长老呢？某一天，有人在里斯本声称，约翰长老在古里（Calicut）会见了瓦斯科·德·伽马（Vasco de Gama）。始终如此，其王国位于天堂的边缘，是一个

---

① 节引自伪造的约翰长老的信件。

堡塞和避难地。

"游牧神话"的诞生

这个于地图上旅行的国家，属于整个丝绸之路上"游牧神话"的组成部分。约翰长老的国王，他是由中世纪的恐惧情绪而造成的，其国家是一个死亡者的避难地。在四个多世纪期间，其传说经过了事实与核查的考验。它始终在其他地方，在一个更远的地方。它始终为梦幻，是神秘的猜牌赌博的赌家。

当然，还有这类地区的其他例证，恐惧或希望始终赋予它们一些神奇的、相继的和互相竞争的地望方位。这种信仰会因任何一丝风言便再生和重新复活，遵循信仰在地图册上为它勾勒出的踪迹之游戏。这些具有很大希望的地区于此消失，却在大地另一端伴随着巨大的响动或以另一种标志而再现。阿特兰提斯洲（Atlantide）、天堂、福琼岛、阿马宗人王国、黄金国（Eldorado）、以色列失踪的十支派，都服从一种无法证实的地理学的相同准则，没有任何人触犯它们，而始终都会有人理解这些规则。

约翰长老的神话传说，以其力度、持续期和复杂性而独树一帜，与众不同。这是丝绸之路故事中的中心大故事之一，也是诸多内容的一种汇集处，如有关雅朱者人和马朱者人、萨巴人（Saba）的王后（西王母）、天堂、使徒圣多玛在印度、《亚历山大传奇》中的神话传说，或者是有关蒙古人的风言等内容。这一切都游移在神话化与神秘化、庄严行为与流言蜚语甚至是恶作剧之间。我们还必须补充说明，这个神话故事从未停止发展。这个根本找不到的王国中和从未存在过的君主，却有一部具有不同文本和情节不断变化的历史，也就是必须根据含糊不清的和往往是无法考证的遗痕而复原其君主的一生。这个神话传说的起源并非是历史上最清楚明确的一个。为什么是"约翰长老"呢？为什么是这样一个名字呢？为什么会有在某处存在一个司铎和武士们的王国（其军队在保卫十字架）之思想呢？

第一条羊肠小道在埃塞俄比亚国内，可以上溯到12世纪。欧洲可能是通过围绕着圣墓（Saint-Sépulcre）朝觐的人，已经听到有人谈论一位基督徒君主，其尊号为Zan，它在阿姆哈拉语（Amharique）中意为“国王”或“陛下”，这可能是Jean的讹变，即约翰长老。他是埃塞俄比亚的皇帝，或者是“王中王”，所罗门（Salomon）和萨巴王后的后裔，总而言之，他是一个内古斯（Négus，埃塞俄比亚君主的称号），即神话般的君主。埃塞俄比亚自公元4世纪起就接受了基督教的归化。其教团与亚历山大港的科普特人（Copte）关系甚笃，并从那里获得了其教理①。此外，这种埃塞俄比亚基督教采纳某些特殊礼仪，其中有一些是希伯来人的，这是由于与法拉沙（falachas）犹太人接触而造成的，如安息日的休息。伊斯兰教在非洲的推进使得埃塞俄比亚基督教更进一步地与基督教社会的其余部分隔绝了，以至于欧洲对它已经所知不多了。因此，便传来了某些很模糊的风言风语，又受到了那些未被很快地理解的，由埃塞俄比亚朝觐人叙述的故事之哺育。难道正是由于这一原因，传说故事的一切状态，才往往都强调了约翰长老臣民的皮肤之黑色特征吗？埃塞俄比亚自古以来就在整体的杜撰故事中，占据着一种非常特殊的地位，它如同一片奇迹盛行的圣土②。

西方的地图学经历了一个混乱时代，对这个梦幻中的国家的定位只能是大致的，并不是始终都把它确定在非洲，甚至还经常把它确定在印度。

约翰长老故事的第二个假想的发源地，恰恰正是印度，或者是“印度诸地”（Les Indes）。如果这种表达方式确实只有少许意义的话，那么它就是指超越了已知世界和可能是位于东方（当时的人甚至还讲“非洲的印度”）的任何地方。公元1122

① 埃塞俄比亚人实行科普特人的礼仪，因而在罗马人看来，他们是耶稣单性论者。他们属于前迦勒底教团，我们在第八章已经讲到过这一切。

② 请参阅第二章，《亚历山大传奇》已经孕育了埃塞俄比亚神话的萌芽。

年，教皇加里都斯二世（Calixte Ⅱ）接见了一名“来自印度”的约翰大主教。我们再不知道更多的事了。约翰长老的传奇故事同样也在基督教社团中流传开了，基督教社团已在那里立足，并且采纳了聂斯托利异端（景教）。因此，罗马对此一无所知，人们将这些已失踪的基督徒作出了形形色色的想象。但还必须做更多的事，才能使约翰长老的传说震撼欧洲。第三种假设向我们提示了该传说的一种中亚起源论。

亚洲王国

12世纪初叶，一个已经汉化的蒙古小民族——契丹人（Kitans），统治了北京地区和中国北方。在1116—1122年之间，他们又被金朝人驱逐出去了。这一事件对于中国历史具有非同小可的意义，但它在欧洲却是于完全不为人所知的情况下发生的。正如在游牧民族历史上始终都会发生的那样，事态是通过一种台球游戏中的球的作用而交织在一起的：被从这里击退的一个部族，却又以征服数千公里之外的另一个王国的办法，而在那里实施报复。由此而产生了另一个民族的迁移，如此类推。这就是已经发生的情况。一名骁勇的契丹首领耶律大石从北京逃出，创建了距巴尔喀什湖（Balkach）不远的额敏城（Imil）。他夺取了伊塞克湖（Issykoul，热海）、可失哈儿（Kachgar）和于阗（Khotan）诸地，然后便向撒马儿罕和波斯进军。他遇到了统治该地区的塞勒术（塞尔柱，Seldjoukides）突厥人的抵抗。耶律大石于1141年击败了他们，然后在丝绸之路历史上的心脏地区创建了一个新帝国。征服者们被称为喀喇契丹人（Kara-Kitais）本意为黑契丹人①或黑汉人。耶律大石取帝号为菊儿汗（Gour Khan），即“天下汗”。这一次，其威名已经一直传到了西方。

① “契丹人”（Kitais）系指Cathay的居民，即中国北方的人，这与南方的“赛里斯人”（Séres）形成了对照。因为西方人很早以来就相似存在着两个“中国”（Chine）。

叙利亚主教库布拉[①]的雨格（Hugues de Gabala，伟大的雨格），于1144年将该消息传至罗马[②]。其要害就在这里：一个年轻的帝国使塞勒术（塞尔柱）突厥人遭到了一次惨重失败，新来者已不再是穆斯林，这可能是攻击伊斯兰教而张开的另一翼。雨格指出，某一位“约翰长老居住在波斯和亚美尼亚以远地区，他既是国王和长老，又是基督徒，不过始终属于景教异端，可能正在向波斯人和米提亚人（Medes，米太人的）国王发动战争”。事实上，喀喇契丹人大部分都是佛教徒，浸透着中国文化，仅仅宽容基督教，在可失哈耳（喀什噶尔）有一位主教。没有任何因素证明很可能启迪了这个神话故事的征服者耶律大石，曾对基督教表示过一点同情。但这一切都无关宏旨。

其他的神话传说也对这段历史产生过相互影响。1145年，腓特烈一世（Frédéric Barberousse）的谋臣奥托·德·弗赖辛（Otto de Freising）恢复了库布拉（Gabala），并且断言约翰长老出自麻葛王（祆教国王）。其力气如此之大，以至于能擎起“祖母绿制成的幽灵供像”。奥托是美因茨（Mayence）的主教，也是腓特烈一世反对教皇意图的捍卫者。他做了力所能及的一切，以在民间传播这个神话故事。在12世纪中叶，就已经有相当多被误解的真实事件和出自文化背景的传说，以至于当时人的思想使得约翰长老的存在具有更大的信誉了。“信誉机制”现在可以启动了。为此，则必须有一种属于奥秘意义上的恶作剧，一种巨大的操纵力。

欧洲的大恐怖

这是神话形成的第二个阶段，即其变得清晰具体的阶段。“在这个时代，即公元1165年，印度国王约翰，曾致多位基督教

① 即比布鲁斯（Byblos）。
② 库布拉的雨格事实上是向教皇报告说，阿勒颇的苏丹征服了埃德萨（Edesse）。

国家的国王数封令人非常惊讶的书信。”这是当时的一位史学家三泉的奥布里（Aubr de Trois-Fontaines）告诉我们的情况。

这些书信确实令人惊讶：教皇亚历山大三世（Alexandre Ⅲ）、腓特烈一世皇帝和拜占庭皇帝曼努埃尔一世（Mauel Comnène）都同时收到了这样一封书信，它是以这样的措辞开始的：“朕约翰，通过上帝的力量和天主的意志，而使朕成为长老（司铎），生活在天下的王中王和统治者中的统治者，这是由于道德、财富和权力诸方面的原因。72 位国王向朕纳贡。朕的国王主宰着三个印度的法律，朕的王国一直扩展到最遥远的印度之尽头，神圣使徒圣多玛的遗骸便在那里陈殓于他长眠的地方。”该国也与巴比伦、巴别塔（tour Babel）和具有“能支持人类万物”的一个北方之国毗邻而居。我们只等待着去寻找它了。

“你们应该知道，在本国的某个省份，有一片沙漠，其中生活有长角的人，他们在前面只长着一只眼睛，而在背后却长有三四只眼睛。那里也有一些与他们很相似的女子。在我国还有另一种男人，他们唯以男人和女人的生肉为食，丝毫不害怕死亡。当他们之中的一人死亡时，即使是他们父母也罢，他们甚至也不惜将之煮熟而吞噬之。他们认为人肉吃起来很美味，也很自然，而且还是为了赎其罪孽才这样做的。该民族受到了上帝的惩罚。人们称之为雅朱者人和马朱者人，而这些人的人数比其他所有民族的人数还要多得多。当伪基督降临时，他们便失散于世界各地，因为他们是伪基督的朋友和盟友。”

当然，这是一部伪著。许多史学家都指出，这是一部写得很蹩脚的劣质伪书。它根据《圣经》中的恐怖预言，将其他时代的故事和流言、孕育了中世纪奇迹的一切都混杂在一起：库布拉的雨格的模拟作品、理所当然的还有少许《亚历山大传奇》中的内容、由古代遗留下来的动物志中的零星内容。我们还应补充中世纪的传说、独眼巨人、小人国里的人、阿马宗人、狗头人身者、半人半马者、额头或背部长眼的人、半人半兽者、哑音的狮身鹰翅马头怪兽、白色和红色的狮子，以及“天下的其他各种动物”等。甚至在那些描述采邑和巨额财富的抒情诗中也如此。其中提到：约翰拥有香料之国和青春浴的泉水之地，其宫殿均以最珍贵的宝石建成。

在约翰长老的财宝中，还有可以在火中生活的神奇虫子，诸如蝾那样。共有四万人维护一个巨大的火堆，火中生活有神奇的虫子，它们于其中纺织一种酷似丝绸的纤维。洗涤这种丝的方法，诸如文学中所声称的那样，却并不神奇：“每当我们希望洗涤这些丝时，我们便把它们放在火中，它们从火中出来便会变得干净而整洁。”丝绸的传说于此遇到了同样也很神奇的石棉纤维。

约翰长老除了拥有对整个基督教社会的支配权之外，再不企求其他任何东西了。这可能就是伪书作者所做的标记。它可能是梅斯（Metz）或美因茨的一名议事司铎，也可能是为奥托效劳的，而且也不那样天真幼稚。文学作品可能有一种意识形态方面的意义：一个大基督教王国的空想诺言，而该王国系由摆脱了罗马权力的国王和司铎领导，在其反对教皇的争执中只能为腓特烈一世效劳[①]。对于其他者，该文学作品是十字军 15 年之前在大马士革失败后，又呼吁发动一次新的十字军远征。

希　望

约翰长老于其书信中，是否从未讲过他发誓要解放圣墓呢？这其中有一个小小的细节。他于其书信的开头部分写道：“对于你们所说的我们希腊人和使用希腊火硝的人，并非是像你们所说的那样，都一致崇拜上帝。”他具体解释说，他——约翰信仰圣父、圣子和圣心，认为他们“仅为一尊真正的上帝”。难道这是一种指出他并非是异端的方式吗？与库布拉的雨格所认为的那样

① 我们正处于一个“司铎与帝国”斗争的激烈时期。腓特烈一世入侵了伦巴德的城市，并以一位伪教皇与亚历山大三世教皇对立。

相反。所有这一切都很微妙，中世纪的读者们在相信神话传说之前，是不会如此遥远地遥望它们的。

因为，无论是否为皇帝派成员，是不讲信义的人，还是天真无邪的人，我们假定的这名议事司铎，也是刚刚成功地为亘古未有的最神奇的流言蜚语的制造者。我们对于皇帝们的反应，所知甚少。教皇在回答之前，可能用了数年的时间进行思考，含糊地许诺将于某一日向约翰长老遣使。但民间却兴奋异常地对这一切坚信不疑。这封神奇信件的100多种抄件到处流传。对于当时来说，这确实是一个巨大的数字。它被翻译成了多种语言文字，被在讲座中宣读，它被用于对信徒们的教化。由于这封书信，长老（司铎）中的最卑微者，也可以使人产生基督教世界团结的希望，尤其是产生基督教世界性的希望。在大地的另一端——东方，几支不可战胜的军队前来与不信基督的人作战。这一次，西方夺占了上述传说，而且一直持续了数世纪。

传言在扩大，约翰变成了大卫（David）国王。在《以西结书》（Ezéchiel）中，他被任命防守铁门。并保护雅朱者和马朱者那些亵渎宗教民族中的人员。稍后不久，另外一位大卫国王又介入这部历史。这就是阔里吉思（Géorgie）大卫王，正统的基督徒和蒙古人的附庸。他防守另一座“铁门”，也就是保护太和岭（Cau-case，高加索）一条山谷的堡塞。1221年，一卷在陁盘地（Damiette，杜姆亚特）流传的稿本，也讲到一名景教徒大卫国王，出自约翰长老之后。孙子的冒险更增加了其祖父的可信度。约翰和大卫越来越多地互相混合在一起了。由于所有这一切的背景，又有人认为是由亚历山大建筑了长城，那里是一个封闭地区的出口。我们必须将神话的文学发迹计算在内。这种发迹刚刚开始。从13世纪初叶起，沃尔夫拉姆·封·埃申巴赫（Wolfram von Eschenbach）便于其宗教故事《帕齐发尔》（Parsifal）中，提到了约翰长老。他认为此人诞生自印度的王后悔乐（Repense de Joie），身穿阿拉伯丝绸，向帕齐发尔献圣杯。

对于第三个阶段，已经完全准备就绪，它导致了这个神话故事的再生。约翰的神话又在蒙古人入侵时与“鞑靼人”的神话遭遇了。有关约翰长老的历史，与成吉思汗的历史混合在一起，并且以此而再度活跃起来了。我们还知道它的许多严格地说是互相矛盾的不同文本，完全如同蒙古人启迪产生的感情那样互相矛盾，即感到如同世界末日那样的恐惧，又产生了不合理智的希望。基督教社会根本不知道游牧部族是一支魔鬼的军队，是否有希望归化他们，谁知道能组成一支能钳制伊斯兰教的强大的历史性联盟。这始终是从侧面攻击撒拉逊人盟友的地缘战略性神话。此种思想在下面的时间内又再生了，即约翰王国的信仰虽得以广泛传播，却在那封书信之后近半个世纪期间，再未激起同样至福千年的希望。在蒙古大部落联盟内部，有景教部族的存在，这便提供了一种勉强似乎真实的表象。这就足以维持对约翰长老及其王国的坚信了。

长老与可汗

阿克尔的主教雅克·德·维特里（Jacques de Vitry）曾断言，成吉思汗是约翰长老的后裔。但是，最常见的说法却是，该传说事实上将他作为鞑靼人（被不妥帖地与整体上的蒙古人同化了）[①] 的敌人了。这就正如儒安维尔（Joinville）或博韦的樊尚（Vincent de Beauvais）[②] 所认为的那样。在某些文本中，作为麻葛王（袄教徒国王）后裔的蒙古人，都是约翰长老的“堂兄弟”。其他人则认为，成吉思汗就是在包围约翰长老的一个堡塞时，也就是在亚历山大的著名城墙上，被杀害了。

如此这般的发展，似乎有一种表面上的原因，这是第三次混

① 对于西方人在鞑靼人与蒙古人（最早是两个敌对的部族）之间产生混淆的原因，我们将于下文不远处再来阐述。然而，这种错误的称呼已经严重融入习惯中，人们经常几乎不加分别地写作 Tartares、Tatara 或 Mongols。

② 然而，博韦的樊尚是《史鉴》的作者，写于1253年，他知道赴蒙古人中的传教士们的报告。

淆。这场混淆涉及了第三个民族（继埃塞俄比亚人和喀喇契丹人之后）。这一次是指蒙古克烈部人（Keraïts），即蒙古的一个小部族。大家都知道，该部族自公元1000年左右起便被基督教归化了。其中有20多万人受景教归化。这对于解释一位基督教国王的问题上，流传如此之多风言的原因，奠定了一种坚实的基础。语言学者们支持克烈部人的论点：其首领可能同时享有汉文的“王”和突厥文对应的“汗”的尊号。“王汗”（Wang-Khan）变成了“翁罕”（Ong-Khan），可能最终是景教徒们歪曲成了“约翰长老”。这样一来，一位部族首领便将其名字及其开头部分的相似性归于约翰长老。如果万一有人能通过变化不定和不确切的定义，而复原一种流言的历史，那我们就应该坚持追踪一条严肃的线索。

于其身上出现这种转生（化身）的人物，自称为脱斡邻勒（Togrul）。我们现在已处于12世纪末。这个部落酋长为争夺中亚部族的宗主权，而陷入到了模糊不清的王朝争论中了。脱斡邻勒与一个蒙古人的小首领也速该（Yésougei）结盟。所有二人均结义为兄弟。然而，也速该的儿子是一个年轻人，他以脱斡邻勒为义叔并称之为主，自称“铁木真”（Temoudjin）。我们是通过其尊号而更好地了解此人的——成吉思汗（Gengis Khan）。铁木真势力上升的决定性阶段之一，恰恰正是其反叛，以及他反对于1203年战胜脱斡邻勒的战争。这个故事属于蒙古人记忆力中的伟大史诗《蒙古秘史》的组成部分。脱斡邻勒和铁木真之间的冲突可能受到了歌颂，并且在整个西域都被人阅读。如此一种冒险故事则具有更多地吸引人注意力的机遇、受到媒介人士的欢迎和歪曲（无疑是景教徒，其后是马可·波罗）的有利条件，并且正如一桩巨大事件那遥远而又被扭曲的反响一样，最终传到了如同惊弓之鸟的欧洲。

这就是两种神话紧密结合的复杂机制：约翰长老和成吉思汗。最早在鞑靼地区冒险的西方旅行家们、丝绸之路上的大探险家们，头脑中都记忆着各种读物和传闻。他们有时也带有寻找约翰长老的意图或使命。他们还窥伺能证明自己已经相信的任何一点征兆。翻译的不确切性、对此处或对彼处的夸张、记忆的错误已属其次了。

1246年是柏朗嘉宾（Jean de Plan Carpin）[①]，他是受教皇英诺森四世（Innocent Ⅳ）派遣出使鞑靼人的使节，他在蒙古当地搜集到了最早的反响[②]。他听任自己叙述约翰长老之事，从而表现了他的轻信程度。据柏朗嘉宾认为，当成吉思汗的一个儿子术赤（Tosuch），发动了一场攻击库蛮人（Comans）的大获全胜的战争时，他的另一位兄弟[③]则夺取了小印度，“那里是被人称为埃塞俄比亚人的黑撒拉逊人”。他攻击了“大印度”的国王约翰长老的臣民。由此而开始，该故事彻底转向了其神奇性。那名方济各会会士明显将各种不同来源的传说混为一谈，鞑靼人被约翰长老发明的奇特战争机器击败了。此人“令人塑造了和尚们的形象，把他们绑在马鞍子上，然后从外部放火，有一个人骑在马臀部和执扇子的人形象……由此而冒出了一股烟，鞑靼人完全被烟雾覆盖了。其他人于是便用箭矢发动攻击，以至于许多人被射死，余者遭驱逐并逃亡而去”。这就是约翰王国得以获救的方式。柏朗嘉宾记述的下文也大致相同。鞑靼人逃亡到沙漠大碛中，他们在那里又相继遇到了呈女人形状的魔怪，以及不可避免的狗头人身者。接着是一个更加神秘的情节：鞑靼人受到了狗的攻击，狗纵身跳入水中、变成了尘埃和浑身结冰以攻击人类，而并不怕鞑靼人的箭矢。由于那些非常可怜的欧洲人被教皇使节所误导，可能还会在那里重新相见，这就故意地使许多提供假信息的人又出现了。

来自蒙古人方面的两名景教徒于1246年在塞浦路斯拜见圣路易。他们在向国王陈述的诸多无稽之谈中[④]，还包括有关约翰

---

① 请参阅下一章。

② 教皇派向蒙古人中的教皇大使的使命就是与约翰长老“接触”吗？史学家们支持这种观点。

③ 此人可能是窝阔台，即铁木真的长子。

④ 请参阅下一章。

长老的故事。他们声称，在40年之前，当鞑靼人崛起征服世界时，便以战胜约翰长老的军队而开始。这很可能是铁木真的蒙古人（成吉思汗和脱斡邻勒的克烈部人——王罕）之间战争的反响。但这些所谓的使节都补充说，现今执政的可汗①已接受基督教归化，其母为基督徒和约翰长老的女儿。换言之，蒙古人在击败约翰长老之后，现在正受其孙子主宰，并变成了潜在的盟友。柏朗嘉宾记录下来的这一番议论，其比较一致的地方，无论如何也是拉丁人最容易接受的那些内容，它们可以用于蒙古人的扩张行为。

只过了很短一段时间，龙安德（André de Longjumeau）为路易九世（Louis Ⅸ）在蒙古人中完成了一次出使。这位新的旅行家以一种略有差异的顺序洗牌。他认为，成吉思汗居住在由亚历山大筑起的大屏障以远地区，已接受了基督教的归化。因为他于梦中被告知：如若他变成基督徒，那么他就会战胜约翰长老。我们尚未到达这样一个阶段：该神话故事根据可以使人联想到梦游艺术的特有逻辑，而出现神话中的不同说法。人们声称，相同内容的任何可能的组合，都会于某一日“出笼”。

其他人，也是少数人，如东方史学家巴尔·海布拉乌斯（Bar Hébraeus）或纪尧姆·鲁布鲁克（Guillaume Rubrouck）、鄂多立克（Odoric de Pordenone）②、北京大主教孟德高维诺（Montecorvino）③都曾前往当地考察。他们都将约翰长老的故事作为亚洲的一种可笑的吹牛大王之杰作。但并非是这些可疑的人在观念上获胜，马可·波罗绝非是神话的延续，而是达到了它的

---

① 当时执政的是成吉思汗的孙子贵由。

② 鄂多立克于其旅行中声称，他曾会见过汪古部的人，这是一个属突厥部和信仰景教的民族。其前任孟德高维诺甚至还在那里归化了一名王公。鄂多立克可能已被人说服而坚信，这些汪古部人是约翰长老故事的起源，他很可能是将汪古部人与克烈部人相混淆了。

③ 孟德高维诺于1289年被派往中国。他是第一个提出用这种汪古部人的踪迹来解释该传说的人。他如同其他人一样，也在该地区基督教部族的名称问题上多少有些混淆。但他理解到了其中的实质性内容：约翰长老的神话故事仅仅是西域一个真实的景教王故事的夸张。

一个兴旺发达的时代。

马可·波罗与约翰长老

威尼斯人马可·波罗至少两次提到了约翰长老。他在与成吉思汗有关的第一个情节中，便把约翰长老推出了台，后来又在与“金国国王记”的故事中提到了约翰。这一切都打乱了其年代和相似性。他似乎是于其记述中列举了不同来源的故事，以将它们归于同一位主角人物的名下。诸如这些蓬松·迪·泰拉伊（Ponson du Terrail）小说中的人物。由于缺乏重新审读，所以他们激起或改变了这些人物的体型和性格，同时又保持了相同的姓氏。

然而，马可·波罗基本上坚持了将约翰长老与克烈部著名的脱斡邻勒（王汗）等同起来的论点，铁木真既是他的保护人，又是其“义叔”。除了在名字上或在年代上的几处细节之外，马可·波罗又重复了我们所知道的一切。但他赋予其故事一种完全不同的政治风度和意义。更加重要的是，马可·波罗的说法在欧洲获得了巨大成功。特别有意义的是，那个威尼斯人明显获得了《蒙古秘史》，至少是详细听到了该书大段节录。他是蒙古事业的不知疲倦的传播者，改变那些导致成吉思汗夺取政权和创建其王朝的事件之面目。其约翰长老突然间走向了其他欧洲人塑造的崇高形象的反面。

因此，在开始时是鞑靼人。他们于自己之上没有王爷，而是向其主纳贡①。正如有人所描述的那样：“在他们的语言中，称一位大王公为王汗（翁罕），就相当于法文中的约翰长老。”我们所看到的是一位汗、王罕和著名的脱斡邻勒。但约翰长老却对“鞑靼人”犯下了一种不公正的行为：当成吉思汗发现其民众的势力日益增长和人口繁衍时，他于是便命令他们分散开，丝毫不

① 见《世界寰宇记》的最古老文本，即其法文—意大利文本。

考虑将他们流放。这些傲慢的部族一举向河中府迁移，并置身于一位暴君的保护之下。在这些流浪者中，有一名年轻的首领成吉思汗，很快就惹人瞩目了。他变成了一位受人拥戴和深思熟虑的国王。不停地有新部族前来归附其族。这个骗子马可·波罗又具体解释说，成吉思汗从而征服了8个地区，又未使用无益的暴力。这样一来，该青年王子便率领一支大队人马，“他们自愿追随他，看到了他的仁慈善良”。我们的这位讲述人又具体解释说，他向约翰长老的女儿求婚。

马可·波罗的口气至此发生了变化。他在这一节文字中，似乎又加入了骑士传奇中的大段摘引文。由此而出现了某些典雅的引文。约翰长老发怒了，这个成吉思汗怎能如此冒昧，他必须为这次冒犯付出死亡的代价。“成吉思汗怎敢厚颜要求聘娶我的亲生公主为妃？难道他不知道他是我的人和我的奴隶吗？赶快回到他面前吧！告诉他说，我宁愿放火烧死自己的女儿，也不会送给他为妻。请以我的名义告诉他说，我现在必须作为叛徒和对主人不忠的人而处死他。”当有人向成吉思汗禀报了这一番污辱性的语言之后，其心脏因愤怒而如此膨胀，以至于差一点要爆炸了。他拒绝从如此诽谤他的人手中，接受王爷尊号，发誓让此人为其诽谤言论而付出比诽谤人更昂贵的代价。大家很快即将看清楚，究竟谁是奴隶？

这几乎是在往往被马可·波罗认为是平淡无奇的地理和民族的编年史中所加入的一种新内容。该文献使人联想到了铁木真与脱斡邻勒之间的冲突，诸如《蒙古秘史》所介绍的那样。在原始文本中，铁木真在反叛王罕之前，曾长期犹豫不决。他向王罕宣布说：“我的汗父啊！为什么你要生气，让我害怕呢？”成吉思汗要求王罕不要听“有牙的蛇”向他提示的话，提醒他自己过去曾救过其命，经常骄傲地为其事业辩护等。

所有这一切都有些互相近似。在《蒙古秘史》中，也完全如同在马可·波罗的书中一样，这两位主角人物在互相厮杀之前，都发表过非常漂亮的长篇大论，脱斡邻勒的愤怒……铁木真借口说，其反叛既不违犯伦理法，也不违犯封建荣誉法……当然，人们都会分享同样的心理，并沉浸在同样的气氛中，完全如同两种文献都属于同一种文献汇编一般。

这段故事的下文在两种记述中也互相一致。两支军队集中起来以在天德（Tenduc）平原上展开一场巨大而又精彩的战争。成吉思汗感到满足了：该平原非常辽阔，足可以使人随心所欲地互相厮杀。敌方军队正在以同样的思想状态进行准备。他们通过心照不宣的协议而休战两天，以便能在大屠杀的日子里“精神饱满而又欢乐”。马可·波罗向我们断言，事实上，这是前所未见的最庄重的杀戮。但在互相屠杀之前，则必须抽签问卜。星象学家们先于武士们而对垒。于此出现了一件颇有教益事件的干预，马可·波罗津津乐道地讲述这一切。这些穆斯林卜师中的无知者，根本不可能预言这次两军对垒将会怎样发展。相反，其基督徒对手们则更加引人注目一些。他们令人将一根手杖劈成两半，在一半之上书写约翰的名字，在另一半上书写成吉思汗的名字。他们当着成吉思汗和全军的面宣布说，载未来胜利者名字的一半，将会自动置于书写失败者名字的那一半之上。他们朗诵了《圣经·诗篇》①，当然是铁木真的那一半木签于蒙古人的一片欢叫声中获胜。马可·波罗这名“伪君子”公开地支持蒙古人，以反对约翰长老的基督徒。他解释说，这次得到证实的占卜具有非常吉祥的后果。可汗“对此感到极大欢欣，由于他发现了诚实的基督徒，所以他后来始终都很尊重他们，奉他们为真诚和坦率的人”。他们以很优美的方式作战，正如占卜所预言的那样，蒙古军队获胜了。马可·波罗使约翰长老在战斗中被杀。

我们现在再回到真正的蒙古文编年史的文本上来。1203 年，铁木真击败了其敌人鞑靼人，从而变得日益强大起来了。在处于上升旺势中的青年首领与克烈部的老王罕之间的冲突，变得不可避免了，后者至少在法律上始终是君主。脱斡邻勒不仅拒绝将其女儿许配给成吉思汗，而且也拒绝许配给成吉思汗的儿子术赤

① 他们从而成为亵渎圣经的罪犯，因为他们从事占卜。

(Djotchi)。但是（这一点在《蒙古秘史》中非常重要），决裂并不是被严重触怒的铁木真造成的，此人很尊重他那忠诚者的誓言。脱斡邻勒是恶言中伤的受害者，自信其忠实的拥护者已策划好施展反对他的阴谋，于是采取了主动对立的姿态。他为青年领袖设置了陷阱，而后者却恰好逃出去了。因此，这将是一场战争，对于铁木真来说，也可能是一场最困难的战争，也就是标志着其一生决定性转折的战争。克烈部人第一次取得了胜利。未来的成吉思汗发表了其著名的和颇具抒情诗味的《成吉思汗诉状》，他于其中申明了其忠诚，并指责其君父遗弃了他并打击他。铁木真亡命到西伯利亚边境，最终推翻了定局。他巧妙地使用策略，并在敌方阵营中制造纠纷与不和，最终采取了攻势。即使是从《蒙古秘史》来看，事态的发展形势不及在马可·波罗书中那样英雄气概十足。当时其王罕已经准备好用一个牛角送血给他，以示和解。成吉思汗对他发动了突然袭击，并且击败了敌军。脱斡邻勒于稍后不久被杀，但此人并非死于战斗中，而是被一名乃蛮人暗杀的。后来，成吉思汗宽容大度地对待克烈部人，并加强了与其世系以及脱斡邻勒世系的结盟。

那个威尼斯人在另外一段文字中，也讲到了天德路(Tenduc)，此地始终被约翰长老的一位后裔控制，而此人又被奉为“约翰长老”（这也是一个尊号），本名为阔里吉思(Georges)国王。其民始终为基督徒，其主始终是大汗的附庸。该地区的国王们出自成吉思汗的一个儿子和约翰长老的一名公主之后。这一点始终与脱斡邻勒的化身约翰长老的思想相吻合。

但马可·波罗并非于此而戛然停止。他受到了其他历史事实的启发，将第二种冒险归于约翰长老。这一次，后者与“金主”发生了冲突。“金主”可能是对控制了中国北方的金王朝[1]的君

---

[1] 我们于本章的开头部分，就已经遇到过金王朝（即驱逐耶律大石及其契丹人的那个王朝）。他们为女真血统，是一个最早定居在满洲东北的通古斯部族。他们以金王朝的名义，统治了中国北方，于1115—1234年间统治中国，从宋王朝手中夺取了华北领土。

主们的译名。然而，从历史上讲，是成吉思汗于1215年击败了“金主”。我们是否可以理解作，马可·波罗以其对不矛盾律的彻底误解，在间隔几页文字的地方，使用了约翰长老这个人物。他第一次将此人作为成吉思汗的敌人，第二次又将此人作为同一位成吉思汗的化身。约翰长老具有一种与人们在第一阶段看到他的性格完全不同的另一种个性。在有数章距离的地方，此人又变成了尊贵的、宽宏大量的和大获全胜的人物。

由约翰长老的附庸“金主”居住的地方，是一个很美丽的城堡。那位威尼斯人告诉我们说，该“金主”充满了傲慢和狂妄自大的情绪，并且奋起反对其君主。其地位如此巩固，以至于约翰长老既不能消灭他，又不能削弱其势力。为了战胜他，约翰长老使用了诡计并派遣七名侍从秘密出使。在连续两年期间，这些使者都为“金主”效力，一直到他们变成必不可缺的宠臣为止。当他们变成了国王时刻不离左右的宠臣时，在一次于约翰长老王国的边境附近狩猎时，他们将“金主”隔离开来，并且强行把他押解到他们的主子面前。约翰长老审判了那个叛逆者，却没有下令处死他，而是使他成为自己诸多卑微的放牧人之一。“金主”于两年间充当其仆人。到了这一时限，他又重新被带到约翰长老面前，约翰长老始终都很宽宏大量，将其权力的信印及其王国都归还给了他。“金主”感谢其君主的崇高行为，于是便成为其最忠实的附庸之一。这段美好的故事完全可以与阿拉伯人的《诡计之书》相媲美，马可·波罗曾有机会搜集到该故事的数百种文本。

约翰长老在非洲的变迁

然而，这些异想天开的故事，与依照1165年伪托书信的直接思路，继续在欧洲传播的那些随心所欲的事相比较，则显得要温和得多。我们掌握有关这封信的多种说法，拉封登（La

Fontaine）的约翰[1]："约翰长老（Prêtre Jehan）由于圣宠，而成为非常强大的国王，尤其是基督教国王，朕命令向朕的朋友罗马皇帝与法国国王致敬。"这一切都是于他本人诞生的507年写成的。稍后，在另一种记载中，拉伯雷（Rabelais）让庞大固埃（Pantagruel，拉伯雷小说《巨人传》中的巨人）迎娶约翰长老的女儿。

当然，他是一位作家，不可避免地要开发利用神话故事。14世纪的大虚构作家曼德维尔（Jean de Mandeville），是一名曾最大限度地促进有关"神奇亚洲"传说流布远方的人。其《曼德维尔书》所获得的成功，应归功于其不真实性的程度，就如同他很久时间以来使真实旅行家（其中包括马可·波罗）的游记黯然失色一般。曼德维尔自称为英国人，曾赴整个东方旅行，但他更可能是列日（Liége）的医生，拥有一种巨大的想象力。他几乎阅读了当时所有的异国情调——空想虚构的游记。约翰·曼德维尔当然曾会见过约翰长老。

他承认从未到过的唯一地点是天堂："我无法向你非常确切地讲述天堂，因为我从来未曾去过那里……人们无法到达那里，除非是通过上帝的特殊愿望。"相反，这名虚假的冒险家曾亲自访问了中国海以远地区的约翰长老王国，经由大地之下。曼德维尔肯定是享有14世纪大编纂家尊号的当然人选。他将各种神奇的内容都纳入到其书中，彻底造成了对约翰长老的王国、人间天堂、福琼群岛、神话般的印度等地的描述之混淆。总而言之，曼德维尔的谎言维持和延续了这种神话传说。

该故事在欧洲广泛传播。我们直到15世纪还发现过一种丹麦文本。这就是《丹麦人俄吉的武功歌》，它受到了曼德维尔书中内容的滋养。这一次，俄吉征服了印度并使之基督教化。他将印度委托给了他的心腹之一——约翰长老（Jean Preshyter 或 Prêtre）管理。现在，约翰长老一举不仅仅是蒙古人或埃塞俄比亚人了，而且还是一位弗里吉亚国王的儿子。

---

① 他与我们的这位神话人物没有任何关系，因为他是于1488年写信的。

由此而创立了一种令人瞠目结舌的雄辩术：远征、信仰和文学创作是互相哺育和互相催生促产的。丹麦的国王们在寻找那个神话般的王国。公元16世纪初叶，丹麦、瑞典和挪威的国王克里斯托夫三世（Christophe Ⅲ），与葡萄牙被称为阿方索五世（Alphonse Ⅴ）的国王联合，以经非洲向约翰长老遣使。这是一次失败，远征队的队长瓦拉尔特（Vallarte）再度于几内亚被囚。四分之三世纪稍后，当人们了解了美洲时①，丹麦国王克里斯蒂安二世（Christian Ⅱ）又一次遣使，以寻找约翰长老的后裔。但该使团走上了一条最令人无法想象的道路之一，也就是格陵兰（Groenland）和北冰洋（Arctique）之路。当然，寒带之路并不比赤道之路更畅通多少。

地图学家们并非是希望为约翰长老王国的地望定位的最后一批人，而且是持续了数世纪。该国有时被说成是埃塞俄比亚，它如此之大，甚至包括了非洲和亚洲各自的一部分领土，有时又坚持其“东方传统”。这些地图有时包括丰富的细节。1339年的安杰利诺·杜尔塞（Angelino Dulcert）的平面球形图将约翰的72个属国以及流经其地的天堂河，都置于埃及的南部。即使是在葡萄牙人于15世纪末到达阿比西尼亚之后，那里还在制造某些非洲地图，其中把约翰长老画成于其宫中踱步的国王。有些地图还画有该传说的某些不同说法：约翰将其儿子们囚禁在一座大山中，一直到他继位时间的降临。这个地图学上的传说持续了很长时间，现知最后一个于其中出现约翰王国的地图之例证，是荷兰文本。这里是指1573年的一幅地图，这已经是欧洲人遇到了真正的内古斯人之后许久的事了。

神话故事远未竭尽，远未由于旅行家们的游记或其明显的矛盾而失去其价值，相反却再度活跃起来。还有更加奇特的事。约翰长老离开了传统的丝绸之路，最终定居在非洲，神话可能是于12世纪在那里诞生的。

14世纪初叶，为确定这个神秘王国的地望，似乎形成了某

① 确实是在1507年，第一幅提到的美洲的地图将约翰的王国置于吐蕃。。

种共识，即从此之后，世人始终认为它是埃塞俄比亚。在1320年间，印度奎隆（Qilon）的主教儒尔丹·德·赛维拉克（Jourdain de Séverac）于其《亚洲珍异记》中，讲到了以龙骨架采集祖母绿的土著人，他们将这些祖母绿带给了“你们称之为约翰长老的埃塞俄比亚皇帝”。雅各布·达·维罗纳（Jacopo da Verone）于1335年的朝觐书中，则选择了努比亚（Nobie）：埃塞俄比亚或非洲的“传说”从未真正消失过，最终获得了胜利。它由于尼罗河源头的神奇吸引力，而进一步得到了加强①。人们甚至还辨认出了对于约翰长老从亚洲平原到达埃塞俄比亚沙漠神奇迁移的一种解释。约翰长老在天德被成吉思汗击败之后，他被迫放弃了其亚洲的领地，并避难于他在努比亚和埃塞俄比亚的省份，蒙古人无法在那里追袭他们。

14世纪末，卡斯蒂利亚（Castille）的国王亨利三世（悲忧者，Henri Ⅲ Le Do-lent）向瘸子帖木儿（Tamerlan）、巴耶吉德（Bajazet）和开罗苏丹，当然也向约翰长老遣使。

约翰长老的传说涉及世界地理大发现历史上的一个关键人物——航海家亨利（Henri le Navigateur）②，他也是马可·波罗书的虔诚读者。亨利受星象学和地图学的吸引，在萨格勒斯（Sagres）岬角创建了一个研究中心，既是世界性的，又是光辉灿烂的。人们在那里汇集了所有的游记、绘制了地图、观察星相、装备船舶。这些船舶从拉哥斯港（Lagos）出发，向大洋中驶去。航海家亨利放弃了生活的乐趣和政治上的狂热性，以致力于其科学研究。始终受一种强烈信仰的鼓动，其最终目的是使全世界福音化。

约翰长老的神话传说又出现了。亨利梦想与该基督徒王子结盟。这种思想砥砺着葡萄牙在非洲探险的全部事业。航海家亨利从其萨格勒斯瞭望台向整个非洲西海岸发出其快艇。1441年，

---

① 从尼禄（Néron）遣使去寻找他们，直到19世纪发现他们，尼罗河的这些源头地激发产生了许多传说和几乎同样多的探险远征。

② 航海家亨利（1394—1460年）是葡萄牙的王子——约翰一世国王的儿子。

当他的使者贡萨尔维斯（Gonçalves）、特里斯托（Tristão）从里约德乌罗（Rio de Ouro）返回到西撒哈拉沙漠的南部，携带黄金和土著战俘。亨利对这些战利品不感兴趣，而是对他们所讲的有关尼罗河的内容念念不忘：该河流向沙漠以外并注入大西洋。人们知道从那里可以到达约翰长老的王国。然而，就在同一时代，更确切地说是在1439—1444年间举行的佛罗伦萨主教会议上，有些埃塞俄比亚的代表，人们才开始知道谁是内古斯人。该神话在它启发了最后几次创举时，便受到了抨击。

约翰长老继续激发一批丰富的文学作品的产生。葡萄牙作家高美士（Gomez de Santesteban）不仅赋予了亨利（他一生中从未航行过），而且还赋予了其兄——唐·彼得罗（don Pedro）王子赴约翰长老国一次神奇旅行的虚构机会。约翰长老帮助年轻的王子继续其远游，并送给他一些能帮助他穿越沙漠大碛的单峰驼。然而，在此以远，却是天堂的江河。该神话故事又一次使约翰长老的国家与伊甸园在一个奇怪的印度—非洲大陆的某处相会合。

继航海家亨利死亡之后，葡萄牙人的探险仍在继续进行。他们受到了那名航海家的侄子非洲人阿方索的保护①。阿方索如同其叔父一样，也想汇集有关世界的所有知识。他向威尼斯的一名宗教人士（最有学问的地图学家们都在威尼斯工作），订购了一幅当时得以绘制的最完整地图，即地图中的上乘精品、代表作。这就是著名的"毛罗修士（fra Mauro）的地图"。事实上，它认为是当时的一种知识总汇。毛罗查阅了所有的信息来源、热那亚和威尼斯的档案馆、马可·波罗的书、北美和阿比西尼亚的游记。当然，在那些小装饰画中，便有约翰长老，据那封伪托信件的纯洁传说认为，约翰长老统治了120个王国。如果在毛罗的球体地图上也标注了约翰长老王国，又有什么令人匪夷所思的地方呢？

---

① 非洲人阿方索（Alphonse L'Africain，1438—1481年）是卢西塔尼亚的君主，曾与丹麦王联合在非洲寻找约翰长老。

约翰长老的真面貌

继任了非洲人阿方索的完人约翰二世（Jean Ⅱ le Parfait）又继任了其家族的大发现事业。他推出由彼得·科维利雅努斯（Petrus Covilianus）和阿方索斯·派瓦（Alphonsus Paiva）率领的使团。正是科维利雅努斯将埃塞俄比亚的内古斯人考证为约翰长老。

许多人很快又向约翰长老派去了使节。其中之一便是佛朗西斯科·阿尔瓦雷斯（Francisco Alvares），他曾在埃塞俄比亚定居多年，于1540年发表了《有关印度的约翰长老国家的真实资料》。他看到了，而且还亲眼看到了那名内古斯人，并且向他介绍说："我们突然间发现了约翰长老，此人坐在一个六阶高的门台上，衣着装饰得非常华丽。"他凝视着约翰长老的面庞，由仆人们手拿的面具为此人罩住面庞和去掉面具，这一切都是在奇特的连祈文的背景下完成的。然而，尽管人们仍在使用其名字的游戏法，但每个人都清楚地知道，自己最终到达了约翰的王国。他有一个名字和一种面庞，却失去了其权力。

那个不幸的内古斯人需要卢西塔西亚人的军事援助，才能保护其近邻艾哈迈德·格兰（Ahmad Gran）苏丹。葡萄牙授予他450人的远征军。450名士兵去解救约翰长老，而后者却能指挥数百万人马，并且有72位国王为他效劳。这个历史传说确已经死亡，埃塞俄比亚却依然存在。对于统治者中的统治者来说，世界变得太渺小了。

第十二章　我遵从真主的惩罚

“啊！民众啊！你们要知道我遵守真主的惩罚。你们犯下了太重的罪孽。这就是为什么上天把我派来，以加重它对你们的愤怒。”成吉思汗在布哈拉的一座清真寺的讲坛上，发表了这一番可怕的言论。他在该城投降后，刚刚在那里度过一个狂欢之夜，从而使该座清真寺遭到了亵渎。

蒙古式的和平

这种由伊斯兰教作家们广泛传播的形象，却恰如其分地象征着蒙古神话使人联想到的强暴和残酷的一切行为。人世间没有任何罪行不会强加在他们身上。史书上归咎于他们的一长串的人头颅金字塔、被抢劫一空的城市、遭到荒芜的地区，世人对其恐惧已感到过分厌倦了。然而，史学家们对于蒙古征服所作的总结，却更应该是积极的。他们祝贺“蒙古式和平”的裨益。与被摧毁的城邦、被奸淫的妇女和被堆积起来的头颅金字塔之印象相对立的，经常是突厥史学家阿布尔·喀齐·巴哈杜尔汗（Aboul-Ghazi Bahadour-Khan）的暗示：“一名年轻的童贞少女头顶一个金盘，可以从旭日东升时走到残阳西下，从太平洋海岸走到地中海海滨，而不会遭受任何一点儿人身侵犯。”“蒙古式和平”的另外一种功德，便是宽容大度。首先是宗教的宽容，这些最早浸透着草原民族所特有的萨满教思想的征服者，允许基督徒、穆斯林、佛教徒、摩尼教徒和其他宗教的信徒和平共处。成吉思汗本人始终在忠于其先祖宗教的同时，对其他宗教也不实施任何排斥。

所以，1219 年，当成吉思汗正在大夏（Bactriane）和兴都库什（Hindou-Kouch）征战时，他感到需要从中国中原请来一名道教真人，此人以丘处机（丘长春）之名而名垂青史。他特别期待获得一种长生不老药的处方①。丘长春时年 71 岁，在其几名弟子和一支强大的蒙古卫兵的陪同下，穿越了戈壁沙漠，“极冷”的山（阿尔泰山）、受夜间精灵恫吓的塔克拉玛干大沙漠。他摆脱了丝绸之路上的冒险家们也经常遇到的千万种其他危险，在撒马儿罕略作休整之后，最终于 1222 年在怯失迷儿（克什米尔）边境会见了成吉思汗。由于缺少长生不老药，他向这位伟大的征服者提供了某些有关道、空和无为教理的基本内容。在成吉思汗家庭中，同时长期居住着佛教徒以及其世系在受伊斯兰教归化之前的基督徒。成吉思汗的继承者之一蒙哥汗（Mongka Khan）更喜欢把不同宗教视为一只手的五指，同时又具体解释说佛教为其手掌。

在粗犷的蒙古人所喜欢的消遣娱乐中，神学辩论特别受好评。更有甚者，贵由汗（Khan Guyuk）在他与圣路易首次接触时，曾以“世界之王”的身份命令，在法兰西王国，不应再在属于拉丁、希腊、亚美尼亚、景教和雅各派成员礼仪的基督教诸教团之间，以及“所有尊崇十字架的人”之间，人为地制造任何差别了。

同样也是文化的宽容性：游牧部族的人采用了其战败者们的风俗、习惯、艺术和文明。由于蒙古人，才有了一种独一无二的

---

① 道教徒们于其多种巫术行为之中，始终以善于制造这种长生不老药而具盛名。由汉武帝开始的许多中国皇帝（请参阅第 3 章）都毫无限制地信仰这一切。

和无可争议的权力机构，并统治了丝绸之路的心脏地区。无论是亚历山大的征服，还是罗马式的和平，或者是于其大陆扩张鼎盛时期的阿拉伯帝国，都从未创造过如此有利于将小国与地中海世界，特别是与意大利直接联系起来的有利条件。

蒙古式的和平即将提供自 14 个世纪的光阴以来就已预料到的一次相会的机缘，这就是一名西方人自欧洲到达中国，然后再反向由中国人到达欧洲。这次象征性的旅行又一再重复，但远东与泰西的相会却依然是坐失良机。丝绸之路又一次如同既是流传歪曲消息的渠道，又是传播真实信息渠道一样地运转。我们西方必须再等待数世纪，才能真正地发现中国。

蒙古时代提供了丝绸之路上的知识以偶然方式传播的一个绝妙例证[①]。可汗们最著名的成果之一，便是其著名的驿站，它超前数世纪，使人联想到了一种巨大的快马邮递，经过非常有效的蒙古管理机构所作的改进，整个驿站系统共包括 20 万匹马、客店、驿站和林荫大道。据某些计算认为，一名皇家驿使会以每天 400 公里的速度传递命令或消息（800 里或 600 里快马），这是直到铁路出现尚无法与之匹敌的记录。然而，信息并不全部是以同样的高速度流通的。西方人仅仅是当他们设在黑海海岸的索尔达亚（Soldaia）热那亚商行遭游牧部族的毁坏时，他们才开始对蒙古人的征服警觉起来。仅仅是在 1225 年之后，成吉思汗的名气才在西方变得名声大震起来。其名字和名望很缓慢地传到了罗马和巴黎，以至于仅在他晏驾之后 10 多年时，他才在那里为人熟悉。因此，法兰克人一直等待了 30 年，才简单地获知了蒙古人存在的梗概，而蒙古人却非常迅速地与斡罗思人（俄罗斯人）、阿蛮人（亚美尼亚人）和其他那些与拉丁人的天然联系人遭遇。但仅用数天的时间，就足以使窝阔台晏驾的消息，于 1241 年的隆冬，穿越了从蒙古到亚得里亚海的整个欧亚大陆。

---

① 我们想到，在 1219 年，成吉思汗向道教真人丘长春索求一篇有关西域国家的报告。72 岁的长春真人于 1219 年 5 月 15 日从莱州登程，偕 20 名蒙古人和 19 名弟子出发。

信息传播的反常现象

在时间的反常现象中，又加入了信息不均分配的反常现象。根本不存在一个欧洲和一个蒙古帝国能于一间办公室，或者是一家图书馆的某个角落，收藏着双方彼此互知的大知识库。如果要讲“知识总汇”，就如同人们今天在一个科学领域中所讲的那样，那就过分天真幼稚了。

事态更加复杂化了，好坏信息在互相竞争，而人们又无法确切地知道哪一种信息会驱逐另一种。我们手头掌握着几种例证：人们对于鲁布鲁克（Rubrouck）[①] 那明确而又详细的出使报告以及骆驼队商店中的那些最糟糕的无稽之谈，都赋予了同样程度的信任。最真实的情况，往往不能取得最大的可信度。蒙古人似乎相信，“基督徒”是一个民族而不是一个宗教的名称。他们以世界上最自然的口吻询问欧洲人：你们最著名的教皇是否确实高寿500岁。

除此之外，鲁布鲁克的两条短小的记录，又使人联想到，这些“蒙昧人”是否比他们故作姿态的那样，更多地了解对方的情况。例如，当那名方济各会士到达撒里答（Sartaq）[②] 面前时，此人询问他谁是法兰克人中的最大王爷，而修道人回答说是皇帝（这是符合逻辑的回答，因为在当时，法兰克人实际上是西欧人的同义词）。狡猾的撒里答就此而反驳说，更应该是那位著名的法国国王路易，路易刚刚在圣地完成了如此之多的征服，他已经听人讲述过埃诺（Hainaut）的某一位博杜安（Baudoin）。同样，当鲁布鲁克到达拔都汗（Khan Batou）宫廷时，此人又问他路易九世的战斗是在哪里展开的。我们由此便可以联想到，蒙古人有些很有效率的情报机构，只需要通过大部分西方使者而迅速跨越

① 请参阅下一章。

② 请参阅有关纪尧姆·鲁布鲁克一章。

一步，就足够了。当他们返回欧洲时，便以一种非凡的坚定态度拒绝让蒙古使节陪同，因为他们将这些人视为可能的间谍。此外，大游牧部族只有在探马和间谍开路的情况下，才会迁移。

你们还应从中加入虚假情报和造假人的活动，地图上的不确切之处，产生错误和误会的错译等一系列问题。为使两个世界无法互相理解，各种条件都已经聚集在一起了。其最佳证据便是：蒙古神话始终具有很强大的生命力，同时又是互相矛盾的。这是由于多方面的交流造成的结果。

蒙古的奥秘

谁是蒙古人呢？《蒙古秘史》是这样开始的："当初元朝人的祖，是天生一个苍白色的狼，与一个惨白的鹿相配了，从渡过腾吉思名字的水而来，到于斡难河名字的源头、不尔罕名字的山前住着，产了一个人，名字唤作巴塔赤罕。"铁木真的先祖世系也是这样开始的。在他们之中，还需要安排光线。因为通过蒙古包的烟囱而射进的几束光线，使成吉思汗的一位女先祖怀孕了。因此，真正的蒙古人自称是光明的儿子。

专家们在蒙古人、古蒙古人、突厥—蒙古人、蒙古化的民族之间，作出了细致入微的区别。我们为了简单一些，而仅仅指出，严格意义上的蒙古人是指铁木真——未来成吉思汗麾下的部族。这只是一个小部族，与下述五大部落联盟相对应：蔑儿乞人（Merkits）、克烈部人（Krit）、乃蛮部人（Naimans），最后是达怛（鞑靼）部人（Tatars），也就是成吉思汗最深恶痛绝的敌人。后者曾囚禁过成吉思汗的父亲也速该（Yesugei）。铁木真的部族逐步地控制了其他部族。他将附近那些已经在不同程度上突厥化的部族团结在同一个部落联盟中，以至于那些在全世界涌现的游牧部族，绝大部分都是由突厥人组成的。我们还可以更简单地提一下。1206 年，当铁木真成为皇帝时，便宣布成立兀鲁思（Oulous，部族大联盟）。他克服了那些模糊不清的部族争执，成为一个民族的君主，于是便开始实施其世界性帝国的目的。这就完全要以征服世界为前提。兀鲁思是“毡帐内居住的所有人”的一个大民族。事实上，加入了该游牧部族的任何游牧民都要变成蒙古人。所有人都以盟誓仪式结成忠诚关系而依附于可汗。现已保存下了其踪迹：

“如果你们做了汗，派我去做先锋，袭击众敌，得天佑护，掳掠敌人。我把美貌的姑娘、夫人、贵妇、后胯好的骟马，给你们拿来。”歃誓以附庸在失信时接受的惩罚而告结束。事实上，作为可汗的被保护人和兵卒者，也大都为蒙古人。当然，在游牧部族内，有一种血统贵族。这就是最早部族的最亲近者，系“蓝”蒙古人或“天”蒙古人，他们特别受尊重。然而，没有任何种族纯洁的意识来鼓动这些征服者。成为蒙古人，这并不是一种民族概念，而是几乎变成了一种军事事实。蒙古帝国是在泼洒的鲜血之上建立起来的。

地狱来客

当代人都不理解所有这些差异。中世纪的欧洲经常谈论“鞑靼之祸”。当获悉蒙古人入侵匈牙利时，圣路易便向其母亲——卡斯蒂利亚的白朗歇氏（Blanche de la Castille）宣布：“祝愿对上天的信仰能使我们得到鼓励。如果我们称之为鞑靼的这些人一直打到我们这里，那就只能是二者必居其一，或者我们将他们抛掷回他们出发的鞑靼地区，或者是他们把我们都送入天堂。”至于儒安维尔（Join-ville），他未作任何事来澄清其主试图汇集有关新入侵者的全部信息的打算。完全相反，他却进一步促进了随着恐怖增加而蔓延的混乱。“鞑靼人出自一个荒芜而贫瘠的戈壁大碛。该平原开始于一座神奇的山脉，它形成了世界的东海岸边缘；根据鞑靼人提供的证言来看，任何人都未曾翻越过它。这些人还声称，那里关闭着雅朱者人和马朱者人，他们可能是当伪基督出现以摧毁一切时，才来到了世界的边缘。”

圣路易的另外一位谋臣，博韦的樊尚，也是当时真正的百科全书《史鉴》的作者，则提出了一种更加完整的解释。在评论可汗的名字时，他说："其名 Cuyné 和 Gog 在他们的语言中完全相同。Gog（雅朱者）是他自己的名字，Magog（马朱者）是其兄的名字。因为王爷通过其先知以西结而预言了雅朱者人和马朱者人的降临，并以他们制造的破坏和蹂躏而威胁我们。所以，他们的鞑靼人便以一个纯粹男女蒙古人的名字自称。这位'雅朱者汗'（Gog Cham）的心为毁灭人类而充满激情。他如同一个炽热的火炉，能够烧毁一切。"这种词源学上的证明既令人悲痛，又具有迷惑性，特别证明了受《启示录》直接影响的某种幻觉。难道它不是宣布说，千年之后，撒旦将集中附在雅朱者人和马朱者人之身，以将他们投入战争吗？难道还需要更明确的证据吗？

在蒙古、鞑靼（Tartare）和地狱（tatare，达达尔）之间的混淆，非常频繁，以至于西方旅行家迫不及待地对此作出了纠正。鲁布鲁克曾正确地指出，"蒙古人"不愿意被人称为"鞑靼人"。他清楚地知道这是指另外一个民族。他向我们提出了一种解释：游牧部族的前卫队经常是由鞑靼人组成，"其名字到处传播，因为人们听到从各个方向发出的喊声'鞑靼人来了'。但在他们支撑了多次战争之后，几乎全部被屠杀"。马可·波罗知道这件事已有 27 年了，但他仍在继续讲"鞑靼人"。他如同柏朗嘉宾一样，又在蒙古人、雅朱者人和马朱者人之间，延续了另一种纯属同名异义的混淆。

所有这些约估都有一种共同特点，它们始终都会使人联想到地狱——塔尔塔尔河（地狱之河），还有《启示录》中的民族。霍亨斯陶芬王朝的腓特烈二世（Frédéric Ⅱ Hohenstaufen）称蒙古人为"撒旦的群伙"、"地狱的儿子"。他找到了一种表达方式，后来很快就被用作鼓动反对蒙古人的十字军的一句口号："愿鞑靼人被投入地狱。"

"鞑靼人"是"蒙昧人"和"恐怖人"的同义词，从 13 世纪初叶起，便有关于东方重大事件的风言风语开始流传，人们含糊地知道有一个民族已经开始行动，其他所有人都必须逃离。伊斯兰世界对此所知更多。我们掌握有花剌子模（Chan de Khorezm）[①] 派向新征服者的一个使节的记述。这一事件发生在1215年，穆斯林们即将随成吉思汗而赴他刚刚蹂躏过的北京。使者们一直深入到一座大山脚下，他们觉得此山似乎被大雪覆盖了，但这都是死人的遗骸。再稍远处，他们又陷入了一片泥潭沼泽之中，它是由腐烂的人尸组成的。当他们到达北京时，他们为了进入该城口，则必须越过最后一道障碍。这是6万名青年女子的尸体，她们都是从城墙上跳下，以便不活着落入魔鬼的手中。蒙古人也杀向了西域，史学家伊本·艾尔·阿西尔（Ibn El Athir）搜集了那些残存者有关蒙古人入侵花剌子模和西域的记述："他有理，即那个断言自长生天创造人类的时间以来，世界就从未会感到如此……鞑靼人没有放过任何人，他们灭绝了一切，不分男女老幼，甚至割断了孕妇们的喉咙。自从先知（愿安拉保佑他）时代以来，直到我们当代，穆斯林们便再未曾遭受过如此灾难和不幸"。他告诉我们说："他们感觉到的恐惧如此严重，以至于有一天，在马拉格（Maraga），仅有一个蒙古人就屠杀了100多人，当地人当时正集中在一个村庄中，而其中又没有一个人想到了防卫"。很快，拉丁人便不可能对这一事件一无所知了。那些食人生番和饮人血者的故事，带来了最初的反响。中世纪的史学家马提厄·帕里斯（Mathieu Paris）对他们作了下面这样的描述："这都是一些非人类，酷似猛兽，人们更应该称呼他们为魔鬼而不是人类，他们渴望人血并痛饮之，他们始终在寻找并吞噬狗肉，甚至是人肉"。这些杀戮的数字会使人头晕。在夺取麻里兀（Merv，木鹿城）时，共有70万或100多万人死亡。人称每个蒙古士兵的任务，便是杀死400人……

在1220年的第五次十字军远征时，欧洲获悉了蒙古人对波斯的入侵。这种谣传有增无减。但即使是在蒙古对克里米亚长途奔袭时，任何人都确实不知道这到底是怎么一回事。游牧部族推

① 花剌子模位于咸海以南，其首府是乌尔根齐（Urgentch）。

进的巨大历史冒险，是静悄悄地发生的。欧洲是在什么时候获知这一切的呢？绝不会是在蒙古人消灭黑海以北的库蛮部并与匈牙利人直接接触之前。匈牙利传教士们是最早对这场即将动摇世界的风暴发出警告的人。

鞑靼人来了

正是1236年的大征战，大汗和成吉思汗的继承人窝阔台的侄子拔都（Batou），统兵15万，兴师向西进军。他夺取了伏尔加河流域的“大不里阿耳”，也就是库蛮人地区。他很快就夺取了乞瓦（Kjev，基辅），从而变成了唯一曾战胜了俄罗斯寒冷气候的征服者。他越过了维斯图拉河（Vistula），穿过了今波兰与匈牙利的领土。1242年，游牧部族到达了维也纳的郊区和亚得里亚海海岸。这一次，鞑靼人到达了那里，其前面到处都有难民开道。对世界末日的恐惧、恐怖的故事与蒙古人的推进成比例地增长。人们过去曾对于匈人（Huns）所说过的一切，今天又被重复地运用到了蒙古人头上。所有的恐怖情绪又都重新出现了，而且还更加强烈。这里又一次是游牧民、他们的流动村庄、他们那令人憎恶的在马上生活的习惯、他们那奇特的风俗、其污秽的仪表，都使习惯于洗澡和舒适生活的居民顿生反感。那些恐怖性的描述极其丰富，它们更促使人们把蒙古人视为一种真正的魔鬼。这些描述与阿米安·马尔塞兰（Armnien Marcellin）对数世纪之前阿提拉（Attila）麾下兵士的描述相差无几：面庞扁平、身材矮胖、弓形双腿、胡须稀少而头发僵硬、丑陋相貌暗示力量等。总而言之，马尔塞兰的描述，于蒙古人身上无一所阙。特别是不存在大屠杀的记载和残暴特征，当然也不存在强奸。在他们经过之后，正如在《摧毁拜占庭的故事》[①] 中曾指出的那样：

① 有关古俄罗斯的说法之一，这篇韵文则以16世纪的一部手稿而为人所知。它叙述了信奉异教的沙皇（皇帝）拔都是怎样于1236年入侵俄罗斯的。

“神庙被毁，鲜血流在圣坛上，城内已不存在任何活人。所有的人都被杀，都饱尝了死亡之苦辛。再没有任何人呻吟和哭泣了。”基督徒们如同穆斯林一样，都在争相渲染惩罚罪孽者的内容。经过千年的恐惧之后，又诞生了对前来执行神灵惩罚的军队之恐怖。

地狱之狗的形象也曾多次出现。蒙古人诗歌的表达力，确实不会对这样的象征手段产生反感。但在《蒙古秘史》中，对成吉思汗等四位忠实将军的描述如下：“我是铁木真安答，用人肉养的四只狗，曾被铁索拴着。那狗是铜额凿齿、锯舌铁心，用镮刀做马鞭，饮露，乘风。厮杀时，吃人肉。如今放了铁索，垂涎着喜欢来也。四狗是者别、忽必来、者勒蔑、速别额台四人。”

在一代人期间，铁木真这个饥饿的蒙古部族的小首领，所拥有的战马不足八匹，甚至无法成功地令其部族所接受，是部族中的最凄惨者，其继承人却即将创建一个历史上最大的帝国。最后，通过著名的蒙古驿站，而迎来了一名信使。窝阔台已死亡，拔都又以强行军而卷土重来东方。欧洲曾差一点灭亡于信息传送的缓慢，这一次却是高速度挽救了它。蒙古人又出征了，人们对他们一无所知。已经被吓得很迟钝麻木的欧洲人，都既没有理解动摇了其世界的原因，也不知道拯救了其世界的手段。

教廷首先作出了反应。教皇格列高利九世（Grégoire Ⅸ）主张对匈牙利的蒙古人发动一次十字军远征。继他之后，英诺森四世（Innocent Ⅳ）于1243年被选为教皇。他将取得“反击鞑靼人的良药”之事，列入了一次主教会议的议程。罗马于同时也主持了某些不太耸人听闻的和更为现实一点的行动。这一次，人们赢得了进行思考和总结有关敌人的知识的时间。但难道是敌人吗？尚难以定夺。

于此又开始了构建蒙古人的反神话。引起了巨大恐惧的因素，也激起了最大的希望。他们是否有一种灵魂呢？上帝是否希望他们受归化呢？某些不太天真的思想家们是否会认为，他们能形成一种反对撒拉逊人的大联盟呢？世人是否将会看到这一切呢？

使 团

这是探险家们的时代。共有10多个使团和布道团延续于50多年的时间内。他们留下了某些蛛丝马迹，有时很含糊而令人质疑。共有10个使团，几乎是在整个大陆的范围内活动。如果大家联想到了西方在14个世纪以来，一直在渴望了解塞里斯国，而又从未有任何人令人可信地完成过这种旅行。在数十年期间，也打开过一扇窗户，透露出少许真实和许多虚假的信息。后来，这一切都结束了，两个世界又重新互不了解了。

除了研究马可·波罗的文学现象，或者是档案中提到的两三次出使之外，能够证明这个奇迹般的间断期的资料，主要还有四部游记。这就是三位西方使者和一位“鞑靼”使节的出使记。此外还有几个家族的出使记。然而，可汗宫中番邦异族人很多，成千上万的欧洲人开始与占据了欧亚大陆、爪哇或从高丽到亚得里亚海之间地区的新民族相接触。

这一切都开始于1245年春季，即在里昂主教会议（公会议）期间，主教们于会议中间，必须讨论使基督教社会无法忍受的灾难，特别是寻求“对付鞑靼人的良药”。他们希望应该去看一下，应该有些志愿者。史书中告诉我们说，他们以一种无法描述的热情而麇集在一起。教皇在这些新的殉教人和外交家之间，很难作出选择，于是便派出了3—4个使团负责与鞑靼人建立初步接触并向他们宣扬真宗信仰。对于多明我会士龙安德（André de Longjumeau）率领的第一个使团，我们所知甚少。他非常困难地到达帖必力思（大不里士，Tabriz），并且遇到了某一位洗满·拉班·阿达（Siméon Raban Ata）。后者是叙利亚人，他曾经一直到达“秦（Sin，中国）国”的腹地。这位神秘的洗满向教皇寄去一封现已佚的信件，传递了有关景教徒们的信息。

另一位多明我会士——克雷莫纳的阿思凌（Ascelin de

Crémone）也出发东行。他告知我们的情况略为丰富一些。其同伴之一圣康坦的洗满（Simon de Saint-Quntin）写了一部有关这次出使彻底失败的简史。其中还有一名吉沙尔（Guichard），同样也被称为是克雷莫纳人。他自七年来一直生活在鞑靼人中，很可能是一个很宝贵的翻译或舌人，但他也不能避免任何失误。在穆斯林王公的队伍中飘逸了两年之后，一支西方使节的骆驼队最终来到了蒙古人地面。他们被带到了拜住（Baidjou）面前，此人是指挥这个前卫哨所的将军，西方史学家们称之为拜住那延（Barjothnoy）。蒙古首领接见了来使，他由其穿织锦和丝绸服装的要员簇拥。当他询问克雷莫纳的阿思凌“是否知道，可汗是上天的儿子，拜住那延和拔都（Bathy）汗在整个大地上都很名声赫赫和名压群芳”时，事态恶化了。事实明显并非如此，因为阿思凌反驳说，教皇从未听人讲过这些人。他立即要求鞑靼人今后要避免制造破坏双方关系的事，并立即进行忏悔。为了强调事态的严重性，我们的外交官被不送礼物地带到了那里，这与惯例的要求背道而驰。

语调变高了。鞑靼人询问法兰克人是否确实在叙利亚，西方人是否出于偶然，才不想让游牧部族离开突厥斯坦和阿勒颇，以图归化他们或者是采取某种诡计。

新的愚蠢行为。使节们拒绝蒙古礼仪要求的三叩首，因为他们只对上帝下跪。这一次，是拜住置他们于危险境地，并将他们判处死刑。现在尚有待于选择这种冒险应受到的惩罚了。是应该将他们全部杀死呢？还是应保留一个活证人呢？是对他们剥皮，再装上稻草而将他们退还给教皇呢？还是要用鞭子抽打他们，以消磨等待下一个战役的时间呢？他们于这次战役中将充当抵抗敌人兵器的盾牌。某人征引了一个判例：有人在将使节拴在一匹马的马尾上之前，曾挖去了其心脏。

在人们如此相当广泛地争论之前，教皇大使却在等待着知道自己的命运。令人非常惊讶，这一次是主张宽容的一方获胜了。难道是拜住的六位夫人之一的那名女景教徒从中干预的结果吗？

阿思凌及其同伴们都获救了。

蒙古人向他们询问基督教礼仪，他们最终也准备将教皇大使们派到大汗那里。阿思凌肯定是无意识地选择了一种僭越行为：他为什么要赴教皇从未听说过的一位大汗宫廷呢？拜住当然是传递了教皇的信息。人们正为知道教皇与可汗之间究竟谁为大而争论不休。人们猜到了阿思凌所持的论点。这一次，王公脸面通红，而完全与现实隔绝的阿思凌仍在继续猛烈抨击和挑战：不，他将不去可汗那里。他变得如此面红耳赤，以至于一名秘书必须使他安定下来。我们现在来谈这场滑稽剧的下文：使节得到的食宿和取暖条件都很糟，并且不间断地受一种罪有应得的斩首所威胁，他们正在等待可汗的一封信。当不幸的人们自信已被遗忘时，这封信终于送到了。大家毫不遗憾地互相揖别。法兰克人经过三年七个月的出使之后，终于打道回府了。他们为罗马带回了一封信，它始终保存在外交年报中："您教皇，您知道您的使者来到了朕这里，为朕带来了您的书信。他们与朕作了非常奇怪的讨论，也不知道您是否曾授命他们如此讲话？或者是他们擅自如此行事……因此，朕向您送去这同一道命令和指示，如果您希望依然拥有您的土地、江河和遗产，那就要求教皇您亲自到朕这里来，前来找到能遏制整个大地地面的人。如果您不听从上帝和手中控制整个大地的人那坚定而又持久的命令，那么朕也不知其后果会如何，上帝才知道。"这一切，这才仅仅是拜住那延（Barjothnoy）的书信。可汗甚至未曾给教皇写信。他寄给拜住的信更难理解，只是附带地致教皇："由于活神——上天的儿子温和而又受人尊敬的成吉思汗的命令，人们也可以说神是大于和高于万物的，是永生的。成吉思汗是大地上的唯一王爷。朕希望这些话能传到所有人的耳朵里……您——拜住那延应警告他们，并让他们知道这就是活的和永生的上帝的命令。您应使他们听到：在这些使徒们到达的任何地方，都能让人宣读这道敕令。谁反对这一切，立即就会被杀死，其地面被毁。"

如果这些贬义的表达方式——"交通问题"和"文化断裂"

都是有某种意义的，那么我们刚刚看到的正是这样一种绝妙的例证。

一尊上帝，一名可汗

但由阿思凌于1249年带回的信息，已不再具有现实意义了。在此期间，另一个使团也于出使后返回来了，这就是柏朗嘉宾(Jean de Plan Carpin)的出使。“奉教廷的命令，根据圣父教皇和红衣主教团（枢机主教团）的意愿，我们将出使鞑靼人和东方其他民族。我们计划是首先到达鞑靼人中，因为我们害怕某种巨大而突出的危险出自他们之中，从而使上帝的整个教会受到威胁。”

在这次16个月的旅行中，那名大腹便便的方济各会士忍受过“除了死亡和奴役之外，可能会遭受的一切苦难”。他指出了一大批古怪奇特的事，拜访了最神奇的民族。他自我吹嘘，“自己只报告他亲眼目睹过的、从为鞑靼人效劳的那些值得信赖的基督徒口中获悉的事”。所有这些许诺并不能阻止那位善良的修士同时成为蹩脚的见证人和使者。他对于无论是什么样的虚假信息，都“成倍地增加鱼钩和鱼网”（指吸引人心的东西）。他也几乎如同阿思凌一样笨拙，而且也是他自己的想象力或天真幼稚行为的受害者。如果人们指责马可·波罗散布了成百万种谎言，那么对于其前任应该讲些什么呢？况且此人在日益严重的背景形势中，成了一名神职人员和外交官，是由于其经验才被选择这次出使蒙古的。

因此，这就是人们所想象到的一切。在黄昏时，他们会到处都骑马出现，就如同是从地狱中钻出来的一般。他们包围了这支可怜的队伍。代表团刚刚与拔都的部下建立了初步接触。柏朗嘉宾出示了其信件，它发出了奇特的响声。信中主要是说：“我们来自教皇一方，是为了和平并归化你们，因为圣父对于你们屠杀基督徒的行为，感到非常惊讶。立即停止吧！”

面对一位如此奇怪的使者，拔都官气十足地作出了反应。他请示了最高当局，将这名方济各会士派向了大汗本人那里。但恰逢大汗窝阔台于四年之前薨逝。经过一段时间的摄政之后，蒙古首领们便着手从事选举其继承人①。各部部族必须为汗国提供一名新头人，也就是大地上的一名新主人。由于偶然情况，使我们这位善良的方济各会士，恰恰于这种礼仪的高潮中到达那里，他要继续向帝国的心脏——蒙古人的大聚集地走去，直接奔向失剌斡耳朵（Sira Orda），即皇家幕帐②，因此他还必须进入地狱。

他在返回的途中，经过“媒介”，搜集了成千种千奇百怪的故事。他对一切都坚信不疑：穴居居民、狗面人和牛蹄人、雅朱者人和马朱者人、在胃部长有一只脚的魔怪、磁性山、约翰长老、化为尘埃的狗、吞噬父母的异教徒。在蒙古地面，由成吉思汗所修筑的斡密立（叶密立，Omil）附近，有一片令人望之却步的沙漠大碛。其居民都很蒙昧、剽悍和口哑。由于他们在四肢处绝无关节，所以一旦当他们仰天大跌时，便无能力自己爬起来。在这里，有些人生活在地下，通过秘密道路移动以去攻击蒙古人。正如在《一千零一夜》的故事中那样，他们以其战鼓而发出了阵阵令人难以忍受的嘈杂声。柏朗嘉宾也始终持此说。这就是“奇迹”。这是大阶梯教堂中发出震耳欲聋的声音的魔鬼。他甚至未能忘记那些小巧玲珑的巴罗昔惕人（Parossites），他们的嘴巴和胃囊如此之小，以至于他们只能以食物的热气维生③。

在幕帐驻地，正当人们在选举贵由汗期间，柏朗嘉宾获得了蒙古史上的某些观念。蒙古人的立国之汗铁木真首先统一了互相敌对的诸部，其中包括“水蒙古人”。他们也被称为“鞑靼人，

---

① 这就是忽邻勒塔（qouriltaï，Khurultay），即蒙古宗王大会，以选举头人或作出重大决定。

② 当然，这里是指一个幕帐村庄，是游牧民的大聚落。失剌斡耳朵意为“金宅”。柏朗嘉宾也讲到了巨大的中央幕帐，就如同“金帐汗国”一般。我们不应该将此与稍后的成吉思汗的孙子，于今西伯利亚和俄罗斯北部建立的“金帐汗国”相混淆。同样是拔都接待了柏朗嘉宾并且威胁到了欧洲的心脏地区。

③ 我们是否需要提一下呢？许多此类魔怪均出自避免不开的《亚历山大传奇》。

因为有一条被称为鞑靼河的河水流经其领土”。铁木真也战胜了信奉景教的乃蛮人和“喀喇契丹人”（或“黑契丹人”）。在另外一种统计中，柏朗嘉宾详细地一一列举了鞑靼人的风俗习惯。他考察了这些人的食品、帐篷、习俗，特别是他们的宗教信仰。他还考察了蒙古人禁止任何与火的接触、禁止倚在一根鞭子上或轻轻触及一顶皇家幕帐的门槛等禁忌。该修道士还发现了用毛毡或木料制成的偶像（翁衮）。然而，蒙古人只信仰唯一的一尊神。可是，在蒙古游牧部族中，也有些景教信徒。因此，人们已经开始知道，蒙古人并不迫害基督教，并容忍在他们周围有些异教徒：大臣、法官、宗教事务的负责人和一名叙利亚人。人们在那里甚至还做弥撒，当然是景教弥撒，但却是于可汗的幕帐之前做弥撒的。契丹人也有《旧约》与《新约》、诸先知和隐修士们的传记、那些被作为祈祷的圣地等，“他们崇拜唯一的一尊神，尊崇我主耶稣基督、相信永生、热爱基督徒、拥有多座教堂，酷似相当温和并相当仁厚的人”。

柏朗嘉宾仅仅是在赴蒙古宫廷的诸多藩属与使节之中，勉强能引起人们注意的一个次要人物。那里有突厥斯坦、河中府或波斯的可汗。“在蒙古以外，是斡罗思的苏斯达尔（Susdal）的雅洛斯拉夫（Yaroslav），还有多位契丹与肃良合人（Solangues，高丽）的其他王公，然后是谷儿只（Géorgie，格鲁吉亚）国王的两个王子、报答（Baldac，Bagdad）哈里发（算端，苏丹，Soudan，Sultan）的一位使节。还有撒拉逊人（Sarrasins）的其他多位算端和海军司令，据有人告知我们的情况来看，共有4000多位这样的使节和代表。”在这种纷乱之中，谁会关心一小撮穿戴寒酸的宗教人士呢？即使他们是被从教皇那里派来的也罢。此外，斯大林之前七个世纪的蒙古人，会认为教廷能分成几个教派吗？

某一天早上，一个很大的人群乱纷纷地动起来了，可汗们摘掉了他们的帽子，解开他们的腰带，让他们刚刚选举出来的贵由坐在一个镀金的御座上。他们发誓在任何情况下都像忠实的狗一样忠于他，同时也发誓要杀死他指出的任何人。当选者被捧上了天。大众高呼：“可汗！可汗！”他穿过了人群的海洋，共九次跪兴，形成了覆盖整个平原的浪潮。外国人也采取同样的做法，以面触地。这位傲慢的方济各会士又补充说：“王公们于他面前屈膝，其余的所有人后来都这样做，即使我们对他没有任何义务和不是其臣民也罢。”我们可以肯定，柏朗嘉宾将拒绝参加继选举之后的大宴会和狂饮。这一次，柏朗嘉宾确实坚信不疑了：他来到了粗暴无礼人之中。

事态的发展加快了。新可汗找到了时间来照顾这位其地位未定的使节，使节一直耐心地等待了三个多月。新可汗通过一名秘书而解释了这一事件，匆匆忙忙地接见了柏朗嘉宾，并交给他一封转呈教皇的信件。教皇是否至少有些“能听懂俄语、撒拉逊语或鞑靼语”的翻译呢？世界之主或被认为是世界之主的人曾询问过。柏朗嘉宾简明扼要地回答说，不完全如此，但最“适宜的办法”是蒙古人用鞑靼语给他们写信。教廷国务院（Secrétariat pontifical）始终都在教廷解决这一切。人们最终找到了一种解决方法：仿造一种拉丁文译文，很快就让教徒们背得滚瓜烂熟，以使人坚信他们已经理解了可汗的信中之所言。出于谨慎小心的考虑，当在罗马有人懂阿拉伯语时，他们又从中加入某些阿拉伯文信件。

蒙古人既不会感到特别放心，也不会表现得和蔼可亲，他们对那些教士们放行了，同时又建议自己也遣使依附他们而去，回使中也可能是一名小间谍。归根结底，柏朗嘉宾拒绝了。一切任务都没有办成。一切都完了，他必须返回去了。我们的使节还能找到自动让人抢劫的办法。他们的护卫偷去了别人送给他们的衣服，甚至连抗议一声也不敢。他们迅速地向俄罗斯走去。

从死人中返回的人

经过失魂落魄的数周，柏朗嘉宾在飞雪中奔驰，又重新走上了这条路的返程。他携带一份通行证，再次穿越了拔都的防线。某一天，他在乞瓦（Kiev，基辅）的大门，却变得愚钝起来了。成群结队的人集聚起来，如同凝视“自死人中返回的人”一般，看着他们。

除了这些他坚信不疑的传说和奇迹故事、比较合乎情理的观察之外，那名方济各会士还能携归些什么呢？当然只是一封书信了。其语气口吻与阿思凌带回的爱迪美敦书（最后通牒，ultmatum）没有多大差异。聋子的对话仍在继续（或者更应该是刚刚开始）。这种误会或挑衅是巨大的：“您给朕送来一项归附的要求，朕从您的使节口里听到了这一切。如果您按照您自己的话行事，那么作为大教皇的您连同国王们，就应该亲自前来朝见朕，朕于此时将使你们听到札撒（Yasak，yasa）的命令。”札撒者，成吉思汗颁布的蒙古法律也。一部如同几何般严谨的军纪法典、一种不容反驳的宇宙—政治宣言。札撒为蒙古人提供了一种不可动摇的伦理柱。为他们的英雄实用主义提供了一种基础，所有这一切都是为了上天许诺并希望获得的胜利。服从、适应和战斗……

柏朗嘉宾至少理解了这部法律的重要意义。它实际上就是蒙古人的皇家意识形态的表述。对于那名方济各会士来说，它就是世界末日的前兆。蒙古人认为，“他们必须征服世界上的所有民族，永远不要与任何尚未归附他们的人媾和，直到彻底消灭这些人的时刻降临”。我们的修道人为对付这一切，只看到了一剂良药：发动一场全面的和预防性的战争，也就是最后机会的战争。他以其谏言而呼吁这次战争。他以长篇议论而结束了其游记，鼓动基督教国家紧急动员起来。唯有我们的优秀骑士才能对抗蒙古人。如果他们团结起来并准备可怕的对抗，那么我们便会从这些令人厌恶的愚蠢者中解脱出来。但对他们的骗局、对他们的佯装逃走及其不讲信誉的言论保持高度警惕。大家只能在一场彻底摧毁的战斗中，才能与他们正面对抗并对他们毫不怜悯。柏朗嘉宾于其激情之中，便开始描述为战胜这样的魔怪而必须造就的一批令人望而生畏的兵器。矛枪要带有很坚实的挠钩，以刺进敌人的肉中，刀剑要非常锋利。人们要在热水和盐水中使箭矢淬火，以使之能深深地射透盔甲和皮衣。柏朗嘉宾修士失控滑入了某些虐待性的冲动和偏执狂地步了吗？教皇根据这样的报告，只能获得糟得不能再糟的信息了。

那名方济各会士刚刚确认了飘荡在蒙古人上空的那些恐怖性的传说。这其中便有能使未来的旅行家们怯而止步的因素。特别是由于阿思凌先于柏朗嘉宾出发，而又晚于他返归，阿思凌也带回了他自己的一封信。他还带回了两名蒙古使者，一名是突厥人，号称“月亮王子”①；另一名是薛儿吉思（Sergis），系叙利亚的景教徒。这是蒙古帝国那世界性特征的一种生动证据。他们在里昂的停留一直拖延到1248年夏季。他们只作观察，只见到史书中真正保存下来的内容。他们又携带一封教皇的书信出发了，以使人原则上永远不再谈论他们了。在这封书信中，圣父鼓动蒙古人采纳真宗的信仰，但却不提出任何具体建议。人们陷入困境。此外，历史的发展节奏并不与这些行动缓慢的使节和使者们的节奏相合拍。

1248年，明显是因其腐化而耗尽体力的贵由汗薨逝，死于3月或4月间，当时他可能正准备再次入侵欧洲，更可能是正在准备与拔都汗争夺整个蒙古帝国。紧接着是贵由的遗孀夺取摄政权。这期间是否又将会有四年的汗位空缺期和一次新的选举呢？无论如何，由柏朗嘉宾和阿思凌携回的信息，已不再与现实相矛盾。

即使人们再重新接触它们，那又该对蒙古人讲些什么呢？事实上，是否还会有旅行家前往那里看一下呢？这又有什么好处呢？

---

① 也可能是突厥斯坦的畏兀尔人。

开 放

1248年12月，法国国王路易九世正在塞浦路斯，第七次十字军东征就是从那里起航的①。某一天，出现了两名景教徒，即大卫（David）与马可（Marc）②。他们来自摩苏尔（Mossoul），并携带有小亚细亚蒙古军队的将军野里知吉带（Eldjigidaï）的一封信。此人声称，他曾通过摩苏尔算端而获悉，法兰克人的国王正准备与其敌人决战，人们都祝愿他获得成功，同时又不无嘲讽地呼吁他对所有基督徒采取宽容态度。最后，这封信使人相信了两位使者。人们特别愿意相信他们。因为在龙安德第一次远征时，就已经会见过大卫，大卫可能是两个人中的最重要者。这封外交书信是用波斯语写成的，但使用的却是阿拉伯字母，以至于龙安德能够把它翻译出来。

这两个人物以真正制造假情报者的身份行事。他们证实，贵由汗在他们讲述其名字的时候已经薨逝，他可能与其18位王公同时受归化。这就大错而特错了。野里知吉带本人就是基督徒，刚受归化不久。他以其新教徒的热忱而正准备攻击十字架的敌人。他甚至宣布了在即将到来的复活节期间进攻巴格达（报达）的意图。他清楚地知道报达哈里发已与驻扎在杜米亚特（Damiette）的“埃及巴比伦算端”结盟。所有这一切都似乎证明，蒙古人对圣路易的了解，要远比圣路易对蒙古人的了解多得多。

我们最后还应补充说明，这封奇妙的书信使人产生了法兰克人及其鞑靼基督徒盟友能取得巨大胜利的希望，它是以最容易迎

---

① 圣路易领导了两次十字军东征。本次为第七次（1248—1254年），是为了从埃及算端手中重新收复耶路撒冷，该城自1244年被埃及算端占领。法国国王于曼苏拉被击败并于1250年被俘。他被释放后，又于1270年发动了第八次，也就是最后一次十字军东征。圣路易由于患瘟疫而死于突尼斯城前。

② 此后的所有资料均取自博韦的樊尚之《史鉴》。

合路易九世幻想的口吻写成的。野里知吉带是“世界上最高贵的斗士，是基督教社会的一柄利剑”，曾向“基督徒们的王公与主人路易，进献‘十万次祝福和十万次致敬’”。“基督教社会的利剑”继续写道：“上帝饶恕了法国国王，并提高了其地位，以使每个人都能看到他。我们希望通过我们的所有领土和地盘，所有的基督徒都能成为法兰克人和摆脱被奴役的地位。”我们还掌握最后一个志在使理想完美化的细节：大卫和马可都曾提出，大汗不仅仅是基督徒，而且还是“一名女基督徒——约翰长老国王女儿的儿子”。

大家还能梦想什么样的更好情节呢？人们由此而对两名景教徒表示了热烈欢迎，他们与十字军国王共同出席了圣诞节的弥撒。

作为毕恭毕敬的儿子，此人让人传递了致其母白朗氏（Blanche，布朗歇）王后的著名信件，完全如同他作为优秀基督徒，而将所有外交文书的复制件都寄给了教皇一样。因为当时除了蒙古人的信件之外，再无其他的信件了。大卫和马可携带着一封亚美尼亚王室总管的信，此人也是一名基督徒、一个朋友、一种可靠的信息来源人，此信是致塞浦路斯国王——吕西尼昂的亨利（Henri de Lusig-nan）的。这番逻辑严密的谈话很连贯：鞑靼人“人数如此之多，以至于人们无法对他们进行计算……他们个个都是优秀射手，体态令人恐怖和具有多种面庞”。他们确实实施过大屠杀，使整个大草原尸骨如山。但这是过去的事了。随着在一次大会上选出的新可汗的即位，一切都改变了。在所有的选举代表中，有许多基督徒，就如同在整个东方一样。从此之后，可汗与他手下的人都接受了基督教的归化，都保护十字架。在印度，一名非常强大的基督徒，过去曾因受穆斯林们的压迫，而与鞑靼人结盟。现在，该国王战胜了其敌人，并且至少俘虏了50万穆斯林。那名亚美尼亚王室总管发誓说，他曾亲眼见到过这一切。最后，这第二封信的作者，似乎非常了解教皇的使团，以及贵由对他的回答。一切都互相吻合。

因此，必须适应此番大有希望的开放了。国王于其御前会议上任命了龙安德，此人在五年之前，已经完成过一次类似的使命，但那时是为英诺森四世教皇而出使东方的。该修道人由其弟居伊（Guy）及修士——卡尔卡松的约翰（Jean de Carcassonne）陪同，所有这三个人都是多明我会士，两名教士随他们远征。我们应该从中再加入另一个人物，即某一位阿迦的迪奥多罗（Théodule d'Acre），他后来离开了他们以前往喀喇和林（Karakorum）。正如人们后来所看到他的那样，这其中没有任何无辜者的行为。作为礼物，圣路易的使节们也拥有一个以精湛艺术绣成的手捧式小神龛，还有一小段十字架。这些礼物肯定会使人充满喜悦。

国王和教皇大使向可汗和野里知吉带递交了感化人的证书，以他们对待圣教的良好倾向而鼓励他们。

这次远征是沿一条人所共知的路线行进的：安提俄克、摩苏尔、波斯、河中府，经过了蒙古人的国境线。他们最终到达了额敏河上的失刺斡耳朵（Sira Orda）。一切都在重复……这已经不再是一次大冒险了。这种“惯例”导致朝觐人以每天10法里（Lieue，每法里约4公里）的速度前进：一年的旅行、一种灾难。他们来到了失刺斡耳朵（黄帐），受到了女摄政的接见。女摄政是这里的女主人，非常称职地行使公务和管理其家。她接受了圣路易的礼品，并将这些礼物视为一种简单的朝贡，也就是法国国王未来归附的保证。她于其答复中，发挥了一种很常见的雄辩术：“朕要求尔等每年为朕送来尔的黄金和白银，尔应视朕为朋友。如果尔等不这样做，朕将摧毁尔个人和尔的人。”这种信息于1251年传到了圣路易耳朵中，这是使节返回所必需的时间。

但龙安德也带回了各种能维持欧洲人幻想的无聊废话。鞑靼人来自一片令人畏惧的沙漠大碛，穿越了将雅朱者人和马朱者人隔离起来的城墙。成吉思汗接受了基督教的归化。以此为代价，上天赐给了他战胜约翰长老的胜利。成吉思汗的孙子撒里答也接受了归化，在蒙古兵营中，共有800个小教堂，人们将它们驮在骆驼背上。那些人骨金字塔标志着在鞑靼人经过的道路上发生的一切故事，那些使人确信真正教法在这些蒙昧人地区发展的故事，这就是现在需要核实的一切。

第十三章　鲁布鲁克修士亲赴蒙古调查

“当时，我过去根本不知道纪尧姆·鲁布鲁克修士所探求的东西。质言之，我现在依然不知道这一切。我猜测，甚至他本人也不知道。他受探索真相的唯一一种愿望、一种怀疑（我发现他始终带有这种怀疑情绪）心情所驱动”，这一真相绝非是它当时出现在他面前的那种样子。这是一个“玫瑰之名”中的人物在讲话：陪同方济各会士巴斯克尔维尔的纪尧姆（Guillaume de Baskerville）从事调查的那名初修士。但这些话可能是由教士格塞（Gosset）[1] 针对另一位纪尧姆所说的，后者也是方济各会士。此人是一个非常真实的人物，他从事了一次调查，比翁贝托·埃科（Umberto Eco）的英雄们从事的那些调查更加离奇。纪尧姆·德·鲁布鲁克（Guillaume de Rubrouck）是一名多疑的人、外交家、精细的观察家、中世纪对蒙古世界的大发现家。总而言之，他是一名反柏朗嘉宾或反对马可·波罗的人。

① 或者是通过这次探险的另一位成员，正如方济各会士克雷莫纳的巴多罗买（Barthélemy de Crémone）那样。

最后的机遇

经过西方的，特别是教皇英诺森四世和法国国王路易九世外交的所有失败之后，经过所有相互矛盾的流言、使节们的大肆活动、误会和挑战、政治游戏之后，由于它们从未与相关事件配合一致、始终徘徊在幻想和噩梦之间，所以现在就必须有一种特别的澄清。法兰克人的国王拒绝放任失望情绪，始终梦想向上帝奉献拯救鞑靼人灵魂的一次大丰收，寻找能够抵御幻想的忠实仆人，而正是这些梦想欺骗了最早使节们那低能的慷慨行为。

1253年，确实有一个完全属于另一种气质的人，从君士坦丁堡出发。君士坦丁堡是出发赴东方地区的符合逻辑的第一站。佛拉芒人纪尧姆？为什么呢？是为了归化鞑靼人吗？是为了进行一次外交出使，还是为了刺探情报呢？纪尧姆·德·鲁布鲁克是主动地从事这次冒险的吗？他在什么程度上充当了官方使者呢？我们由这个怪人那里，将能知道些什么情况呢？当他于圣枝主日在圣索菲亚长形大教堂中宣讲时，非常注重具体解释①："我曾公开讲过……我既不是由陛下派遣，也不是受其他任何一位王公的派遣，而仅仅是我个人私下离去，根据我们修会的教会法，去向那些不信基督的人传信"。当鲁布鲁克发表这席宣讲时，拜占庭大教堂可能是挤满了拉丁商人，他们是被这个刚刚到达法兰克人中的口若悬河且身强力壮的修道人吸引来的。在那些信徒中，在强大的威尼斯人移民集团中，也可能有尼柯罗（Nicolo）和马菲奥·波罗（Maffeo Polo）②，他们当时是该城的居民。

鲁布鲁克为其冒险之举做了精心准备。他向龙安德作了调查，了解了柏朗嘉宾的旅行并称之为"波卡利普"（Polycarpe，公元2世纪时的希腊基督徒，士每拿主教），备足了礼物，雇佣

---

① 这是他在返回时，于其上呈法国国王的报告中写下的一段话。

② 在此时，马可·波罗尚未出世，他诞生于1254年。

一名译员（却既令人害怕又厚颜无耻），买到了（用他所获得的施舍之钱）沿途的小奴婢尼古拉（Nicolas）。此外，他还持有路易九世的一份通关文牒，另一份通行证是由当时统治君士坦丁堡的博杜安二世（Baudoin Ⅱ）签发的。此外，他还拥有护卫、驿站和联络人。

自从龙安德拜访蒙古人的女摄政以来，双方力量的对比发生了变化。成吉思汗的孙子蒙哥（Mongka）[①] 刚刚被宣布立为大汗。出于安全，他斩了几名同宗兄弟的头颅，淹死或放逐了某些孩子——汗位的合法继承人。至于女摄政，她被缝在了一个羊皮袋中溺水而死。

蒙哥与金帐汗国的缔造者拔都结成了一种客观的联盟，以铁腕控制了成吉思汗的帝国。直到他晏驾的时间1259年，它仍是一个统一的国家。新可汗的政策，与其前任的政策针锋相对，水火不容。他转向了其祖父的价值观，提高了其先祖传统的荣誉。当他认为有利于蒙古人的荣誉时，便很善于向外部世界开放。他有两大政治意图：完成对波斯、报达哈里发国和叙利亚的征服，最后与中国的宋朝决战[②]。目前，全面入侵欧洲，尚未列入其议程。这就是纪尧姆旅行时不稳定的世界秩序。

另一个世界

波罗家族东行的第一站是克里米亚的索尔达亚（Soldaya），那里设立有热那亚人的商行，却有一名威尼斯人——波罗家族的另一位成员老马可（Marco le Vieux）定居在那里。他也可能正是该家族后来赴远东远征的组织者。他是年轻的（也是著名的）

---

① 蒙哥是拖雷（Tuluy）的儿子，而拖雷又是成吉思汗与其王妃孛儿帖（Bortë）所生的第四子。蒙哥继承了其堂兄贵由，而贵由本人又继承了窝阔台，窝阔台是蒙古的第二位大汗即成吉思汗的儿子。因此，蒙哥是第四位海洋汗。

② 事实上，正是蒙哥的兄弟和继承人——著名的忽必烈汗完成了统一中国全部计划的第二部分。

马可·波罗的叔父。

鲁布鲁克清楚地知道，索尔达亚是土耳其和俄罗斯之间经商的十字路口。商贾们在那里交换白鼬皮和其他皮货、棉花、香料，当然还有大宗丝绸。那名方济各会士于1253年7月末所遇到的第一个重要的蒙古人，便是一名青年王子——拔都的儿子，名叫撒里答（Sartaq）。纪尧姆携有许多致他的书信，并且向他设在伏尔加河（Volga）下游的大营进发。撒里答从这个堡塞中监视西方，他是接待西方探险家们的前头哨兵。

纪尧姆与蒙古人的初次接触并不太融洽。正如前几个使团一样，这个小小的使团突然间发现被一支令人恐惧和军纪不严的士卒所包围。同样的故事梗概、同样离开活人地区的感受、同样的文化冲突、同样的小故事、自吹自擂的人、半开玩笑的表情、半威胁的样子，这一切都成了该修道人与蒙古人打交道的障碍，并且偷饮了他们的美酒、未使用过分的外交辞令来询问他们，并开始关心小车中装载的东西了。鲁布鲁克平息了事件，这件事是在人们提起法兰克人应会见什么样的高级人物时激化起来的。鲁布鲁克非常谨慎，他同样也为这些虚张声势的挑衅者和乞讨者们准备好小手工艺品、干果和佳酿。对待这些人，最好是用向他们奉送小礼物的办法，来贿赂和买通道路。

鲁布鲁克明显将其对话者视为稚童，他可以用诡计来欺骗他们。“他们欣赏一切东西并希望拥有它们。我对此而表示歉意，因为我需要跋涉遥远的路程，故不能失去为长途旅行而必需的一切东西。但他们告诉我说，我是一个说唱艺人他们确实不会巧夺豪取我们的任何东西，但他们却习惯于以这种纠缠不休和胆大妄为的手段，来索求他们所看到的一切”。此外，我们的旅行家将其全部时间用于保护其行李，或者是试图收回交付寄存的行包。丢失行囊、行窃的海关人员、小偷小摸的伙计，这是整整的一大批冒险家。这一切并不像是来到了地狱，这些“鞑靼人”是人类。

一旦落入蒙古官府之手，鲁布鲁克便走了一条与柏朗嘉宾路线具有很大可比性的路线。他首先于“东城”中会见了察合台(Scacatay)。察合台是蒙古人的一名普通附庸，只好将来使送至其上司撒儿答那里，后者又将使者送到了其父拔都汗宫中。最后，拔都请示了最高当局蒙哥。这样一来，路易九世的使者们便到达了蒙古腹地——首都喀喇和林，即今乌兰巴托（Oulan Bator）以西[①]。这次旅行令人很不愉快，1253 年的冬季非常寒冷。甚至鲁布鲁克的向导们也感到非常惊奇地发现，那些赤脚的修道人能如此成功地抵御严酷的气候。在这种恶劣环境中，鲁布鲁克沿途搜集了许多迷路的库蛮贫苦民众的故事，他们彻底的一无所有，以至于他们被迫互相吞噬人肉。他还听到了许多有关窥伺人类的魔鬼的故事。但与已经向那名传教士提出的和他深知其严重性的政治问题相比较，这一切又不算什么了。

很明显，鲁布鲁克成了一场误会的受害者。又一个受害者！他在途中尽一切可能，力求复原这部历史。总而言之，拔都曾致信蒙哥，称法国国王请来撒儿答帮助他，以与撒拉逊人抗衡。

方济各会士被吓得张口结舌，说不出话来：难道这是拔都的一项绝妙的倡议吗？或者仅仅是亚美尼亚翻译们的一己之见呢？“翻译们都来自大亚美尼亚，那里的人刻骨铭心地憎恨撒拉逊人。我认为，他们也可能不恰当地翻译了某项内容，以使撒拉逊人变得更加面目狰狞和令人憎恶”。纪尧姆修士确认自己坚信，“圣路易的唯一目的是归化蒙古人，直到他在一种始终是笼罩着恐惧的气氛中与拔都相会时为止，情况始终如此”。他是否要通过一席蠢话而发动一场席卷了整个世界的战争呢！为了更增加其混乱，便有了这位自称基督徒的撒儿答，而此人实际上连伪装基督徒模样的表演也未做出过。这位拔都确实为景教徒。总而言之，鲁布鲁克理解了他正置身于其中的那种令人望而生畏的困难局面。尽管他为准备其出使而煞费心机地周密计划，他搜集到的

---

① 喀喇和林系由 8 世纪的回纥突厥人所建，自 1235 年起又得到了加固，作为蒙古帝国的首都只有 30 年。忽必烈（1260—1285 年）将其首都迁到汗八里（Khanbalik，汗城），即今之北京。

许多素材依然是谬之千里的，他完全被错误信息所欺骗。但是是被谁欺骗的呢？是被那些容易受骗的前人、利用传说故事而行骗的骗子，甚至是被真正的情报间谍机构，最后可能是被他自己那迫不及待地出发的愿望所欺骗。

误 解

在蒙哥汗召对的日子，所有人都拘谨十足地互相对望。尤其是因为只有很少放松的情绪：鲁布鲁克的翻译已经开始饮酒，可汗似乎更加关心其鹰隼而不是外交。此外，鲁布鲁克本人已开始被酒精饮料醉得昏昏欲睡了。鲁布鲁克跪在那里，但他非常狡猾，只会具体陈述说，这是为了感谢上天安排了这次相会，他为可汗的长寿进行祈祷。他告诉可汗说，他是怎样携带和平与友谊的信件，经过怎样艰难曲折的道路才来到了可汗面前。总而言之，他只要求定居于可汗本人的地面上，以完成为上帝效劳的心愿。他非常谦虚地要求允许他在那里过完冰天雪地的严冬①。这其中根本谈不到结盟或高层政治的问题。

蒙哥有一点烦躁不安，声称方济各会士们的金银对他毫无用处。这是什么金银呢？很明显，翻译使事态进一步恶化了。鲁布鲁克以其丰富的技巧，导致这次会见产生了他希望的结果，也就是没有任何结论。这名方济各会士对于摆脱了可汗对国际政治的任何关注长长地舒了一口气。他希望人们让他保持平静，以关注拯救灵魂。这最终便是蒙哥钦定同意的内容。对于这次令人失望的会见，纪尧姆修士所跋涉的道路，比他之前的任何欧洲人都更要多得多。他于一年前登程离开欧洲，自从他于7月间会见撒儿答之后，他又以更大的不便，向这个陌生而又使人望而却步的地区前进。这其中有许多苦难，人们完全可以说，他是无怨无恨地前往那里的。

---

① 鲁布鲁克于1253年12月27日到达喀喇和林。因此，当时的天气异常寒冷。

蒙哥致路易九世并交给鲁布鲁克的信件之内容，不会搅乱法国与蒙古人之间的既定关系，即使其口吻与其前任不再完全相同。蒙哥对于不能向法兰克人遣使，感到非常遗憾。因为在这两个国家之间，有许多非常好战的民族。外交官们沿途的安全不能得到确保（在傲慢的蒙古居民中，这已经是一种承认软弱的表示了）。最后，蒙哥根据大汗们其他诽谤性言论的传统，结束了这一大堆习惯性的威胁：“朕已通过尔等的司铎，送去了长青天的命令，当尔等听到这一切并相信它们时，如果尔等准备服从朕，那么尔等就应该向朕遣使……如果尔等蔑视长青天的命令，既不想听从之，又不想相信之，声称尔等的国家非常遥远、尔等的大山高大而险峻，尔等的海洋宽阔而幽深，尔等根据这种自信而向朕发动战争……那么长青天就会使非常容易的事情变得特别困难，可以接近的事变得非常遥远，尔等应清楚地知道朕可以做的事”。总而言之，如果圣路易希望在无可指责的情况下入侵蒙古，整个游牧部族都将会奋起自卫。否则，蒙古人就只需要和平，既不要求纳贡，也不要求归附。尽管有人在虚张声势，与先前的挑衅相比较，这已经是一种巨大的进步了，而且已经是非常举足轻重的进步。蒙哥于1254年，还有除法兰克之外的其他问题需要关注。

消除神秘化

鲁布鲁克携带各种情报的丰硕成果而从蒙古人中返回巴黎。他是一个揭穿神秘化的大人物。他们发现的一切往往都是滑稽可笑或令人惴惴不安的事态。这样一来，他的调查证明，蒙哥汗和路易国王都是同一个骗子的受害者：此人就是阿迦的泰奥多尔（Théodule d’Acre），人们经常称他为雷蒙（Raimond）。此人与我们在陪同龙安德的人员中遇到的那个阿迦的雷蒙，本为同一人。雷蒙于其第二次出使中偷偷地潜入塞浦路斯，在下一次出行中甚至直至波斯，然后又离开波斯，他每次都出于含糊不清的原因。

纪尧姆揭示了他的欺骗之处并恢复了历史真相。

泰奥多尔——雷蒙于波斯收购到了“神秘的用具”（他也可能是多少从事点批发商的业务），继龙安德离开之后，此人又出现在蒙哥汗宫中。他对大汗呈奏了一席使人满头雾水的言论：在他的国家，有一位神圣的主教，他自天接受了一封用金汁写成的书信。上帝希望可汗接受基督教归化，上帝要指定他统治整个大地并设法使之呈现出一片和平盛世的局面。至于他个人——泰奥多尔，他立即登程，以将预言传达给强大的鞑靼可汗。此人以上帝对其事件的关怀而自豪，但依然要求浏览一番其信件的原文。泰奥多尔有一种现成的解释：这封信连同其破衣烂衫都被驮在了剽悍的马背上，但那头牲畜却从其手中脱缰而逃之夭夭了，并且驮着那封著名的信件而逃亡。泰奥多尔使这个故事笼罩在冗长的棘手考察中了。可汗希望知道更多的细微情节：上天委托传达类似信息的人，应该怎样自称呢？泰奥多尔回答说，他是大马士革的奥登（Odon de Damas）。可汗又问：那么，大马士革在哪里呢？这是一位法国国王统治的国家。此外，撒拉逊人在千方百计地阻止法国与蒙古之间建立任何接触。否则，这位伟大的国王就不能无视与蒙哥汗陛下议和并建立友善联盟的倡议了。大汗询问这一虚构故事中的人物，他是否可以把使节们带到这位法国国王面前。对于泰奥多尔来说，没有任何不可能的事。他提出不仅仅要将蒙哥的使者带给法国国王，而且还要把他们带给教皇。然而，这可能就是整个故事中最令人赏心悦目的情节了。蒙哥似乎相信了骗子的所有闲言碎语。他还让人以世界上最严肃的态度抬来一张大弓，两名兵士才能勉强拉开，弓弩上配有两支中间钻洞的银箭，从而增加了箭矢的呼啸声。可汗致法国国王的书信具有一种完全是蒙古式的简朴文笔，可以归纳如下几点：“如果尔等接受这种礼物，那朕就会消灭尔等的那些撒拉逊敌人。如果尔等拒绝与朕联盟，那就将弓弩退回给朕。但尔等应知道，朕以此弓弩可以从非常遥远的地方射中尔等”。

根据一名幻想者或一名口若悬河的饶舌间谍的话，世界上最强大的君主便提议，将法兰克人地区置于他自己的保护之下，并全部消灭撒拉逊人。很明显，泰奥多尔并未被他可以发动的地缘政治风暴打乱自己的布置，他眉头不皱地接受携带一名蒙古使者出使西方的任务，此人负责尾随他和窥伺他。鲁布鲁克稍后在询问一位翻译时，才获知了这种细节。泰奥多尔在翻译面前眉飞色舞地吹嘘，他非常清楚地知道蒙古使节是一名间谍，但此人非常狡猾地从海上把蒙古人带走，以便使该蒙古人什么也看不到。

鲁布鲁克通过稍后遇到过的其他证人，而复原了这个故事在距其出发点数千公里的地方，是怎样结束的过程。泰奥多尔来到了希腊皇帝瓦斯塔斯（Vastace）的宫中，该皇帝当时正流亡在小亚细亚。该皇帝对于泰奥多尔，持比蒙哥更加不信任的态度，他揭露了骗局并将那个骗子投入了一个地牢中。至于蒙古使节，他却病倒并死于途中。瓦斯塔斯是一个非常拘泥于形式的人，并且非常希望避免与蒙古人发生任何纠纷。他将证明死者身份的金牌[①]送给了蒙哥。这件事到此为止了。鲁布鲁克指出："类似的阴谋家的足迹遍布全世界，当他们被鞑靼人发现时，便会毫不留情地被处死"。蒙古人的刑法规定对巫士和谎称是某王公使者的人，一概处以极刑。因此，这不是一件特例。

泰奥多尔的悖论

泰奥多尔又叫阿迦的雷蒙，完全值得以其名命名一种悖论。他可能会这样陈述其想法：任何帝国，即使是特别强大和组织严密的帝国也罢，都可能会成为最渺小的诈骗人的受害者。国家越是遥远（从地理上和思想上），人们越会相信随便一个什么旅行家。许多具有特大历史意义的使命都被委托给了中间的那些信誉度不高的人士：一名具有宗教幻觉的人、一个瞎编乱造故事的

① 这里是指具有通行证作用的金牌，具有信誉力和征用人员的权力。马可·波罗也曾接受过类似的金牌。

人；在最好的情况下，也是一个途经那里的过路商人。

这并非是新鲜事物。在鲁布鲁克之前的12个世纪，人们就保留下了从罗马到中国的“第一个使团”的足迹，该使团被称为大秦皇帝安敦（Antonin）的使者。所谓“使者”只不过仅仅是一名商客而已，他声称代表罗马皇帝。中国人也不会欠下罗马皇帝的情，正如到达大秦国（罗马帝国）海岸的一名中央帝国的商人的例证所证实的那样，此人曾作为扶南国（柬埔寨）的使者而拜见当地君主。

过去曾经有过和将来还会有其他的泰奥多尔！纪尧姆修士以其在可汗宫中的调查，发现了圣路易主动倡议（因而也是他自己的出使）的缘起，这就是两名景教徒大卫和马可所带回的信息，但这一切仅仅是一派谎言。所有这一切都是为了编造传奇故事。蒙哥于其致圣路易的国书中写道：“某一位叫做大卫的人，作为蒙古人的使节前去拜访陛下，但他是一个骗子和伪君子，您与他一并还向贵由汗（Ken-Chain，Guyuk）遣使，他在贵由汗薨逝之后才到达朕宫中”。

蒙哥明显翻阅了保存完好的蒙古档案，此外还要坚持要否认他刚刚下达了杀死女摄政的主动倡议：“其寡妃海迷失（Charmis）通过他们而送给陛下一块纳济克（Nasis）所产金丝斜纹硬绸，并附有书信。但有关战争或和平以及对该国利益的事，这个卑贱和无耻得如同一只母狗的邪恶女人，怎能懂得其中的某些事理呢！”

泰奥多尔悖论的另一个例证，是某一位“红色僧人”（可能是指一名身穿红色袈裟的吐蕃喇嘛），他与在蒙哥宫中存在的其他所有宗教人士，都有永远无法化解的冲突。此人向鲁布鲁克许诺，自己将前去朝见教皇，以使西方的所有民族都归附蒙古人。鲁布鲁克对一切都不怀疑，僧侣胆敢讯问鲁布鲁克，他是否可以把自己带到教皇面前呢？他如此与教廷讲话，是否符合礼仪呢？他怎能找到供沿途使用的驿马呢？纪尧姆修士是否会帮助他呢？面对如此直率的天真行为，鲁布鲁克仅仅劝阻那个不幸的人，不要更多地欺骗蒙哥了。

鲁布鲁克于其远征中，发现了另一个依靠其同类的天真而生活和善于隐瞒真面目的人，这就是假修道人薛儿吉思(Sergius)。此人本为一纺织专家，自称亚美尼亚修道人，并且声称曾在圣地成为隐修士。他自吹曾为蒙哥举行洗礼，并属于有关那个基督教可汗神话中诸多虚构故事的杜撰者之一。鲁布鲁克已经被盛传的有关撒儿答受归化的虚假消息着着实实地欺骗了一场，他对于薛儿吉思告诉他的一切情况，却只字不信。薛儿吉思承认了其羞耻，但仍继续以其杜撰的故事而介入干坏事的勾当。他到处都宣称，上帝命他去拜访蒙哥，并将告诉蒙哥说：如果蒙哥想成为基督徒，那么法国人和伟大的教皇本人都将会服从其权力。那个招摇撞骗的人对一切都不怀疑，劝告鲁布鲁克讲述同一事实。

很明显，大汗招引来了一大批“上帝的使者”，这些人都向他预言说，他将拥有整个大地。薛儿吉思这个人物颇为耐人寻味，他惹恼了鲁布鲁克，而后者却以纯洁的仁慈而拯救了他。

某一天，蒙哥汗的王妃之一恶疾染身，抱病不起，那个著名的僧人自吹能治愈她，并以自己的人头做担保。他在被催促这样做以拯救王妃时，当然感到了害怕。因为他所拥有的全部药剂，只是一种劣质的大黄煎剂[1]。对于其普通顾客，这一切当然就足够了。但这一次，事态比较严重。纪尧姆修士陪同薛儿吉思直到病人的枕边。使用了被开光的“真水”，它“驱散邪恶神灵，颇为有效”。他为王妃祈祷，由景教徒司铎们陪同。这是鲁布鲁克于其远游中每一步都曾遇到过的景教徒，他对他们很不尊重[2]。王妃非常虔诚地崇拜放在一片丝绸之上的十字架。她不但很快就感觉到好多了，而且还明显感到恢复了精力，以至于她很想以几

① 大黄自上古时代起，便被中国人用于医药中，至少自普林尼时代起，就在欧洲为人所熟知。它始终是丝绸上一宗频繁贸易的商品，颇受器重。这与鲁布鲁克的想法相反，它是一种最有效的药用植物。

② 对于景教徒们在丝绸之路历史上的这个时代所扮演的角色，我们将在下一章中论述。

匹丝绸和少许酒来犒劳在场的人。薛儿吉思和景教徒们使鲁布鲁克极其不快地接受了礼物。这段故事以王妃的痊愈而告结束，但纪尧姆修士一时间被这些迷信行为、神奇的大黄、奇异的司铎与僧人等一应丑陋之事与谎言激怒了。

反调查

在那名方济各会士身上，这是一种司空见惯的做法。但这不是一种骗局，即使他有时会假装出于外交或人道的需要才这样做时，也一样。在他向圣路易报告的全文中，大家都会发现他很关注将真伪区分开。由于他在人们所说的一切中都占有充分的资料，所以他报告的这一切都特别系统。他证实了旅行家们所介绍的全部内容，或者是《珍异记》中所确认的一切。他针对北极地带那些鲜为人知的民族而指出："我非常好奇地获悉了这些奇形怪状的民族，索林（Solin）和伊西多尔（Isidore）[1] 曾提到过他们"。此外，他还想核实有关著名的亚历山大铁门的传说，但始终拒绝轻信柏朗嘉宾那不容一丝犹豫的全盘接受，并且向任何新来外国人讲述的传奇故事。很明显，当地存在着一大批故事，而且始终都雷同旅行家们从中汲取营养，以哺育欧洲的文化沉淀。

鲁布鲁克由此而向我们介绍说，他走上前去与一名身穿红衣的契丹司祭交谈。此人如同我们的善良修道人一样，对于这种富丽堂皇的颜色喜形于色。其对话人向他叙述了一个冗长的故事，此人来自中国。在该国的东部，矗立着一座高大的空洞之山，山中生活有酷似人类的生灵，唯有他们没有膝关节这一点例外。那个汉人正在复述先人已经供柏朗嘉宾使用过的那个故事，因为长着僵直腿的人类或动物均属于丝绸之路上大动物的组成部分。契

① 本处是指塞维尔的伊西多尔，也就是鲁布鲁克很注意研究的那些严肃的地理信息之来源。

丹人描述了那些怪兽：它们是蹦跳着行动，浑身覆盖以皮毛，绝不会超过一肘之长。捕捉这些小精灵们的方式非常奇特。因为人们无法接近其巢穴，所以在捕获它们之前，则必须用酒灌醉它们。为此，人们把酒[1]倒在一个岩洞中，猎人们然后再设下陷阱。“这些动物看不到任何人，便从它们的洞中钻出来，而且所有动物都共同前来，以品尝这种美饮佳酿，同时又呼叫Chinchin”，故人们称之为Chinchin，它们醉得如此严重，以至于昏昏入睡。猎人恰于其时突然赶到，将它们的腿脚捆在一起，从其颈下抽取了三、四滴鲜血，然后又将它们放走。他告诉我说，“他们正是用这种鲜血来染非常珍贵的艳丽或紫色的丝绸”。

另一个美好故事却使鲁布鲁克冷淡得不屑一顾：这就是人们只要在那里停留，便始终都会保持同样年龄的神奇土地的故事。

但人们最终又遇到了无法避开的约翰长老的故事，那里是旅行家们的“驴桥”。但纪尧姆修士却熟悉龙安德的故事，从不抱任何幻想。所以，他推出了一条结论：所有这一切都是景教徒们的无稽之谈，这些景教徒们都是最大的谎言家和无知之徒。他们讲到了“他（约翰长老）的许多异想天开的事情，但这要比事实上所有奇迹少得多，因为这是来自那些地区的景教徒们的古老伎俩，即大张旗鼓地办微不足道的事情。正如他们到处都散布消息说，撒儿答是基督徒；也正如蒙哥汗（Mangu-Cham）和贵由汗（Keu cham）[2] 一样，这仅仅是由于这些可汗对于基督徒的尊敬远远超过了对待其他教徒”。纪尧姆修士触到了痛处：胜利情绪——不可救药的乐观主义使欧洲人相信，对鞑靼人的全面归化已经是为期不远的未来之事了，从而赋予了中亚基督徒在假定的数量上、势力上或影响上的大幅度增长。

我们来沿用鲁布鲁克的解释：“在与大海相接的另一个契丹”，有一名景教徒长老统治着乃蛮人。该长老无嗣而亡，有一

---

① 中国僧人甚至还具体解释说，有人曾到过在引入葡萄种植术之前，只知道酿米酒的地方。

② Ken cham 应为 Khams 之误，指可汗。

个兄弟继承了他。此人就是王罕（Unc）或王汗（Vut），他同样也是景教徒，并统治着喀喇和林（Caracum）。本来以马掌匠为职业的成吉思汗（Cingis），原为一个部族小首领，专事抵抗王罕的军队并进行抢劫，最终变成了全部鞑靼人和蒙古人的首领。他最终战胜了王罕，王罕退缩到了契丹。

我们来解释一下：乃蛮人确实为一个景教部族。Carcum 确为 Karakomm 之异形，即喀喇和林。Gingis 确为成吉思汗等。鲁布鲁克犯了某些错误，在不同景教部族的名字中却多少采纳了一点（依靠什么呢?）。但其说法可以做如下概述：约翰长老便是这个王罕脱斡邻勒，先为成吉思汗之主，后为其敌，我们上文已经讲到过这一切了。脱斡邻勒当然是基督徒了，但其一生与景教徒们的虚构故事没有任何关系。既没有神奇的王国，又没有庞大的军队。对神话的这种诠释的优点，便是其可能性和非神秘性。

这个大修道人是怎样逃脱其前人曾多次坠入其中的陷阱呢?他为什么会不那样轻信了呢?一方面，这是一种性格与智力的事情。我们已经对他摆脱困难的艺术做过太多的比较论证了。有许多针对他的细微和尖锐的评论对他提出了质疑。但我们有鲁布鲁克的方法及其核实问题的情趣。他不辞辛苦使各种信息互相交错，并询问见证人的所作所为。鲁布鲁克修士对人际关系明显有一种清醒的看法，他结交了许多挚友。

帕盖特的悖论

难道会在冥府的儿子们中结交朋友吗?在那里会有证人吗?难道有与那名佛拉芒人属于同一精神世界的驿站媒介和人员吗?那些与之推心置腹交谈的对话人——基本上是欧洲人——至少是同教教友吗?非常正确，对于肯下功夫于自己周围观察事物的人来说，那里的这一切都大量存在，甚至其数目也多得令人难以置信。

于此出现了帕盖特悖论（Paradoxe de Paquète），完全如同泰奥多尔悖论的出现一样。第一位被派往可汗京师喀喇和林的人，最终发现了当时蒙古帝国距法国极其遥远，就如同是我们今天距月球那样远的世界。他说：“当我置身于鞑靼人中间时，我确实觉得自己被带到了另一个世界”。他将在喀喇和林的这些“月球中的人”或者是这些被认为是“魔鬼的儿子”中遇到什么样的人呢？我们的这位方济各会士在那里遇到了某一名自称是洛林的帕盖特（Paquète）。她诞生于梅斯（Metz），曾在匈牙利被俘，作为女战俘而被带到了蒙古帝国。但她是在什么背景下被带到那里去的呢？因为她与一名俄罗斯男子结婚了。

我们以帕盖特作为来往于丝绸之路上的所有普通士兵和遭人遗忘者的例证，也就是那些历史的偶然机会使他们滞留在世界另一端的人，而那些“大人物”们，如马可·波罗、伊本·白图泰又作为大探险家而被历史保留下对他们的记忆了，他们都随着自己的远足而相遇了。帕盖特的悖论包括以下内容：除了供知识、著作和旅行记传播的王家大道之外，还有传播这一切的许多不知名的羊肠小道、隐蔽而又有效的传播方式。如果声称两种文明互不相识或者没有任何接触，那就可能是忽略了世界所有地区的所有帕盖特们。从在卡尔莱被俘的罗马雇佣军的传说起，肯定还有许多类似的传说。

纪尧姆·鲁布鲁克到达了世界性的大都市喀喇和林。在那里，除了来自天涯海角的4000名使节之外，还挤满了工匠、仆人，甚至是神职人员的群体，他们都在为蒙古人效力。其中大部分人是用武力抓获的，他们经常是被绳索缚身地押解穿越了整个欧亚大陆。许多人于途中死于非命，但也有一些人非常好地适应了环境。帕盖特的情况即属后者，她进入了为一名信仰基督教的蒙古公主服务的奴婢行列，并且经过数年的苦难和与人为仆的生活之后，还承认对命运很满意。她找到一名年轻的丈夫，生下三个漂亮的孩子。这个勇敢的女子多少有点饶舌，充当了这个西人移民社团的代言人。

她向那名方济各会士介绍第二位同胞——一名工匠，也于贝尔格莱德被俘，此人便是纪尧姆·布歇（Guillaume Bouchier）[1]。布歇在那里陪同一名诺曼底的主教，也如同成千上万的匠人一般地被流放。这名巴黎金匠的弟弟始终在巴黎的大桥开店，他却悠闲自在地于可汗之都建立了自己的小小的商业。他制造了许多"巴黎式"的耶稣受难像。其代表作是一个极其精致的和带有巧妙机械的喷水池，它是准备送给蒙哥汗的。事实上，那名金匠似乎变成了喀喇和林的一位市民。当纪尧姆离开时，他将一条装饰一颗宝石并能防雷击的腰带交给了此人，以敬赠法国路易国王。这个老巴黎人未表现出任何返归故里的愿望。这两名纪尧姆变成了世界上最好的朋友。金匠向方济各会士推荐其义子为他做服务的工作，该义子是一名优秀的翻译。这个青年人活泼而又善于观察问题，与鲁布鲁克直到当时仍使用的那些嗜酒如命、很不称职或撒谎成性的译员相比较，则完全是另一种应急人员。

喀喇和林——世界性的大都市

鲁布鲁克的调查证明了帕盖特的悖论：那里有成千上万默默无闻的人物，都在喀喇和林谋生，而欧洲却认为那里是一个魔鬼般的国度。有人声称，就在1254年，马可·波罗尚在其娘胎中的时候，当时欧亚大陆却已经被清楚地发现了。络绎不绝的旅行家、骆驼队商客，从一个沙漠客栈奔驰到另一家地赶路，从一个驿站到另一个，他们都有很大的好运气会巧遇其定居同胞。这正是意大利商人毫不犹豫地在克里米亚定居的时代（如同老马可·波罗一样），这也正是在威尼斯存在着一条霍尔木兹海峡人的番坊的问题，不同的民族都有他们的"住宅"（fon-dachi）；当时在广州、爪哇和其他地方，都建立了外国人的移民区（番坊）。鲁布鲁克告诉我们说，在喀喇和林有"两条大街，一条叫

---

① 这个可怜的金匠布歇已患病，而且他也是那个修道人的悲剧性大黄的受害者，幸免于难。

作撒拉逊人大街，在那里开张和举办市场。许多外国商人经常到那里去互市，这是由于那里经常开市，大批使节从四面八方云集那里。另一条街叫做契丹人（Cathayens）大街，所有的工匠都聚集在那里。除了这两条街道之外，还有其他重要地点或宫殿，那里是国王谋臣们的府宅。全城有12座不同民族的偶像寺庙；有两座供撒拉逊人的清真寺，供穆罕默德教派信徒公开宣扬其宗教信仰；最后是在城市的边缘，还有一座基督徒们的小教堂。”

这一次，文中所描述的风景不再会使人联想到帐篷和车辆的拥挤、人们想象中的蒙古人那游牧人的驻牧地了。这是一座丝绸之路上的典型城市，具有不同民族的住宅区及其不同宗教信仰的神坛。不仅仅是游牧民正在趋向定居化①，而且喀喇和林很快就变成了一座世界性的大都市。运载丝绸和皮货的商人们那来来往往的车辆，使节们的来去往返，所有这一切更会使我们联想到在丝绸之路开通时的汉代中国的气氛。

外交活动的规模证明，蒙古人懂得从事战争之外的事，他们都与整个世界保持着接触。鲁布鲁克遇到了巴格达阿拔斯人的一名使节、印度皇帝的一名使者、一名塞勒术突厥人……我们暂且不讲纪尧姆修士有时曾几乎遗忘掉的那些著名的来访者，但他曾听人讲述过这一干人。波斯史学家阿塔·马立克（Ata Malik）曾利用蒙古人对抗突厥人的亚美尼亚国王。塔那伊河，也就是顿河，被“充作欧亚两大洲的分界线，正如尼罗河是亚非两大洲的分界线一样”。其河畔有一处住宅和一个摆渡使节们的渡口码头。鲁布鲁克以与外国代表团的会见而消磨时光，其中包括瓦斯塔斯（Vastace）的希腊代表团、在距喀喇和林有20日行程处会见的亚美尼亚国王的代表团。

除此之外，鲁布鲁克也不停地会遇到欧洲人，其中有他在撒马儿罕遇到的一名自己的佛拉芒同胞。当然，还有些热那亚人和威尼斯人。1254年复活节，他在蒙古京都会见了“正在那里的

① 纪尧姆向我们清楚地解释说，在不同的职业团体中，当时建筑师的团体非常受人尊重。

各民族的大批基督徒：匈牙利人、奄蔡人（阿兰人）、斡罗思人（俄罗斯人）、谷儿只人（Géorgiens，格鲁吉亚人）和阿蛮人（亚美尼亚人），他们自从被俘和被押解到那里之后，再未能领取圣体”。在可汗宫廷，纪尧姆调查了被流放到金银矿中的德国战俘，龙安德就曾经向他介绍过这一切。他们属于被押解到世界另一极的战俘的大队人马：卡尔莱战役中被俘的罗马兵团的士兵、怛逻斯战役被俘的中国工匠、某种科学和某种技术的无名传播人。鲁布鲁克认为是进入了地狱，他实际上是来到了巴别塔（Babel）。

蒙古人的巴别塔[①]

事实上，这些人是怎样互相理解的呢？基督教会的人用拉丁语与俄罗斯和匈牙利战俘交谈，甚至与鲁布鲁克遇到的曾赴法国旅行过的一名库蛮人（土库曼人）交流。但其他语言也可能更加适用。首先是阿拉伯语和叙利亚语[②]，这是圣路易令人将其信件翻译成的语言。亚美尼亚人存在于这条道路的整个沿途，他们是令人望尘莫及的多语言学家和天生的语言翻译家，他们经常作为舌人而到处现身。波斯人同样也是无所不在的人，其语言流传甚广。

在一次特别具有异国情调的晚会上，鲁布鲁克应其金匠朋友的邀请吃晚餐，会见了一名英国人巴希勒（Basile），此人除了讲法文外，还会讲库蛮语[③]。纪尧姆·布歇的妻子是撒拉逊人的女儿，出生于匈牙利，同样也是这两种语言双语学家。我们可以

---

① 巴别塔（Babel）本指诺亚子孙们拟造而未完成的一座摩天高塔。原意为“混乱”，尤指因语言的混杂，而不能沟通、被迫四散的人群。——译者

② 这就是闪语，由以弗所（Ephèse）、埃德萨（Edesse）和波斯的最早基督徒们所讲的语言，也是某些东方基督教教团的礼仪性语言。它在丝绸之路上广泛传播，始终由伊拉克的亚述—迦勒底人使用。

③ 库蛮人是匈牙利的突厥语部族。

肯定，这个晚会中对话是通过奥依语（Oïl）完成的。

人们可能经常讲库蛮语，还有其他突厥方言，特别是作为宫廷语言使用的畏兀儿语。当然，鲁布鲁克描述的蒙古人则操“鞑靼语”（tartaresque）。我们对“鞑靼语”应作何理解呢？本处是指纯正的蒙古语，或者是指一种突厥—蒙古方言。

我们还应从中补充一种很伤脑筋的难题——文字问题。鲁布鲁克观察到了银行通钞上的文字（因为那里的人使用纸币）[①]。契丹的中国人“利用如同刷子一般的毛笔写字，他们用形象来画多种文字，每字一词。吐蕃人如同我们一样自左至右地书写，使用了基本如同我们的字母那样的符号。通古斯人则如同阿拉伯人一样，自右至左地和向上书写，使其行数倍增。畏兀儿人自上向下地书写”。鲁布鲁克又一次不太算太糟地摆脱了这种困境，因为他最终找到一名理想的舌人。

当其前任柏朗嘉宾与拔都讲话时，使用了一名斡罗思翻译，但贵由身边却是一名库蛮语翻译。据史学家鲁保罗（Jean-Paul-Roux）认为，其事态的过程应该是这样的：“蒙古人必须向帖木儿（Temer，库蛮人翻译）讲几个句子，他从突厥语译成俄语，波兰人本笃（Benoît）对俄语略通一二，他再用拉丁语向那名意大利方济各会士重复一番”[②]。

稍后不久，马可·波罗在他于忽必烈宫廷长期居住期间，共学习了四种语言和四种文字。这可能就是鞑靼语、畏兀儿语、波斯语和阿拉伯语。在忽必烈宫廷中，人们或用汉文形象文字，或用阿拉伯—波斯拼音文字，或用叙利亚文类型的畏兀儿文字母，最后是为了很好地从事行政管理而人为地创设的一种字母书写体系。这里是指吐蕃僧人八思巴（Passepa）的杰作，即一种“方形”文字游戏（八思巴文）。人们以此可以拼写其他语言，正如

① 无论是鲁布鲁克，还是稍后的马可·波罗，他们均未指出一种关键性的细节：这些宝钞是印刷的。这要早于古登堡两个世纪。

② 鲁保罗：《中世纪的探险家》，法雅尔出版社，1985年版。

忽必烈汗的诏书所命令的那样①。大家怀疑，其本意在于简化于其庞大帝国内部的沟通程序。

优秀仆人的返回

亲临蒙古地区从事实地调查的纪尧姆，返回了塞浦路斯和的黎波里（Tripoli）。他为其宗教长及其君主携带了一大批非常准确的信息。这一切与由其前人搜集的神秘之说和谣传完全相反。事实上，人们从这一切之中，不会在政治上有很大收获。蒙古人确实已经变了，他们已不再那样具有威胁性了。如果他们要攻击某人，那将是攻击阿拔斯人（黑衣大食人）②。至于与蒙古人结盟，法兰克人却由于不远的过去之谣言和幻想，尚处在惊魂未定之中，或者是太忙于他们自己的冲突了，而无法认真地思考这一切。

那么，当时能够向鞑靼人遣使吗？能尝试大批地归化他们吗？合理的结论，仍要有待于鲁布鲁克来做出："我也认为，从此之后已不再适宜向鞑靼人派遣宗教人士了，就如同过去对我们和我们的布道修士所做的那样。但如果所有基督徒之主——教皇愿意的话，那么他还可以很体面地向那里派遣一位主教，或者是某一位能胜任其工作的人员作为使节，以便能够回答他们所有那些不理智的要求。他们共三次致书法兰克人和那边的民族。这就是说，一次是致具有好记性的英诺森四世教皇，两次是致国王陛下，一次是通过曾欺骗过您的大卫，另一次是现在通过我们。一个具有主教荣誉地位的人，或者是其他类似的人，都可以告诉他们说，或者是书面提供他愿意讲的话，特别是他们乐意听一名使节向他讲述的一切。"

① 最后，在实际运用中，却是自成吉思汗时代起，就已经使用的畏兀儿文字母获胜，变成了蒙古人的字母。

② 夺取巴格达这一最后事件，是在四年之后的1258年发生的。

换言之，我们西方要与鞑靼人关系正常化，这些鞑靼人既不是《启示录》中的骑士，也不是约翰长老的兵团，必须要避免任何幻想。这种分析是正确的，纪尧姆修士的建议应得到遵循：西方很快即将派遣其他使团，甚至是派出了汗八里（北京）的一名大主教。

鲁布鲁克的传世之作却不太惹人注目。我们必须等待很长时间，才能使其回忆录的裨益之处被人承认。其同时唯一一名给予这位方济各会士应有信誉的人，是一个哲学家，而且也不是一个无足轻重的人物。这就是罗杰·培根（Roger Bacon，1214—1294年），英国神学家，被奉为实验方法之父，著名的科学思想家。他对这位旅行家的著作产生了强烈兴趣，于其致教皇的《大作品》（Opus Majus）中对此作了注释。但培根主要是注意到了有关这些威胁着欧洲的奇特民族的部分内容。他理解到，这一切对于当时的地理知识所具有的异乎寻常的贡献；他还在鲁布鲁克的著作中看到，被视为抵抗恶魔般的游牧部族那迫在眉睫的入侵的一种臆想的警告。培根希望了解地图，以辨认出雅朱者人和马朱者人所在的具体方位。他还希望知道，鲁布鲁克声称完全是幻想中的危险究竟来自何方。

纪尧姆不好的一面也被理解了，纪尧姆贤明的一面却远离而去。他即将重新变得默默无闻。他曾经很好地完成其事业并毫无怨言地面对危险。他可以结束其优秀仆人的生活，因为他曾对圣路易说："在教士中曾写道，贤者将经过异国的土地，他将在万事中经受善与恶。先生，我已经做了同样的事，但我希望上帝知道，这一切都如同贤者，而非如疯子那样。"

第十四章 被触及的中国，被遗忘的中国

路易九世大失所望。儒安维尔（Joinville）告诉我们说，国王对使节、礼物和他送去的圣物，都感到非常遗憾。

事实并非基督教团所梦想的那样：蒙古人已不再威胁要摧毁欧洲了，即使他们于其言论中依然是那样肆无忌惮地吹嘘也罢。鞑靼人既不是魔鬼，也不是纯洁的圣灵，他们提出了一个特殊的政治和宗教问题。特别是由于其位置已被他人占据。你们应该理解，各种宗教都在争夺这些人们相信可以占据的灵魂。

世界尽头的异教

对于出自欧洲的先驱者们来说，他们最大的惊奇是发现了在蒙古人中孤立地立足的景教。欧罗巴既被伊斯兰教的势力吓破了胆，又受约翰长老神话萦绕，正等待蒙古人成为基督教的破坏者，或者是其拯救者，成为雅朱者和马朱者的游牧部族，或者是一个未来慕道友民族。在大规模归化和世界末日的恐惧之间，绝没有细微差异和妥协的空间。

然而，从可汗那里返回的旅行家们，都对那些肯倾听他们的人叙述了某种更加令人惊奇的事：蒙古人中有多种神祇和大量的

宗教信仰。在此期间，一幅新的宗教地图正在绘制中。蒙古人的“宽容”，是思想开放、实用主义和犬儒主义的谋算的一种令人惊讶的混合物，这对于中世纪来说是很难理解的。特别是由于丝绸之路上的游客都投来一束对这个未知世界没有任何圣洁或中性的目光。对于在直到蒙古幕帐都会发现的重新兴起的景教，绝非是任何值得辩论的内容。

景教异端在伊朗先受宽容和后遭迫害；它先在中国受热烈欢迎，后因是夷教并在中国被告发，进而又遭禁废。它在挫折中取得过成功。最令人惊讶的是，自9世纪起，实际上似乎是已消亡的景教，在中亚也经历过一种类似的险境。10世纪的穆斯林史料提到了景教徒们在新疆的布道热忱。我们知道，在公元1000年左右，他们的布道人归化了某些突厥部族。人们发现了他们经过汪古部人（Ong-outes）、哈失哈尔的喀喇契丹人（黑契丹人）、成吉思汗战胜之前的蒙古人之宗主契丹人，最后是在蒙古人本身之中，甚至直到可汗家庭中，都发现了他们经过的踪迹。这就掀起了即将归化整个游牧部族的最缺乏理智的流言，包括那些伪君子们在圣路易面前传播的谣言。

但法国国王却根据鲁布鲁克的报告，掌握了许多脆弱的信息。

那名方济各会士曾会见过的蒙哥汗，是一名女景教徒的儿子。他采取一种不失政治敏锐性的宽容态度。至于他个人，他在其身边聚集了许多景教徒的同时，也促进了他自己接受皈依的佛教的发展。道教长期以来便得益于这种气氛，并与“觉”的教义相竞争。蒙哥组织了几次结集和辩论会，他似乎是非常认真地关注教理观点或玄学问题。那个会使世界感到震撼的人，也以涉及对“无我”“次第”或“空”之道的微妙分析为乐趣。景教徒们并非是最后参与这些思想辩论的人。

鲁布鲁克不大尊重景教徒们的辩证法及其神学知识。他本人也参与了由大汗组织的一次三方辩论，以区别基督徒、回教徒和偶像崇拜者（佛教徒）之间的真谛。蒙哥非常认真地扮演了他那我们今天称之为“调停人”的角色，以确保辩论始终名副其实和具有高质量。他宣布说，他将处死任何起哄或辱骂其反方的发言人。由此便产生了一种奇怪的场面，人们于其中讨论玄学，互相交流论据或信德行为。鲁布鲁克于其中不乏自豪地指出，他充当了景教徒们的谋士，其论据不太理想。他向这些无知的人暗中提示其言论。但他也未忽略指出，辩论会之后，景教徒与撒拉逊人共同高声歌唱，所有人都开怀畅饮。

鲁布鲁克根本不喜欢景教徒。在蒙古人到达的任何地方，都会出现景教徒，直至中国中原。“他们被蒙古人视为藩邦异国之人，来自其他地方。这些景教徒们居住在契丹的15座城市，在西京（西安，Sesin）有一个大主教府”。但景教徒们都是一些愚昧无知的人，他们有关约翰长老的无稽之谈，便可以充分证明这一切：“契丹的景教徒们对于一切都一无所知，他们拥有古叙利亚文的经文，但对此却丝毫不理解。他们如同我们那些无知的修道人一样唱诗，而自己却不懂拉丁文。由此便可以看出他们都是腐化之辈和作恶多端的人，尤其是大高利贷债主和烂醉如泥的人。”我们还应该补充说明，景教徒们都是重婚的人和犯亵渎圣职罪者。“因为他们在不收钱的情况下，不会举行任何圣事”。他们过着一种很恶劣和很啬吝的生活。总而言之，偶像崇拜者们的生活“要更为诚实得多，比这些景教徒们的生活要更富有表率性”。

从巴格达到广州的游牧部族

鲁布鲁克会见的蒙哥不仅仅是酗酒的人，而且也是富有同情心的人，还略微有些神秘举止。历史并未停留在这里。该可汗在召对方济各会士的一年之后，也就是在1255年，他聚集起了其游牧部族并且向他们发出了号令。

向西！冲向底格里斯河（Tigre）！他推出了其弟旭烈兀（Hulagu）。在蒙古大军经过之处，以摧毁撒拉逊人教派巢穴的办法，消灭了伊斯兰教徒们的政权。这个游牧部族一直向巴格达推进。蒙古游牧部族，或者更应该说是部分突厥人和“真正的”蒙古人组成的军队，再加上不同种族的以及其佛教徒、景教徒、伊斯兰教的什叶派信徒和逊尼派信徒的联军。旭烈兀本人是佛教徒，与一名女基督徒结婚，其主要助手是一名景教徒将军。这支军队与成吉思汗的那支军队完全不同，但其战斗能力并不逊色。他们在向首都进军时，其丰硕战果是斩杀了大批人。他们很快就围困了巴格达。

蒙古人使用了各种兵器，其中包括用石油做燃料的喷火器。他们也使用诡计，向哈里发许诺：如果他投降，那就会饶恕他。哈里发只要纳贡就足够了，他甚至还可以迎娶旭烈兀的公主为王后。哈里发相信了这些非常娓娓动听的诺言，从而打开了大门。这就将其居民交给了兵痞们处置。连续七天期间，发生了人们所看到的最惨不忍睹的大屠杀。这其中涉及数十万人的死亡，甚至还可能多达百万人以上，从而使一个持续了五个世纪的政权宣告结束，丝绸之路上一个大都市陷落了。

蒙哥还不以这一切为满足。他又转向了东方。他必须占领整个中国，也就是侵占宋王朝尚在维持半壁江山的南中国。成吉思汗早已越过了万里长城，并于1215年夺取了北京。据马可·波罗认为，金王朝的国王是约翰长老的死敌，这个短命的小王朝便亡命于河南。成吉思汗的孙子窝阔台（Ogodaï）发动一场恶战，才最终完成了对中国北方的征服。这一次，蒙哥希望结束与宋朝的战争，但他在即将发动进攻时却薨逝了。其弟忽必烈于1259年继承了他，并继续这项事业。忽必烈仅于1279年就完成了统一中国的大业。非常奇怪，对中国内地的征服并不是通过一次蒙古式的骑兵冲锋完成的，而是通过一场水战。忽必烈的船队战胜了宋朝的帆船，以及逃至广州水域中的最后忠于宋王朝的人员。蒙古人共用了74年，才征服了中央帝国。忽必烈创立的新王朝取中国的国号元，定都北京，并下令在那里筑一座新城，也就是汗城——汗八里。

现在，成吉思汗的后裔们不再生活在马车上了，而是生活在宫殿中。他们以丝绸取代了其皮货，正如那位开国英雄曾自我吹嘘的那样，要分享其人员的苦难与口粮：“我的后裔要穿织锦衣装，以可口饭肴为食，骑漂亮的骏马，其怀抱中有年轻而美貌的妻子，不再想到他们应将所有这些享受归于谁。”

忽必烈创建了元王朝，他希望创建一种真正中国式的君主政权。它关注施政、农业、文学和商业。很快就出现了一个蒙古字ortoq，用于指中亚穆斯林、突厥人、伊朗人中的商人和银行家们的同业行会，他们在那里经商和放高利贷。元朝人创造了许多其先祖甚至根本不知道其存在的事物：官吏学校和纸币。飞快的通货膨胀将是忽必烈的主要关心点之一。其财政大臣们均为布哈拉与河中府的穆斯林，对此却无能为力。

忽必烈本身是佛教徒，现在却在鼓动发展他的那种已经深深扎根于中国的宗教。更有甚者，他以损害道教利益为前提而促进佛教的发展。景教徒们同样也享受到了特权，有一个政府机构负责基督教事务。这就充分证明，忽必烈真正很快地适应了中国中原及其思想意识。他保护受密宗佛教影响的白莲教、完全可以充当摩尼教残余势力之蔽身处的红云教派等秘密会社。这些在宋代遭禁废的教派，当时确实充当了新异族王朝的政治赌牌。所有这一切均与无数非蒙古人占据要害职位同时发展。肯定无疑，“可以马上得天下，而不能马上治天下”一句话，可以使草原儿女们的大规模汉化得到令人完全满意的解释。

大家甚至可以看到骑士铁木真从来不敢想象的情况：蒙古海军也在寻求于爪哇、日本和泰国登陆。

类似的发展也不会不引起蒙古纯洁风俗支持者们的抗拒。忽必烈的堂弟海都（Qaïdou）奋起反叛，突厥斯坦很快就脱离了中央政权。

蒙古人统治下的波斯

波斯汗国，也就是旭烈兀的汗国，始终忠于大汗，即使它享有一种几乎是全面的独立地位。

波斯的蒙古君主——伊利汗（Il-Khans）比其在中国的堂兄弟们，更加表现出了向世界开放的愿望。他们使用了大批外国雇佣军，首先是整个中亚的穆斯林、亚美尼亚人、不同血统的翻译和行政官吏。在旭烈兀的继承人之一阿鲁浑（Arg-houn）统治时期，也出现了许多欧洲人，特别是热那亚水手，他们在不同程度上都曾是海盗，负责以有利于蒙古人的方式在印度和埃及之间从事海上贸易。那里还有些“拉丁人”文书、一支洛林人卫队、一名比萨人出任的某路之总督、同一血统的一位谋臣……

波斯—蒙古君主与埃及奴隶王朝（玛木鲁克王朝，Mamelouks）人发生了冲突，后者同样也控制着叙利亚。这些突厥奴隶的后裔们，在取得反击蒙古人的一次战斗的胜利并阻止了蒙古人的征服之后，也使伊斯兰世界避免了一次失败或一次全面消失。政治上已明朗化的形势，突然发生了逆转。伊利汗们当时正寻求基督教世界的帮助，以抵抗打着伊斯兰教旗帜的奴隶王朝。这在10年或15年前尚为一场不切实际的美梦——团结起来反抗撒拉逊人，现在却形成了由可汗亲自提供的一种可能性。在1245年的里昂公会议上，西方曾考虑对鞑靼人发动一次十字军远征，现在却正是他们又要求发动一次攻击撒拉逊人的十字军远征并声称这是想解放耶路撒冷。

这是一场持续了半个世纪左右的外交穿梭斡旋之始。在整个这段时间内，波斯—蒙古人向教皇和法国国王暗送秋波。他们以蒙古人的基督化和反伊斯兰教大联盟来引诱教皇与法国国王，这也肯定是两大取之不竭的主题内容。

现在尚远不是大汗呼吁教皇与法国国王前来跪拜于其幕帐门前的时候，或者是在他们拒绝时，便以极端地蹂躏其王国来威胁他们的时候。当时，蒙古人尚有求于人，共有15个左右的使团出发赴西方。他们遇到了一堵城墙般的壁垒。无论是教皇还是美男子腓力（Philippe Le Bel）都不会作出真正的反应。这种缺乏兴趣的可能性或这种奇怪的装聋作哑姿态，至今尚很难解释清楚。

一切都变了。这一次，丝绸之路真正地重新开通了，骆驼队往返于那里，外交官们也可以毫无困难地到来。基督徒旅行家们不再是战战兢兢地走上亚洲的这些道路，还有使节、布道人、商人。柏朗嘉宾（Plan Carpin）、克雷莫纳（Crémone）的阿思凌（Ascelin）、鲁布鲁克都成了先驱。从此之后，便开始了与波斯蒙古人——伊利汗们的经常性联系，以期待与中国建立关系。

早从旭烈兀时代起，阿什比的修士大卫（David d'Ashby）就被伯利恒的主教派推向了伊利汗。伊利汗挽留他14年之久，以让他为自己效力。伊利汗派遣他去打通欧洲。当时还涉及其他使团。旭烈兀的儿子相继提议与教廷、法国和英国建立联盟，以抵抗奴隶王朝的人。但一切都无果而终。在1276—1277年间，意大利的两兄弟——瓦萨利（Vassali）氏受波斯可汗派遣，到达了罗马。他们向教廷放风说，不仅仅其主支持基督教，甚至波斯可汗自己的宗主——中国大汗忽必烈，也已经接受了基督教的归化。

最具有戏剧性的提议出自旭烈兀的第三位继承人阿鲁浑。他于1284年登上了伊利汗的宝座，其周围由基督徒和犹太人（术忽人）所簇拥，他不失时机地重新推动了与罗马和法兰克人的这场对话（特别像是一场独白）。

从1285年起，教皇洪诺留五世（Honorius V）收到了阿鲁浑的一封书信。它用蹩脚的拉丁文写成，正如在梵蒂冈保存的抄件所证明的那样。信中主要是讲，阿鲁浑的亲属忽必烈要求他保护基督徒们的地域。

伊利汗提议派遣一支十字军，以从背后袭击叙利亚人：“由于撒拉逊人的地域位于您与我之间，所以我们可以包围它并铲除它……我们将在上帝、教皇和大汗的帮助下，赶走撒拉逊人。”该项要求始终未有回应。

来自中国的基督徒

于此出现了两名景教徒，值得列入著名旅行家的名录。自从丝绸之路运行以来，他们是最早从一端穿越到另一端，从东到西行走的人。总而言之，正是由于他们，使由于害怕大海而退还的副使甘英等的出使最终实现了。他们到达了罗马。

这就是诞生于北京的拉班·扫玛（Rabban Cauma）及其同伴马可（Marc）。马可是诞生于1245年的一名畏兀儿人，是一位景教主教代理的儿子。1278年，这两个人从事了一次赴耶路撒冷朝圣的壮举。其路线在开始阶段经由于阗、哈失哈儿、呼罗珊和巴格达，这也是许多运载丝绸的骆驼队之路。他们于途中遇到了巴格达的景教主教——大总管（Catholicos），此人又把他们作为教皇大使而派往波斯可汗、阿蛮（亚美尼亚）和谷儿只（格鲁吉亚）人那里。

马可很快就变成了中国北方的东正教的都主教，取名为摩诃·阇婆罗诃（Mar Jabalaha），后来又任巴格达的大总管（首主教）。所有这一切都获得了蒙古当局的批准。波斯蒙古可汗亲自将大主教的荣誉华盖和大印授予了摩诃·阇婆罗诃。1281年，他面对着耶路撒冷、撒马儿罕和中国甘肃的所有都主教，而被晋铎为所有景教徒们的主教。他很难更好地象征景教在蒙古时期的繁荣及其在整个东方的传播。

数年之后，始终是决心寻求抵抗奴隶王朝之盟友的阿鲁浑，又派遣我们的这名来自中国的修道人拉班·扫玛出使教廷。

拉班·扫玛经过了特拉布松（Trébizonde）和君士坦丁堡，拜占庭皇帝于君士坦丁堡最盛情地接待了蒙古人的代表。最后，拉班·扫玛经那不勒斯而到达罗马。这一年是1287年。教皇洪诺留六世刚刚逝世。但枢机主教们仍然依礼接待了来访者，他以这样一番言语向枢机主教们报告："你们应该知道，我们的许多神父都深入到了突厥人、蒙古人和汉人的腹地，并且向他们布教。今天，许多蒙古人都是基督徒。在他们中间，有国王和王后的孩子们……阿鲁浑王……意欲夺取叙利亚，请求你们帮助他解放耶路撒冷。"

经过传递了这些令人难以置信的信息之后，那名中国修道人便开始了一次被称为"欧洲胜利"的巡回。拉班·扫玛经过热那亚，他的到达在那里掀起了一场轩然大波；他经过法国，美男子腓力国王以很高的荣誉接待了他。这是一次真正的官方访问。他先后造访了巴黎大学、圣堂和圣但尼（Saint-Denis）。在英国，对他的欢迎也不失热烈，但却不会超过法国国王。爱德华一世（Edouard I[er]）不会派兵去袭击奴隶王朝。这名景教徒对于自己成为欧洲诸多宫廷中的红人而自鸣得意，却对于其出使的那微薄的政治成果感到不安。他致书一位朋友——图斯卡鲁姆（Tusculum）的红衣主教说："亲爱的和尊敬的朋友，我能够讲些什么话呢？我是由阿鲁浑王和耶路撒冷主教那里派遣出使的，现在已过去整整一年了……我将在我返回时对蒙古人讲些什么和回答些什么呢？"

拉班·扫玛又从那里返回了罗马。确实已经过去近一年了，教廷又选了一名新教皇——尼古拉四世（Nicolas Ⅳ，1288—1292年），该教皇刚刚当选。新教皇可能是受某种普世目的之启发，也可能是受某种政治目的鼓动，理解到了既与蒙古人结盟，又与自431年以弗所公会议以来失落的基督徒们接近的意义。他如同对待重新找到的儿子一样对待拉班·扫玛，并且向他作出了非常友好的表示。拉班·扫玛深为感动，他亲吻了教皇的双脚与双手。圣父邀请他参加复活节的所有礼仪，给他安排住处并向他提供仆人。那名景教徒宣布说："愿教廷永存！啊！我的圣父！愿教皇永居所有国王和所有民族之上"。拉班·扫玛甚至有幸在教皇面前庆祝弥撒，教皇对于比较礼仪很好奇。在礼仪之末，所有参加人都欢呼："语言有异，但礼仪相同"。扫玛面对教皇而作告解神工，并且感动得泪流满面，以其手而为宗枝主日领圣体。他于1288年4月间离开，随身携带尼古拉四世教皇、法国国王和英国国王的书信。阿鲁浑对于他未能游说自己所希望的十字军东征，也未曾埋怨他，如同对待一个小教堂的神父一般地喜爱他。

摩诃·阇婆罗诃获悉了这同一次出使的成果，但仅仅是从宗教观点上获悉而已，他于此时却表现得更加热情。他致书教皇："致非常神圣的教皇……我在忏悔，罗马最高圣父是受享天福真品者保禄的继承人，是东西方所有信徒们的教皇，他那坚定的爱，始终留在我们的心里。"景教徒们的主教似乎也毫不逊色地向罗马提议，要回到教会之中，从而消除九个世纪的分裂。后来呢？再没有任何消息了。教皇未做任何事！当然，尼古拉四世曾遣使赴波斯，但他似乎从不考虑谁能真正落实全教会的统一。主教那令人震惊的开通性倡议，也如同可汗的十字军计划一样破产了①。

大马士革的相会

阿鲁浑当然是很随和与好商量的人，他重提其建议。1289年，他派遣吉索尔夫的布斯卡尔（Buscarel de Gisolf）赴欧洲。此人是其卫队中的一名军官，热那亚血统的雇佣军。新的使者又重新走上了拉班·扫玛之路，会见了教皇尼古拉四世和美男子腓力国王。他将一封用蒙古文和畏兀儿字母书写的信件交给了腓力国王："法兰西国王，朕向尔建议，于豹年冬末月（1291年1月）共同发兵，于春初月15日（1291年2月20日）左右，扎营于大马士革城前。若尔等于约定时间从贵方发兵，朕就会夺取耶路撒冷，朕将把该城赐给尔等。如若尔等辍约，那么朕将无益于发兵"。此外，阿鲁浑已准备好提供辎重和马匹。布斯卡尔仍

① 1552年，某些景教徒又以迦勒底人的名义，返回到了罗马教廷的怀抱。

通过赴伦敦的一次访问，而继续其使命，他在那里可能也交递过某封类似的信函，但依然毫无结果。

1290年，阿鲁浑又派遣第四位使节，出使同一位尼古拉四世（Nicolas Ⅳ）、美男子腓力（Philippe le Bel）和爱德华一世（Edouard Ier）等欧洲列强魁首。这里是指真正的蒙古人察甘（Tchagan，Zagan），领洗后的教名为安德（André），他很可能是附布斯卡尔（Buscarel）而出使伦敦的。现在已经开始酷似一种正规外交活动了，拥有使团、使团长、侍卫等。但始终一无所获。

阿鲁浑薨逝于1291年。他的继承权问题造成了某些动乱：其术忽人（犹太人）大臣被阴谋家和可汗的兄弟处死，可汗的这个弟弟很快也被处死了。经过了某些类似情节和几颗人头落地之后，最终是阿鲁浑的儿子继位。此人主要是通过其政策而不是信仰才成为穆斯林，这可能也是为了满足其支持者们的要求。他镇压基督徒、术忽（犹太）人、袄教徒和佛教徒。难道这就是向欧洲伸手和遣使的结束吗？

完全相反，合赞（Ghazan）汗依然忠于其前任们的对外政策①。他很快就重新派遣布斯卡尔出使伦敦，以寻求反对其他穆斯林王国的一种联盟。作为回报，爱德华一世也派遣了兰利的热弗鲁瓦（Geoffroy de Lanslés）与两名马厩总管出使蒙古人。

最后，当合赞汗于1304年薨世后，其弟完者都（Oldjaïtou）继位。这是一名接受了伊斯兰教归化的景教徒，曾在一段时间内与什叶派教徒们持相同观点。他变成了一名虔诚的穆斯林，于是便着手迫害景教徒们。然而，在1305年，他又一次致信美男子腓力："完者都算端，朕致法国算端国王：很长时间以来，法兰克人民的所有君主都与朕善良的曾祖父、朕善良的祖父、朕善良的父亲以及朕的长兄，建立过友好关系。尽管他们相隔遥远，但他们都感觉到如若毗邻。"这一次，已经涉及保持国家与国家间友好关系了，而不再仅仅是培养某种伟大的心愿。总之，这是一

① 史学家们还告诉我们说，合赞汗操多种语言，包括法兰克人的几句话。

种惯例。波斯的蒙古汗国最终转向了伊斯兰教，再没有更多的历史机遇了。

失踪的哨兵

中国呢？1289 年，教皇尼古拉四世向波斯派遣了传教士约翰·德·孟德高维诺（Jean de Montecorvino），并且责成他一直深入到中国。

孟德高维诺并不是一个普通的人物，他是一个具备如同鲁布鲁克那种素质的方济各会士，出生于普耶（Pouilles）的一个普通家庭。他变成了哲学家、神学家，而且能流利地讲阿拉伯语、亚美尼亚语，还有畏兀尔语，可能是在一次出使东方期间被培养出来的。

孟德高维诺携带有教皇致波斯可汗和忽必烈的信件。但很可能是出于偶然，他还携带着致当时控制着突厥斯坦的忽必烈之对手海都（Qaidou）的信。还有些致亚美尼亚国王和波斯雅各派信徒主教们的信件。总而言之，他们对于一次如此冒险的远行，准备得再面面俱到不过了。

孟德高维诺于 1288 年或 1289 年出发。他从威尼斯乘船起航，一直驶往波斯的帖必力士（大不里士，Tabriz），又从那里前往印度。他于 1291 年出海，偕一名多明我会士教友（后来死于印度）和一名商人同行。接着便是 14 年无声无息的沉寂。

突然间，在 1305 年，出现了已失踪哨兵的信号，也就是来自北京的一封信。此信中充满了尊严，以它所反映的孤独感而令人恐惧。约翰·德·孟德高维诺修士在数年间，对于欧洲发生的一切，都一无所知。他有一次接待了一名伦巴第医生的拜访，此人只为他带来了窘迫与失望。后来，在两年间，又有一名修士——科伦的德国人阿诺德（Arnold）到达了那里。天知道他是怎样到达那里的。

这几年的孤独和挫折是令人可怕的。但孟德高维诺修士既不要求人接替他，也不请求别人给予怜悯。他仅仅要求少许帮助，以帮助他那项归化整个中华帝国的愚蠢至极的计划。“如果我得以有二、三名教友相助，那么中国皇帝就可能会接受洗礼”。啊！如果能有“某位善良教友”去帮助他，那该多好啊！孟德高维诺继续写道，他已不再怨天尤人了：“已经有12年了，我既未能获得来自罗马宫廷的任何消息，也未收到来自我们修会的任何新闻。我对于西方的事态，一无所知。我请求我们修会的修院院长给我寄来一份对答轮唱赞美经谱、一部《圣经传》、一部《升阶咏》（《升阶级》）和一部作为样本的注释性《圣诗集》。因为我只有一部可以携带的和载有短文的日课经，还有一本小弥撒经本（祈祷经）”。几本虔诚经文、几页纸以帮助记忆，并正确地向孩子们传授，这就是他为了争取蒙古人和中国人的民心，而所要求的一切。他已年58岁，被其任务累垮了，但满腔烈火依然在燃烧。

一年之后，约翰·德·孟德高维诺发出了第二封书简，是致其在波斯的长上与教友们的。他们是否收到了其书简呢？他们是否曾复信于他呢？其修会是否作出了反应呢？他获悉，其前一年信件的一种抄本可能传到了其长上手中。他知道，人们都传说他已死亡。这一次，只有很少一点苦涩，却始终具有同样多的勇气。他令人制造了六幅《圣经》场面的画像、六幅虔诚画，这就形成了对他的少有安慰之一。

一年之后，到1307年，七位已经晋铎到主教行列的小兄弟出发，去与约翰·德·孟德高维诺修士相会合。其中有三个人死于途中，一人原路返回去了，最后的三个人于1308年到达目的地。他们宣布说，教皇克莱芒五世（Clément V）委托他们将孟德高维诺晋铎为北京大主教和远东的首席主教。

教皇写道：“经过非常认真地研究了你在这些地区从事的这种神圣工作的显著努力，我将整个鞑靼帝国所有居民的灵魂，都交付给你的虔诚和你的全部关怀了”。此文反映了一种极其重要的心理与文化变化，即神秘的契丹、赛里斯王国、雅朱者人和马朱者人的国家，践踏了所有帝国的鞑靼人、中国人，现在都是属于传教区的管辖了。是啊！约翰修士必须拥有“虔诚”和“关怀”。

但是，在那位威尼斯人出发和教皇发出信件之间，中国的那位方济各会士经历了一次冒险，我们可以通过其著作而复原这段历史。

我们在他从波斯到中国的道路上追踪他，人们在中国失去了其踪迹。在印度的梅利亚普尔（Méliapour），他于圣·多玛（Saint-Thomas）教堂中度过13个月，后来又启程前往契丹，即“人们称之为大汗的鞑靼皇帝的帝国”。据他自己亲口所述，他于1292年才到达那里。史学家们认为他走得太快了，于是便怀疑这位善良的神父是否在经历了所有这些年代之后，才书写此信的，是否造成了几个月的误差。这个时间问题具有某种完全是象征性的意义。

因为我们可以设想这一切：在某一时刻，那名方济各会士现在只有意大利人彼得·德·卢卡伦戈（Pietro de Lucalongo）为旅伴了，其船舶在向西航行时，与一支帆船队相遇。这支帆船队共有15艘左右，船体都很漂亮。这一场面可能发生在孟加拉湾、苏门答腊的水域或南中国海中。在这些豪华的船上，有一支与公主地位相符的卫队，这支船队将把公主载去送给其未婚夫——波斯汗。在蒙古外交官中，共有三名外国人。正如我们现在所知道的那样，在蒙古官府中有许多外国人，此三人都是意大利威尼斯人。这并不会使人感到惊讶，因为“尊贵的共和国”（威尼斯共和国）的公民与热那亚的公民，在扮演与最东部国家关系的中介人角色中，互相竞争。但这些人自称“波罗”（Polo）家族，一旦当他们完成其出使任务之后，便返回到威尼斯。这都是一些鲜为人知的陌生人。除非是在那些老红衣主教中，可能还有一位能回忆得起来。1270年左右，两名比较年长的尼科罗·波罗（Nicolo Polo）和马菲奥·波罗（Maffeo Polo）出现在罗马。当时恰逢教皇的一次休假期。他们带来了大汗的一个口信，希望与教廷建立良好关系。他们又出发赴其主人那里去了，而这一事件未能导致重要成果。自从出现蒙古使节的一种如此川流不息的频繁活动之后，以至于没有任何人以任何理由怀疑这些访问者们的结果了。此外，罗马与鞑靼人交换信件与使团，毕竟已有近50年了，却又未产生任何结果。这样一来，谁还会关心波罗家族的人呢？忘记他们吧！

北京大主教

约翰·德·孟德高维诺进入了中国，并且前往北京。忽必烈大汗刚刚薨逝①，或者是正处于其生命最后的日子里。那名方济各会士受到了新可汗铁穆耳的召对。铁穆耳也是一名坚定不移的“偶像崇拜者”，尽管他对基督徒们也表现出了友善。该传教士立即遭遇到了景教徒们的抗议。他向我们描述的这些景教徒们，既不像鲁布鲁克遇到的那些愚昧无知的醉鬼，也不像外交官拉班·扫玛所说：“这些景教徒们或直接地，或通过他们用金钱贿赂的人，挑起了对我残酷无情的迫害，到处散布说我并非是由教宗派遣而来，而仅仅是一名危险的间谍和一个诱惑民众的人。后来，他们又制造了虚假证人：这些人坚持认为我在印度杀死了一名外国使节，他负责为皇帝带来一大批财宝，都被我私吞了。这些阴谋诡计持续了近五年。在此期间，我经常被传讯到法庭，并被威胁将我屈辱地处死。最后，由于上帝的保佑，一个人的供词使皇帝了解到了我的无辜，以及那些嫉妒我的人之恶意。他们都连同其妻子儿女一并被充军流放出去了。”

对于这些景教徒阴谋家和奇迹般的证人那荒诞的故事，我们所知不再多一个字了。然而，我们可以部分地猜测到其麻烦的原因。当然两个教会那天生的对立要除外。景教教团已经在那里立

① 忽必烈晏驾的具体时间为1294年2月8日。在从事选举的时候，其继承人铁穆耳（Timur）一直执政到1307年，但仅于1295年才取得政权。

足，还包括了蒙古王公和许多强有力的人物。天主教教团作为一个很有攻击性的竞争者出现了。从一开始起，孟德高维诺就归化了一位王公——阔里吉思（Georges）王，此人是景教徒，也是铁穆耳皇帝的驸马。阔里吉思王的背教使景教徒们感到特别义愤填膺，以致使新教教徒们变得更加积极了："他为天主教信仰赢得了其大部分臣民，下令建筑了一座具有王家豪华程度的教堂，以尊崇神圣的三位一体①。他称之为罗马教堂。"我们还应补充说明一下，阔里吉思王接受了下级神品，身穿王服而出席圣事，希望将全部拉丁文课经译成鞑靼文，并将其子的教名命名为约翰，以示对孟德高维诺的尊崇。总而言之，该王子具有一种既明显可见又行之有效的积极介入宗教的热忱。大家会理解，这一切对于景教教团来说，会代表着什么样的政治和宗教危险。

对于其余者，孟德高维诺获得了明显可见的成果。他令人在汗八里城建筑了一座教堂，这是在其旅伴和商人卢卡龙戈的彼得（Pietro de Lucalongo）的帮助下完成的，此人在中国已经发财致富。孟德高维诺对于其在举行圣事时敲响的三个小钟、他受洗的6000名鞑靼人，甚至对可汗很喜欢听的唱诗班的11个儿童，都感到非常自豪。在这些儿童中，也可能有几个是少年奴隶："我还赎买了几个异教徒小青年，7—12岁，他们尚无宗教信仰。我为他们举行了洗礼……"

这名方济各会士将《旧约》与《新约》译成鞑靼语，这是他已学会的语言并致力于教授它。数年之后，通过孟德高维诺的继承人，人们更好地了解到了那些新受归化的人。大家获悉，当时根本不可能归化中国的犹太人和穆斯林。在那些新教徒中，有许多高加索的阿兰人（奄蔡人，Alains），他们被广泛地用做忽必烈御林军中的雇佣军。他们在被归化之前，并非是景教徒，而是奉行希腊政教信仰。在那里还有各种番邦异国人，如斡罗思人和阿蛮人。一名阿蛮贵夫人令人在刺桐（Zayton，泉州）修建了

① 很明显，那名方济各会士不敢远离皇帝（可能是出于安全原因），而且也很少拜访这个距北京有20多日行程远的教堂。

一座教堂，正如那名卢卡龙格人令人在北京所做的那样。最后，还有许多鞑靼人信仰了天主教。但在这些受归化人之中，人们从未听说过真正的汉人。

中国传教区已经建立起来了。在泉州很快就设立了一个主教位，孟德高维诺及其助手们受到了朝廷的帮助，他们甚至还从朝廷接受津贴。一名多明我会士、传教士和史学家叙述说："皇帝始终让他处理纯属于他个人的及其驸马的紧急事务，所有基督徒和异教徒们都非常爱戴他们。当然，如果景教徒们、伪基督徒和信奉异教的信徒们未设置障碍的话，那么他就有可能会归化整个国家，使之转向基督教和天主教信仰"。在稍后才入华的另一名传教士鄂多立克（Odoric de Pordenone）也听到了同样的钟声。鄂多立克叙述了孟德高维诺在大汗每次出巡时，是怎样为他祝福的；那位蒙古大汗非常虔诚地亲吻了十字架，在大卫御林军的骑兵中有许多接受了洗礼的人。孟德高维诺在未再见到欧洲的处境下逝世。但其助手们，如卡斯特洛的佩雷格兰（Pérégrin de Castello）、佩鲁贾的安德（André de Pérouse）和鄂多立克，仍在中国南部继续其事业。他们使罗马能经常了解到中国天主教的发展。

有关中国的指南与论著

在 14 世纪的最初几年中，赴中国旅行似乎变成了一种惯例，尽管旅行家们面对着许多危险。人们始终都未能真正地测绘该国地图，也未能澄清"契丹"与"支那"之间的秘密。总而言之，人们无法在地图上画出该帝国，但人们知道中国，可以通过海陆两路而到达。

大家清楚地知道，有关中国旅行指南始终在流通。其中最著名的一本是某一位从未踏上过中国大地的人之杰作，但他搜集到了其通讯人或商务关系人的札记和游记，诸如马埃斯·蒂蒂亚诺斯（Maés Titianos）在古代所做的那样。这位"房间里的旅行家”，是法国一家商会的职员，自称佩戈洛蒂（Pegolotti）。其著作《市场实务》（Praticha della Mercatura）写于1340年，几乎正如其标题使人理解到的那样，它是一部传奇性作品。其中有许多关于距离、务实忠告、路线的记述。有时也有会使谋求职务者无意识地受骗的信息：“商人可以随身运载到契丹的所有金钱，契丹国主总会从他们手中夺掠一空，并将它存入自己的国库中，对于如此带来金钱的商人，契丹人作为兑换却付给他们纸币。纸币是一种黄色的纸，带有该国主的御玺。这种钱币被称为balishi，它可以使您很方便地采购到丝绸，以及您希望获得的任何商品。该国的所有人都必须接受它”。佩戈洛蒂提供了许多颇有教益的意见：你们设法蓄须；要找一位商务总管和称职的翻译；携带干鱼和长时间的食物。还应该有一个小妾陪同旅行，这将是预防忧郁症的一剂良药，并且有助于树立您的威望。不要相信可汗们的继任。只有在动乱的时代，人们才会想到攻击“法兰克人”，因为那里的人将“罗马尼亚以西的所有基督徒，都称为法兰克人”。

还有其他商人也曾完成过赴中国的旅行。大家从档案中可以偶尔检得一二。某一位热那亚人在中国生活过一段时间之后，于霍尔木兹病倒了；某一位威尼斯批发商，曾在那里强奸一名同在那里经商的女教徒的丑闻官司中被判刑，还有一件更为动人心弦的事：1342年，一名可能是威尼斯的小姐卡特琳娜·维洛尼（Catherine Villoni）在扬州死亡，又被埋葬在那里，人们于数世纪之后还可以在那里发现她的墓碑。威尼斯人和热那亚商人不及广州的阿曼或波斯商人那样众多，他们明显是在斗勇，以便一直前往中国寻求商品。丝绸之路上到处都有意大利人。按照他们前往丝绸之路的节奏，这些梦幻中的杀人者，冒险行为变成习以为常的事了。

后来，在数年期间，一切都被搞乱了。在一段时间内，已被窥伺到的中国，又将远离而去，并更进一步地陷入其神秘之中。

对于这一切，可以作出多种解释。伊斯兰教的竞争、政治动乱。首先是在波斯的大不里士或印度的阿玛利格（Amaligh），一名穆斯林可汗有时可能会决定攻击基督徒。一场斗争可能会引起由当地人对外来人的追捕，正如在乌尔根齐（Ourgendj，玉龙杰赤）所发生的那样。大屠杀、放火、阻断丝绸之路，这一切在长时间内都曾不断地发生。

但这一次，则必须考虑到败血性鼠疫。它也是通过商贾之路而四处传播的。它从中国和印度开始，肆虐于1340年左右，很快就传到了撒马儿罕、克里米亚和巴格达。在欧洲，人们就如同对待1348年的大鼠疫那样，对它谈虎色变，避而远之。

此外，在中国也发生了动乱，元朝政权正处在分崩离析之中。大汗的帝国分裂了，蒙古式的和平如过眼烟云般地消逝了。我们将会看到，即将有一个中国的新王朝推翻元王朝，新王朝决定铲除可以使人回忆起元王朝的一些踪迹，特别是番邦人及入侵的胡族人保护的宗教。人们有千般理由解开那条细线的扣结，港口和沙漠骆驼队客栈，都通过这条细线，将大陆的两端连接起来了。

人们开始在罗马意识到了这一切。当孟德高维诺于1330年左右逝世时，就必须为他提供一名继承人。这绝非一件小事。教廷向那里派去了一名神学家——方济各会士尼古拉（Nicolas）。但任何人都甚至不能肯定他是否能安全到任。教皇在委任孟德高维诺那困难的继承人问题上，始终犹豫不决，以至于是大汗本人通过使节，而要求向北京派遣一名大主教。至少这就是两名阿兰人所叙述的情节，他们经海路到达并赶去会见教皇本笃十二世（Benoît Ⅻ）。教皇当时于1338年正置身于阿维尼翁。某些史学家们认为，所有这一切都是一场阴谋，我们的这两名阿兰人也被列入到丝绸之路上那冗长的阴谋家世系中了，列于安敦（Antonin）皇帝的伪托使节、蒙古可汗派向教廷的冒牌使者和其他某些人之后。

这一切都无关紧要：教皇这一次自己作出了决定，并委任了四名代表，而且又是四名方济各会士。该布道团用了四年的漫长光阴，才到达北京，并在那里将礼物呈递大汗，一切可能会使大汗感到极大欢欣，礼物中包括在中国不识其种的一匹马。可汗感到如此喜不自胜，以至于他令人吟诗，以赞扬其新战马，并且令人为之画像。经过三四年之后，被指定为北京大主教的布道团成员马黎诺里（Jean de Marignoli），经印度从蒙古返回。直到16世纪的耶稣会士们莅华之前，马黎诺里是赴华的最后一位欧洲大旅行家，也可能是整个中世纪的最后一位大旅行家。然而，马氏似乎并不希望大肆褒扬这件事。他将其于印度和中国的回忆录轻描淡写地压缩在一部比较一般的著作的几页文字中了。这其中有许多常见的文学性的概述。下面就看一下他是怎样描述其回程的："我们在汗八里（Cambaluc，北京）度过大约三年，后来便准备经蛮子地区（Manzi）[①] 返回来了。在整个旅行期间，我们得以欣赏这个世界的全部奇迹，它们是以无数城邦、城市、乡村和其他方式表现出来的，人类的任何语言都无法对这一切作恰如其分的描述"。根据这种难以着笔描述的原则，我们的这位方济各会士决定，对于一次本来可以与马可·波罗的旅行相媲美的大旅行，基本上不写什么实质性的游记了。

然而，马黎诺里又重复了丝绸之路上的两种传说。他首先相信蒙古人出自一片沙漠大碛、一个哲学家们称之为一个酷热的和难以穿越地区的故事。此外，马黎诺里曾在锡兰停留一程，他坚信人们从亚当峰可以遥望到天堂，并且听到了其中四条江河的咆哮声，其中一条河流古雍（Guyon）环绕着约翰长老的国家——埃塞俄比亚流动。

这种形象更有一些模糊不清了。我们不太清楚北京大主教府后来变成什么样子了。1362年，提到了对刺桐一名主教的屠杀。1370年左右，教廷又派出一名大主教和50多名方济各会士，后来还有一位教皇大使。很明显，所有人都失踪了，没有任何人安全到达目的地。至少是我们失去了他们的行踪……我们甚至不能确定，主教是否确曾占据过其位置。教廷与中国的联系中断了，

① "蛮子地区"又写作Mangi，系指元代的中国南方。

中国又重新变得如同罗马人时代的赛里斯国那样令人难以接近了。

在一个已被人接近的中国、在一次失之交臂的相会和一个再次失踪的东方的整整一套冒险中，现在还剩下些什么东西呢？只不过是梵蒂冈档案馆中的几封书信或其他几种值得纪念的东西而已。在这一切之中，鄂多立克的回忆录将会产生一种奇怪的文学遗产。

鄂多立克修士的遗产

鄂多立克并不是我们所讲到的这些人物中最富有传奇色彩者。他是一名出生于捷克的方济各会士，参加了1318年的布道团，也就是教皇派遣去寻找自数年之前就失踪的孟德高维诺的那个布道团。

完全如同其教友们一样，鄂多立克自威尼斯出发，一直到达霍尔木兹（Ormuz），又从那里乘船赴印度、锡兰和苏门答腊。他到达了广州，会见了孟德高维诺。经过三年之后，他又经陆路返回欧洲。其路线尚不太明确，但他搜集到了有关西藏和拉萨（也可能他曾亲自前往那里）的资料。在他返回之后，于逝世之前又勉强有时间口授了其回忆录。该文献是基督教传教士们给我们留下的最完整的记述之一。鄂多立克非常注意细节，详细记载下了中国的食物的价格及其质量。他对于中国城市的规模留下了深刻印象。例如，他讲到广州就比威尼斯大三倍，其港口在海上贸易量方面超过了整个意大利；刺桐港则如同罗马一样比威尼斯大两倍；杭州是世界上最大的城市，共有10万座楼台和佛塔，一万座桥梁，它使人联想到了巨大的威尼斯等类比内容。鄂多立克更应该是一名优秀的观察家，他很少倾向于虚构幻想的内容和仙境般的东西。当然，他自称经由约翰长老的地盘，其后裔与大汗联姻，但约翰长老却被贬低到了一个只合适作中亚景教君主的地位。

相反，鄂多立克又用几乎是与马可·波罗相同的言辞，搜集了一种在“山中老人”——阿萨辛派信徒（Hachichins，伊斯兰教的一个派别）中流传的最通俗的恐怖故事。在由厄尔布尔士山脉保护的阿拉模忒（Alamout，鹰巢）城堡中，有一些人世间最神奇的花园和最漂亮的宫殿，如果不想成为“暗杀犯”（指阿萨辛派信徒的 Assassin 与指暗杀犯的 assassin 本为同一个词。阿萨辛派本意为“暗杀派”。——译者），任何人都不能进入到那里。新的教派信徒遵循“山中老人”的教令。“山中老人”为了确保他于 12—20 岁之间的人中征募的这支精锐部队听从其政治罪行，他使用了一种诡计。他使其手下的人统统吸毒，然后便在他们迷昏时将他们带到了堡塞公园。昏迷者在那里度过了几天，以享受天堂仙女们的歌声，在乳汁与酒液的河中痛饮，他们感受到了当真正信士们到达天堂时，先知向他们许诺的一切欢乐。当那些阿萨辛派信徒的向往者们重新吸毒之后，他们又恢复了其正常生活，“山中老人”不费多大周折地说服他们坚信被窥伺到的这个天堂，是许诺给那些为执行他自己的命令而死亡的人员的犒赏。信徒们远不害怕死亡，而是非常高兴地去追求死亡，并且甘愿冒一切危险而处决由其教长判处死刑的人。

鄂立多克于此搜集到的在阿萨辛派信徒中流行的最恐惧的故事中[①]，最著名的那一批都是传说性的，即使它们并没有事实上那样令人毛骨悚然也罢。该教派出自于伊斯兰教的伊斯玛仪派信徒尼扎里（Nizaris）[②]，他们是近代革命战争的先驱：曾发明过政治暗杀的行为、敢死队的组织，深知宣传鼓动的作用和能量。

人们也声称，阿萨辛派信徒们自己以充当“雇佣杀手”而

---

① “阿萨辛”（Assassin）一词出自 hachichin，后者又出自 hahich，在阿拉伯文中指一种草即大麻叶。但史学家们并不由此而确信，那些荒诞古怪的人是否真正吸食过大麻。摩洛哥的许多传说都强调了马可·波罗对阿拉模忒的一次访问和与“山中老人”的一次会见。这明显是不可能的：该城堡于马可·波罗经过的数年之前，在遭旭烈兀包围数年之后，被彻底摧毁了。马可·波罗并未夸大该教派的势力，他们在阿拉模忒的保护下残存了近两个世纪。该教派既消灭了其塞勒术敌人，或法蒂玛王朝的第六位哈里发，又消灭了十字军，英国的爱德华国王在阿迦被他们杀死。

② 非常爱好和平的阿迦汗（Aga khan）为该派的首领。

自鸣得意，最终成了一支精锐的恐怖分子队伍——雇佣军，他们以非常昂贵的代价为该教派的首领效犬马之劳。这样一来，当蒙费拉的康拉德（Conrad de Montferrat）刚刚当选登上耶路撒冷的王位时，便被渗透进来的两名阿萨辛信徒（他们也可能化装成了修道人）暗杀了。这桩罪行或者是受理查德一世狮心王（Richard Coeur de Lion）的操纵，或者是受撒拉丁（Saladin）的支配。但所有这类恐怖的历史都不能还该教派的神秘性和秘传性之公正。我们还应该补充说一下，阿萨辛派信徒酷爱文化，但对于阿拉模忒城堡里的图书馆却是一个例外。许多记载都强调过阿萨辛派信徒们劫持了学者们，以将他们关入其城堡中的故事。总而言之，他们可能发明了“精神绑架”法，这比近代间谍案要早得多了。

鄂多立克与马可·波罗听任别人介绍的说法，把一切都杂乱无章地混合在一起了，也可能把该教派有关在大地上实现天堂的理论，或者是其信徒们致力于研究的起源史，与一种真正的伊甸园（人间乐园）混为一谈了。总而言之，当时存在着有关阿萨辛教派信徒们广为流传的民间传说。这种传说特别稳定，以至于有人后来仍用与那位威尼斯人和那个弗留利人一类“旅行家”们相同的言辞，来讲述这些故事。那个弗留利人（鄂多立克）搜集到了有关城堡被毁之后近70年的历史传说。

鄂多立克修士，仅在一个情节中向旅行家那随心所欲的情趣或某种幻觉屈服了。他“沿一条天堂之河”（可能为阿姆河，传说中认为它发源于伊甸园）行走。该修士记述道：“我听到了各种乐器演奏的音乐，特别是竖琴声……该河谷确有7—8英里长。该地区的人个个都言之凿凿：进入那里的人，再无法从其中走出来。经过犹豫是否进入那里并亲自探索在那里发生的一切事件之真相后，我在那里发现了许多尸体，这简直令人难以置信……我在那里还发现了大量散落的金钱，并情不自禁地取走其中的几枚。但我却无法将它们保存下来，而只好扬长而去。看到我前来的所有阿萨辛教徒们，都知道我是从那里返回来的人，于是骤然间都对我肃然起敬，并告诉我说，我已受洗并已成为圣人。但那些滞留于那里的人全是地狱的魔鬼。”

这多少有点抒情诗的风味，它是沙漠中一个美好的恐怖故事。为了使鄂多立克的书成为想象中的天地和神仙境地的源泉之一，现在有点为时尚早。那名方济各会士太关心市场上的面粉价格了，从而招致了噩梦。

大虚构家

然而，鄂多立克的游记后来屡屡遭人模拟、盗窃和剽袭，其程度如此之严重，以至于人们在长时期内反而把他误作剽袭者了，即剽抄了在40年之后才无耻地抄袭他的那个人——约翰·德·曼德维尔（Jean de Mandeville）。

所谓的曼德维尔勋爵，我们在约翰长老神话的那些最随心所欲的传播者中，就已经遇到过此人了，他是一个地道的大骗子。大胡子约翰（人们也以此名而熟悉他）自吹曾在整个已知世界旅行过，唯有天堂除外。他于其所谓七次旅行中，可能带回了一部奇书《珍异记》。如果诸家学者特别是从各皇家图书馆中提到的稿本数目来判断，那么它就是获得了一种不菲的文学成就。

曼德维尔的著作是对自上古时代以来，魔鬼地区和居住在虚构地区的荒诞民族的集大成之作。这名昔日列日城的医生，可能一直到达耶路撒冷，他肯定未曾到过他以满腔激情地描述过的印度和中国。他从事的是对奇书类著作和旅行记的辑录和编纂。鄂多立克成了他的第一个受害者，也是他的第一种资料来源。其资料来源还有博韦的樊尚（Vincent de Beauvais）、维特利的雅克（Jacques de Vitry）、记述著名事务的百科全书作家柏朗嘉宾和不可避免地还有中世纪文本的《亚历山大传奇》等传世奇书。

曼德维尔以其靠近天堂的契丹、黑暗之海、复活日重新开花的枯树、独脚埃塞俄比亚人、看守金矿的蚂蚁、出没在危险谷中的鬼头等，这一切肯定是抄袭自所有的传说。

曼德维尔的勇敢精神与其知识相协调。他解释说，他不用拉丁文，而是用“罗曼文”撰写其回忆录，那是为了方便那些只略通或根本不懂拉丁文的王公、骑士和其他贵人，因为这些人是海外人。这就可以证明他之所说是否真实了。他是真诚的吗？

我们的这位想象力丰富的骑士介绍其神奇旅行的方式，就如同把这次旅行作为一种非常自然的家常便饭一般的事，它值得做一番解释。曼德维尔相信或佯装相信，环世界旅行是一项不会招致巨大困难的事。“一个人便可以环世界整个陆地旅行一周，即可以于其上面，也可以于其下面行走，然后再返回故乡，其条件是要找到几位旅伴和一只载他渡过江河的船舶”。

曼德维尔刚刚于一个或半个世纪之前，无意识地预言了麦哲伦（Magellan）的环球航海的业绩。从理论上讲，不存在不利于这种远航的障碍：地球是圆的，那些位于“南极一侧的人”正好处于我们的对跖点上，恰恰是脚对脚。两半球的陆地和海洋是对称的。这样一来，印度皇帝约翰长老的土地则位于我们的下部，当我们这里开始天亮时，那里正在夜间……曼德维尔甚至还听到人们谈论，有一个人出发赴东方，经由印度和印度以远的5000个岛屿。他或步行，或航行，始终朝同一方向游荡，以至于他在完成了环球旅行之后，又重新身处“其家门口附近”。这里的唯一困难却是，地球要比托勒密所相信的那样大得多，旅行家肯定无法重新找到其出发点，却又不会在道路方面弄错经纬度上的几度，也可能会到达与他开始其远行之地不同的地区。

为了识破曼德维尔的诡计，还尚需时日。在古登堡（Gutenberg）之前，曼德维尔著作一直以稿本形式传播，已经打破了所有著作的读者人数的纪录。继印刷术发明之后，书籍变成了一种经典，并启发了地理大发现前的地图学家们。如同曼德维尔于今天已不再使我们觉得如同是丝绸之路上的大说唱艺人一般，如果他沦落到了蹩脚作家的地步，那就是他已由于另一位作家——马可·波罗的出现而显得相形见绌了。

第十五章　马可老爷，著作的胜利

依窗的女仆以威尼斯式的错误发音“Chi Xe?”（是谁?）。那些刚刚敲门的陌生人丝毫不会使人产生信任感。他们满脸胡须、蓬头垢面、面呈棕褐色、身穿粗布衣。其中最年轻者有40余岁，另外两位都是老翁了，人们根据其面部肤色便可以为他们确定一个年龄。在25年的离乡背井期间，他们却没有忘记其方言，因为其中之一很自然地对答：“I patroni”（老板们）。

人们怀疑，这是指马可、其父尼科罗和其叔马菲奥。当时正值1295年。

有百万故事吗

威尼斯人的口碑传说就这样向我们描述了波罗氏家庭的远道返归。对于旅行家们来说，这也可能是一种传说。但在威尼斯，旅行才只有半个千年纪（500年）略多一点的时间了。

刺木学（Ramusio）[①] 是16世纪的传记作家，他从一名世袭

① 刺木学是外交家，一部《航海旅行记》的作者，这是一部编纂性著作，是“极地”神话的最大创造者之一。他比其他任何人都更加以美化历史为代价，而把旅行家马可一家作为一个威尼斯的民族英雄。当然，刺木学是有政治背景的。

老贵族马利彼埃罗（Malipiero）处获知了另一个故事，马利彼埃罗又继承自其家庭及其街坊中的老人，后者又继承自……情况就是这样。当波罗氏返回其圣·克里索斯托莫（San Crisostomo）[1]那豪华的住宅时，任何人都不认识他们了。他们具有鞑靼人的面容肤色，并且还身穿鞑靼人的服装，遵循鞑靼人的习俗并操其语言。此外，他们几乎彻底遗忘了其威尼斯母语。因此，我们应该相信那几个声称来自契丹的人、自吹曾在鞑靼人中成为权威很大的王爷的人。旅行家们（波罗氏）对这些流言蜚语感到厌烦了，他们便决定采取断然措施，于是便邀请其全部亲属出席一次宴会。客人们刚一落座，波罗父子便向他们献上了一大套时令菜。继每道菜之后，他们就独自待在一个房间中，从中走出来时便换一套服装，每一次都身穿最豪华和最具异国情调的服装[2]。对于饭后甜点，或者是最后一道菜肴，马可老爷展现出了著名的异邦人的软包，这是他在归来时携带的。他剥开了其缝好的包皮，从中流出了大量的红宝石、绿玉、蓝宝石和金刚石块。他戏剧性地抛在桌子上的这些宝石，都是大汗所赐的礼物。它们证明，波罗氏都未曾撒谎。那些坚信不疑的参观者们，都热烈欢迎这些从远处返回故乡的游子："这件事在威尼斯广为流传，全城的人，无论是贵族还是平民百姓，都奔向他们府上，拥抱他们，向他们表示最热烈的欢迎，表达人们可以想象出来的一切友谊和敬仰"。

刺木学补充了这样一桩轶事：某一天，马可的妻子多娜特·巴多叶（Donata Badoer）——他返回故乡之后聘娶的贵族之女，脱去了某些破旧衣衫。她将它们分发给了穷人。其中之一将他收到的破衣服用针开始拆开，感到其里子中有一件硬东西，她拆开

① 刺木学的文本包含有许多不真实的地方。其主要谬误便是，当波罗氏返归时，他们在圣·乔瓦尼·克里索斯托莫尚未拥有豪宅。因为他们是以这次旅行之所得，才购买到豪宅的。至于人们向旅行家们指点的那个"百万家园中的波罗"，那也不是一种正确的说法。事实上，波罗氏真正的住宅已于1596年被烧毁。对于刺木学的这种虚构的另一种反对意见是，一名真正的威尼斯人，在四分之一世纪期间，是不会忘记其母语方言的。

② 这也可能是特殊丝绸，史学家们在马可·波罗的遗嘱中发现了对这一切的记载。

衣服并发现了读者可能已猜到的东西。这是一块宝石，它逃脱了宴会时的大开包检查……

我们现在来想象一次隆重回归故乡故事的续文。

马可平静地度过了其风烛残年，并且还叙述了许多奇奇怪怪的美好故事。波罗氏父子作了某些非常详细的和更多是专业性的笔记：从某一城市到另一个城市需要骑行的天数，在这里有盐和那里的君主是可汗的亲信等[1]。当某些商人准备远行时，可能会参阅其书中的几页文字论述。该城的人因意见分歧而分裂了。某些人相信波罗氏，其他人则怀疑他。当举行欢庆活动时，那些滑稽表演者引入一个戴面具的人，他介绍了可能性最小和最具外国情调的一大堆谎言。大家可以猜一下，人们是怎么称呼他的。后来，随着时间的流逝，有关马可父子旅行的长篇喋喋不休的谈论，终于缓慢地消停下去了；那些札记著作渐渐地腐朽了，一切都被人遗忘了，我们再也听不到谈论“百万”马可·波罗了[2]。

如果历史向另一个方向转换，如果人们将文明的三大支柱（纸张、石油和细面条）传入欧洲都错误地归功于波罗家族，如果他们继续影响电视连续剧、1000 里拉的纸币和旅行社，那将由另一个更具文学天才，或者是更为罕见的人物，来取代他个人的这种冒险了。

马可·波罗老爷是怎样写成《寰宇记》的

有一句俏皮话说：“马可·波罗活着的时候发现了中国，他死后又发现了美洲”。从历史观点来看，这句话是错误的；但从

① 如果相信史学家博兰迪（Borlandi）的话，那就是当该城中的商人准备远行时，都会不断地前往波罗家府上，以参阅这些笔记。根据这种假设，本处是指一种真正的《商务论著》了，即供商人使用的一种实用指南。

② 与一种坚实可靠的传说相反，现在已几乎得到了证明，“百万波罗”既不是出自他积累了百万家产的原因，也不是出于他叙述的百万美好故事。这里仅仅是指对一个专用名词的歪曲：马可家族曾与米罗尼（Miloni，意大利文意为“百万”）家族联姻。

象征意义上来讲，它却是千真万确的。事实上，哥伦布是马可·波罗冒险故事的热心阅读者。他自信向西方航行就可以到达该书的主人翁曾描述过的神奇岛屿——日本国（Cipango），即今天的日本。哥伦布看到刚刚升起的“新明星”都诞生于威尼斯。

这完全是出于一部以多种书名而为人所知的著作之魅力：《百万》、《珍异记》，或者是其更真实的名称《寰宇记》。这部书证明，一种思想在中世纪的农耕欧洲的传播网络，这个欧洲始终在贪婪地获取任何新生知识，不顾及边境，已准备好在思想上发动大冒险。大发现家马可·波罗成了一种传说中的人物，但作家马可却远远地超越了他。他在自己根本不知道其魅力的情况下，发现了一个新世界，并且推动那些最勇敢的人去征服它。他创建了遥远地区的一种神话，我们从此之后再也不能摆脱神话了。这一切的背景与他个人的游记一样，都具有浪漫性。

我们必须重新抓住世人已经放弃了的真实历史的线索。在波罗父子回归的时代，威尼斯充满了动荡。为了黑海的统治权，对热那亚人的战火已经点燃。在 10 年前击败过比萨（Pise）海军的热那亚人，又重复了他们于 1294 年的胜利。当时，波罗氏正在回归祖国的途中。威尼斯的帆桨战船船队于亚历山大勒达（Alex-andrette）湾的拉查佐（Lajazzo）① 被击败。热那亚装备了一支 165 艘船的船队，于墨西那（Messione）海滩发动了对“尊贵的共和国”（威尼斯共和国）的战争。热那亚人出于内政的不明原因，而未将其优势推进得更远，使其无用的巨大船队返港。继此之后便是一个沿海洗劫和袭击战争的时代，两个共和国于此期间互相蹂躏对方的商行。1298 年，热那亚最终在库尔朱拉（Curzola）海岸发动了一场帆桨船大战，但它却受挫。热那亚获得了它所期待的胜利。但以这样的损失为代价才获胜的，热那亚不敢把失败者一直驱逐到他们的环礁湖。战争陷入停滞状态。这是一个新的不稳定过渡阶段。它与在热那亚监狱中撰写《寰宇

---

① 拉查佐具有很重要的地位：从 1291 年起，它是唯一正式向基督徒们开放，以从事与东方贸易的港口。

记》是同时代的事。

这段历史的一种英雄式的文本向我们证明，马可老爷曾致力于拯救其祖国。他是一个有经验、有名望和有财产的人，被称为“高级司令”，即一支他必须自己出钱装备的船队之司令。他打仗表现得很勇敢。他在库尔佐拉战斗中率其海军与敌人船队对抗时，受伤并被活捉。他与其他7000多名战俘一并押回热那亚，被作为战败的贵族对待，甚至还被作为英雄看待。全城的人都涌向大街，以遥望一眼这位著名旅行家的风采。此人很快就于其牢房中会客，不停地受人请求讲述其冒险故事。他甚至还同意把它们写出来，以满足于一名热那亚贵族的好奇要求，此人对他产生了敬仰和友好情感。当然，囚犯在去征战时，并未携带其笔记。这无关紧要，那里允许他致信其留在威尼斯的父亲，以索求这些札记。人们甚至还向该囚犯提供了一名类似秘书的人，即比萨城的鲁思梯切洛（鲁思梯谦，Rustichello）。此人是一名专业作家，自前述热那亚与比萨之间战争以来，便被囚禁。

据一种不太庄重的说法，马可·波罗于1296年被热那亚海盗们俘虏。他当时正在一只船上，而这只船便属于一支经由拉查佐水域的船队。他于其囚牢中未受到任何优待，完全是出于同监共住的偶然机会，他才遇到了鲁思梯切洛。

这名牢房室友，对于马可·波罗来说，即将成为我们公开称之为文学顾问的人[①]。他是一位专长于骑士体裁作品的作家[②]。他自12年以来，在人满为患的牢房中被拖垮，完全如同他那些可怜的同胞们一样。所有人都在等待为释放他们而进行的无止境的外交谈判。马可“停在热那亚的监狱，向比萨的鲁思梯谦（Rustichello）口授所有这些事，后者于公元1298年也在同一座

---

① 据刺木学这位老沙文主义者认为，马可·波罗老爷是独自写作，并且使用了拉丁文，就如同“热那亚人直到今天为止，在大部分情况下使用拉丁文，以论述其事件那样”。这位拉丁文化学者，即热爱文学的马可·波罗，就如同是开场一幕那样不大真实。

② 在英国也可能是在昂儒（Anjou）的宫中，这类没有天才的作家能写出武功歌和小说，于亚瑟王传奇中汲取素材，再根据时尚而用法文重新排列。后来英国爱德华在圣地也沿用过这种做法。

监狱中”。

这一对文学合作者是怎样开展工作的呢？某些人认为，比萨人仅为一名默默无闻的抄录人。但对于精通该著作行文的人来说，他懂得使人洗耳恭听自己。他会根据其前人作品的风格而记录，润色和增加某些夸张内容，几名“漂亮的贵夫人”、“英姿王公”和“许多精彩的战斗”，当然，他有时也会提示更多的内容：马可·波罗是否确认了人们大量谈论的某种新闻呢？或者是确认了与此相似的某种事情呢？难道这些在草原中相对峙的勇士们与我们的勇士们不会多少有点相似吗？约翰长老或马可·波罗，你是否见过其王国呢？那些狮身、马头和鹰翼的怪兽呢？雅朱者人和马朱者人呢？该书在逐渐发挥。在全面的无知中，虚构者和抄写人正在准备其炸弹。

在此期间，威尼斯和热那亚最终通过谈判而结束了其争执。1299 年签订了和约，战俘们被释放了。当鲁思梯谦从历史舞台上消逝时，获得自由的马可·波罗却带着其手抄本著作而进入历史了。

虚构的手抄本著作

这部虚构的稿本著作失传了。它不是用拉丁文写成的，而是用“法文—意大利文”所撰。在此情况下，这就是指一种带有威尼斯语成分的奥依语（Oïl）。当时法语在意大利北部颇受尊重，特别是在鲁思梯谦所喜欢的骑士小说中，更为如此。此外，人们可以判断这种比方言“更不规则的口语”。再没有比使用法语更为正常的事了，在但丁（Dante）之前的学者中，如果意大利语确实于但丁之前存在的话，那么法语要比意大利语更容易被人理解。马可·波罗的这部以不同书名出现的经典之作的神奇历史，就这样开始了。它出现在多种改头换面的版本中、不同文本和译本中，总共有 130 多种已知稿本，尚且不包括已经失传的多册。这种开始于马可·波罗生前的狂热，驳斥了一个不为人所知的、专爱重复嘲弄整个地区回忆的马可·罗马之传说。

马可·波罗变得很著名了，其荣耀吸引了那些尊贵的来访者。帕多瓦（Padoue）大学的著名学者彼得·达巴诺（Pietro d'Abano）前往参阅它。他确认，马可·波罗向他提供了许多珍贵资料，其中的某些有关天文观察的记载并未出现在《寰宇记》中。一名法国骑士曾为瓦鲁阿的查理（Charles de Valois）索求过一卷此书的稿本。甚至有人声称，但丁经过威尼斯时，曾遇到过这位著名公民。继他之后和奉他的命令，一位名字很温柔的方济各会士彼彼诺修士（Fra Pipino）曾将该书从龙巴底方言译成教会拉丁文本。我们还应从中加入专门歌颂我圣母之荣耀的几点看法。他从而确保了该书的一种更多的传播。总而言之，这部经典分别以威尼斯文、加泰罗尼亚文（Catalan）、葡萄牙文或爱尔兰文，而盛行于整个欧洲。

各种文本又互相繁衍，每次又都各有所异。它们形成了一种滑稽可笑的乔木丛，为专家们提供了开辟一个复杂文学世系谱的机缘。这又是一座迷宫。每种文本中都出现了衍文和误译[①]。现在甚至还存在有话多"乱伦"，也就是指先从一种语言译成另一种语言，然后又根据"子本"而还译为"母本"的现象。

马可·波罗书的许多抄本在两个多世纪期间流传，收藏于许多皇家图书馆中。人们会把惊醒航海家亨利之美梦的特殊力量，也归功于它们。"世界上具有特殊意义的特藏，历史的光环……"一种真正的文学体裁孕育于马可·波罗游记中，完全如同中世纪的地图学一样，从加泰罗尼亚文地图集到毛罗的世界地图。它们指引着新大陆的发现者们。从无法读懂的天书到左罗盘地图的热心读者们。

马可·波罗的"开放性著作"于古登堡之前，在世界上产生了一种特殊的震撼。但时间却使它产生了更多的动荡。赴中国探险旅行家的日益增多，包括众多意大利商人的远征，或者是其

① 如剌木学将伏尔加河（马可·波罗称之为 Tigeri）与美索不达米亚的底格里斯河（Tigre）相混淆了。

他神奇故事的竞争力，都永远不会使马可·波罗失去其对梦想的垄断权。人们愈是去证实这种美梦，它就会变得愈加神秘。因此，我们应该去询问那位作家波罗去。

《寰宇记》以一种“小作品”，或者更应该是混杂的和蹩脚的作品之面貌，而出现在我们面前。其中杂乱无章地混杂着一种简单的自传，一种小冒险家的实用指南，一种故事和传说，以及某些历史情节在名著汇编中的编纂。它们胡乱无序地从第一人称跳到第三人称，从有关某一城市之财富的详细资料，跳到了一个骑士文学的时代。作者经常倒叙，很天真地承认他忘却了向我们叙述某个美好故事的前几章。马可·波罗不知羞耻地将他亲自耳闻目染之事、真正的路线与绕道、当代与过去的事件混淆在一起了。无论是地理逻辑，还是时代年表，都无法毫发无损地从中脱险。

马可·波罗还是鲁思梯切洛

为了澄清这种混乱，人们都跃跃欲试地于全书中区别出了两个层次，并听到两种声音。

首先是马可·波罗的游记。此书有时具有一种令人恼火的简练，它仅用很枯燥的几章文字便讲完了其父亲、叔父和他自己的远行（总共35年的冒险，1260—1295年），而且这一切都发生在他转向对自己参观过的城市与省份的描述之前。他塑造了许多完整无缺的国家，诸如斡罗思（俄罗斯）那样。在几句话之后，他又发现，对于该项内容再没有任何可以增加的东西了，他即将转向下一章。“您对此作何感想？”这句话如同是一个经常出现的词句。就如同是马可·波罗从来就不相信，这些故事会随便使一个什么人产生兴趣。他几乎就要为自己把文章拉长的行为作道歉了。他欣赏那些扣人心弦的短文，诸如：“在那里，波罗氏为其商务而度过三年”。到处都要由读者来猜测他们所做的事。马可·波罗对于波罗氏家族的商务如此谨慎，以至于人们对此几乎一无所知了。

甚至有些史学家们也怀疑，该家族是否纯粹是为了某种商业目的，才背井离乡地赴远东旅行。自我反省和忏悔之乐趣与他是格格不入或风马牛不相及的。我们始终不知道其灵魂状态及其内心生活，完全如同不知道其真面目一般。马可·波罗很喜欢数字。当涉及测量距离或估计某个地区和某种财富时，他都表现得非常精细。商人马可·波罗是一个不引人注目的家伙。他也是一个有条不紊的人。《寰宇记》是以一个重复的结构为基础的。每座城市或每个地区都是以专栏论述的，始终是同样的结构：与前一程的距离、气候风土、行政管理、宗教信仰、特有物产等。这种阐述方式非常适合于实用目的：政治信息或为未来的远足做准备。但我们现在正处在与马可·波罗的名字普遍会使人联想到浪漫——异国情调的陈词滥调的完全相反的境地。

因此，人们非常倾向于将出自仙境和骑士界的一切，都归于鲁思梯切洛：美好的战争、传说或神话影射。这样一来，其书的前几行文字便无可否认地带有小说作家的文笔手法，即转抄其过去作品的开头部分："皇帝和国王老爷、公爵与侯爵、伯爵、骑士和市民，希望知道人类不同种族和世界所有地区的某某人，请取此书……"大家可以很好地想象，那名请求马可·波罗为他介绍某种美好轶事的比萨人，向他提示了一种解释、鼓励他于此引入《亚历山大传奇》中的一段文字；在那里又引入了那个美丽公主的传说，她向其所有追求者都挑战决斗，而任何人又无法驾驭她。载于《一千零一夜》中的故事，有时又完全是无懈可击地落入到《寰宇记》中了。它如此奇妙，以至于阿里奥斯托（Arioste）也利用了它。

因此，该书是一只双头动物，很难考证清楚，从而又增加了围绕它的许多不确定因素。首先，最常见的说法便是，马可·波罗是一个大骗子。

史学家们共用了七个世纪来考证其中的人名、时间并测量其骑马行进的天数。史学家们始终未能达成共识。

35 年的漂泊

波罗氏旅行的确切路线使人感到惊讶与棘手，却从未被完美无缺地复原过。如果大家考虑到，波罗氏曾许诺真实地介绍他们亲自耳闻目睹的事情，有时也介绍他们风闻和打听到的事。那么我们是否同意他作善意的推定呢？例如、当他描述“日本国”时，他从未踏上过这块土地，他也并不奢望亲自前往那里作实地考察。

马可·波罗于其书中论述得最具体的部分，便是他介绍其父尼古拉及其叔马菲奥的冒险故事的章节，也就是他未曾亲眼见过的那些情节。

这两名威尼斯商人，都是“尊贵的”和“聪明的”人，他们为了经商而滞留于君士坦丁堡①。他们乘船以前往克里米亚海岸的索尔达底亚（Soldadie），即今之速达克（Soudak）经商，金帐汗国的可汗别儿哥（Barca）在那里，是很有实力的优秀顾客。

根据马可·波罗本人的诞生时间——1254 年以及其他标识来看，我们应将他第一次远行的出发时间定为 1260 年。这种梗概似乎强化了那些受发财心愿驱使的勇敢旅行家们的传说，但也可能掩饰着一个更为谨慎的决定。波罗氏的第三位兄弟，自称老马可，当时居住于君士坦丁堡。他们可能感到了威尼斯人是怎样在该城受到了威胁。佛兰德（La Flandre）的博杜安（Bandouin）政权尚未稳固。“尊贵的共和国”（威尼斯共和国）的公民在那里拥有其社团、军队和特权，他们都是很不得人心的占领者。此

① 马可·波罗于其书中讲到了 1250 年，其实他本人于这一年尚未出生。这里很可能是指一种简单的笔误，但也可能是一种文字游戏，以证明波罗氏曾最早在鞑靼人中旅行过，他们曾出发赴这些地区，而实际上却不存在佐证。但我们应重提一下，在 1260 年，也就是在波罗兄弟出发的那一年，柏朗嘉宾、阿思凌和鲁布鲁克都已经返回，他们的历史著作已经为人所熟知。

外，波罗氏曾得以搜集到了有关鞑靼及其地区的资料。因此，他们的远征是经过深思熟虑的。

波罗氏家庭商务收益不菲。在别儿哥那里，这些意大利人向鞑靼人送礼，鞑靼人回赠的礼品更加豪华。别儿哥热衷于招引新来的人。一年的时光就这样流逝了，而且过得非常愉快和有利可图。但在别儿哥与旭烈兀（Alaun，Hulagu，波斯蒙古汗国的缔造人）之间爆发了战争。这场冲突禁止了商人重新走上君士坦丁堡之路。他们突然间深入到了更向东的地方，走向了布哈拉。在那里偶然间遇到的旭烈兀的使节们，曾邀请他们前往他们自己君主的兄弟与宗主——“鞑靼大王爷”——忽必烈那里去。“海洋汗”从未见过拉丁人，很可能会对他们表示热烈欢迎。威尼斯人兴致勃勃地接受了这项邀请。无论如何，难道需要走一年的回程路吗?

在忽必烈的幕帐，波罗氏家族又获得了新的成功。两名兄弟受宠若惊，他们被大汗询问了有关西方的诸王和风俗习惯等内容。我们的英雄们很快就有点像宠臣一般了。更有甚者，忽必烈委托他们出使教皇。他要求教皇为他派去100名基督徒圣人，以便向“所有偶像崇拜者”（指佛教徒）证明，“偶像”均为魔鬼之物。他能富于理智地指出，基督教之法比他们的教法更优越。换言之，可汗用鞑靼人的神奇归化来诱惑他们，这正是萦绕欧洲人的一场噩梦，而欧洲过去又始终都会遭受失败。波罗氏又携带重礼，由通行证保护并由一名鞑靼男爵陪同。该陪同人于途中病倒，人们被迫于途中抛弃了他。但他们必须用不少于三年的时间，才到达阿迦城（Acre，阿克尔）的圣若望（Saint-Jean）那里。现在我们一下子跨越到1269年了。

当两名商人到达时，波罗氏获悉了教皇克莱芒四世（Clément Ⅳ）的逝世。因此，他们必须等待选出继任教皇。但教皇选举会长期拖延。教皇位空缺达三年之久，一直拖延到1271年。两兄弟等待得厌烦了，于是便从那里返回了威尼斯。尼哥罗在那里又获知了其妻的死亡，并发现他离开时的那个小幼儿马可已经变成一个 15 岁的小年轻人了，活泼可爱而又很有出息。这样就决定不来了，经过 10 年的旅行之后，两兄弟又出发了，至于马可，他将陪同未来的一次远行。他为了学习……共用了四分之一个世纪。

蒙古官吏马可·波罗

波罗父子又出发了。阿迦城的圣—若望、拉查佐，他们在那里收到了一种信息：新选出一名“希伯来人的教皇”。耶路撒冷王国的教皇特使梯博（Théobald de Piacenza）是一个思想开放的人，波罗氏恰恰曾与他在阿迦建立了友谊，此人刚刚被召到了圣彼得的教皇位置上。这个全新的教皇便是格列高利十世（Grégoire X），他召回了旅行家，并交给了他们一封致蒙古可汗的信。教廷本应该给他派去蒙古人所希望得到的 100 名圣人，却只给了他们两名修道人，为了归化大地一半以上的地区，教廷人手太少了。更有甚者，那些神职人员于途中放弃了其使命，因为他们被需要面对的灾难吓倒了。波罗氏商贾们的旅行，于这一次共持续了三年。

当他们三个人到达汗八里（Khanbalik，北京）的忽必烈宫廷时，从他们出使之始算起，已总共有 10 年的光阴流逝了。可汗似乎对他们出使的失败，以及他们的迟到，丝毫未感到不安。他对他们作出各种奉承，马可这个冒充高雅的人对此不会不感到自豪。更有甚者，可汗决定考验这个最年轻的人，交给他一项进行考察的使命。马可非常体面地完成了任务，以其报告的质量而引人注目，并且又作为自愿者而重新出现了。他刚刚进入了舞台。

忽必烈似乎对这个青年人表示了一种尊重与友谊，而且此人可能又对这一切大大地夸大了。他自我吹嘘，自己很好地完成了其使命，扮演了其“信使”的角色，并且在三年中充当了一座他从未提及其名称的城市的“王爷”。对其“出使”的描述从来都不甚明确。没有任何很具体的内容。某些人一下子把他作为可汗的私人谋臣和钦差，其他人仅把他视为收盐税的一名普通职员，也就是一个知县的助理。总而言之，他是一名蒙古人的小官吏。

马可·波罗忠实于其主，直至从事布道人的事业。当这名威尼斯人描述忽必烈（或者是当他讲到此人的祖父成吉思汗）时，他将可汗理想化了，认为此人表现得雍容华贵、仁慈宽厚。波罗氏笔下的“鞑靼人”更多地像是圆桌会议上的武士，而不是以屠杀所征服城市居民而度时光的人耳朵的搜集者。

还有一个更为神秘的情节。即夺取至今仍在抵抗可汗的“襄阳府”（Sanyanfu）之事。这件事发生在蒙古人夺取中国南方的三年之后，因为中国南方于此前还由被忽必烈驱逐的宋朝最后几位皇帝统治着。所以，我们现在是处于1270年左右。蒙古人面对三侧由水环绕、令人敬佩得无懈可击的防卫和备有充足生活必需品的城堡，简直是气得咬碎了牙齿。波罗氏向可汗自我吹嘘，声称能使该城心悦诚服地归附可汗。与他们在一起的有一名德国人和一名景教基督徒，他们很快地使人普遍感到惊讶地造成了两三架投石器，能将30磅的石块抛向空中。受困者被这些前所未见的机械吓呆了，立即就投降了①。实际上，这是马可·波罗向我们提供的可以填补他在中国度过的20年生活黑洞的唯一事件。这似乎是一种谎言或一种吹嘘……

我掌握的有某些具体情节的马可·波罗的唯一一次出使，正是将波罗氏带到威尼斯的那一次，许多已得到验证的情节都可以为其佐证。他们是思念家乡了吗？还是希望避免伴随老可汗的继承权而出现的动乱呢？尽管这三个人不停地祈求其主人放他们返归，但他们的海洋之主更喜欢提高他们的俸禄和报酬，而不肯接

---

① 除了某些年代上的困难和与中国史书相矛盾处之外，波罗氏的这种与其随从中的军事专家们一并散步的说法，始终令人质疑。特别是由于蒙古人肯定不会对这种战争机械一无所知。《寰宇记》中的这段文字也是由马可·波罗真正承认的唯一一种谎言。我们应理解作：这是其书中故意欺骗读者和似乎并不仅仅是其轻信的唯一时刻。

受他们的辞职。没有忽必烈的允许，人们就不能离开该帝国。一次机遇最终出现了。这就是将波罗氏变成护送公主出嫁的一次出使。

遗失的信息

事实上，波斯可汗与忽必烈侄孙的阿鲁浑兀鲁克可敦卜鲁霍剌（Bolgora）刚刚去世。她通过遗嘱而要求其丈夫只能与其族人中的一女子结婚。老鳏夫服从了亡妻的遗命，派遣三名男爵赴大汗处，以求大汗许给他一名伯牙吾惕（Baya'out）部的未婚妻。一位公主叫阔阔真（Cocacin），系纯真美貌的 17 岁少女，她各方面的条件正合适。这件事发生在 1291 年，恰逢马可・波罗从一次赴印度的"出使"归来，他的这次出使也如同其他出使一样，目的不明确[①]。阿鲁浑的这三位使者求饶似地请求忽必烈让他们返回，仍由"聪明的拉丁人"波罗氏陪同，忽必烈同意了这项请求。旅行家们将取道海路，陆路已由于军事动乱而被阻断了[②]。

阿鲁浑的男爵们非常喜欢波罗氏能与他们在一起，这项要求不应该使我们感到惊讶。"拉丁人使者"对于当时已经没有任何特殊意义了。阿鲁浑本人就曾多次遣使西方宫廷，并且既利用诸如拉班・扫玛那样的景教徒畏兀儿人为外交官，又利用热那亚

---

① 确切的时间具有某种意义。传说中认为，波罗氏的出使是于 1291 年春天出发的。然而，阿鲁浑薨逝于 1291 年 3 月 7 日。我们可以假定这些事件是这样展开的：阿鲁浑是在其使节返回波斯时或刚刚在此之前逝世的。其薨逝的消息，甚至是由蒙古驿站传递的，也可能是刚刚与他们失之交臂。阔阔真根本不知道她将下嫁一名已逝世的未婚夫。无论如何，《寰宇记》的行文使人猜测到，当波罗氏于 1293 年前后或 1294 年初到达波斯时，始终对阿鲁浑的薨逝一无所知。如果这一切是真实的话，那么我们就是面对着丝绸之路上的怪事之一：在某些道路上，信息可能传播得很快；在其他路线上，这些信息则要拖延数年。还有其他的解释：继阿鲁浑薨逝后的动乱如此之大，以至于再没有任何人想到关心来自中国的那个未婚妻了。

② 指使忽必烈与海都汗之间的冲突。

人——吉索尔夫的布斯卡尔（Buscarel de Gisolf）为他效劳。就在这同一年，“尊贵的共和国”（威尼斯共和国）甚至还遣使出使克里米亚金帐汗国的一名分裂派可汗。西方世界和蒙古世界又一次未曾等待马可·波罗便互相沟通。马可·波罗是一位伟大的信息传播员，而不是一名发现家。

在他们出发之前，忽必烈赐给波罗氏的厚礼，除了金牌①之外，还有大量金钱，以支付旅途的开销；分别致教皇、法国国王、西班牙国王和“其他基督教国家国王”们的信札。任何人都再未听到人谈论过这些书信。它们可能是被丢失了，或者是仅于四年之后才到达欧洲的这三个人，私毁了这些委托物。换言之，在他们于25年前第一次外交出使失败后，波罗氏可能使欧洲与蒙古帝国的大相会，又重新导致了失败。

这次远行的出发并非是一件微不足道的小事。他们共租用了不少于14艘四桅帆船。此外，波罗氏应对一名“蛮子国王的公主”负责，她当然是天姿国色。人们不知道，她为什么或为了谁才去陪行。

马可·波罗对于卫队的豪华和波罗氏的显赫非常自豪，他们具有“大王爷的气派”。他强调了拉丁人与两名美夫人之间的纯洁关系，她们对待他们就如同对待父母一般。“她们为他们所做的一切，就如同对待其亲生父母一般”。作为回报，波罗氏也以一种完全是慈父的警惕性保护她们。所有这一切却并不能阻止剧作家奥尼尔（O'Neill）想象，在马可·波罗与阔阔真之间的恋情。啊！又是一幕好莱坞（Hollywood）。

其续文就不那样太具有仙境特征了。富丽堂皇的大船队和卫队大张旗鼓地自刺桐（泉州）出发，在到达时却已所剩无几了。在远征队的600名成员中，共有582人死亡，尚且不计那些海员。经过三个月的航行才到达爪哇，又在印度洋中度过18个月，

① 这些金牌是一种通行证，曾多次出现在马可·波罗的游记中，我们于其继承人那里也发现了它们的踪迹。这至少是马可·波罗所介绍的一切之真实内容的一种物质证据。

这条航线很难复原，人们对于许多含糊不清的情节仍未完全理清。还有海盗们的攻击、由季风造成的翻船、瘟疫呢？马可·波罗对待这一切更为谨慎一些。

当该使团到达波斯汗宫廷中时，却获悉了阿鲁浑已逝世。据蒙古传说认为，阔阔真嫁给了其已故“未婚夫”的儿子——合赞（Ghazan）[①] 汗。马可·波罗明显不希望太久地耽搁，让阔阔真在其威尼斯“亲人”离开时痛哭流涕。

继此之后，他又用几行漫不经心的文字叙述了这次旅行的目的地——特拉布松（Trébizonde）、君士坦丁堡、内格罗蓬特（Négropont），最后是威尼斯。“波罗公司”（因为我们的这三位主人翁选择了一种典型的威尼斯式公司的司法形式，以集体名义来从事交易）被特拉布松当局没收了一船舱商品，它在数年中一直被扣押在索迈。

唯一一件可靠的事，是波罗远离了其出发之前的灾难，已经非常富裕地返回来了。许多公正的文件都证明了这一点，其家庭缔结的父系联姻文书也证明了这一点。那些小商人不会娶诸如巴多叶（Badoer）、多尔凡（Dolfin）或盖里尼（Querini）家庭的小姐。那些统计目录向我们证明，波罗的祖产包括几件珍贵物品。但如果与“尊贵的共和国”中某些公民的巨额资本相比较，那么这其中便没有任何神奇的色彩了。

这几乎就是我们对马可·波罗一生所知道的全部内容。在其父辈的旅行记与回程的记述之间，有一个 20 年的巨大黑洞。这个黑洞由一部旅行指南和一部漂亮的史学文集所填补。马可·波罗本人在我们更希望抓住他的时候，却悄然消失了。

① 人们更喜欢诱人的知识和能够想象我们的小阔阔真在交换中所赢得的一切。史学家们把合赞汗描述成一个矮小和特别丑陋的人。

《寰宇记》

如果历史人物马可·波罗周围笼罩着含糊不清的色彩；如果对其书行文的诠释，始终可以让我们自由地在一种历史说法，与另一种更具有犯亵渎圣罪或令人质疑的说法之间刻意地作出选择；如果他的传说酷似赋格曲的艺术，那么所有这一切实际上对于中世纪的读者来说，都无关紧要。对于马可·波罗来说，《寰宇记》已属于《奇迹》或《珍异记》一类奇书的范畴。他发现了他所追求的东西：奇异物产、神奇动物、奇怪的地区、不可理解的习俗、无法估量的财富。没有任何因素会允许人把马可·波罗作为一个神秘的玩世不恭之徒。他是属于其时代的人，倾向于根据其时代的精神，来诠释他所看到或听到的一切。

但马可·波罗并非是一个天真汉。因此，他驳斥了有关蝾螈（火鼠）的传说。他认为，这种能在火中生存下来的动物，根本就不存在。他询问其一位突厥人旅伴，人们在欣斤塔剌思（Chingitalas，一个未能比定的地名，可能在突厥斯坦，即曲先塔林）是怎样获得蝾螈绒毛的：人们从地下挖掘一种物产，经燃烧之后便能从中得到一些细丝纤维。大汗可能向教皇奉献一块这种火浣布棺罩，以做圣神的裹尸布（包裹耶稣之圣骸）。事实上，马可·波罗描述的只不过是石棉而已。

在爪哇，马可·波罗断然拒绝相信，犀牛会被童贞少女擒住。同样，他对于揭示所谓的木乃伊手的秘密，也不会感到沾沾自喜，因为有人试图以此而欺骗外来人。这都是爪哇的类人小猴，人们拔去了其身上的毛，然后再对它化装。

相反，我们的这位怀疑论者却连眼睛也不眨一下，便接受了苏门答腊的南巫里（Lambri）王国生尾人的说法，或者是安达曼（Andaman，Angaman，宴都蛮）群岛上的狗头食人生番的奇谈。马可·波罗有时也介绍“许多大奇迹”，人们很难理解其真正的基础，即使是遭到歪曲的基础也罢。所以，当他讲述到蒙古人首次试图征服日本国时，忽必烈的两员大将于此期间包围了保护某个岛屿的某些城堡。其中的一个城堡拒绝投降，蒙古人便斩杀了城中所有的居民。直到那时为止，这一切都显得很正常。但他们“杀死了所有的人，唯有对八个男人未曾这样做。这是由于这些人所拥有身藏石头之本领：因为他们每个人于手臂的肉层下都藏有一块石头”。当可汗的男爵们一举下令用石块杀死反叛者们的时候，便令人挖出了那些神奇的石头，而带有这些身藏奇石的人是无法用铁器杀死的。

人们发现马可·波罗严重轻信的例证，就如同他于此成了老兵的某种流言蜚语的受害者一般，但这始终是很罕见的。他更倾向于复述自己所遇到的神话，而他又无任何理由对此持怀疑态度。我们已经看到，他是怎样转引《亚历山大传奇》中的内容的：铁门、枯树、叼着含有金刚石之腐肉的雄鹰、《圣经》中的先知预言，或者是约翰长老的神话。他执著地要为此找到证据，从而完全反映了他对于历史学或真正地理学方面的期待。他于某一地点或某一历史情节中，辨认出了他期待要获得的东西。他解释的内容证明了主宰了他的基本信念。他所讲述的内容变成了人们所相信事实的补充证据。这一切与当时的其他大旅行家们，没有任何区别。

正如人们所预料的那样，马可·波罗对于那些神奇的宗教信徒很敏感。他相信在印度布道并死于那里的圣多玛（Saint Thomas）的历史。在大亚美尼亚，正如鲁布鲁克一样，马可·波罗也相信，诺亚方舟曾在毛夕里（Moussoul，摩苏尔）附近的一座大山的巅峰上搁浅。在波斯，他寻找祆教慕阇（Mages）国王们的墓葬，并且带回了一种有关他们的传说。继加斯帕尔（Gaspar）、梅尔希奥（Melchior）和伯沙撒（Balthazar）向他表示敬意并送上厚礼之后，圣婴耶稣作为回报，也送给他一种赠品，封在一个匣中。当三位旅行家发现，该匣中仅藏有一块普通石头时，他们便将之抛在一口水井的井底。但立即便有一团炽热的火焰降落到井底，并产生了一种巨大而又漂亮的火苗。自此之后，火苗始终在那里燃烧。由此而产生了一种对火的崇拜。马可·波罗丝毫不怀疑，类似的礼仪肯定是提示了琐罗亚斯德教(Zoroastrisme)。他也不怀疑这个永久火的故事诞生自一口石油井中，因为那里已经存在着这样的油井了。

明 教

另外一个故事说明，我们的这些威尼斯人肯定对摩尼教也不会了解得更透彻和更多一些。这是很容易理解的，因为明教当时几乎是秘密传播的。马可·波罗向我们介绍了这次相会的历史(它确实只在马可·波罗游记的唯一一种拉丁文本中出现过，从而使人怀疑有彼彼诺修士的一种干预)。福建（Fujian）的福州(Fugiu）地区，是该教派的最后一块避难地。在那里，马菲奥和马可·波罗听一名穆斯林学者讲到了那里的人“无人知法”，无论是回教徒、偶像崇拜者，还是火的崇拜者，他们都修持一种继承自先祖古老宗教信仰。因此，马可·波罗叔侄二人即将研究这种现象。开始时，这个奇特教派的成员们都不曾表现出高度热忱。他们害怕官府的某种控制。此后的气氛缓和了一些，人们最终向意大利人出示了那些“经文”，波罗氏完全可以翻译它们并将它们考证为《诗篇》。他们参观了教堂，这些调查人这次却辨认出了三位使徒的圣像。他们立即得出了结论：“你们如同我们一样，是基督徒”。威尼斯人继续其蠢话：他们想帮助自己假想中的这些同教教友，并劝告这些人与当局维持良好关系。蒙古人容忍宗教，但不容忍混乱或虚伪，他更愿意让一切事情都公之于众。

这件事情扩大化了。负责宗教事务的衙门接手了这件事。负责“偶像”事务的机构希望统计这个新的宗教团体，就如同对待佛教教派那样；那些负责基督教事务的机构也想把它置于自己的支配之下。为了使官吏们作出抉择，则必须在可汗面前进行一场教理大辨伪，再不需要更多的事了。忽必烈聆听了所有人的发言，最终却对双方的诡辩感到厌烦了。他颁布诏令，既然这些人对于波罗氏向他们揭示的一切都一清二楚了，并希望自己能被作为基督徒来看待，那就只好让事态如此吧！让他们享受与这种地位相关的特权，让可汗安静一些吧！骤然间，人们使未知信仰的信徒们的地位合法化了。如果相信马可·波罗之所说，那么这就是一次机缘，发现其措施触及到了分布在整个地区的70多万个家庭。70万！马可·波罗可能有点夸张。同样，有关摩尼教徒们似乎对自己所属的教理一无所知的事实，也会令人感到惊讶。相反，摩尼的信徒们于843年的大法难之后，于该地区又存在了四个多世纪，也未曾形成对真相的挑战。

中国12世纪初叶的一名史学家指出："闽中有习左道者，谓之明教。亦有明教经甚多，刻板摹印，妄取《道藏》中校定官衔赘其后"[①]。直到1957年，人们还在福建省距泉州（马可·波罗所说的刺桐）只有20公里处的草庵，发现一座摩尼寺，建于元代，甚至更早。其中有碑记和摩尼光佛圣像。很明显，在大法难时代[②]，一位明教（当时使用的摩尼教的汉文名称）的法师前来闽布教，这种宗教当时在那里可能已经拥有信徒了。摩尼教在那里可能一直残存到17世纪，但却是以一种隐蔽的形式，通过秘密会社，经过简化、修改和适应之后的金幢派[③]的伪装下，才残存下来的。正如在前几个世纪中一样，摩尼教进入中国，它善于与佛教和道教相结合。总而言之，我们必须将一种千年的残存[④]归于中国摩尼教，尽管存在着迫害，由马可·波罗叙述的事件，也仅仅是诸说混合和变化最频繁的一种宗教历史上的一个片断。

但我们的这个威尼斯人对于基督教的奇迹特别敏感。他在巴格达报告了一次美好的奇迹。哈里发曾威胁该城的基督徒们，如

① 陆游（1125—1209年）

② 指会昌法难（841—846年）。

③ 这是在明代于1582年创建的一个教派，一直延续到当代。

④ 当我们于1991年2月访问泉州草庵时，有人甚至向我们讲到了一种摩尼教的遗存物。我们无论如何也可以肯定，这种宗教激起了科学研究的复兴和某些幻觉。

果他们不能像其《福音书》所声称的那样，仅通过其信仰的力量而移动一座大山，那就要杀死他们或迫使他们接受伊斯兰教的归化。在经过基督徒们长时间地祈祷之后，巨大的石块通过神力干预而开始移动，哈里发被迫屈服了。在撒马儿罕，又出现了一种类似的情况。这一次，基督徒们受到了死亡威胁，除非是他们将其教堂的一块柱基石退还给撒拉逊人。在所限定期限的最后一天，仅仅通过祈祷的力量，这根柱子便在宫中摇摆起来了，从而动摇了柱基并使穆斯林们感到了满足。这个教化人的奇迹充满了混乱。

波罗氏并不喜欢“撒拉逊人”，或者是对他们持怀疑态度。他们“当然”会仇视基督徒，因为他们都很残暴和狡猾云云。《寰宇记》并未告知我们有关伊斯兰教的任何情况，尽管这三位威尼斯人在数十年中，曾与伊斯兰教徒们共同生活，对该宗教却毫不理解。

马可·波罗还遇到过丝绸之路上的其他宗教。他同样与喇嘛们生活在忽必烈的宫廷中，而喇嘛们却是精明的占卜师和预言家。他向我们描述了这个当时尚鲜为人知的宗教的巫师们所从事的巫术手段，但他在任何时候都不理解佛教的实质。然而，他叙述了“释迦牟尼不峫罕”（Sergamuni Borcam），即“释迦牟尼佛”的生平、佛陀的死、病和老的三大发现以及其出家之事。马可·波罗甚至还理解了生死轮回论信仰的某些基础知识。他是怀着高度尊重的心情来对待“觉者”的：“当然，如果他是基督徒，那么这就是与我主耶稣——基督并列的大圣徒”。但我们的作者，在任何时候，都似乎不知道一种名叫佛教的宗教的存在，而他于其长途跋涉中，却与该教成千上万的信徒们交往。在此情况下，他似乎相信该教是指锡兰岛所特有的一种偶像崇拜的形式。这种误解令人摸不着头脑，尤其是若与他对婆罗门教那相对确切的知识比较时，更为如此。但这是他与其他欧洲旅行家所共有的一个盲区，它部分地解释了西方在20多个世纪间对佛教几乎一无所知的原因。

马可·波罗傲慢地或者几乎是傲慢地蔑视景教。他仅满足于指出景教徒存在于突厥斯坦[1]，却又未觉得这件事尚值得作出更多的评论。

他特别证实了人们已知道的情况：普世的玄学辩论，连同骑马狩猎和屠杀战败地区的居民，形成了可汗们最喜欢的娱乐活动。我们的这位旅行家远未曾相信忽必烈可能会接受归化："如果那些能够向他宣讲我教信仰的人是由教皇派遣的，那么大汗就可能成为基督徒，因为某些人认为他具有成为基督徒的强大意愿"。

这难道是教皇可能暗示与尼古拉和马菲奥一并派向中国的"两名贤士"吗？

金 城

但谁会关心这一切呢？当人们讲到担罗跋摩国或赤铜邑（Taprobane，锡兰）时，读者便会期待根据《寰宇记》的传统，而列举其宝藏、对生长在树上或在地上搜集的宝石的描述。

许多神奇的财富、"大如人臂"的红宝石、钓珍珠的故事、"大理石和石块的浩大宫殿"，他从未见过的日本之精金城，波罗的记述中充满了这一切。但所有这些夸张的积累和东方的所有这些财富，可能不及鞑靼人使用纸币的真实新闻，会更使欧洲读者们感到惊讶。他对于从地下抽取的石油的描述，要比对雅朱者和马朱者人地区的描述更具有真实性，他对后者描述的权威性是以《以西结书》为基础的。

尽管其背景是真实的，《寰宇记》一书却并不比诸多《动物志》或百科全书的可靠性更大多少或更小多少，它在诸多皇家

---

① 有两个尚未考证清楚的地点：在喀喇和卓（Carachoco），土著居民似乎习惯于将其妻子借给行人，以作为好客的表示；在欣斤塔剌思（曲先塔林），人们在那里开采石棉。这种奇怪性习惯和火"燦"使他感到的惊讶程度，比景教徒们的存在更要大得多。

或世袭贵族图书馆中，都与这些书以邻相伴。那些具有妖魔一般野蛮人的神奇岛屿、蒙昧人国家的理想城邦，可以讨好中世纪的臆想，使之感到满足并能将欧洲本身的一种颠倒形象再反馈欧洲的一切，在其书中均不付阙如。

但该书中还有更多的情况，不仅仅是无限财富的诺言，或者是这些蒙古人的形象。书中还有马可·波罗这个人物的本身，尽管其中有许多含糊不清之处，或者正是由于这些含糊不清之处，它才适宜所有的猜测。它比所有的古代舆地学家们的记述之编纂更有血肉和风味，比涌向可汗宫廷的大批使节与福音传播人更具有不严肃的魅力。马可·波罗诞生于一个戴半截面具的国家[①]，他当然会戴面具了，他自己的面具或别人借给他的面具。他体现了个人冒险与13世纪欧洲文化所产生的神话故事资源的理想整合。他浸透着中世纪世界的诱惑力，并变成了第一位市民英雄，更具有创业性而不是好斗性，更为狡猾而不是怯弱。在他的世界里，有许多魔鬼和公主，但也有市场与国家。马可·波罗的生平是一种复原、一个迷宫、一系列必须于其中作出选择的交叉点。堂吉诃德（Quichotte）式的马可·波罗或桑科（Sancho）式的马可·波罗，具有全部勇敢行为的冒险家和能说一切谎言的吹牛者。

① 这是威尼斯狂欢节中的传统面具。

第十六章　伊斯兰教的旅行家

“任何聪明的人都不会不知道，这位谢赫（Cheikh，长老）是当代的旅行家。也就是说，‘他是该宗教或该穆斯林民族的旅行家’，那也不为言之有过矣！我们的这位谢赫曾将全世界作为其旅游的目的地，仅选择菲斯（Fez）为其居住地和祖国，这是经过漫长时间的远游之后。因为他已确信我主（真主保佑）是世界上诸国王中的最伟大者……赞扬造物主真主！这部著作的整理是于伊斯兰历（Hégire，希吉来历）757 年索法尔月（Safar，2 月）完成的。愿真主保佑转抄此书的人吧！”

最漫长的游历

伊斯兰历 757 年索法尔月，也就是公元 1356 年 2 月，奉摩洛哥苏丹的命令，秘书伊本·朱赞（Ibn Djozay）完成了对非常尊敬的谢赫穆罕默德·阿布·阿卜杜拉（Abou Abdallah），即伊本·白图泰（Ibn Batouta，又译伊本·拔图塔）的儿子那些回忆录的非常虔诚的整理。伊本·白图泰是大法学家，受哈里发的保护[1]。他曾多次完成赴麦加（La Mecque）的朝觐，是一个以其虔诚而驰名于世的人物。他确实堪称为菲斯及其苏丹的荣誉作出了贡献。因此，一道“庄严的命令”要求该旅行家，以忠实叙述所有可能会使人感到高兴并能教诲人的细节、奇异事物的方式，来口授其回忆录。当时委托非常称职的伊本·朱赞仔细地记录所有这些内容，并加入某些补充素材和做文笔方面的润色修饰。

这一切后来被称为“奉送给观察家们的礼物，叙述了诸多城市所提供的奇迹以及在旅行中遇到的奇迹”。这部著作同时形成了丝绸之路上最长和最完整的旅行日记，也是对一直延伸到印度尼西亚群岛中的所有伊斯兰教教团的真实统计。

该书的成功可能并非是一蹴而就和一致受到好评的。14 世纪末叶的伊本·赫勒敦（Ibn Khaldoun）叙述说，人们在菲斯宫廷中对上述奇迹略有怀疑，古代的某些阿拉伯优秀作家也把我们的主人翁当做十足的骗子。然而，光阴如梭，伊本·白图泰即将真正变成“伊斯兰教的旅行家”，他正是以这一绰号而在穆斯林国家变得小有名气起来的。但在欧洲，他又变成了“马可·波罗的阿拉伯对手”。

如果必须玩弄简单比较的游戏，那么这个摩洛哥人就会毫无困难地战胜那位威尼斯人。伊本·白图泰走过的道路，在今天至少要穿越 40 个国家的边境，距 10 万公里已相差无几了，这要比马可·波罗走过的路远三倍之多。

从马里到印度尼西亚，从俄罗斯到中国，在我们的这些商客、朝觐人、使节或者是我们的征服者中，没有任何人不会不对类似的远游感到自豪。从西向东，从丹吉尔（Tanger）到中国沿海的杭州府，也可以说是自海格立斯擎天柱（直布罗陀海峡）到丝绸之国，他游历了整个未知世界。至少，正如他自我确定的

---

① 在这个时代，菲斯的马林王朝人（Marinides）已经采用了哈里发的尊号，即信士的长官。

抱负那样，他看到了伊斯兰教的所有地区。我们还应该补充说明，很少有人会作如此长时间的旅行：他于1325年出发去朝觐，这在当时没有任何特殊的色彩，虔诚的考察者仅于1354年才真正放下行囊。这近30年的云游，既符合他所确定的到各地去拜访信教人的准则，也符合当时一整套非常冒险的情景。这就是一次独一无二的创举，甚至在人们具有另一种时间观念的时代也如此。

这样一来，伊本·白图泰就成了在摩洛哥和整个马格里布地区的英雄，他在那里的著名程度也如同在这里被不公正地为人所鲜知一样。此外，由于我们的这个人物具有远不如马可·波罗那样的无限虚妄，所以也没有任何因素反对他受到过多的赞扬或宣扬他的荣耀。尤其是因为，伊本·白图泰既不缺少高昂的热情，又不缺乏充分的诱惑力。他到处都享受到了伊斯兰教的好客之欢迎，对于赢得信教人或负责帮助朝觐人的教友们的鼎力相助，能相当称职地找到保护人；他相当具有外交家的风度，从而不激怒这些人。他很快就以他的存在受到权势人物的欢迎而极负盛名，从而引起了人们的同情，他也觉得自己不会使子女们感到不快。除了所有这一切之外，还有一种非常真实的智慧、一种不可否认的胆识和许多运气，这就是他完成其他任何人都未走过的行程之王牌。

朝觐人与先驱

即使是被压缩成最简单的概述，伊本·白图泰的远行也会使人联想到美梦的全部力量。一部朝觐人的记述，是比较传统的文学体裁，如同一部游记（rilha）一般地开始。其书如同一部跳跃性的文字游记，但它也如同是发展成了14世纪上半叶的一幅世界地图一般。

一切都以几乎是正常的方式开始的。一名有文化修养的柏柏尔族青年，出生于良家，却无家产，离开了其故乡丹吉尔城

(他于 1304 年诞生于那里)。他决定访问所有圣地。22 岁时，他从事赴麦加的朝觐，途经埃及和叙利亚，并随骆驼队前进。这第一位哈吉（哈只，hadj，朝觐人）于 1326 年完成了其朝觐。继此之后，他一直前进到耶路撒冷。于次年又一次赴麦加朝觐之前，他还曾前往波斯和伊拉克。他于圣城居住三年，并且又最新一次决定继续“发现”伊斯兰教团。这就是也门（Yémen)、东非、阿拉伯半岛、海湾，又第三次经过了麦加。

至此为止，伊本·白图泰的旅行路线仍可与其多位先驱的旅行路线具有可比性。一个世纪之前，另外一名旅行家作家伊本·朱拜尔（Ibn Djobeir，我们的这位文人伊本·白图泰曾潜心地研读过他的著作）也曾一直行进到麦加以远地区，以游览阿拉伯半岛。他由此而写成了一部名著。但伊本·白图泰所做的更多：他穿越了土耳其和整个小亚细亚地区。这个摩洛哥人在与许多虔诚的人接触时，已经开始享有一种旅行家和学富五车的圣贤的名气了。

伊本·白图泰自己又负责率领一个外交使团，从而使他一直到达君士坦丁堡。

这一次，确实是一次大冒险：斡罗思草原和呼罗珊。在斡罗思（俄罗斯)，他曾一度对于进入北方的黑暗地区，犹豫不决。他由于被那些曾在这些可怕地带流传的故事以及在那里肆虐的寒流而吓得后退了，最终放弃了这项计划。随着他越接近北极圈夜间变得越短，从而使他感到非常不安。他在规定的时间，怎样作礼仪性祈祷呢？因为北极圈里没有夜间。

他前往印度，并在那里住了数年时光，以效力于德里苏丹(算端)。德里苏丹派遣伊本·白图泰作为出使中国的使节。该使节的工作进展得很糟。因为在古里（Calicut)，伊本·白图泰在一场风暴中，将其携带的进献中国皇帝的礼物尽数丧失，并且被人偷去了所有财物。他必须以在穆斯林苏丹国为新保护人效力的手段，而重新聚敛财富。继此之后便是某些含糊不清和动荡不安的故事情节，但他却最终到达了南印度、马尔代夫、锡兰、印度尼西亚、东京湾和中国内地，他甚至声称一直到达北京。然后便是经由安曼和霍尔木兹、巴士拉、巴格达、大马士革和开罗……的漫长回程路。此外，再加上赴麦加朝觐的时间，他于1349年返回菲斯。这尚不算完，他这一次在真正返回之前，又去游览了西班牙和苏丹诸国。

事实上，伊本·白图泰访问了当时已知的所有的伊斯兰教教团，或者几乎是所有的教团。这是一种与作为阿拔斯人荣耀的那种教团完全不同的伊斯兰教，它同时是分裂的，又是深深扎根于民间的。它如此根深蒂固，以至于它在一个世纪期间，消除了蒙古征服的冲击波并赢得了新的世界之主的支持。

在这个大分化的时期，我们却可以区别出几块较大的领地。如果将穆斯林的存在受到威胁的西班牙、伊斯兰的存在尚很脆弱的上部撒哈拉非洲除外，那么伊本·白图泰主要就是经过了伊斯兰教的四大地区。其中包括马格里布，由马林王朝的人（Mérinides）和哈夫斯朝的人（Hafsides）正在争夺它[①]。在最东部便是印度，系征服所得的土地。从小亚细亚到中亚，便是蒙古帝国，特别是被大幅度地伊斯兰教化的波斯伊利汗国的领土，但该汗国在等待瘸子帖木儿（Tamerlan）降临时，却分裂了。

自阿拔斯哈里发国垮台之后，伊斯兰教的中心便转移了。埃及的玛木克鲁王朝人（Mamelouks，奴隶王朝的人）曾得以阻止蒙古人于1260年向加利利（Galiliée）的叙利亚边境推进。这是那些突厥人的旧奴隶们的势力增长的一段插曲，他们形成了埃及的一支精锐部队。他们都被伊斯兰教化了，并且形成了一个军人部族，最终于1254年推翻了阿尤布王朝苏丹（Sultans ayyoubides）。奴隶王朝的人扶植了一位挂名的傀儡哈里发，也就是避难于开罗的阿拔斯人的一名后裔。他们现在面对蒙古人有了一道伊斯兰教的屏障壁垒。此外，他们是否证明了这些魔鬼是不

---

① 马林王朝的人于12世纪末—1465年间统治了马格里布，立都于菲斯。哈夫斯朝的人于1228—1574年统治了易弗里几亚（Ifriqya）。Ifriqya出自拉丁人所说的古非洲Africa，指包括于今突尼斯在内的这整片领土的名称。

可见的呢？但奴隶王朝的军事寡头政治继续以大量阴谋和宫廷革命，而行使一种权力，唯有奥斯曼突厥人才于16世纪用大炮消灭了他们。当时抵抗蒙古人的玛木鲁克王朝人，就如同过去抵抗十字军东征和后来抵抗瘸子帖木儿的人一样，明显都是军人。但这并不妨碍他们促进一种艺术复兴，或者是理解贸易的必要性。开罗、大马士革、阿勒颇（Alep）都是丝绸之路上的交叉点，与沙漠客店网络相沟通。它们向欧洲传播东方产品；根据军事网络的关系，尤其是向印度洋地区倾销东方产品。这就是那位伊斯兰旅行家活动的背景。

编书匠与贤士

但伊本·白图泰真正的旅行路线是怎样的走向呢？就如同马可·波罗在描述一个他从未到达过的日本国时所获得的巨大成功一样，伊本·白图泰这个著名的入华使节，其叙述的内容是否比他亲眼见过的东西更多呢？我们似乎基本可以确定，他曾到过刺桐（泉州）。对于其余者，某些人却怀疑他是否完成了他所描述过的所有旅行。他是否越过了这个庞大的接待港呢！那里特别对阿拉伯旅行家们表现出了好客。他是否一直抵达了行在（Khanza）呢？有可能。广州呢？更难相信。北京呢？所有人都几乎异口同声地指出绝无可能。在年代上和在他描述过的路程中，有许多是不能成立的事。这非常令人遗憾，因为伊本·白图泰向我们提供了有关皇宫、北京一位负责穆斯林事务的谢赫，特别是有关他自称曾出席可汗葬礼的许多细节。事实上，他向我们叙述说，君主为了去平息一次叛乱，而在一场战斗中遇难，人们将其尸体搬运了回去。这个故事情节颇为令人质疑，其时间也不可能被断于这个时代。因此伊本·白图泰就如同所有人一样，他可能曾亲眼目睹过殡葬礼仪。如果他从其他地方抄袭了这种对殡葬礼仪的描述，那么它同样也不失明确。

“人们为可汗掘一大陵寝（nâoûs），它实际上是一座地下府宅，一座地下宫殿。人们在那里铺开了豪华的地毯，将可汗及其兵械陈殓在那里。人们还在那里摆放了其宫中的全套金银餐具、四名少女奴婢和六名最显要的奴隶[①]，他们手执盛满饮料的杯子。后来，人们又封闭了地下室的门，再用泥土覆填，从而使之酷似一个高大的土丘。人们又牵来四匹马，迫使它们在苏丹墓附近奔驰，一直到它们因疲劳而停蹄为止。人们于是又在陵寝附近树起一大根木柱或木梁，木梁上悬挂着这些马匹，再从马匹的后部插入一块木头，直至从他们嘴中穿透出来为止”。

墓冢[②]、财宝、祭马，这就是一名蒙古头人葬礼的典型组成部分。至于活人陪葬的恐怖习俗之细节，它却不但使我们的这位作家感到惶惑，因为他已听人讲到过非洲的类似仪轨，当时人们在将被用于祭祀的人与其主人合葬之前，要斩断其手脚；更有甚者，伊本·白图泰认识一名居住在尼日尔的人，他必须为他自己的那个不肯有幸于墓中陪葬其头人的儿子交钱。

经过这场恐怖性的礼仪之后，被正在蔓延的内战吓坏的伊本·白图泰，只好又一次离开了。所有这一切都充满了那些可以启发人产生信仰，但却仅仅是向另一位未知名作者借鉴的具体情节。

伊本·白图泰是剽袭者吗？剽袭者是一种很近代的概念。即使那名摩洛哥人，也可能是为了解释其生命中一个略显模糊不清的时期，将一次在北京杜撰的旅行归于自己名下，抄袭的事实也不具与我们当代相同的意义。伊本·白图泰又重复了其他作家们的几段文字，特别是伊本·朱拜尔书中的几段文字。伊本·白图泰很可能是出于对其前人作品的过分信任，才将一座当他经过那里时尚不存在的佛塔，归结到了亚历山大港的灯塔；或者是他将一种圆锥形归于了埃及的金字塔。他还重复了一种古老的传说，即认为金字塔应断代为诺亚洪水之前，有一名埃及法老王

---

① 我们应理解作“武士们”。

② 或者更确切地说是一个坟堆，即库尔干（Kourgan），以使用一个用于指中亚类似陵丘的名称。

(Pharaon) 将世界上的所有知识都封闭于塔中了。

伊本·白图泰书中除了其借鉴、其抄写者的错误和在中国旅行章节那可能存在的吹嘘之外，他也不会忽略介绍某些道听途说的传闻。他在这方面尚不及大部分旅行家。他比马可·波罗的轻信不多也不少。但他们的共同点，便是有时会在同样的地点听到同样的历史故事。某些历史故事对于旅行家们来说，酷似轶事传说，其他的那些则触及到了某些更为深刻的神话。

在锡兰,也就是阿拉伯人所说的细轮叠(Serendib),伊本·白图泰完成了攀登亚当峰 (Pic d'Adam) 的旅行，艰难地攀山麓而上，手抓紧固定在山岩上的铁索，并且一再重复说："真主就是真主"，以消除他那空虚的恐怖。又有一次，一切相吻合：有一个辛伯达岛，那里于山峰附近有一个亚历山大洞，那位伊斯兰教徒旅行家在那里停留了三天。那里有由佛教徒们礼佛进香之人描述过的大山，并由马可·波罗描述过对这些山岩的攀援……那里主要是"一只尊贵脚的脚印"，这是每种宗教都可以用自己的方式辨认的圣迹。其中还有伊本·白图泰无法杜撰的某些小细节。在镌刻下了颇受尊敬的脚印的山崖上，人们共凿了九个坑，朝觐者们在那里抛撒下了珍珠、黄金或红宝石供品。这正是当地的"苦行僧" (fakirs) 们迫不及待地要获得的东西。伊本·白图泰发现了几块小宝石和少许黄金，他以此充作导游人的小费。

最后的传奇

雅朱者和马朱者人终于相会了。伊本·白图泰告诉我们说，在雅朱者 (Yedjudj) 和马朱者 (Medjudj) 人的长城之外，还生活着许多异教徒的游牧民族，他们居住在草原中，吞噬他们可以抓到的人。因此，人们从未遇过曾越过长城的人，或者是自我吹嘘曾亲眼目睹过在那里发生的一切的人。

大鹏鸟 (rokh) 是一种飞行魔怪，它如此之大，以至于它以猎狩幼象来育雏。我们的这位旅行家比只见过一尾大鹏鸟羽毛的马可·波罗的运气要好得多，他亲眼见到过这种鸟。归根结底，他们所讲的内容都基本相同。伊本·白图泰当时正从刺桐返回南中国海。他乘一艘帆船扬帆驶向印度。因为在该海上，人们只能乘中国船航行，但其船组人员却都是穆斯林。人们自一个半月之前便出发了，再无法知道大海将他们带到哪里。完全如同在辛伯达的记述中一样，海上突然间出现了一个灰暗色的巨形物，酷似一座珊瑚岛。船组人员被吓晕了，他们纷纷向安拉忏悔，祈求仁慈的主阻止大风将他们吹向这个海礁物。恐惧情绪同样波及乘客中了。伊本·白图泰记述说："商客们许诺了诸多施舍，我亲手为他们记录在一个本子中。大风略有平息，我们于太阳升起时，发现了那个在空中或大气中高高耸立的山包。我们辨认出了它与大海之间闪烁的日光。众生都对此感到非常惊讶。我发现那些水手们在哭泣，互道永别。我于是便问：'你们怎么了？'他们回答我说：'毫无疑问，被我们误作一座大山的东西，本是一只大鹏鸟。如果它看到了我们，它必会消灭我们，它当时距帆船不足10海里。后来，至高无上的真主慈悲地给我们送来了一股好风，使我们绕过了大鹏鸟的方向。因此，我们再看不到它了，丝毫不知道其真正的形状了。'"

同时代的一名欧洲旅行家——赴印度的传教士儒尔丹·卡塔拉（Jourdain Cathala），同样也搜集了许多证据。大鹏鸟"如此之大，以至于它们可以很容易地将一只大象抓在空中。我本人曾遇到过某个亲眼见过一只此种鸟的人，仅一只翅膀长便可达80掌尺（palme，罗马长度单位，合0.74米。——译者）。"

还有另一种旅行的大神话，伊本·白图泰为此只提供了其可能性的开头部分，这就是女国的神话，系指阿马宗人（Amazone）王国的一种伊斯兰教的异本。他将该王国置于了占婆（Champa），即今越南的南部。这是一个其女子也如同男子一样骑马作战的国家。这位伊斯兰教的旅行家在那里会见了乌儿都佳（Ordoudja）公主，其父王将此地作为封地而赐给了她，伊本·白图泰正好是在那里登陆的。乌儿都佳公主令人将这个外国人带去，因为人们把他描述成了某一种宗教的信徒。公主操突厥语并且擅长用阿拉伯字书写，以至于他们可以互相对话。公主喜欢挑起事端，冒充好汉。她还在伊本·白图泰面前吹嘘，说自己很快即将征服胡椒之国，也就是马拉巴尔这个印度省份。有人向那名摩洛哥人叙述了女君主是怎样参加战斗的，她并非是最后一个带回一颗战利品人头颅的。还有人告诉他说，她只会嫁给能够在战斗中战胜她的男人，正如在《一千零一夜》中的诸多故事以及在《寰宇记》中的那名好斗的公主那样。伊本·白图泰明显对这个令人可怕的女人不太放心，他于是便携带礼物、衣服、食品和香料又出发了。

伊本·白图泰还遇到过那些著名的狗头人身人，或者至少是长有"如同狗嘴巴"的嘴的长毛人，或者是性欲过度的人。从上古时代到商人苏莱曼（Soleiman）的游记，甚至是直到辛伯达的故事，大家尚且不要忘记马可·波罗，我们的狗头人肯定都变成不可避免的事实了。伊本·白图泰对此所提供的描述，始终停留在真实的边缘上。

要比一头大象的头还要大许多的犀牛头、会飞的蚂蟥和其他奇迹，也出现在伊本·白图泰的游记著作中了。他没有必要必须为一切作保：有人告诉他说，他自己觉得应该如此，便作了报告……当他征引其同时代的人非常熟悉的某种奇迹时，便表现得比旅行中的普通人还要谨慎得多。

奇迹与巫术

还有其他一些异事，我们的这位虔诚的旅行家反应非常迟钝。所有这一切都在不同程度上使人联想到了巫术；或者是偶像崇拜者们的其他行为。某一天，正当他行使其法官的职能时，在印度的一次大饥荒中，有人将一个被人怀疑吞噬了其孩子心脏的女人带到了他面前。这应该是一个告密者、一个女巫师，因为在该地区，他们的习惯就是以吞噬人心为生。伊本·白图泰根据神意裁判而让世俗当局去惩罚她。受刑者在腿部和拳部被绑上了四个装满水的罐子，然后投进了河流中。如果她漂浮起来，那么她就将被宣布为女巫师。这就是所发生的一切。因此，这个不幸的女子被活焚了。“全城居民，无论男女，就闻风而至地搜集其骨灰。因为这些人声称，任何以此骨灰作熏疗的人，都会安全地在全年中预防巫师们的魔法”。正如我们所看到的那样，伊本·白图泰并非是始终都厌恶恐惧的情节。

在印度的情况也如此。这个讲述故事的人面对着瑜伽行者及其业绩，以及他认为是魔鬼之表现或基本上是其表现的任何事。某一天，苏丹把他召去，以出席一次灵通轻升表演。事实上，一名瑜伽行者跪在那里，又自身上升到空中。突然间，伊本·白图泰昏晕过去了，必须使他苏醒过来。这就使他可以出席新的一轮比赛。第二个人物，即轻升空中的表演师，此人从其背包中抽出一只便鞋。鞋子也上升到了空中，到达了飞行中的瑜伽行者的颈部，并通过轻轻地敲打而使他重新落地，就如同是一把锤子将一根钉子砸进物体中一样。伊本·白图泰对于这种滑稽事毫不感兴趣，他由于受惊而病倒了。

在中国，一名杂要艺人使一根绳子竖了起来，而又没有任何东西使之固定。杂要艺人让一个孩子爬了上去，并假装将他切成碎块。随后，在一阵阵欢呼声中，他重新组合了那个孩子的身体，孩子又一举重新站了起来。这是幻术师的一种手段，其中没有任何神力的介入。伊本·白图泰同意了这种观点。然而，这场表演却使他产生了惊心动魄的惊悸，则必须对他实施紧急治疗。此外，他所看到能脚踹火盆和吞食炽热炭火的走江湖的魔术师们，也绝不会使他感到放心。他同样还介绍说，苏门答腊的樟脑并非优质上乘，因为人们于其树下作活人祭祀。

全面来看，当人们向他介绍偶像崇拜信徒们的某种魔法时，他更应该是持怀疑态度。但真主的力量进行了干预，这一点已由偶像崇拜信徒们所证实。他为什么要怀疑呢？所以，马尔代夫—锡兰附近的这些群岛上的人，至今仍信仰穆斯林们的宗教。他介绍了这些人是怎么接受基督宗教归化的。过去，居民们都是偶像崇拜者，生活在一种每个月都在海上出现的魔鬼的恐怖之中。“它酷似一只挂满灯笼的船。土著人的习惯是，当他们一旦发现它，便找一个童贞少女，将她打扮好之后，便把她带到一个佛寺（boudhanah）中去，也就是说把她带到了一座供偶像的殿堂中。殿堂建于海滨，有一个供人遥望大海的窗户。他们让她于夜间留在那里，于清晨再返回。他们于是便使那个少女失去了童贞，并死亡了。”

此时便出现了一名旅行家，即一名虔诚的柏柏尔人，心中牢记《古兰经》，并答应使居民们摆脱这个厄运。在那个决定命运的决斗夜间，他让人关闭在魔鬼前来寻找受害者的小房间中，也就是童贞少女住过的地方。在整个夜间，他都在不停地诵读《古兰经》，什么事故也没有发生。下一个月，该国之主接受了伊斯兰教的归化。魔鬼最终放弃了劣行，全体居民都选择了真正的宗教信仰。这就是伊本·白图泰非常喜欢的一个教化人的故事。

事实上，如果真有一种使伊本·白图泰感兴趣的奇迹般的事发生，那就是伊斯兰教的奇迹。他提到了一棵神奇的树，其叶子上刻有伊斯兰教的真言：“唯有真主才是上帝，穆罕默德为其使者”。他于此又介绍了一名谢赫是怎样奇迹般地引导某些异教徒悔过自新的。因为这些异教徒们于某一天正在陪同他，他们只能在形成坚定信念之后，才能站起来或离去。这又是一种具有前兆性的梦，一种神的幻觉，一种由诵读《古兰经》的章节而造成的奇迹，或者是有关易卜拉欣（Abraham）、以撒（Isaac）和雅各（Jacob）墓的某种神奇传说。

因为伊本·白图泰至少是在长途旅行的第一阶段，是一名不知疲倦的参拜圣地者，也是一位永不满足的求知者，始终准备去拜访某位圣人贤达。多次成为“哈吉”（hadj）或“朝觐人”，并且多次脚踏圣地，那可不能算一件小事。在伊斯兰教国家，这一点最受尊崇。伊本·白图泰自吹也受到了基督徒们的尊重。他就这一问题而叙述了一件相当美好的轶事，但史学家们却对此略有质疑。1332 年，那位于此开始其“外交”生涯的朝觐人，陪同着一位公主前来。这里是指阿斯特拉罕（Astrakhan）苏丹的一名基督徒公主，很可能是拜占庭皇帝的私生女，她希望重新见到其生身父亲。伊本·白图泰利用了这一机会及其保护，以将君士坦丁堡也纳入到其行程表中了。他不会受到信任，其撒拉逊人的缠头巾使他到处都招致人们投去不信任和好奇目光。然而，拜占庭帝国的皇帝安德罗尼克三世（Andronic Ⅲ）非常友好地接待了这名远来的旅行家。

伊本·白图泰在一名导游的陪同下游历了该城。他告诉我们说，他突然间遇到了皇帝的父亲，这是一个年迈的老人。老翁为了修道而禅让了皇位，并建筑了一座修院。老人询问这名撒拉逊人从事什么营生。有人向他作了解释。他于是便将伊本·白图泰召到了自己身边，并通过翻译宣布说：“告诉这个撒拉逊人，也就是说告诉这个我紧握其手的穆斯林，他进入过耶路撒冷，其脚曾踏过萨赫莱清真寺（Sakrah，岩石清真寺）[1]，曾在圣墓（Saint-Sépulcre）和伯利恒（Bethléem）行走过”。其后，伊本·白图泰又具体解释说：“讲完这一切之后，他便将其手放在我的脚上，随后又将其手转向我的面部。我对于这些人向进入其地区的另一种宗教信徒们采用的亲善看法表示惊讶”。老君主随后又让朝觐人用手牵着他而行走。这是伊本·白图泰以最轰动的姿态，表现出了出没于圣址为他带来的名望。

圣洁的报酬

伊本·白图泰编制了他个人功德的一份真正目录。因为，我们的这位旅行家越是与虔诚的人交往，并来往于圣址，就越会获得名望和受到尊重。其商人的本领，再加上评论家的才华，都突

① 指欧迈尔清真寺中的岩石，它也是供奉雅各的清真寺。

出地证明，在伊本·白图泰一生的第二个阶段，他始终是以这种名望而生活的。从一名保护人到另一名，他始终由某位穆斯林君主供养，君主使他饱获赐礼，或者是赏赐给他某种荣誉职务。他于此获得了数座村庄的税收；在那里又向某位主子送礼，而且还清楚地知道后者除了百倍还礼之外，别无其他事可做。他利用另一次机会，又祈求苏丹替他还债，或者是倒卖王家礼物。

在所有情况下，他都清楚地知道，他那“法官”的尊号，在一个小王国中，会使他赢得苏丹立即的邀请，伊斯兰教的好客行为也必然会使他得到某些好处。他于是便开始为不同的穆斯林国王们效劳，或作为法官、或作为使节；他有时也参与军事活动，而他又不具备特殊的军事才能。他的身份始终在靠教团施舍生活的人和贤明顾问之间徘徊。他更多地是以其寻求保护人的艺术，而不是以其工作业绩为生。人们甚至发现他非常善于阿谀奉承，曾写过一首赞扬某位他期待获得恩惠的主子的赞美诗。他对于请求别人的行为并不感到羞耻，对于叙述这一切也不会感到难为情。这样一来，他便在德里苏丹的脚下失去了声望。当从贵人的嘴中跌落出每句好话时，他都会吻苏丹的手。该苏丹以其对待客人的宽厚而著称于世，甚至禁止人们使用他觉得会伤害客人的外来词，来指出来自其他地方的穆斯林。苏丹命令人们只谈论“名人”。这就使伊本·白图泰感到非常中意，因为他只依靠施舍、封地和俸禄生活。

对于他的财产，伊本·白图泰在开始时一无所有，曾多次又失掉自己所获得的东西。由于他并不厌恶这些具体的细节，或者是向我们讲述其钱财的状况，所以我们知道，直至其最后一件礼服，他都应归于权势施主们的慷慨相赠。在马尔代夫，一位维齐尔（Vizir），即宫廷大臣或丞相，送给了他最美味的饭肴、一个花园、一座住宅、许多丝绸和一名年轻的女仆，并把选择少女的权力留给了他自己。伊本·白图泰决定选择了一名马拉塔女子（Maharatte），因为他了解该民族少女们的爱情素质。他恰恰不是一名禁欲者。他非常高兴地接受了那些娇美的妾或夫人，即使是临时的也罢（他于其长途旅行中，一共曾六次结婚）。

这张救助伊斯兰土地上的教友兄弟们的大网，以比较简朴的方式，绝不会放弃赞助这位旅行家。例如，在亚历山大港，有一位著名的伊麻目曾对他说："真主保佑，你必须去拜访我在印度的兄弟法立德·埃丁（Férid eddin）、我在信德[1]的兄弟——撒迦利亚（Zacharia）的儿子罗恩（Roen），以及我在中国的兄弟包尔汉·艾丁（Borhan eddin）。当你看到他们后，请以我的名义向他们致意"。此外，他又把一笔钱交给了朝觐者，以便于其事业中帮助他。这是一个教团的慷慨行为与分散组织的典型特征，该教团从不会忘怀自己教团的成员。人们绝不会相当多地重复诉说，尤其是在这个时代，一个商人和国外流亡者的网络会怎样把已知世界联系在一起的；而在一个我们无法想象的具有无限世界性和灵活性的世界中，这些密切的友谊关系该是多么强大啊！

伊本·白图泰声称，在中国的每座城市中，都有一名谢赫（Cheikh，长老）和一名卡迪（Cadi，教法官），以处理穆斯林们的事务，这无疑是夸大其词。但伊斯兰教教团的立足，正如他到处向我们所描述的那样，则是相当可观的。他于其长途跋涉之中，有时曾会指出过基督徒或犹太人的存在（直到中国），但他始终都必然要提到穆斯林。

他遇到与之有过共同关系的某些人，他甚至曾与他们交错而过。我们在阅读其书时，甚至还会感觉到整个伊斯兰教社团（麦加那穆斯林教团，Oume）都与他有关系，消息在那里流传得很快。他提到了许多异国的穆斯林民族，其中最大的穆斯林民族集团之一，便是中国刺桐的那一个，主要是由波斯人组成。在伊本·白图泰经过那里的11年之后，即1357年，这个拥有自己的乡勇的社团反叛了，并于数年间抵抗皇家当局。伊斯兰教到处都存在，但只有很少文献会像伊本·白图泰的著作那样，能权衡其势力。

① 信德在今巴基斯坦南部。

伊斯兰教教团

但那位朝觐人所浏览的，则是一种已分裂的伊斯兰教。

伊斯兰教占大多数的逊尼教派当时正面对着什叶派的对抗。阿萨辛派（暗杀派）以其极端的形式出现，它被蒙古人根绝了，因为蒙古人不允许一个特别具有颠覆性的俗权。然而，某些山老派的忠实信徒、伊斯玛仪派成员似乎又残存下来了，有的变成了为叙利亚苏丹效力的雇佣军。他们对于死亡的蔑视程度并未随着时间的推移而削弱，因为只要他们去完成其使命，便始终都会以牺牲其生命的同样轻松心情来接受任务。因此，这都是一些职业杀手，特别受在叙利亚边境以外的暗杀团的器重，他们能熟练地使用其毒刀。在接受这样一项使命之前，他们会收到其喋血的代价。如果他们能存活下来，那么他们在返回时就会收到其佣金；如果他们死亡了，那么他们的儿子就会作为遗产而保留这笔钱。但伊本·白图泰可能夸大了这段黑色浪漫的故事，其中应该是只涉及少数失望者。正在衰败中的伊斯玛仪什叶派，除了在印度的某些分支之外，并不是最会引起人们注意的教派。对于全部逊尼派信徒，尤其是对于捍卫正统奴隶王朝的人来说，其危险则是被称为“十二伊麻目教派”的什叶派（Chiisme dit duodécimain），或者是伊麻目派（imamisme）的什叶派。

波斯蒙古人伊利汗保护了伊本·白图泰，并最终接受了归化。伊利汗国于1334年的分裂以及继此之后的混乱状态，并未阻止伊麻目教派的发展。我们还应补充说明，大概就在同一时代，蒙古四大汗国中的两个，从此之后便不再与中国的大汗保持联系了，真正地变成了穆斯林国家。所谓的“察合台汗国”（Djagatay）的势力最早在突厥斯坦，现在已经从河中府（Transoxiane）扩大到了可失哈耳（Kachgarie，喀什）。它虽已分裂，但在一名强大可汗——未来的瘸子帖木儿的叔父秃黑鲁·帖木儿（Toughlouk Timour）的推动下，信奉了伊斯兰教。最后一个蒙古汗国——伏尔加河流域的金帐汗国（Horde d'Or）同样也信仰了伊斯兰教，其人口中的突厥成分占突出地位。

所有这一切却不是在一日间完成的，并且是在可汗们经常实施的宗教平衡政策保护下才产生的，伊斯兰教受到了其他宗教的竞争。总而言之，丝绸之路上的伊斯兰化仍在继续，但却既没有一个中央当局，也没有阿拔斯哈里发国所代表的统一因素。伊本·白图泰对于这些分裂很敏感。有一次，在黑海畔的锡诺普（Sinope），他差一点被当作一名“拒绝者”或“拒绝派信徒”，正如逊尼派信徒们称呼什叶派信徒那样。为了证明他不属于什叶派，伊本·白图泰吃了一只兔子，一名什叶派信徒是绝对不会这样做的。他还叙述了由阿富汗的赫拉特苏丹挫败一次叛乱的事件。伊本·白图泰本人是逊尼派的马立克教派信徒，他指出他所遇到的人物均属于逊尼派的这次叛乱的人（马立克教法派、沙斐仪教法派和罕百里学派的信徒）。

德里苏丹

在旅行家伊本·白图泰的生平中，另一种重要因素是他在某些站程的停留时间。其中的一站很特殊。这就是他为德里苏丹效劳而在那里度过的七年。我们由此便可以看到，他是向预料不到的方向长途旅行的。他应该将这一切归功于其个人那具有丰富旅行经验的名望。这种名望从此之后，便如同其虔诚的品德一样，永远不会被人遗忘。伊本·白图泰相当喜欢重提它们，他被奉为一位著名的法学家。

事实上，在伊本·白图泰旅行的第二阶段，他显得如同是一个完全不同的人了：更具世俗性和更具政治性，成了一种具有国际名望的顾问。这个人从此之后便可以名列无数外国官员之中：宰相、大臣、外交官，当时的所有宫廷中都大量使用他们。

当伊本·白图泰决定经过印度时，正处于1333年左右。他到达了印度河岸，必须向德里苏丹报告他的到来。他然后便渡过了这条河,进入了穆罕默德·本·秃忽鲁(Mohamed Ben Toughlouk)的地界。渡过此河是象征性的。这是我们的主人翁生平中的一次断裂,与印度伊斯兰教,更具体地说它与一个新大陆的发现是同时代的。这个柏柏尔人对这个未知地区着迷了,那里的一切都使他感到陌生,这是一片理想的有待于布道和征服之地。

伊斯兰教向次大陆的推进是分阶段进行的。在伍麦叶哈里发(倭马亚哈里发,Califes Omeyyades)统治下,是由穆罕默德·本·卡西姆(Mohamed Ben Kassim)于712年对信德的征服为标志的。在第二次浪潮中,也就是在公元11世纪初叶,哥疾宁(Ghazni)汗国的穆罕默德苏丹一直推进到旁遮普(Pendjab)和怯失迷儿(Cachemire,克什米尔)。先是哥疾宁汗国的人,后是菊儿汗国的人(Ghourides),阿富汗的这两个王朝的人相继占领过这片新领土。1206年,一个突厥王朝创建了德里苏丹国,又从那里开始,一直入侵到恒河流域和孟加拉,佛教后来被从那里排斥出去了。

一种印度的逊尼派伊斯兰教是以刀枪相加而强迫人接受的,它未受蒙古入侵之辱,它相当于突厥和阿富汗人的一种军事贵族。更进一步讲,它致力于始终都是重新开始的一次对南方的征服,几乎只会感到受其帝国辽阔幅员的威胁。印度次大陆的伊斯兰教化,也是流浪的神秘行为和苏菲们造成的结果。在印度教与伊斯兰教之间建立的新关系,当然未曾排除神秘派之间的某种接近。当伊本·白图泰在那里居住期间,也就是大约在1334—1341年间[①],德里苏丹国正处于其势力的巅峰时期。伊本·白图泰在一段时间内忘记了对他自己生平的记述,指出了印度对他这位舆地学家和细心的人类学家的好奇心,特别是他自认为是该王朝的史学家。他确实深受苏丹的人格及其在善恶中的节制行为的吸引。如果只讲他与此人维持着个人关系,那也是很不够的。那个搜集传说人的地盘,正是由此而开始。

① 专家们在伊本·白图泰为其生平的这个阶段提供的年谱中,发现了某些矛盾之处。

苏丹穆罕默德·本·秃忽鲁是一个对荣誉和财富的不可预料的挥霍者。“穆罕默德是所有人中更喜欢送礼和洒血的人。其门前始终会有某些暴富的伊斯兰教苦行僧，或者是已被判处死刑的活人。他的好善乐施及英勇无畏的性格，他那对待罪犯的残酷和粗暴行为，在民众中已是恶名远播了。尽管如此，他是所有人中最卑微者，也是表现得最公正者，在宫中严守宗教礼仪。他在有关祈祷以及在未履行祈祷义务而受到惩罚的问题上，非常严厉。他属于那些至福极乐很大的国王之列，其幸运的成功超越了最常见的成功频率。但他的突出品德却是慷慨”。伊本·白图泰郑重地强调过：他对于该苏丹所讲的一切，无论它显得多么难以置信，却是真实的并由口头传说所证明。这在一个伊斯兰国家中，则具有很大的权威。

本·秃忽鲁的那些令人震惊的行为，便是一系列的赏赐和捐赠，伊本·白图泰为此而编制了一幅名表：向某位布道人赏赐一顶丝绸帐篷和许多金器；因赞美诗而赏赐给某位法学家1000德拉玛克（drachme）的黄金，而这位法学家也以自己的赞美诗而自负；赏赐给某一位受到了异教徒迫害的商人10万枚金钱……我们理解伊本·白图泰罗列一种种和一桩桩慷慨行为的欲望，因为他希望这一切会影响菲斯的哈里发。但当我们转向行刑拷打、处死和大屠杀时，我们这位旅行家的编纂怪癖又向世人列举了一系列的恐怖行为。甚至从当代的标准来看，它们也会向信任感挑战。

这仅仅是一些斩首、鞭打、致残、碎尸后再暴尸于那里以警示世人的行为。当苏丹出现时，恐怖变成了一场场表演。他最喜欢的便是将其敌人剥皮。因为将其皮内充草之后便可以得意洋洋地将之陈列在那里，这是当时最常见的酷刑之一。或者是在召对时，苏丹令人押来囚犯，以便面对伊本·白图泰而使之受拷打、动刑或审讯。唯有在星期五，也就是祈祷的日子，才会中断这种残忍的陈规陋习。

苏丹甚至拥有专门为了处死人而驯服的大象。它们能以包在象牙上的铁皮而对已被判处死刑者分尸、踏碎、抛向空中并再接住，随着鼓声、喇叭声和号角声而将之粉碎，但印度的这位“卡利古拉”（Caligulat）[1] 却在那里全神贯注地欣赏“表演”。

该苏丹远远超越了近代极权论，发明了以改造为目的的大规模流放。德里的居民百姓都不大守法，到处散发攻击他的诽谤性短文和谩骂性信件。他于是便使全城空空然，尽管该城当时是世界上人口最多的城市之一。经过三天的期限之后，便不再允许任何人在那里居住了。一名瘫痪病人违犯了这道命令，便被一个投弹器抛到了城外，而苏丹此时正在从其露台的上部，品味着最终被荒芜的城市的寂静气氛。

他的另外一种荒唐想法是发行一种铜币，以使国库变得盈实起来，却又没有任何制度保证铜币的票面价值，这就促使整个苏丹国崩溃了，挑起了一场非常严重的货币和经济危机。该苏丹既是一个官僚主义者，又是一个嗜血成性的人，他控制一切，监督一切和惩罚一切。由此而爆发了不断的暴动、宫廷阴谋和每一次都更加流血的镇压。本·秃忽鲁可能一直在策划其征服世界的计划，这是其政权的目标，以从一个省到另一个省恢复秩序并加强其恐怖制度。

伊本·白图泰因去拜访一名被怀疑持异见的谢赫，而差一点成为受害者。许多间谍都指认了他，我们的这个朝觐人在返回时受人怀疑、监视和看守。他戒斋和念诵《古兰经》，以从其噩梦中驱除被斩首以及剥皮填草的命运。除赚钱之外，再无其他事情可做了。谢赫死了，这件事似乎被平息了，如果不是说完全被遗忘的话。这个摩洛哥人对于拯救其皮或其中的填充物过于乐观了，他感到又恢复了其虔诚心。他从一名阿谀奉承者，很快就变成了一名禁欲者。他开始向一名已退隐尘世的圣师学习。

但当苏丹需要一个有经验的人出使中国时，他便点了伊本·白图泰的将，此人只好中断其苦修。这是他的一次重新获宠的机

---

① 卡利古拉（公元12—41年）为罗马皇帝，绰号为卡利古拉；意为“小靴子”，后指残忍的皇帝。——译者

会。这一切发生在 1341 年。

该使节的使命是送去中国皇帝①一项要求的答复，中国皇帝希望在德里重建一座已被穆斯林摧毁的佛寺。本·秃忽鲁反驳说："从伊斯兰教来看，根本不允许答应这样一项要求。在穆斯林们的地界内建一座教堂，只有对那些交纳人头税的人才合法。如果你同意交纳人头税，那么朕将准许你建此座佛寺"。这番言论是针对成吉思汗和忽必烈的后裔们而讲的。

作为收到的礼物（100 名女婢、珍珠、麝香、刺桐珍奇丝绒）的回报，苏丹回赠了更加豪华的礼物：更多的女婢、更多的珍珠、兵械和衣装、100 匹良种马、技艺最为精湛的印度舞伎和歌伎、一顶大帐篷、金银器、亚麻制品、棉纱、平纹细布和丝绸、在苏丹的丝绸作坊制造的织锦、100 匹彩缯、不同种类和不同质量的丝绸。从此之后，丝绸再也不是中国的特权及其象征产品了。

我们已经讲过，这次出使可能从来就未存在过。伊本·白图泰并未携带其主致元朝末帝的那傲慢无礼的答复，因为元末帝的放任在其国内造成了一种无政府状态。据人们的介绍来看，他只生活在那些招摇撞骗的人中和处于恋童癖者们的包围之中。

在古里附近又掀起了一场风暴，许多事件复杂地纵横交错在一起。苏丹的船舶破裂了，礼物丧失殆尽，唯一的一艘侥幸摆脱了灾难的船舶，却载有伊本·白图泰的所有财宝和女婢而逃走。我们的这个已破产的人不敢返回德里，被迫先往果阿和后往马尔代夫，以寻求一位穆斯林保护人，其间的许多情节都使人联想到了辛伯达航海中的灾难。他经过四年左右的犹豫不决之后，才最终决定远航中国，仅到 1346 年才驶达中国（如果其旅行部分是真实的，而不是完全杜撰的）……但从最佳观察来看，当他惊魂未定地乘回程的帆船在刺桐登陆时，这位伊斯兰教的旅行家向我们介绍的那个中国，正在遭受最棘手的混乱之苦。这又是一个尚有待于伊斯兰教征服的中国，如果安拉确有此愿望的话。

① 这里可能是指妥懽帖睦尔（Toghan Timour，1333—1368 年），中国的最后一位元朝皇帝。

第十七章 最后神话的流传

历史在吞吞吐吐地诉说。一名新的征服者登上了历史舞台。“这是真主于其忿怒之中创造的人，真主将统治放任狂怒而征服一切人的权力，都赏赐给了此人”。这是他本人于其致埃及苏丹的一封书信中，自我吹嘘的事态。

此人便是帖木儿伯克（Timour Beg），意为“铁一般的首领”，自称是“成吉思汗的驸马”。他特别是模拟了成吉思汗，受铁木真幽灵的诱惑和绝对征服者美梦的萦扰。

一种恐怖的制度

瘸子帖木儿（跛子帖木儿，Tamerlan）在一切方面都因其楷模成吉思汗而黯然失色，但他仍以其残酷性和由他下令制造的大屠杀，而特别成为一个传奇性的历史人物。在限定的时间内，必须有许多过激的恐惧行为，才会造成这样一种残酷暴君的名声。这样一来，他便以其“铁瘸子”的耀眼光环、该人物那前浪漫主义的神话，得到了很好的发展。

伴随着大异密（émir，埃米尔，这是他的尊号）向前挺进的大杀戮，确实是令人憎恶的。大家对此不能怀疑：这些行为既由他自我赞美性的著作《帖木儿武功记》，又由其敌人们所证实。用被砍下的人头颅堆积成“柱”或“塔”的做法，是一种具有宗教意义的蒙古传统，此时被他发展到了一种几近于科学方法的程度。瘸子帖木儿是一名恐怖性的官吏，他希望事态依序发展。

为了惩罚巴格达的一次叛乱，瘸子帖木儿迫使其军队中的每个士卒都带回一颗被砍下的人头，并对这一切都认真统计，造册登录，共令人建起了各用750颗人头筑成的120座塔。在伊斯法罕（Ispaphan），他索求了恰恰7万颗人头，并在其军队中平分名额。另一次，他为其士兵们规定了要带回人头的具体数目。他非常生气地获悉，所有人头并非都是战斗中杀死的敌人的人头，而是利用屠杀所遇到的平民，减轻了他们的负担额。

瘸子帖木儿憎恶混乱，他强调那些可能具有某种用途的人可以免遭杀身之祸，如工匠、知识分子、宗教人士、艺术家等。为了饶恕这些人，瘸子帖木儿设立了一支特殊的秘书队伍，其任务便是揭示那些值得援救的成员。总而言之，其任务是指出哪些人的头脑太空虚而应被斩首。瘸子帖木儿在此问题上的行为仍不是创新，他重新使用了蒙古人很喜欢实施的一种原则：为有才华的战俘留下一条活命，但他使这项原则更加系统化和条理化了。

瘸子帖木儿还向其神秘的先人借鉴了另一种战略原则：充分、坚定而又果断地消灭任何敢于抵抗的人。一旦恐惧变得如此之大，任何人都不敢自卫从而堡垒便自动被打破。由于瘸子帖木儿，这一切都变成了一种法典和一种条例。报复是有自己的规律的。如果敌人在第一次警告后就投降，那么他就能活命；仅需要交纳赎金和表示归附就足矣。如果有人在投降之前必须等待第二次警告，那么就要付出全兵营人的生命和全城遭劫的代价，但平民百姓们将会受到饶恕。至于拖到最后一道勒令者，当然会导致强奸、抢劫和全部杀尽，从婴儿到百岁老人，无一幸免。有时，在恫吓手段和这些系统化的报复中，也会有些不同的变异。在撒马儿罕附近的一个曾抵抗过的要塞萨卜泽瓦尔（Sabzavar），那些塔都是各自用2000名活战俘的头颅筑成的，于其上面铺砖和灌泥浆。在另一种情况下，瘸子帖木儿冷酷地决定必须摆脱其印度战俘（人称他们共有十万之众），因为他们非常危险地拖延了部队的行进。他认为，这是一件经精心选择的事，也是一件合理的事。

然而，这次冒险并非仅仅是一系列的屠杀。异密以其残暴及其对生命的蔑视，仍不能与其楷模“海洋汗”齐名；他们留下的神话传说也可能不及他所崇拜的那种神话重要。

瘸子帖木儿，不可能真实的神话

人们都不能够，历史上的人不能杜绝，当代人也不能避免玩弄在瘸子帖木儿与成吉思汗之间的比较游戏。

但对于关心丝绸之路上的想象构成之活动的人来说，则必须明确指出，在两种神话传说的力量之间，没有任何可比之处。

瘸子帖木儿挑起了恐怖事端并激起了神话传说，但他并不挑起任何世界末日的集体信仰，或者是可与约翰长老的传说相媲美的神话。欧洲更多的是怀着好感地看待其冒险事件。他是一个阻止金帐汗国消灭俄罗斯基督徒的人；或者是在打击基督教国家最邪恶的敌人巴耶吉德（Bajazet）之前，又阻止与君士坦丁堡的拜占庭皇帝达成一项协议的人。瘸子帖木儿对于西方，更应该是一位客观存在的盟友，而不是一种威胁。

除了国家的这些原因之外，还有其他原因，使14世纪末的欧洲人认为，瘸子帖木儿只能是一种神话。他与13世纪初叶的蒙古人征服之间，具有天壤之别的差异。信息从此之后便可以畅通无阻了，世人互相理解、交换使节。即使中国于明代重新变成了一片陌生之地，亚洲依然是可以接近的地方。特别是由于威尼斯人和热那亚人，在中亚还有许多交流点。

瘸子帖木儿展开了一次广泛的外交行动。例如，正当百年之战蹂躏其汗国时，法国的查理六世（Charles Ⅵ）接待了一名东方主教的来访。该主教携带一封用金字书写并盖着瘸子帖木儿印玺的书信，其中的三个圈代表着征服天下。这封书信的主要内容论述了建立商业关系的问题。与此同时，那名好奇的使者散发了一本小册子，其中阐述了在大异密国从事商业交易的方式。主教叙述说，瘸子帖木儿有一个天使，于其睡梦中向他讲话。但法国过分忙于战争了，未给予答复。

此外，还存在过瘸子帖木儿的其他外交信使，以及他与提议热那亚商人建立关系的遗迹。瘸子帖木儿在此问题上又远离了其楷模成吉思汗。帖木儿朝信使们的口吻，与真正蒙古汗们那傲慢的归附令以及统治天下的宣言之间，没有任何共同之处。瘸子帖木儿的世界过分真实了，只为传说故事留下了很少的传播空间。在也门发现了伪作《瘸子帖木儿回忆录》。这是该王子生平的一种指南，具有丰富的政治谏言，但它很快就被考证为伪书。它不会启发人们的想象力，故不会拥有任何神话传说。

为了知道谁是瘸子帖木儿，只要倾听一番同代人的证言就足够了。这些证言大量存在。在那些最著名的证言之中，哲学家和史学家伊本·赫勒敦（Ibn Haldoun）的言辞力拔头筹。赫勒敦在大马士革被包围时，曾会见过那位征服者，并且受到了非常体面的接待。

企图征服中国的人

一名西方使节的报告，描述了瘸子帖木儿统治末年的宫廷。这名外交家是最后会见过该异密的人之一，他于返程路上获悉了帖木儿薨逝的消息。

克拉维约（Ruy Gonzales de Clavijo）是卡斯蒂利亚（Castille）国王亨利三世（Henri Ⅲ）的使节，他是在一个至关紧要的时刻出使东方的。瘸子帖木儿正准备征服中国。克拉维约从君士坦丁堡（Constantinople）和特拉布松（Trébizonde）出发，于1404年8月到达撒马儿罕，带来了一项对抗突厥人的结盟建议。

瘸子帖木儿以一种炫耀性的友好态度对待来使，并且向宫中一班文武介绍了他们。“你们看一下我儿西班牙国王向我派来的使节，西班牙国王是法兰克人中最大的国王，是生活在世界另一端，是非常强大的人物。我向我的儿子国王表示祝贺。你们携带他的信件来到我这里，这已经充分地足够了。因为我既对于获得其健康消息，又对于收到其礼物，都感到非常高兴”。即使所有这些美好言辞都是些阿谀奉承的话，其目的也在于获得西方一个能阻止其征服中国计划的强国保持中立。瘸子帖木儿使我们感到惊讶：这是与柏朗嘉宾、鲁布鲁克或马可·波罗所描述的完全不同的另一种气氛了。

帖木儿宫廷的富裕与豪华深深地打动了来使。他不厌其烦地描述大象、首饰、豪华的衣服、金碧辉煌的住宅、美化工程，也就是帖木儿朝的全部奢华。

克拉维约特别感到满意的是他可以利用蒙古人的习惯。据此惯例，于每次隆重的宴会之末，主人便会向其来客们散发大把银钱和宝石。那些西班牙人于是便开始积累一小笔钱，出席了许多宴会，在宴会上吃大块烤马肉，喝的饮料也是佳酿，人们于其间与那些其语言非常放肆的美女交谈一些献媚之语。所有这一切都丝毫不会使人联想到伊斯兰教的清教徒气质。后来于某一天，他必须要离开那里了，异密因沉疴而不起，西班牙人无需过多的解释就被遣送回去了。在回程期间，一切组织得也很好。他们在瘸子帖木儿晏驾后一年多，便顺利到达卡斯蒂利亚了。

在我们讲到的所有人物中，这个铁瘸子便是我们最确切地了解其体貌的人。这部历史中的其他主角人物，或者是没有留下真实的面容，如伊本·白图泰那样；或者是更符合官方形象的规则；或者是由画家们臆想出来的，诸如马可·波罗那样。非常奇怪，其形象最具有真实性的人物，却是亚历山大：希腊古卫城（Acropole）的头像和其他几幅画像，如同太阳一般美丽。如果我们相信其同时代的崇拜者之证言的话，那么这一切不是有些过分夸张了吗？

大异密

瘸子帖木儿为我们留下了其遗骸。这是在撒马儿罕。大异密永久地安眠在那里，与帖木儿朝的其他人相隔离。他被安葬在用一块黑玉独石凿成的朴素无华的巨大石板下。他安眠于其精神之师赛义德·巴拉格（Sayyid Baraké，塔拉克）的脚下，其门楣上的题额以苏菲们的方式宣布说："在世界拒绝他之前而拒绝世界的人，是最幸福的人"。

1941 年 5 月间，苏联的考古学家们发掘出土了异密的尸体，尽管有仪轨性的诅咒保护着墓葬的大门。咒语声称亵渎该墓的人，必将会招致外国人对其国家的入侵①。从其遗骸及其他几种迹象来看，苏联人只要使用法医的方法，便可以复原死者的相貌。

瘸子帖木儿的这种真实的惩罚性预言告诉我们，这个几近于征服了世界的人，身高 1. 70 米，身强力壮。他共保留下 15 颗牙齿，对于那个时代和对于一个在 69 岁时逝世的老翁来说，这已经很多了。他长有红棕色或花白色的须发，眼睛带有蒙古褶，面部多骨和强劲有力，面容实际上也更为符合世人的想象。由法医的尸检提供了另一种证据：瘸子帖木儿确实跛脚。右髌骨上的一块老茧迫使其腿保持弯曲状。史书中向我们介绍说，他年轻时代于一次战斗中负伤，这就是这次留下的残疾发展的结果。旧病复发曾多次迫使帖木儿无法行走，从而推迟了其征服进程，他长期的努力却始终未让人看到这一切，并忘记了其残疾。伊本·赫勒敦证明："他 60—70 岁，右膝盖僵直。据他本人声称，这是由于他在少年时代，于一次袭击期间被一支箭射中。他可以拖着瘸腿短距离地行走。当需要长途跋涉时，人们便用胳膊扶他，他是一

① 事实确实如此，苏联人掘开瘸子帖木儿墓的数日之后，德国军队便入侵并越过了苏联边界。

个受人青睐的人物”。

世人还曾讲过，他有时是怎样让人扶上其战马；一旦翻身上马之后，他又以极大的狂热率其将士征战。最后几年，大异密却让人抬上了担架。人们还提到了一场战斗，在翻越某个山口时，他几乎是在人背上，或者其士兵们扶着他及其马匹，以使他能继续统领他们。至于瘸子帖木儿的右臂，确有史书中曾讲到的危险伤口。但所有这些老伤残疾并未阻止他始终于战斗中身先士卒，冲在中心，也未阻止他一直将其蒙古大弩拉开到其耳朵之后。其骨头处的某些伤口，则带着由诗人们歌颂的大刀与长矛刺杀的痕迹。我们还应补充说明，他始终受骨结核的病痛折磨，正如那些研究过其骨架的医生们所诊断出的那样。

除此之外，瘸子帖木儿的墓葬本身，也证明了该异密的人格。根据其孙子的命令，一篇颇能说明问题的文献——阿拉伯文墓志铭，全文被雕刻在缟玛瑙壁板上。墓志铭中指出：“此处是一名很大的苏丹、显赫君主、异密、帖木儿驸马[①]之墓，他是异密驸马的儿子，后者又是察合台异密的儿子”。紧接着是几个异密的名字，直到某一位图默奈汗（Tourmenai Khan）。该墓志铭具体解释说，这一切便使瘸子帖木儿与成吉思汗具有亲缘关系了。这方墓志铭的作者不满足于证明这种绝不会令人怀疑的堂亲关系，而且还上溯到其世系的最远古时代，直到某一位不赞吉尔（Bouzandir）为止：“我们对于从父亲到这个显赫人物的世系一无所知，唯有其母阿拉旺卡（Alavanka）的叙述。这是一个具有以善良和贞节而作为天生品德的女子，绝不沾染劣行。她是通过来自门上部的一道光芒进入身体而受孕怀上他的，她为了有利于自己而引证了一种类似的世系关系[②]。有人介绍说，他是信士的长官阿里（Ali）的儿子，而阿里又是阿布·塔利卜（Abou Taleb）的儿子。他那些荣耀的儿子们，在任何时候，都会证实

① Kurgan（秃儿汗）指“驸马”。因为瘸子帖木儿通过与一名蒙古公主的联姻，而炫耀这一尊号，其后裔们也怀着同样的自豪感而保持了该尊号。

② 有关铁木真——成吉思汗的先祖，见上文第10章。

他就此问题所断言的一切，以回击任何有损其人格的诬词。他于伊斯兰历舍尔班月（Chaban，8 月）的 14 日夜（我们历法的 1405 年 1 月 19 日）归真。”

一种随心所欲的世系谱，使突厥人瘸子帖木儿与蒙古人铁木真之间确立了亲缘关系，其中甚至还混入了一种哈里发的直系尊亲属关系，以及通过阳光受孕生子的一种萨满教的传说……所有这一切可能会显得是一种没有意义的大杂烩。伊斯兰教和蒙古传说的这种混合，相反却是主宰那位征服者心灵中偶像的典型代表。这也是其神话的组成内容。我们可以把瘸子帖木儿定性为属于一个突厥部族，信仰伊斯兰教，在“思想上”或在“幻想”中是蒙古人。由此而制造了许多紧张关系和矛盾。

尽管他将其一生的部分时间用于反击金帐汗国以及蒙古斯坦游牧部族的头人，后者比他更要多得多的是蒙古人，瘸子帖木儿仍宣称是海洋汗的继承人。尽管他战胜了奥斯曼人巴耶吉德，从而为君士坦丁堡提供了 50 年的喘息时间，但他依然是突厥人。尽管他已与基督徒们结盟，但却毫不犹豫地将其胜利的圣宠归于萨满教传说中的异教之神。瘸子帖木儿也希望成为《古兰经》中和圣战中的人物。他从来不会在不头戴一种可拆卸的头盔的情况下出发战斗。在瘸子帖木儿正准备征服中国的时候，史书中为我们把他描述成了一个正受内疚折磨的人，正在祈祷真主，向真主许诺今后将致力于为民造福。这项慈善计划最重要的一条，便是为归化这个异教徒的汪洋大海而精心准备，就如同摧毁他们的偶像那样的事。瘸子帖木儿讲到了其忏悔，而人们却声称他特别受苏菲派的影响……

一名浪漫英雄的悖论

我们再补充另一种悖论。下令对某些从未犯罪的人发动最恐怖屠杀的人，也是一个文人，是哲学家们的朋友和艺术的保护人。仍然是伊本·赫勒敦写道：“瘸子帖木儿是最大的君主之一。某些人认为他具有学识，其他人却把他作为一名拉斐德派信徒（rafidite，拒绝派信徒），这是由于他对于先知的后裔表现出了偏爱；最后是其他人又把他作为一名方术之士。事实上，他与这一切都毫不相干。他仅仅是一个很活跃的人物，极其聪慧，他持之以恒地调查研究一切已知和未知的事件”。

瘸子帖木儿是一个热爱艺术的人，他亲自监督建筑撒马儿罕的大清真寺，下令逮捕了那些设计了一个过分简陋大门的建筑师，并与工人们共同度过了整整几天。他同样也促进绘画的发展。这种情趣不会不具有政治意图。瘸子帖木儿将此举视为一种宣传的载体，即使所有这一切与伊斯兰教的肖像风格不完全相符也罢。

他有时表现得具有骑士风度和宽厚仁和的人格，在其他时候又表现得厚颜无耻，今天可以用心倾听一名苏菲的呈奏，明天又会建起一座人头金字塔。

另外一种矛盾：瘸子帖木儿是游牧民族的继承人，但他本人却是城市民。他将其所有心血都用于了关注撒马儿罕的美化，其全部军事天才从未曾比在围攻一个城堡时表现得更加淋漓尽致，而这一切都是最早的蒙古骑兵们几乎完全无能为力的。

瘸子帖木儿处理类似矛盾的方式，并非对他的传奇性光环毫无裨益。它特别能揭示其梦想的力量。

为了在河中府创建丝绸之路上的一个昙花一现的王国，并定都撒马儿罕，瘸子帖木儿试图在伊斯兰教的力量、成吉思汗的传统和突厥部族的势力之间，作出一种综合协调，即使是冒险使用模拟行为或随其幻想行事也罢。

这样一来，他即将遵循那种希望使其政权回归成吉思汗后裔的原则。他扶持了一位傀儡汗，但却具有真实的血缘关系。如果有人背叛了他，那么他就会毫不犹豫地撤换此人。王位在名义上始终保留在铁木真家族的手中。由于这种拘泥于法律条款的行为，合法性的原则于形式上受到了尊重。落到了成吉思汗的第二个儿子手中的遗产——察合台汗国始终在苟延残喘，但此人仅仅是一种精神上的人物了。瘸子帖木儿本人也用了很长时间才接受苏丹的尊号。他于其诏书中盖上了铁木真著名家族的印玺，并且始终都躲避在蒙古虚构故事的背后。

瘸子帖木儿实施的法律是蒙古札撒（yasak，法律），而不是伊斯兰教的沙里亚（Charia，圣法）。然而，瘸子帖木儿和伊斯兰教的关系，并不比他与蒙古人维持的关系的含糊性更少几许。为了进攻大马士革，他使其居民对于哈里发阿里的被杀负责，这项罪行可以上溯到6个多世纪之前。在与德里的穆斯林苏丹国作战之前，瘸子帖木儿曾指责该国在镇压偶像崇拜时太软弱，甚至自己最终要启用圣战原则。"《古兰经》指出，人类可以飞黄腾达的最高尊严，是亲自向宗教的敌人发动战争。这就是为什么伟大的瘸子帖木儿始终执著于消灭不信真主的人。此举既是为了获取功德，又是出于对于荣誉之爱"。这就是《帖木儿武功记》一书中透露的内容。瘸子帖木儿的这部波斯文传记是由其孙子易卜拉欣（Ibrahim）下令撰写成书的。这部史书由一名诗人执笔，以一大批文献与档案为基础。它将其主人翁理想化了，但却忠实地翻译了指导他的政治原则。这很可能是令人沮丧的虚伪，却也并未低估宗教信仰在瘸子帖木儿那令人难以置信的冒险中所占的分量。

忌讳直言的历史

年轻的帖木儿最早仅仅是一个部族的首领。如同铁木真一样，他只是在一名君主的庇护下才成长起来，而他只需要一天就可以反叛该君主。对于成吉思汗来说，这就是脱斡邻勒，也就是约翰长老的原形[①]；对于瘸子帖木儿来说，这就是异密侯赛因（Hossein），他统治着河中府与阿富汗之间的部分地区。当到了1370年，实际上是经过10年的孜孜不倦的努力之后，瘸子帖木

① 请参阅前文第9章和第10章。

儿推翻了其保护人，又重新控制了河中府，定都于撒马儿罕。他当时正准备从其国腹地兴师，去征服所有的丝绸之路。

被出卖和叛乱打断的这部史诗，是分阶段展开的，不过也并非未出现混乱。它导致瘸子帖木儿征服了花剌子模（Khorezm，乌尔根齐地区），向东一直掩杀到费尔干纳和蒙古斯坦，向西到达波斯……他直到俄罗斯，必须与里海以北的游牧部族、当时已由一位铁腕人物统一的金帐汗国和白帐汗国兵戎相见，分庭抗礼。他对伊拉克的占领获得巩固之后，又开始了两项最宏大的创举：随着夺取德里苏丹国而完成了对印度的征服，尤其是攻击奥斯曼苏丹巴耶吉德的战争。

巴耶吉德是打败塞尔维亚人的胜利者，控制了不里阿耳和卡帕多细亚（Cappadoce）、安纳托利亚（Anatolie）和亚美尼亚，也是一个刚刚战胜了反对他的法国人、勃艮第人和十字军的匈牙利人、正准备包围君士坦丁堡的将军。该武士宣布说：“我的马将吃掉罗马圣彼得祭坛上的燕麦”，这显得就如同是唯一一个不愧帖木儿威名的敌对者。1402 年 7 月 28 日的安卡拉（Ancyre，Ankara）之战是该世纪最大的战斗，它使两种神话严峻对峙起来。

一方面是瘸子帖木儿，连同其在突厥斯坦、印度、波斯和蒙古的附庸，甚至连同他的作战大象；另一方面是巴耶吉德及其部属，也包括突厥人，再从中加入其塞尔维亚人附庸和近卫军、在整个欧洲抓获那些为接受归化和被改造成精锐步兵的奴隶。总共有 100 万人，从早 6 时到夜间连续出阵。在太阳落山时，瘸子帖木儿成为胜利者。巴耶吉德成为俘虏，并被以战败者的懦夫对待。他被装在铁笼子里示众，这也只不过仅仅是一种文学虚构。事实上，巴耶吉德被用安装着铁栅栏的担架抬走，并且受到了优待。但这并不能阻止他数月后死于失望之中。

未圆之梦

经过这次大捷之后，瘸子帖木儿又班师回到了丝绸之路上，去做其最伟大的美梦去了：征服中国。发动这场蓄谋已久的战争，除了我们已经提到的宗教原因之外，还存在着许多政治动机。这就是一种法律—政治上奇怪的混乱局面。只要中国仍由元王朝统治，河中府的汗国就会继续尊重大汗。当蒙古的统一仅变成某种虚构时，当元朝皇帝完全被汉化，或变得与河中府的突厥—蒙古人格格不入时，这些人仍然会承认元王朝的宗主权。

但在1368年，明洪武帝发动了一次反对异族统治的暴动，推翻元王朝并建立了自己的王朝，帖木儿朝向中国纳贡的问题仍留作悬案而未决。天子等待其宗主权能被河中府承认。瘸子帖木儿对于自己应采取的态度尚瞻前顾后，犹豫不决。有一次，他下令囚禁了中国使节；另一次，他又向明王朝送礼。他一直在拖延时日。但是，当中国一位强有力的皇帝永乐（1403—1424年）登基时，他就很难仍使该问题维持含糊不清的旧态了。一位欧洲目击者——约翰·希尔特贝格（Johan Schiltberger）——被突厥人俘虏的巴伐利亚人，在其晚年中变成为瘸子帖木儿效力的奴隶。他记叙说："大约就在同一时代，契丹大汗①遣使和400名骑兵，要求他（瘸子帖木儿）交纳他已忘怀并留存在家中的贡品。瘸子帖木儿将来使带到了其京师（撒马儿罕），在那里让来使告诉其主人说，他不会纳贡，他也不是大明汗的藩民，而是大汗本人应前来拜谒他。后来，他又派遣使者赴各地，以做好准备，因为他希望率大军向中国掩杀过去……"

事态也可能并不是以如此简单的方式展开的，但我们都知道瘸子帖木儿当时已决定入侵中国。他在西班牙使节的面前，公然挑衅中国使节并侮辱大明皇帝。

---

① "契丹大汗"系指中国皇帝。

当瘸子帖木儿已开始准备远征时，却在讹答剌（Otrar）薨逝，即于1405年被一场发烧的热病夺去了生命。因此，有人写到，任何来自西方的征服者都无法越过帕米尔，亚历山大如此，伊斯兰教也如此。

对于瘸子帖木儿的大冒险，现已不剩任何具有持续性的因素，没有任何可与被他奉为楷模的成吉思汗的遗产具有可比性的内容了。瘸子帖木儿所战胜的那些人——突厥部族、奴隶王朝人（麦木鲁克人，Mamelouks）和蒙古人，即将在帖木儿的继承者们因家族内讧而四分五裂时，采取报复措施。在一个世纪期间，该帝国即将崩溃。最终却是乌兹别克人（Ouzbeks，月即伯人），他们也要倚仗成吉思汗后裔的合法地位，并且还夺取了撒马儿罕。瘸子帖木儿的孙子于1525年被从那里驱逐了出去。此人率领1.2万人马，翻过了著名的开伯尔（Khyber）山口，以这支军队完全可以征服印度，并在那里创建了莫卧儿（蒙兀儿）王朝。

但在1405年这一年，瘸子帖木儿在留下遗嘱之后寿终正寝，依礼宣布他为“神中之神”。在讹答剌聚集起来并已一切准备就绪，以向中国发动圣战的10万大军，现在已变得一无所用。明王朝刚刚摆脱了当时可能威胁它的最严重的危险。穆斯林突厥人的入侵对中央帝国留下的深刻影响，与迅速汉化和被同化的蒙古人的影响完全不同。第二次，也就是在怛罗斯战役之后六个半世纪时，一个由伊斯兰教征服的中国之假设，差一点变成千真万确的事实。

与中国的关系

1368年，中国又由一个“民族”王朝从元王朝手中夺过了政权。这几乎恰恰就在瘸子帖木儿征服河中地后，即将对中国发动其大规模征服的关键时刻。但无论是撒马儿罕帝国的问世，还是在中国重建一个坚强的政权，都无法阻止丝绸之路的逐渐衰落破败。

陆路的这种衰落主要是由于西域的动乱造成的，这些动乱随着瘸子帖木儿帝国的分崩离析，而进一步加剧了。

从玉门关开始，由中国方面对丝路进行组织，它有自己的道路网和驿站网、自己那始终都运行有效的海关、自己的办事官吏。此外，“朝贡”制度始终存在；同时存在的还有一种假定，即认为中国只接受携带礼物的来使，并用赏赐品来与他们交易。

从官方来讲，没有任何商人能越过万里长城的天然屏障。相反，也没有任何因素能阻止一个使节携带诸多随从，有时甚至多达数百人；也没有任何因素能阻止这些随行人员顺利做成许多有利可图的交易。在15世纪时，穆斯林王公们如同非常渴望（或许比中国人更加渴望）看到贸易大道能畅通无阻地运转。瘸子帖木儿的继承人很快就忘记了其征服世界的美梦，与中华帝国实现了关系正常化。瘸子帖木儿的第四子沙哈鲁（Chah-Bokh，1405—1447年），刚刚登基，就已经想到了遣使中国。他费了九牛二虎之力，才推迟了自己帝国的崩溃时限，希望与其强大的近邻避免一场鏖战。他将其新都定于阿富汗的哈烈城（Hérat，赫拉特）。

早从1408年起，沙哈鲁便接待了永乐皇帝的来使。这是两国持续的外交—贸易关系的肇始。永乐迁都北京，由此而恢复了对蒙古人的继承权，并于那里筑紫禁城，也就是著名的皇城。来自波斯、于阗、花剌子模和原帖木儿帝国的其他小王国的使团——骆驼队络绎不绝地云集于那里。实力和象征性统治的关系改变了。1412年，永乐皇帝致信沙哈鲁：“天生民而立之君，俾各遂其生。朕统御天下，一视同仁，无间遐迩，屡尝遣使谕尔。尔能虔修职贡，抚辑人民，安于西徼，朕甚嘉之。比闻尔与从子哈里构兵相仇。朕为恻然。一家之亲，恩爱相厚，足制外侮。亲者尚尔乖戾，疏者安得协和。自今宜休兵息民，保全骨肉，共享太平之福”。“朕前闻尔聪慧良善，才能过人，顺从天命，为军民父母，和厚接人，朕心嘉之。朕昔遣使尔国，赐尔锦衣罗绮。尔优遇朕使，听从朕命，举国上下，皆虔心悦服，朕深嘉尚。是尔后遣使贡良异良马及方物，尤堪嘉美。一世以前，元政解纽，尔父帖木儿驸马，顺天命，修职贡于我太祖高皇帝[①]，时遣使贡献。故我太祖爱护尔国之人，悉使富贵安乐。朕悉尔贤，克承尔父之业，步尔父之精神……”。我们不知道……沙哈鲁是怎样评价永乐皇帝的傲慢（如果这不是嘲弄的话）。永乐于其敕谕结束之前宣布说，将来一个使团会携带“衣一袋，又文绮彩币”而去。他还宣布将“遣专使往尔国，俾两国时常往来，商人可以交易有无也。”同一皇帝的其他敕谕也采用同样的口吻：表达友谊，就如同帖木儿朝人是其忠诚的附庸一般；暗示上天、详细描述所“交换”礼品的豪华以及对贸易繁荣的祝愿。对于肯定丝绸之路的作用，以及对遣使入华的千年制度之描述，这一切再清楚不过了。

最后的使节

在陆路上丝绸之路遭遇大衰落的前奏——一个突然活跃的时代，写出了中世纪的最后一部游记巨著。这里是指盖耶速丁（Ghiyath-el-Din）的《沙哈鲁遣使中国记》，此人又被称为“画师”。他是由沙哈鲁派遣的，于1419年离开哈烈，直到1423年才抵达那里。该使节进入中国领土，途经吐鲁番，在那里为偶像崇拜者们的佛陀崇拜大受震动。他在经过一片可怕的沙漠大碛之前，一直这样行走。那里有一头牦牛和一头野骆驼攻击一名行人。在中国的边境城市肃州附近，发生与中华帝国当局的首次接触。从那里开始，该使节不断地发现中国官府施政的有效性和控制的无所不在性。很明显，一切都被妥善地组织好了，以迎接商客。这样一来，他们遇到的第一批中国官吏，便带去了为举行一次宴会所需要的一应物品（桌子、椅子和食品，共运输10天的

① 洪武原为一个贫僧，是明王朝的缔造人，他执政于1368—1399年。在他执政与永乐执政（1403—1425年）之间，还有一位不受重视的皇帝。

路程)。但他们的活动不仅限于打通这种公共关系的手段，官吏们还记录了每位使节的名字，以及陪同他们的所有的侍从的名字。众所周知，其中的许多人，事实上都是地地道道的商人。这次出使的其他活动，则是一系列的宴请和招待。但中国人的好客性格却无法阻止他们经常性的检查。这条路将使节从一处驿馆带到另一处。盖耶速丁被这种驿站网络的有效运作心悦诚服了，恐怕唯有一种电报系统才能越超它，信号从一个烽燧到另一个烽燧地巧妙传递。使节们到达了北京。但这些人都不是普通的粗俗平民，大家都怀疑这些人都习惯于波斯和帖木儿朝宫廷的豪华，却被永乐宫廷安排的表演节目感到赏心悦目。在天亮之前，共有10万人等待皇帝经过其宫廷前。当皇帝出现时，巨钟敲响，2000名乐师奏乐。一切都有过分夸大和豪华的表象。皇帝通过一个巨大的银阶梯登上了金御座。盖耶速丁老爷非常惊讶地发现他同时既审理罪犯，又照料人数众多的来使。已经等待得不耐烦的使者，都在漫不经心地观察皇帝，并得以具体解释说，后者的胡须共包括200—300根须毛。

在召见期间，永乐皇帝通过其诸多翻译之一而调查西域诸国的国情、粮价、此后即将交换的新礼品。在这些礼品中，就包括中国贪婪以求的著名波斯马。其余的时间，使节们在宴会和文艺节目中消磨掉了。他们甚至还出席观看中国的酷刑场面，其令人不寒而栗的恐怖吓坏了瘸子帖木儿儿子的这位使者。盖耶速丁的日记是这个时代的丝绸之路上的最后证据，1424年，永乐皇帝向外国人封闭了中央帝国的西北边境。

最后的大船队

在再度闭关锁国之前，中国的大明王朝发动了最重要的一系列从未尝试过的海上远征。

由于郑和宝船船队的远航，即他于1405—1433年之间主持的七次远航，大明王朝的中央帝国非常炫耀地告别了远方世界。

这是一次蔚为壮观的实力炫耀，但也是一种极其重要的政治行为。从传统上来讲，在中国与外部世界的海关关系有关的一切，首先都涉及了皇权。选择有权从事对外贸易的港口，有时是五口通商，有时却又是一口对外，此事要由帝国高层决定。从13世纪起，中国的大型帆船都加强了它们与印度洋的贸易，一直驶达印度和锡兰，那里是中国人与穆斯林、印度人和犹太人的相会点，也是以中国瓷器和丝绸来交换有时是来自美洲的豪华奢侈品的地方。尽管在他们的海上远征中遭到过某些失败，尽管曾与重新变得比较安全可靠的陆上丝绸之路出现过竞争，蒙古皇帝只会加强其运行。继蒙元王朝之后，明王朝非常认真地对待贸易和海洋问题。出于根据其运行体制进行控制的考虑，他们于1368年简单地决定禁止私人海上贸易。但这是为了更好地为一个海洋强国的大计划做准备。这种政策那符合逻辑的延伸，当然就是一次大规模的远航了。

郑和将军的远航使一支皇家船队一直到达忽鲁谟斯（Ormuz，霍尔木兹）和榜葛剌（Bengale，孟加拉），甚至可能一直到达好望角的海面。他们代表着一种巨大的努力和一种惊世骇俗的勇气。

郑和属于强大的太监阉党集团。他是穆斯林（对于一名高官来说，这是不合惯例的），尤其是表现出了士兵和外交官的才华。皇帝将一支2.8万人的大军和一支63只船的船队交给他指挥。

根据考古发现来看：这些帆船中的某些可能长160米。其船舱的装货与中国的所有商船一样：主要是瓷器、丝绸和茶叶。即使根据当代标准来看，这些船舶也算非常庞大了，是根据他们那建造水上浮城的愿望而装备的。我们可以通过伊本·白图泰过去的描述来想象这一切："在这些大船之一上，备有十二面帆，也可能更少一些，直到三面帆。他们的帆是用织成席状的竹篾制成。人们从来不用搬动帆，仅仅是根据大风吹起的侧面而改变方向。当这些船抛锚时，便让帆随风飘扬。每艘船都由1000人操纵，也就是说共有600名水手和400名士卒，在士卒中还有弓弩手、武装以盾牌的人、投掷手（即投掷焰硝的人)”。

如此庞大的队伍，还由一批更小的和以划桨拖曳的船只陪同。相反，其船上应该是非常舒适的。伊本·白图泰就如同他之前的马可·波罗一样，对于供商人使用的船舱之豪华，感到瞠目结舌。船舱中有卫生间、客厅，可以将其小妾带到那里行乐、把医生或剃头匠等带到那里去效劳。人们甚至还可以在那里用小木船组成的小花园中种植蔬菜。船上的总管酷似一名大异密：“当他登陆时，弓弩手和阿比西尼亚人走在他前面，分别携带梭枪、大刀、铜锣、号角和喇叭”。

郑和的护航队伍可能还会超过上述豪华程度。当他每次返回时，都会带有大批财宝。在那些最珍贵的财宝中，便包括异兽。郑和的活动可能变得更具有军事特征了，豪华的船队又恢复了其军事使命。在室利佛逝（Srivijaya)，他消灭了一名中国海盗，因为海盗们始终都麇集在这片必经之地。在苏门答腊（Sumatra)，他又罢黜了一名刚篡夺了亲华君主权力的僭越者。大船队的志向也既是皇家性质的，又是商业性的。郑和的行为如同幕后人一样，始终以天子的名义行事。他罢黜了那些与天朝帝国利益相冲突的人。在锡兰的情况更加如此，而且还是出于某些不太明朗的原因。据中国史书记载，郑和被僧伽罗国王的异教修持震怒了，于是便与他发生冲突。第二种说法介绍说，郑和将军继其他许多人之后，又试图夺取著名的佛牙舍利。无论如何，郑和船队于1409年已经访问了锡兰，后来又返回那里，罢黜了被指控反叛中国人的那位国王。他将该国王押解到中国宫廷。稍后不久，该国王被宽赦并允许恢复其王位。最可能成立的解释，则是郑和试图收买地方头人，从而与国王发生了冲突，国王下令抓捕郑和，最后却是自己被郑和抓获。

尽管发生了这些是是非非，依然是一切发生得就如同是类似的冒险纯属于无益一般。1433年，郑和从其最后一次远征中凯旋。从此之后，再没有中国人去发现远方世界了。庞大的船队从此也再无目标了。甚至对这次远征的回忆也已部分失传了，航行日志被毁，可能是出于嫉妒或者是出于政治原因，以至于必须用外来证据来复原这部历史。至于经济或政治效益，则非常微薄、持续时间很短或未被很好利用。郑和船队远航的原因最多也不过是一种象征，最坏也只是对威望的一次确认。就在同一时代，永乐皇帝还试图征服安南（Anam）。1427 年，从越南驱逐中国人则是刺激中国孤立主义倾向的因素之一。一次失败，在放弃海上冒险方面，要比郑和的成功之压力沉重得多。

史学家们长期以来都在讨论郑和船队远征的原因，就如同探讨放弃这些远征的原因一样。最常见的解释则是，新王朝以重新复活和发展朝贡网络的方法，来证明其权威。这一目的实现了，永乐晏驾了，其继承人采取了更加回避的策略。中华帝国经过这次最后的表演之后，可能决定放弃外部世界了。

中国在数世纪期间被迫忍受了一段它本来是拒绝的历史。它封闭了丝绸之路，使它们失去了其神话传播的中心地位，中国为其他帝国的冒险家们留下了自由活动的余地。从此以后，只有西风在吹了。

结 论

线索是否断了？中国闭关了，中国失落了。丝绸之路似乎被中断了。当眼巴巴地看着现在已无用的郑和帆船腐烂时，谁能不相信这一切呢？中华帝国放弃了远航。阿拉伯人控制了印度洋，太平洋很快就落到了倭寇手中。

骆驼队之路受到的影响也不小。永乐皇帝修复了万里长城，并于1424年关闭了帝国的西北边境。其继任者们将其抱负，也仅限于阻止重新前来包围北京的游牧部族方面了。波斯商人还可以进入玉门关以内，但中国人再也不会于骆驼队之路上冒险了。就如同新王朝的退却一样，中亚的动乱又促使陆路交易的萎缩。巴吉耶德的失败，勉强阻止了奥斯曼人的推进。在该世纪中叶前后，突厥人在小亚细亚，后来又到了君士坦丁堡，使欧洲与亚洲陆路商业网隔离起来了。中间的大帝国——必不可缺的中继站解体了。继帖木儿王朝采取最后一次行动之后，尽管某些勇敢的可汗做出过尝试，却再也没有草原帝国了，海市蜃楼的帝国最终消逝了。

15世纪上半叶的欧洲，再也不去想远东了。无论是指百年战争，还是帝国的分裂、意大利冲突或当时正在发生的收复西班牙之战，西方很少经历过如此严重的无政府主义状态。那些大商业网络也正处在大动荡之中，北海与波罗的海（Baltique）变成了世人关注的中心。威尼斯和热那亚曾是东方产品的最大供应地，现在却衰弱了，突厥人控制了与中东的贸易。丝绸不再那样富于魔力了，人们很早以来就在意大利，甚至在法国制造丝绸。但必须等到法兰西斯一世（François Ier）时代，养蚕业才在里昂发展起来。黄金和香料可能更会使人产生渴望。是否还有更神奇的地区呢？印度和中国不再具有垄断权了。

封建国家和城邦国家时代结束了。15 世纪的上半叶是近代国家的形成期。远征，即使是商业性的远征，也不再是个人和商人们的事件了，而变成了国家和大公司的业务。

当每个帝国似乎都在收缩的时候，在最西方的葡萄牙，航海家亨利（Henri le Navigateur）是一个向往约翰长老的人，曾建造过快帆船。他的注意力已不再只是凝视赛里斯国，而是转向了西方和南方，转向了大西洋和非洲。就在由永乐皇帝发起的海上冒险停止的时候，卢西塔尼亚国王的冒险活动却紧锣密鼓地开始了。这种冒险是地理大发现的前兆。从此之后，当欧洲人出现在丝绸之路舞台上的时候，他们之中人数最多的不是使节和商人，而是传教士、探险家，尤其是征服者。

欧亚大陆命运的赌注，确实被押在了海上。当文艺复兴和近代突然降临时，丝绸之路上的巨大变迁终结了所有的变化和希望。

在陆路丝绸之路的衰落与一个巨大事件——葡萄牙人于 1486 年绕过好望角之间的漫长过渡期内，这是使西方人很快便直接在印度购买商品的业绩。著名的古代陆路丝绸之路，即使它求助于海上中继站，也似乎是被废弃了。谁还会在敦煌静心地修持三昧呢？谁还会寻找世界之主长眠的地下撒马儿罕呢？谁还会在石堡停留呢？由亚历山大征服开始的史诗到此结束了。

丝绸之路并未消失，它发生了变化，变成了海上丝绸之路。在那里运输的商品，更多的则是香料或瓷器，而不是赛里斯人的丝绸。欧洲人很快即将沿这条海上丝绸之路走到底，以期待控制它。然而，这条路始终都是将旧大陆的两极联系起来的纽带。

但知识却是以另外的方式传播的。16 世纪的耶稣会士们最终将证明，中国与赛里斯是同一个国家，它于是又变得可以进入了。

始终都会有些臆想中的国家：福琼群岛（Îles Fortunées）、巴西岛（Île Brésil）、黄金国（Eldorado）、安提利亚（Antilia），那里共有为逃避摩尔人（Maures）的 7 名主教避难。但这些传说地区都位于大西洋中。始终都存在着离奇怪物和魔怪，但再没有任何东西可与《亚历山大传奇》或《水手辛伯达》相媲美的神话了。始终都存在着朝觐人和传教士，但神祇却不再旅行了。那些大游记著作经过漫长的岁月和诸多的帝国，已经被人遗忘了，就如同是失灵的魔法在一个大陆范围内打击了想象力一样，也就如同欧亚大陆的全部国家都无意识地消逝了一般，或者是就如同在旧大陆文化相会的某些不可见地点都消逝了一般。我们可以说，在印刷术即将于欧洲诞生之际，著作、史书及其秘密不再是沿相同的路线传播下。再也不存在那些互相联系的纽带了，神话传说正是通过这些联系纽带才从撒马儿罕传到了罗马，或者是使一个希腊神话传说又在巴格达复活。

丝绸之路的伟大名声是通过刊本著作而被长期一成不变地保存下来的。但这并不意味着它必然是真实的，某些假想或虚构的东西以及《奇书》一类著作，也不会立即消失，但人们可以将它们进行对照比较。最后，文艺复兴后的欧洲又将所有世界志都集中到了自己的图书馆中了。欧洲引以为荣的著作，都是个人的夺占，即其圣贤和大兵们的所得。神话已经死亡，冒险开始了。

丝绸之路大事年表

公元前

公元前16—前11世纪	中国商王朝
公元前1200年(左右)	吠陀的宇宙形态论
公元前11世纪—前221年	中国周王朝
公元前1000—前947年	穆天子会见萨巴王后的旅行
公元前8世纪(左右)	琐罗亚斯德
公元前600年	法老王尼科二世派遣两名腓尼基人环非洲旅行
公元前6世纪(初叶)	米利都的泰勒斯提出宇宙的万物本源论
公元前6世纪	米利都的阿那克西曼德:第一幅希腊地图,对于子午线线弧度的计算
公元前6世纪	中国老子
公元前6世纪	毕达哥拉斯
公元前6—前5世纪	帕尔梅尼德
公元前560—前480年	佛陀
公元前551(?)—前479(?)年	中国孔子
公元前540(左右)—前480年(左右)	赫拉克利特
公元前5世纪	中文最早的舆地学论著《禹贡》
公元前445年(左右)	希罗多德的《历史》
公元前356—前323年	亚历山大大帝

公元前333—前327/5年	亚历山大大帝远征伊朗和印度的战争
公元前330年(左右)	尼多斯的欧多克索斯创建两个球体的理论
公元前325—前324年	奈阿尔科斯从印度河流域到底格里斯河口的旅行
公元前310年(左右)	马萨里亚人皮西亚斯环大不列颠的航行
公元前270年	罗马控制意大利
公元前268—前232年	阿育王在印度执政
公元前250年	阿萨息斯朝安息人在锡兰和伊朗统治
公元前240年(左右)	厄拉多塞的地图
公元前223—前187年	安条克三世恢复塞琉西亚国的势力
公元前221—前206年	秦王朝
公元前221—前210年	秦始皇在位
公元前221年(左右)	发明造纸的可能时间
公元前220年	中国重建和延长长城
公元前206—公元220年	汉王朝
公元前206—公元8年	中国的西汉王朝,马卢斯的克拉特斯想象出了多个大陆
公元前192—前188年	罗马占领小亚细亚
公元前182年	匈奴人反复入侵中国北方
公元前174—前136年	帕提亚人的扩张(帕提亚、梅迪亚、美索不达米亚)

公元前165年	月氏人定居于大夏(巴克特里亚)
公元前150—公元224年	阿萨息斯帕提亚王朝
公元前145—前87年	中国史学家司马迁
公元前141—前87年	汉武帝执政
公元前139—前126年 (或者是公元前140—前134年)	张骞通西域
公元前135年(左右)	中国发明带针的漏刻
公元前124—前91年	米特达拉梯二世,帕提亚人占领亚美尼亚并一直到达幼发拉底河流域
公元前120—前119年	汉朝发动反击匈奴人的战争
公元前115—前105年	中国遣使出使波斯,最早稳定的贸易关系
公元前104—前100年	李广利在大宛和于阗的征战
公元前100年	西域诸王国向汉帝国纳贡
公元前100年	季风的发现
公元前84年	罗马与锡兰之间建立最早的关系
公元前64年	罗马征服叙利亚
公元前53年	卡尔莱战役
公元前50年(左右)	丝绸出现在罗马
公元前25年(左右)	奥古斯都接待一个印度使节

公元后

公元 10 年	斯特拉波著《舆地书》
16 或(14?)年	罗马元老院及对在罗马穿戴丝绸,通过反奢侈法
25—220 年	东汉王朝
1 世纪(左右)	罗马一名获得解放的奴隶在锡兰登陆
41—54 年	喀劳狄有关赛里斯人的最早资料
48 年	月氏人入侵今乌兹别克斯坦
50 年(左右)	柬埔寨南部与越南的扶南建立印度化文化王国
54—68 年	尼禄,海上丝绸之路的开通
58—75 年	汉明帝遣使赴印度求佛
60—79 年	普林尼著《博物志》(《自然史》)
65 年	中国的第一个佛教僧伽
70—110 年(左右)或 78—123 年、120—162 年	月氏王迦腻色迦,贵霜帝国的鼎盛期
70 年(左右)	《厄里特利亚航海记》
75—105 年	班超出使西域
87 年	安息使节入华
89 年	中国阻止一个向汉公主求婚的贵霜使节
97 或 98 年	中国使节甘英到达波斯湾头
99 年	贵霜使节赴罗马
100 年	印度使节赴罗马

100 年(左右)	马埃斯·蒂蒂亚诺斯的使节赴中亚旅行
105 年	阿拉伯半岛,东罗马帝国的行省
105 年	蔡伦发明造纸术
115—117 年	罗马—安息战争
120 年	印度出使哈德良
120 年	大秦幻人经骠国(缅甸)入华
140 年	托勒密著《舆地书》(1477 年在欧洲出版)
150 年	洛阳建立佛经译经中心
150 年	在奥塞奥(越南)发现孝子安敦的金币
157 年	在马德拉斯发现罗马钱币
162—180 年	马可·奥勒留执政
162 年(左右)	印度使节赴罗马,由哲学家丹达米施陪同
166 年	在中国宫廷中首次举行佛教仪轨
166 年	伪托安敦(卒于 161 年)的使节入华
190 年	汉王朝中断及与西域的关系
200 年(左右)	杜拉—欧罗波斯(叙利亚)的盾牌(地图)
220—280 年	中国的三国时代
223 年	埃德萨的巴尔德萨纳斯散布圣多玛在印度的传说
224 年	安息帝国的灭亡
225 年	印度支那的扶南王国
226—651 年	波斯的萨珊王朝

226 年	大秦商人到达中国
242 年	摩尼第一次说法
265—618 年	中国的六朝时代
265—316 年	西晋王朝定都洛阳
276 年	对罗马所有边境的入侵
276 年	对摩尼的迫害
284—287 年	东罗马、占婆和扶南使节入华
284 年	蜜味纸自大秦传入中国
297 年	罗马与波斯互市的唯一中心尼西宾
300 年(?)	伪托卡利斯提尼的著作,《亚历山大传奇》的史料来源
309—379 年	沙普尔二世,反抗罗马的斗争(40 年)和抵抗匈人的斗争
311 年	匈奴人抢劫洛阳
313 年	确立基督教合法性的《米兰敕令》
317—420 年	中国的东晋王朝
325 年	贬责阿里乌主义的尼西亚公会议
330 年	罗马帝国迁都君士坦丁堡
331—363 年	被称为"叛教者"的尤里安
350 年(左右)	创建萨珊朝的纺织工业
369 年	女眷内室垄断了君士坦丁堡的织锦丝绸
381 年	中亚诸王国成为中国的藩属国
386—534 年	中国北魏王朝
395 年	匈奴人渡过了伏尔加河与顿河

399—412 年或 414 年	法显赴印度和锡兰礼佛取经
404—424 年	智猛赴印度
408—409 年	拜占庭与波斯有关丝绸的贸易协定
410 年	阿拉里克将罗马抢劫一空,用丝绸支付赎金
420 年(左右)	养蚕业传入于阗
420 年	法显出发赴印度求法取经
424 年	粟特人在中国制造彩色玻璃
430 年	编修《后汉书》
431 年	以弗所公会议绝罚聂斯脱异端派(景教)
434 年	阿提拉即位
451 年	匈人在高卢发动袭击
461 年	波斯使节出使中国
475—534 年	哌哒人入侵北印度
476 年	东罗马帝国灭亡
484 年	景教在亚洲传播
6 世纪(?)	科斯麻·因第科普劳斯提特的《基督教世界地貌学》(《基督徒国家风物志》)
516—519 年(左右)	祆教传入中国
518—522 年	中国和尚宋云赴印度旅行
520 年	菩提达摩到达中国的假定时间
527—565 年	查士丁尼一世执政
551 年	养蚕业传入君士坦丁堡
552 年	佛教传入日本

562 年	波斯—拜占庭有关丝绸贸易的协议
567 年	粟特使节马涅亚克赴君士坦丁堡
568 年	突厥人和拜占庭交换使节(济玛尔克)
578 年	波斯使节出使中国
579 年	科斯洛埃斯在中国宫中接受了一件丝袍
581—618 年	中国隋王朝
588 年	中国恢复统一
606—647 年	佛教在印度的衰落
607 年	日本入华使的第一份报告(?)
618—907 年	中国唐王朝
622 年	伊斯兰历(回历)纪元
626 年	波斯人包围拜占庭(希拉克略反击波斯人的胜利)
629—645 年	玄奘赴西域和印度的旅行
630 年	蒙古地区纳入中国版图
632 年	穆罕默德归真
634—642 年	阿拉伯征服叙利亚、印度和埃及
635 年	景教徒阿罗本到达长安
635 年	圣但尼交易会的设立
638 年	巴士拉城的落成
640 年	粟特人将葡萄酒制造术传入中国
642 年	萨珊朝人被阿拉伯人在内瓦亨德战败
643 年	拂菻(叙利亚或拜占庭)遣使中国
643 年	开罗(弗斯塔)城的建成

650 年	纸币在中国的出现
651 年	萨珊朝末帝卑路斯亡命于中国
651 年	玄奘经吐蕃赴印度
652 年	阿拉伯人征服大夏
661—750 年	东伍麦叶(倭马亚)王朝
666—671 年	拂菻使节入华
669 年	中国远征高丽
671—695 年	高僧义净赴印度礼佛取经
685 年	佛教成为日本国教
694 年	摩尼教获许在中国传播,或由一名波斯人传入中国
697 年	威尼斯选举第一位总督
710—794 年	日本的奈良时代
711 年	征服西班牙,阿拉伯人到达印度河流域
712 年	屈底波在花剌子模的战役,犹太人逃往可萨突厥人地区
712 年	犹太人逃往中国(?)
721 年	中国在西域设立都督府或都护府
726 年	在拜占庭开始爆发“形象之争”
727 年	慧超返国
730—1723 年	伊斯兰教传入印度
732 年	查理·马特在普瓦捷
740 年	穆斯林到达非洲东海岸
744	大秦的一名景教僧到达中国
747 年	阿拔斯人在呼罗珊起义

750—1258 年	巴格达的阿拔斯哈里发国
750 年	印度洋与广州之间海上贸易的发展
751 年	怛逻斯战役,大食人战胜唐军
751—790 年	悟空入天竺之行
752 年	罗马与拜占庭之间宗教关系的决裂
755 年	胡人血统的中国将军安禄山叛乱
756 年	伍麦叶朝人创建科尔多瓦异密国
758 年	广州大食人的叛乱
762 年	由摩苏尔哈里发筑巴格达城
763—821 年	唐蕃之战
765 年	佛教中心孟加拉
780—789 年(左右)	摩尼教得到了回纥人的承认
781 年	长安用中文与古叙利亚撰写的大秦景教碑
785—805 年	舆地学家贾耽有关广州与波斯湾之间航行路线的著作
786—809 年	诃伦在位
794 年	日本平安时代
800 年	查理大帝加冕
800 年	日本分裂成 68 省,第一幅地图
802—850 年	阇耶跋摩二世创建高棉帝国
806 年	中国出现银票
815 年(左右)	宛葛思入华旅行
832 年	巴格达出版《新地图集》
833—892 年	伊斯兰教的首都萨迈拉

839 年	日本人圆仁入华旅行
840 年(左右)	黠戛斯突厥人控制蒙古
840 年(左右)	辛伯达书的假定撰写时间
843 年	中国禁废摩尼教
845 年	中国爆发法难
849 年	蒲甘王国的创建
851 年	吐蕃人被从敦煌驱逐
851 年	唐朝重新控制甘肃
851 年	《中国印度见闻录》(撰写之始)
868 年	敦煌出现第一种木版印刷书
874 年	呼罗珊的萨曼王朝
878 或 879 年	广州番坊大屠杀,黄巢抢劫广州
9 世纪末	印度计数法在阿拉伯学者中的发展
907—960 年	中国的五代时期
916 年	西域道路由阿拉伯人和吐蕃人控制
916—1125 年	在北京建立辽王朝
921 年	伊本·法德兰从巴格达到伏尔加河河口之行
923 年	史学家和诠释家泰伯里逝世
936 年	契丹蒙古人夺取北京
950 年(左右)	《一千零一夜》成书
951 年	舆地学家伊本·豪卡尔在西吉尔玛萨,有关苏丹黄金与奴隶贸易的细节
955 年	中国北周爆发反对佛教的法难
956 年	大食作家马苏第逝世

960—1279 年	宋王朝
960—1127 年	北宋王朝
960 年	疏勒的喀喇汗突厥人接受伊斯兰教的归化
965 年	犹太旅行家布拉欣·本·雅古卜在美因茨看到了呼罗珊钱币
966—976 年	最后经西域的中国赴印度的取经礼佛人
970 年(左右)	红海贸易的加强
980 年	乞瓦(基辅)王国的基督教化
987 年	伊本·纳迪姆的图书目录,当代书目统计
996 年	开罗屠杀阿马尔菲坦商人
1004 年	宋王朝与契丹议和,宋王朝每年以丝绸和白银纳贡
1004 年(左右)	阿拉伯人与中国断绝直接贸易关系
1009 年	哈希姆哈里发摧毁耶路撒冷的圣墓(耶稣墓)
1010 年	第一幅中国的中文全舆图(从 7 世纪起的部分地图)
1021 年	伽色尼的突厥人马哈茂德入侵克什米尔与旁遮普
1031 年	伍麦叶人对西班牙占领的结束
1033 年(左右)	婆罗门教在爪哇取得发展
1037 年	哲学家阿维森那(伊本·西拿)逝世
1040—1090 年	塞勒术(塞尔柱)突厥人对从突厥斯坦到爱琴海地区的征服

1048 年	《印度志》的作者和梵文翻译家、学者比鲁尼逝世
1054 年	罗马与君士坦丁堡教会分裂
1055 年	塞勒术人侵入巴格达
1065 年	《罗兰之歌》
1070 年	吐蕃人入侵中国西北
1090 年	中国使用航海罗盘
1090 年(左右)	阿拉伯人中首次提到罗盘
1096—1099 年	第一次十字军东征
1098 年	十字军夺取安条克与耶路撒冷
1100 年	东方拉丁王国的创建
1100 年(左右)—1166 年	阿拉伯舆地学家伊德里希
1102 年	在推罗与西顿设立威尼斯商行
1112—1152 年	吴哥窟的建成
1126 年	波斯诗人、文学家和天文学家欧玛尔·海亚姆逝世
1127 年	宋王朝苟安于长江之南
1128—1133 年	喀喇契丹王国(巴尔喀什、喀什噶尔、撒马儿罕),佛教和景教的并存
1132 年	杭州变成了中国南宋的行在
1141 年	喀喇契丹人夺取河中府
1144 年	撒拉丁征服埃及,阿尤布苏丹
1144 年	西班牙旅行家和舆地学家伊本·朱拜尔诞生
1146 年	罗杰二世将养蚕业引入叙利亚

1154 年	伊德里西的《罗杰之书》出版
1160 年	贝鲁尔的《特里斯丹和绮瑟》、《尼贝龙根之歌》问世
1165 年	约翰长老的书信
1165 年	伊德里希逝世
1187 年	撒拉丁对耶路撒冷的再征服
1192 年	撒拉丁与法兰克人之间签订条约
1198 年	阿威罗埃斯(伊本·罗克德)逝世
1204 年	十字军抢劫君士坦丁堡
1204 年	阿拉伯的犹太哲学家迈蒙尼德逝世
1206 年	铁木真继位,蒙古的成吉思汗
1206 年	德里苏丹国的创建
1207 年	威尼斯和阿勒颇之间签订贸易协定
1210 年(左右)	喀兹维尼作天文计算
1215 年	成吉思汗攻占北京
1215 年	一部朝觐指南的作者哈拉维逝世
1215 年	拉特兰公会议,宗教裁判所变成了常设性机构
1218—1221 年	第五次十字军东征
1219 年	成吉思汗派遣道教仙师长春真人赴西域(阿富汗)
1219 年	成吉思汗首次对伊斯兰教的领地发动袭击
1221 年	成吉思汗在花剌子模、突厥斯坦与波斯征战

1221 年	对撒马儿罕、马鲁(木鹿)和赫拉特的抢劫
1221—1224 年	长春真人赴撒马儿罕地区的旅行
1225 年	赵汝适的《诸蕃志》问世
1226—1270 年	路易九世(圣路易)在位
1227 年	成吉思汗晏驾
1229 年	窝阔台当选可汗
1233 年	窝阔台夺取开封
1235—1240 年	洗满·扫玛阿达在蒙古
1236 年	有关鞑靼人的最早信息
1237 年	匈牙利的朱利安有关蒙古人的信件
1240 年	窝阔台发行纸币
1241 年	蒙古大军在科拉科夫受阻
1245—1247 年	柏朗嘉宾出使蒙古
1245—1251 年	龙安德和克雷莫纳的阿思凌赴亚洲旅行
1246—1248 年	贵由当选为大汗
1248 年	第一批蒙古使节赴西方
1249 年	路易九世在埃及被俘
1249—1251 年	龙安德第二次出使
1251—1259 年	蒙哥汗在位
1251—1265 年	成吉思汗的孙子旭烈兀在位
1253—1255 年	鲁布鲁克出使蒙古
1258 年	蒙古人夺取巴格达
1259 年	常德出使巴格达

1260 年	忽必烈登上蒙古汗位
1261 年	君士坦丁堡拉丁帝国的灭亡
1261—1265 年	波罗兄弟首次东行
1270 年	第七次十字军东征
1276 年	路易九世逝世
1271—1272 年	第八次十字军东征
1271—1295 年	波罗兄弟携年轻的马可·波罗两次东行
1275 年	景教大主教在中国
1276 年	忽必烈汗成为中国皇帝
1278 年	拉班·巴尔·扫玛出使西方
1280—1368 年	中国的元王朝
1283 年	舆地学家喀兹维尼逝世
1285 年(左右)	拉班·巴尔·扫玛访问意大利和法国
1289 年	约翰·德·孟德高维诺出发赴华
1289 年	摩洛哥人阿仆达里的旅行之始
1290 年(左右)	已知最古老的罗盘地图
1291 年	东方拉丁王国的灭亡
1293—1330 年	约翰·德·孟德高维诺创建汗八里的第一个基督宗教教团
1293 年	蒙古人试图在爪哇登陆
1293 年	中国商人在爪哇
1294 年	罗杰·培根逝世
1298 年	马可·波罗著《寰宇记》
14 世纪	带枢纽的罗盘开始使用
1304—1377 年	伊本·白图泰的旅行

1305年(左右)	海顿著《东方史》
1311—1327年	热那亚人彼得罗·维斯扎特的地图
1313年	波斯蒙古人的首都孙丹尼亚(苏丹尼亚)开工建设,佩鲁贾的安德拉的中国书信
1318—1330年	鄂多立克游历印度和中国
1318年	蒙古史学家拉施特逝世
1320年	茹尔丹·卡塔拉从伊朗赴印度
1325年	伊本·白图泰开始赴东方旅行
1331年	舆地学家阿布尔·菲达和百科全书派作家努伟理先后逝世
1332—1406年	伊本·哈勒敦
1336—1405年	瘸子帖木儿
1337—1433年	百年战争
1340年	佩戈洛蒂的《市场实务》问世
1342年	马黎诺里到达北京
1352年	中国南方爆发反元起义
1365年	帖木儿开始发动征服战争
1368—1398年	洪武帝创建明王朝
1368—1644年	明王朝
1369—1393年	帖木儿时代河中府治所设于撒马儿罕
1371年	曼德维尔著《珍异记》
1375年	加泰罗尼亚的地图
1380年	莫斯科人战胜蒙古人
1396—1415年	陈诚出使哈烈

1398—1399 年	瘸子帖木儿入侵旁遮普
1400 年(左右)	弗朗切斯科·贝卡绘制世界地图
1402 年	安卡拉大战,瘸子帖木儿击败巴耶吉德
1403—1424 年	永乐皇帝在位
1405—1433 年	郑和赴东南亚和非洲的七次远航
1408 年	金帐汗国围攻莫斯科
1410 年	坦嫩贝格战役,条顿(德国)骑兵被波兰人击败
1410 年(左右)	德埃利著《世界的形象》一书
1415 年	阿津古尔战役,法国与英国国王之间重新爆发战争
1419—1423 年	盖耶速丁出使中国
1424 年	明永乐皇帝封闭中国西北边境
1426 年	威尼斯人焦科莫·吉拉尔蒂的地图
1427 年	葡萄牙人在亚速尔群岛
1428 年	兀鲁格伯建撒马儿罕观察塔
1430 年	波斯地理和历史学家哈菲兹·阿不鲁逝世
1431 年	阿尔克的雅娜受刑
1433 年	郑和远航结束
1434 年	葡萄牙航海家亨利的远航开始

丝绸之路上的旅行家和作家书目

作为解析性书目，我们向读者建议，不必采用以时代、内容、文明或地域来划分书目的分类法，而是受旅行家本身的线索。本引得是根据真正能得到的著作而编制的。下文不远处的总书目可以补充这些信息。

基础著作

现存许多有关丝绸之路的综合性著作。其中最著名者有：

——《马可·波罗与丝绸之路》（Marco Polo et les Routes de la Soie），发现出版社版，戴仁（Jean-Pierre Drège）著。它形成了一部几乎是无法替代的丝路导读，尽管非常简短。

——同氏：《丝绸之路》（Les Routes de la Soie），由艺术图书馆出版的一部精致著作。此书更多的是以地理为线索，描述了陆路，配有大量插图。

——布尔努瓦（Lucette Boulnois）：《丝绸之路》（Les Routes de la Soie），阿尔托出版社版。这是一部优秀的基础著作，自 1963 年之后陆续出版。

雅克·昂克蒂尔（Jacques Anquetil）：《丝绸之路》（Routes de la Soie）。其优点是论述了丝路从起源至今的历史。此外，它是由一名热衷于这种奇遇的纺织世家的作家写成，广泛地解释了丝绸之路。

一种特殊位置要归于格鲁塞（René Grousset），特别是他那部始终未杀青的经典巨著《草原帝国》（I'Empire des Steppes），帕约出版社版，此著并非仅仅是有关丝绸之路的，而是形成了有关西域的一部无以取代的概论性著作。格鲁塞的大部分著作（其中最著名者是《历史名人》〔Figure de proue〕，近期由纳迪尔—巴朗出版社再版）都论述了与我们的兴趣中心有关的内容或人物。

人 物[①]

作为丝绸之路的序幕或前历史时代的人物，便是亚历山大。由于他向东征服的地域以及由他首创的文化相会，使他明显成了这些道路上的先驱。在这种历史形态下，根本不可能客观地在亚历山大的诸多传记之间进行选择，因为其传记比拿破仑的传记还要多得多。我们仅限于指出，我们更喜欢德罗伊森（Droysen）所写的那部传记，近期已出版了袖珍本。此外，亚历山大的神话一直在所有的丝绸之路上广为传播，在马六甲就如同在朝鲜一般。这种现象的源头，是以伪托卡利斯提尼的《亚历山大传奇》为基础的大批文学作品。通过伊斯兰教的《古兰经》、波斯的《列王记》、在中世纪的整个欧洲被引用的诗歌和不同的传奇性文本，这部小说成了所有时代的巨大成功之一。在这种全部的文学奇遇之中，人们最终可以将其源头与从 1992 年由美文学出版社出版的《伪托卡利斯提尼》联系起来了。

1. "中国—罗马"时代。这就是公元前 1 世纪时中国丝绸传到罗马的时代，也是大旅行家们的时代，中国神话经过这些大旅行家而到达罗马和罗马神话到达中国的时代。通过中国的断代史，大家可以掌握有关张骞于公元前 139 年左右的远征、班超的军事远征以及两个方向的其他使节的某些内容。罗马史学家和舆地学家们中有关神奇地区、赛里斯国等方面的资料同样也很零散。正是在这个时代，西方发现了在海上丝绸之路上航行最重要的自然现象之一——季风，其运动已记录在公元 60 年左右的《厄里特利亚航行记》（原文已佚）中了……经过互相交流的最早时代之后，人们感觉到了信

① 海市蜃楼帝国中的人物当然哺育了一批想象中的著作。作为例证，在《看不见的城市》中，伊达洛·卡尔维诺（Italo Calvino）让人讲到了马可·波罗；在《流浪犹太人的历史》中，又让·多尔姆松（Jean D'Ormesson）使丝绸之路上的许多人物与神话，都与其主人翁相会了。

息已停止流通，各方都在退缩。我们可以在罗马史学家让·诺埃尔·罗伯尔（Jean-Noël Robert）的书中称之为“中国—罗马”的这个时代，《从罗马到中国》（De Rome à la Chine，美文学出版社版）中，找到这个被称为“中国—罗马”的时代。此外，阿里·玛札海里（Ali Mazahéri）于其《丝绸之路》（La Route de la Soie，今已绝版）中，介绍了许多中文和拉丁文文献。他针对一个更晚的时代（特别是瘸子帖木儿时代），为我们提供了许多原始文献，尤其是波斯文文献。

2. 佛教之路。这是一场远行、传播和取经的紧张活动，当时在“觉”的教义之传播、商业交流、政治权力之路诸方面之间，都建立了复杂的关系。中国人最著名的礼佛取经活动有法显（399 年和 414 年赴印度旅行）、一个世纪之后的宋云和慧生、诞生于 603 年和 629—645 年旅行的玄奘、于 671 和 695 年一直航行到印度的义净。我们还应从中补充以新罗僧慧超（Hye Ch'o），他于 724 年左右开始其礼佛进香活动，并一直到达西域和“五天竺”。针对他们之中的每个人，我们都掌握有直接证据、译成法文的文献，但人们只能在东方学图书馆中找到它们。其中最引人入胜者，便是变成了《西游记》中的主要人物之一的法师玄奘。这部小说推出台的是猴王。它成了中国文学中的五大经典之一，雷威安（André Levy）有一种很精辟的译本，刚刚问世。

3. 阿拔斯朝时期。继伊斯兰教那迅如闪电般的扩张之后，阿拔斯（黑衣大食）哈里发国时代，尤其是 9—10 世纪，则是沙漠旅行队客店和阿拉伯大航海家们的时代。在巴格达，在诃伦及其继承者们的统治下，产生了一场活跃的文化运动；与世界知识有关的一切，尤其是游记的文学体裁，颇受器重。人们互相转抄，从中加入了其他著作的段落……有三部非常具有互补性的书形成了研究丝绸之路的指路灯塔。

——《印度中国见闻录》（Relation de L'inde ef de La Chine，译本，美文学出版社，1948 年版），写于 851 年。这本旅行记被归于商人苏莱曼（Soleyman）名下，描述了从海湾到中国和印度这两国的航行路线。

——《水手辛伯达》（Sindbad le Matin，勒内·哈瓦姆译本，福布斯出版社版）。人们一直在争论，以知道它究竟是早于还是晚于前一部著作，究竟是哪一部启发了另一部。无论如何，辛伯达提供了许多有关真正旅行的线索，他似乎曾到达过中国与高丽。

——马苏第的《黄金草原》（Les Prairies d'Or），9世纪中叶，这是一部伟大的经典之作，它吸取了其他游记文献的内容。

大家同样还应注意伊本·法德兰一次出使的记述，于921年从巴格达出发赴中亚，一直到达伏尔加河流域。《在伏尔加河流域的不里阿耳人中的游记》（Le Voyage Chez les Bulgares de la Volga，辛伯达出版社）反映了丝绸之路上的许多历史和传说。

4. 蒙古式的和平，或者是东西方失之交臂的相会时代。蒙古人在建立了从太平洋到地中海的唯一政权的同时，又真正重新打开了丝绸之路。甚至经常是当人们想象那些大骆驼队时，所指的正是这个时代。这无论如何就是欧亚大陆的探险家们崭露头角的时代，这些人并不比新大陆的发现人缺少胆识。这也是丝绸之路上两位最著名的旅行家——威尼斯人马可·波罗和摩洛哥人伊本·白图泰的时代。

马可·波罗。难道还需要介绍他吗？他于1254年诞生于威尼斯。当其父亲与叔父为首次一直到达忽必烈汗宫廷而出发时，他只有6岁。马可·波罗于他们1271年第2次远行中，随同他们而行。他于1295年才返回威尼斯。《寰宇记》、（Le Devisement du Monde）与比萨人鲁斯梯切洛（鲁思梯谦）合作，撰写于1298年。原书用法文—意大利文写成，已佚。蒙达朵里（Mondadori）在意大利推出的版本，发表了一种很接近于原著的法文—意大利文本，同时还有一种托斯卡纳语（toscan）的经典文本。在现代法文版方面，发现出版社出版了经典大译本之一，即韩百诗（Louis Hambis）版本《世界寰宇记》。

伊本·白图泰（丹吉尔1304年、菲斯1377年版）。他经常被认为是马可·波罗的阿拉伯对应人，尽管其旅程比那位威尼斯人更要漫长得多，也就是说首先是一名伊斯兰教的朝觐人，于已知的所有国家中追求伊斯兰教的统一。他于1325年6月14日出发，于

1349年11月8日返回菲斯。伊本·白图泰访问了直到远东的整个伊斯兰世界。其游记是阿拉伯文学中的伟大经典之一，将自传、观察和“轶事”（奇迹故事或感化人的历史）混合在一起了，这是一部真实的冒险小说。唯一的一种法译本——桑吉内蒂本，已于“发现”出版社刊行。

马可·波罗的“受害者”

正是布道团和外交使团成员们的冒险故事、游记与业绩，才使那名威尼斯人黯然失色了。最早的交流是在成吉思汗的继承人时代开始的，最终导致了由约翰·德·孟德高维诺在北京创建了大主教区，孟氏是于1293年到达汗八里——北京的，也就是说，当在任何方面都不算是发现中国的波罗氏父子登上回程路的那一年。

由英诺森四世发起的多明我会士的两次远征，打通了东西方的交通道路：第一次一直推进到伏尔加河流域，第二次到达了一个蒙古人的幕帐。但他们实际上并未留下任何文字记录的踪迹。

多明我会士的第一次远征是大不里士的龙安德（André de Longjumeau），但却无声无息地过去了。克里莫纳的阿思凌于1247年出发，在波斯遇到了蒙古将军拜住。圣康坦的洗满是这次远征队的成员，留下了这次外交失败的一部简短记述。我们还可以在1830年的国家工场的一种版本中找到此书。

由葡萄牙的罗朗（Laurent de Portugal）主持的一个方济各会布道团，仅留下了某些含糊不清的记述。

柏朗嘉宾是教皇的另一位使节。他由波希米亚的德望（Etienne de Bohême）和波兰的本笃（Benoît de Pologne）陪同。1246年，他通过波希米亚、波兰、斡罗思而成功地与蒙古人接触，并且到达了拔都的幕帐，拔都又将他送往蒙古。在喀喇和林（Caracorum）附近，他恰恰于蒙古人选举大汗窝阔台（Ogodaï）的继承人的时刻到达。因此，他将会看到贵由（Gouyouk）汗。但他却几乎如同阿思凌一样轻率冒失，携带可汗致教皇的一封充满傲慢态度的国书。其出使记《蒙古史》(Historia Mongolorum，方济各会出版社 1961 年版) 中充满了精灵和奇迹，非常重视有关约翰长老的传说。他返回时极力鼓吹发动一场攻击这些“鞑靼魔鬼”的战争。

龙安德再次出发赴安纳托利亚，并且一直到达巴尔喀什湖以远地区。他是为法国国王路易九世的利益而工作的。

纪尧姆·德·鲁布鲁克的出使持续于 1253—1255 年。他将其出使概括于一部著作《路线》(Itinérarium) 中了。此书被许多人认为是中世纪的重大著作之一 (国家印刷局刚刚重版)。鲁布鲁克偕同其旅伴——克里莫纳的巴多买罗 (Barthélemy de Crémone)、格塞 (Gosset) 和一名阿拉伯翻译，一直到达喀喇和林。他后来又会见了蒙哥汗，并且有机会考察了蒙古人的宫廷和风俗习惯，尤其是不同宗教的代表人物。鲁布鲁克的外交技巧、其观察事物的敏感性，再加上他与柏朗嘉宾和阿思凌之笨拙举止具有巨大反差性的洞察力，使他携带大汗的国书而还，这为东西方的外交关系开放提供了一次真正的机遇。出于某些不太明确的原因，路易九世并未对此作出回应。

紧接着可能是另一个鲜为人知的多明我会布道团。它为发现使欧洲人落魄丧胆的“鞑靼人”世界的一个伟大时代，画上了句号。

如果说实际上根本不可能轻而易举地接触原文文献，那么鲁保罗 (Jean-Paul Roux) 在《中世纪的探险家》(Les Explorateurs au moyen âge) 中，则对这场大冒险作了一次出色的总结。此外，两部游记文献集《中国游记》(le Voyage en Chine) 和《中亚与西藏游记》(Voyage en Asie Centrale et au Tibet)。分别由尼奈特·博特洛伊 (Ninette Boothroyd) 和米里埃尔·戴特里 (Muriel Détrie) 为《中国游记》、冉云轩 (Michel Jan) 为《中亚游记》作介绍 (收入《布甘丛书》，罗伯尔·拉封出版社版)，书中提供了中世纪旅行记的大段摘录，即使这些著作主要是介绍 19—20 世纪的旅行家们一样。

我们还可以补充有关这个时代的资料：著名的《蒙古秘史》(Histoire Secrète des Mongols)，它只于其书名中具有“秘”的特色。我们可以在图书馆中找到唯一的一种法译本，即伯希和 (Paul

Pelliot）的译本（遗作，不完整），由麦松奈夫（Mai-sonneuve）出版社出版（1959年）。《蒙古秘史》是一部抒情诗集，充满着隐喻、英雄行为的诗阙。总而言之，这是一部蒙古人的《埃达》（Edda，本为冰岛的一部诗体文学作品）。

除了这种家族史之外，许多东方史料还向我们提供了有关由东向西的丝绸之路的梗概。作为对西方使团的回应，也有许多蒙古使节赴西方。虽然其历史不太著名，却依然具有冒险性（其中有叛徒、间谍、懦夫，所需要的一切……）。在需要征引的文献中，有波斯蒙古可汗于1285年致教皇洪诺流四世（Honorius Ⅳ）的一封信，信中要求发动一次十字军东征。紧接着便是他4年之后致美男子腓力（Philippe le Bel）的一封信，信中约定了在大马士革的一次相会，以便共同对突厥发动一次军事远征。一切均徒劳无益，出于一种不太明确的原因，经过在多年间梦想着与蒙古人的一次历史性大联盟（由于蒙古人对基督教采取宽容态度，因而他们有可能被归化）之后，欧洲人似乎对于与蒙古人联盟的任何倡议都失去了信心，最后一次倡议应断代为1305年。

这个时代在文学与史学方面最引人注目的人物，非景教徒拉班·巴尔·扫玛（Rabban bar Cauma）莫属。此人未留下直接的游记，但我们却掌握有关此人的许多资料。这名畏兀儿景教徒诞生于北京附近，受阿鲁浑汗派遣，在君士坦丁堡下船，随后在教廷稍有停留，便到达了意大利。他又到达巴黎，并在那里受到了美男子腓力的召对。扫玛于1288年返回波斯，并于1294年在巴格达仙逝。虽然该使节受到了友好接待，其访问也名噪一时，但却未获得任何具体成果。其同伴马儿古思（Marcos）以摩诃阇婆罗诃二世（Mar Jabalaha Ⅱ）的名义成为大主教。后者于其《历史》中，将拉班·巴尔·扫玛的游记大加精简压缩。此文已由卡哈博（Cahabot）翻译，发表于1893年的《拉丁东方学杂志》中，此后便不见踪影了。阿鲁浑的另外一位使节吉索尔夫的布斯卡尔（Buscarel de Gisolf）是一名相当神秘的欧洲人，共在欧洲三次出使，始终是同样的不果而返。我们对此人，再也不知道更多的情况了，他未留下回忆录。

传教士

14 世纪初叶，教皇又派出了使者。这一次是真正的传教士，而不再是使节了。他们定居于中国。

约翰·德·孟德高维诺是在中国定居的传教士中的第一位。他于 1289 年出发，到达北京并成功地从事其布道事业。他被晋升为北京大主教。我们主要是通过他于 1305 年和 1306 年致教皇的书简而了解他的，而且我们实际上也只能从本世纪初的一本方济各会杂志找到过这一切。但《布甘丛书》中提供了大段摘录文。他于 1330 年左右逝世于北京，这是在他尽管遇到了许多困难，仍建立了中国天主教教团之后的事了。

鄂多立克（和德理，Odoric de Pordenone，1286—1331 年）是方济各会士，他曾首次赴金帐汗国，甚至赴蒙古旅行。他于 1318 年又完成了第二次远行，同行的还有爱尔兰的雅克（Jacques d'Irlande）、威尼斯的贝纳尔（Bernard）和米歇尔（Michel）。他访问了中亚、波斯、印度、印度尼西亚群岛和中国。此人在汗八里（北京）共居住三年，绕行吐蕃之后才返回欧洲。他在帕多瓦口授了其回忆录。他后来又被封圣（列真福品）。《享真福者鄂多立克修士十四世纪的亚洲旅行记》（Voyages en Asie au XIVe siècle du bieheurenx frère Odoric de Podenone）不具有近代版本。此书属于"奇书"类体裁，又由曼德维尔（Jean de Mandeville）严重抄袭，以至于人们将真正的旅行家当做了一位造假者。

这些出使的延续。

曼德维尔仅仅是一名房间中的旅行家，但他却值得列入我们的名表中。所谓的约翰·曼德维尔先生是一部写于 1371 年的《珍异记》之奇书的作者。此书以稿本形式的传播，使它成了一种"中世纪最畅销的书"，甚至比马可·波罗的书更加大众化。这部欺世盗名的书企图叙述一次赴亚洲的真正旅行，其游记是以真实的报告与中世纪的虚构背景相结合（伪托约翰长老的书信、神奇的动物等）。

曼德维尔的行文是在数世纪期间盛极一时的“奇书”（包括阿伊的彼埃尔的《世界的形象》、布鲁奈·拉坦的《宝书》，这些编纂的书均为其代表作）的原形、集成和可能是最谵妄之作。曼德维尔的书是充满想象力的作品，它很快就会使我们感到厌倦，不久又于1993年在美文学出版社再版。

佩戈洛蒂（Francisco Balducci Pegolotti）是另外一名静止不动的旅行家，但却属于另一种完全不同的类别，因为他于1340年左右写成了《市场实务》（Praticha della mercatura）。这是一部供希望直到中国从事有利可图贸易的商人使用的经商指南：路线、实用建议、对于各站程和当地风俗习惯的诠释。这部著作是由佛罗伦萨人写成的，他无疑是通过那些曾前往当地的通讯人而搜集资料的。此书现在只被译作英文（埃旺，剑桥1936年版）。

根据同样的思路，现藏威尼斯的维洛尼（Viloni）的遗嘱，又为我们提供了有关一个定居在中国的意大利商人家庭的证据，他们最终被埋葬在中国了。

5.《蒙兀儿人和历史的摸索》继瘸子帖木儿（1336—1405年）之后，印度的莫卧人儿（蒙兀儿）王朝一直持续到16世纪初叶。这个时代部分相当于明王朝（1368—1644年）之初。

伊斯兰教最大的思想家之一伊本·赫勒敦（Ibn Khaldoun，1332—1406年），提供了有关瘸子帖木儿的一种直接证据，他曾在1401年第一季度，当他在大马士革居住期间，曾多次会见过瘸子帖木儿。我们于《西方和东方的旅行》（Voyage d'occident et d'orient，自阿拉伯文译出，辛伯达出版社1984年版）中，发现了这些文献。

最后，卡斯提利亚国王派向瘸子帖木儿的一个使节，于1403—1406年之间，导致了一次海路和陆路旅行，使团长是克拉维约（Ruy Gonzalez de Clavijo）。他于其《瘸子帖木儿时代的撒马儿罕之路》（La Route de Samarcande au temps de Tamerlan）中那非常详细的介绍，已于1990年由国家印刷局出版。

参考书目

1. Ailly Pierre d', *Ymago Mundi*, trad. E. Buron, Paris, 1930.
彼埃尔·达伊（阿伊的彼埃尔）：《世界的形象》，布伦译，巴黎，1930 年版。

2. Anquetil J. , *Routes de la soie*, J. -C. Lattès, 1992.
昂克蒂尔：《丝绸之路》，拉泰斯出版社，1992 年版。

3. *Art bouddhique* (L'), Olizane, Unesco, 1990.
《佛教艺术》，奥利扎纳出版社，联合国教科文组织编，1990 年版。

4. *Aventures de Sindbad le Marin*, trad. R. Khawam, Phébus, 1990.
《水手辛伯达冒险记》，哈瓦姆译，福布斯，1990 年版。

5. *Aventures de Sindbad le Terrien*, trad. R. Khawam, Phébus, 1986.
《陆上辛伯达冒险记》，哈瓦姆译，福布斯，1986 年版。

6. *Asian Art* 1992, vol, V, no 4: *The Art of the Map in Asia*, Oxford University Press, 1992.
《亚洲艺术》，1992 年第 5 卷，第 4 期；《亚洲地图艺术》，牛津大学出版社，1992 年版。

7. Bencheikh J. E. , Bremond C. , Miquel A. , *Mille et Un Contes de la nuit*, Gallimard, 1991.
本谢赫、布勒蒙和米盖尔：《一千零一夜的故事》，加利玛尔出版社，1991 年版。

8. Benoist-Méchin J.，*Destins rompus*，Albin Michel，1974.
本笃-梅散：《断裂的命运》，阿尔班·米歇尔出版社，1974 年版。

9. Benoist-Méchin J.，*Mustapha Kémal*，Albin Michel，1954.
本笃-梅散：《凯末尔》，阿尔班·米歇尔出版社，1954 年版。

10. Beurdeley C.，*Sur les routes de la soie. Le grand voyage des oeuvres d'art*，Seuil，1985.
柏德莱：《丝绸之路上艺术作品的大旅行》，赛伊出版社，1985 年版。

11. Blachère P.，*Extraits des principaux géographes arabes du Moyen Âge*，Paris，1932.
布拉赛尔：《中世纪主要阿拉伯舆地学家著作摘要》，巴黎，1932 年版。

12. Boorstin D.，*Les Découvreurs*，Robe Laffont，1992.
博尔斯坦：《发现者》，罗伯尔·拉封出版社，1992 年版。

13. Boulnois L.，*La Route de la soie*，Arthaud，1963.
布尔努瓦：《丝绸之路》，阿尔托出版社，1963 年版。

14. Bragadin Marc，Antonio，*Storia delle Repubbliche Marinare*，Dioscuri，1989.
布拉加丹·麦克安东尼奥：《马里纳尔共和国史》，迪奥斯居里，1989 年版。

15. Bruneto Latini，*Le livres du trésor*，éd. Carmodi，Berkeley，1948.
布鲁内托·拉蒂尼：《宝藏集》，卡尔莫迪出版社，伯克莱，1948 年版。

16. Budge(E. A. Wallis)，*The Monks of Kublaï Khan*，Londres，1928.
布奇：《忽必烈汗的僧侣》，伦敦，1928 年版。

17. Cagnat R. et Jan M.，*Le Milieu des empires*，Robert Laffont，1981.
卡尼亚和冉云轩：《帝国的中央》，罗伯尔·拉封出版社，1981 年版。

18. Campbell J., *The Masks of God*, Penguin, 1959.
坎贝尔:《上帝的面具》, 彭古因, 1959 年版。
19. Campbell J., *The Hero with a Thousand Faces*, Penguin, 1959.
坎贝尔:《千种面孔的英雄》, 彭古因, 1959 年版。
20. Chabaille P., *Il tresoro du Bruneto Latini vulgarizzato da Bono Giamboni*, Bologne, 1977.
沙巴依:《詹博尼有关拉蒂尼之〈宝藏集〉的通俗化版本》, 博罗尼亚, 1977 年版。
21. Chamoux F., *La Civilisation hellénistique*, Arthaud, 1981.
夏姆:《希腊化的文明》, 阿尔托出版社, 1981 年版。
22. Chavannes E., *Voyage des pélerins bouddhistes*, Paris, 1894.
沙畹:《佛教徒礼佛进香人的旅行》, 巴黎, 1894 年版。
23. Chavannes E., *Les Documents chinois découverts par Aurel Stein dans les sables du Turkestan oriental*, Oxford University Press, 1913.
沙畹:《斯坦因在东突厥斯坦沙漠中发现的汉文文献》, 牛津大学出版社, 1913 年版。
24. Chen K., *Buddhism in China*, Princeton, 1964.
陈观胜:《中国的佛教》, 普林斯顿, 1964 年版。
25. *China and the Maritime Silk Road*, Fujian People's Publishing House, 1991 (séminaire de Quanzhou, février 1991).
《中国与海上丝绸之路》, 福建人民出版社, 1991 年版 (1991 年 2 月泉州学术讨论会论文集)。
26. Commenaux C., *La Vie quotidienne chez les Mongols*, Hachette, 1972.
科莫诺:《蒙古人的日常生活》, 哈切特出版社, 1972 年版。
27. *Coran*, trad. D. Masson, La Pléiade, Gallimard.
《古兰经》, 马松译本, 《七星诗社丛书》, 加利玛尔出版社, 原文无出版时间。
28. *Coran*, trad, A., Chouraqui, Robert Laffont, 1991.

《古兰经》，舒拉基译本，罗伯尔·拉封出版社，1991 年版。
29. Corbin H., *Histoire de la philosophie islamique*, Gallimard, 1986.
科尔班：《伊斯兰教哲学史》，加利玛尔出版社，1986 年版。
30. *Cultural and Commercial Exchanges between the Orient and the Greek World*, Athènes, 1991 (séminaire d'octobre 1990).
《东方与希腊世界之间的文化和商业交流》，雅典，1991 年版（1990 年 10 月学术讨论会论文集）。
31. Curatola G., Draghi, *Eurasiatica*, 1989.
库拉托拉·德拉希主编：《欧亚研究》文集，1989 年。
32. Debray R., *Cours de médiologie générale*, Gallimard, 1991.
德布雷：《基础通灵术教程》，加利玛尔出版社，1991 年版。
33. Decret F., *Mani et la tradition manichéenne*, Seuil, 1974.
德克雷：《摩尼与摩尼教传统》，塞伊出版社，1974 年版。
34. Delumeau Jean, *Une histoire du Paradis*, Fayard, 1992.
让·德鲁谟:《天堂的一部历史》,法雅尔出版社,1992 年版。
35. Deluz Christiane, *Le Livre de Jean de Mandeville*, Louvain, 1988.
德吕兹·克里斯蒂雅娜：《让·德·曼德维尔的书》，鲁汶，1988 年版。
36. Demoulin, *Odoric de Pordenone*, Paris, 1939.
德牧兰：《鄂多立克》，巴黎，1939 年版。
37. Drège J.-P., *La Route de la soie*, Bibliothèque des Arts, 1986.
戴仁：《丝绸之路》，收入《艺术文库》，1986 年版。
38. Drège J.-P., *Marco Polo et les routes de la soie*, Gallimard, 1989.
戴仁：《马可·波罗与丝绸之路》，加利玛尔出版社，1989 年版。
39. Eliade/Couliano, *Dictionnaire des religions*, Plon, 1963.
埃利亚德/库里亚诺：《宗教词典》，普伦出版社，1990 年版。
40. Eliade Mircea, *Aspects du mythe*, Gallimard, 1963.

埃利亚德·米尔撒：《神话形态》，加利玛尔出版社，1963年版。

41. Eliade Mircea, *Histoire des croyances et des idées religieuses*, Payot, 1976.
埃利亚德·米尔撒：《信仰与宗教思想史》，帕约出版社，1976 年版。

42. Eliseeff D. V., *La Civilisation japonaise*, Arthaud, 1974.
叶理世夫：《日本文明》，阿尔托出版社，1974 年版。

43. Eliseeff D. V., *La Femme au temps des empereurs de Chine*, Stock, 1988.
叶理世夫：《中国皇帝时代的妇女》，斯托克出版社，1988年版。

44. Fa-hian (Faxian), *Foe Koue Ki ou Relation des royaumes bouddhiques*, trad. Rémusat, Paris, 1836.
法显：《佛国记》，雷慕沙译本，巴黎，1836 年版。

45. Favier J., *Les Grandes Découvertes*, Fayard, 1991.
法维埃：《大发现》，法雅尔出版社，1991 年版。

46. Ferrand G., *Relations de voyages et textes géographiques arabes, persans et turcs relatifs à l'Extrême-Orient du VIIe au XIIIe siècle*, Paris, 1913.
费琅：《7—13 世纪阿拉伯波斯突厥远东文献辑录》，巴黎，1913 年版。

47. Febvre L. et Martin H. J., *L'Apparition du livre*, Albin Michel, 1976.
费夫尔和马丹：《书籍的出现》，阿尔班·米歇尔出版社，1976 年版。

48. Ghirshman R., *L'Iran des orgines ā l'Islam*, Albin Michel, 1976.
吉斯曼：《伊斯兰教之前的伊朗》，阿尔班·米歇尔出版社，1976 年版。

49. Ghirshman R., *Parthes et Sassanides*, Gallimard, 1962.

吉斯曼：《帕提亚人和萨珊朝人》，加利玛尔出版社，1962年版。

50. Giès J., "Un témoignage du bouddhisme imperial āTouen-houang", actes du colloque de l'Unesco, *Les routes de la soie: problèmes scientifiques et culturels*, 13 mai 1992, Paris, Unesco, 1993.

吉埃斯：《敦煌皇家佛教的一种证据》，载联合国教科文组织的学术讨论会论文集：《丝绸之路：科学与文化问题》，1992年5月13日举办学术讨论会。巴黎，联合国教科文组织1993年版。

51. Giès J., "Contributions aux études de Touen-houang, vol. Ⅲ", Michel Soymié (sous la direction de); (compte rendu de) *Arts asiatiques*, tome ILl- Ⅱ, 1988, pp. 177-179.

吉埃斯：《敦煌学论文集》第3卷，苏远鸣主编，书评，载《亚洲艺术》第43卷，(1988年，第177—179页)。

52. Granet M., *La Civilisation chinoise*, Albin Michel, 1968.

葛兰言：《中国的文明》，阿尔班·米歇尔出版社，1968年版。

53. Grousset R., *Figures de proue, d'Alexandre le Grand au Grand Mogol*, Le Nadir, Balland, 1992.

格鲁塞：《历史名人：从亚历山大大帝到大蒙兀儿人》，纳迪尔出版社，巴朗，1992年版。

54. Grousset R., *Histoire de Chine*, Club des libraries de France, 1957.

格鲁塞：《中国史》，法国出版商俱乐部，1957年版。

55. Grousset R., *L'Empire des steppes*, Payot, 1965.

格鲁塞：《草原帝国》，帕约出版社，1965年版。

56. *Guangzhou and the Maritime Silk Roads*, Guangdong Science and Technology Press, 1991 (Séminaire de février 1991).

《广州与海上丝绸之路》，广东科学技术出版社，1991年版

（1991 年 2 月学术讨论会文集）。
57. Guillaume de Rubrouck, *Voyage dans l'empire mongol*, C. et R. Kappler. Imprimerie nationale, 1993.
纪尧姆·德·鲁布鲁克：《蒙古帝国行记》，由 C. 卡普勒与 R. 卡普勒编，国家印刷局，1993 年版。
58. Heers J., *Marco Polo*, Fayard, 1990.
赫尔：《马可·波罗》，法雅尔出版社，1990 年版。
59. Hoei-li et Yen-tsong (Huili et Yansong), *Histoire de la vie de Hiouen-Tsang (Xuanzang) et de ses voyages dans l'Inde*, trad. S. Julien, Paris, 1853.
慧立和颜悰：《大唐大慈恩寺三藏法师传》，儒莲译本，巴黎，1853 年版。
60. Hopkirk P., *Bouddhas et rôdeurs sur les routes de la soie*, Arthaud, 1980.
霍普科克：《丝绸之路上的佛陀与幽灵》，阿尔托出版社，1980 年版。
61. Houang F., *Le Bouddhisme de l'Inde ā la Chine*, Fayard, 1963.
F·黄：《从印度到中国的佛教》，法雅尔出版社，1963 年版。
62. Huart C. et Delporte, *L'Iran antique*, Albin Michel, 1943.
于阿尔和戴勒波尔特：《古代伊朗》，阿勒班·米歇尔出版社，1943 年版。
63. Huc R.-E., *Souvenirs d'un voyage dans la Tartarie*, LGF, 1962.
古伯察：《鞑靼旅行记》，LGF，1962 年版，
64. Hye-Cho, *The Hye-Cho Diary*, Asian Humanity Press (Corée), 1984.
慧超：《慧超行记》，亚洲人文出版社（韩国），1984 年版。
65. I-Tsing (Yijing), *Mémoire composé ā l'époque de la grande gynastie T'ang sur les religieux éminent qui allèrent chercher la Loi dans les pays d'Occident*, trad. E. Chavannes, Paris, 1894.

义净：《大唐西域求法高僧传》，沙畹译本，巴黎，1894年版。

66. Ibn Batouta, *Voyages*, La Découverte, 1990.
伊本·白图泰：《旅行记》，发现出版社，1990年版。

67. Ibn Fadlan, *Voyage chez les Bulgares de la Volga*, Sindbad, 1988.
伊本·法德兰：《伏尔加河流域不里阿耳人中的游记》，辛伯达出版社，1988年版。

68. Ibn Khaldoun, *Le Voyage d'Occident et d'Orient*, Sindbad, 1984.
伊本·赫勒敦：《西方与东方的旅行》，辛伯达出版社，1984年版。

69. Inoue Y., *Le Loup bleu*, Picquier, 1990.
伊努埃：《苍狼》，皮基耶出版社，1990年版。

70. Jean de Mandeville, *Voyage autour de la terre*, Belles Lettres, 1993.
让·曼德维尔：《环球行记》，美文学出版社，1993年版。

71. *Jean de Mandeville*, *Travel*, éd. Letté, Londres, 1953.
《让·曼德维尔行记》，译本，莱德出版社，伦敦，1953年版。

72. Jean de Plan Carpin, *Historia Mongolorum*, Dom Jean Becquet et Hambis, Paris, 1965,《Sinica Franciscana》.
柏朗嘉宾：《蒙古史》，让·贝凯与韩百诗译注，巴黎，1965年版，收入《中国方济各会丛书》。

73. Julien S. (trad.), *Mémoire sur les contrées occidentales de Hiouen-Tsang*.
儒莲（译者）：《玄奘的〈西域记〉》。

74. Kappler C., *Monstres et merveilles à la fin du Moyen Âge*, Payot, 1980.
卡普勒：《中世纪末期的魔怪与奇迹》，帕约出版社，1980年版。

75. *Korean Culture and the Silk Road*, Korean National Commission for Unesco, Séoul, 1991 (séminaire de Kyongju, 1991).
《韩国文化与丝绸之路》，联合国教科文组织韩国委员会，汉城，1991 年版（1991 年庆州学术讨论会文集）。

76. *Kunst und Kultur entlagen der Seiden Strasse*, Akademische Druch-u. Verlag-sanstalt Graz, 1987, Autriche.
《丝绸之路上的艺术和文化》，科学丛书，格拉茨书籍发行处，1987 年版，奥地利。

77. Kupckik I., *Cartes géographiques anciennes*, Gründ, 1980.
库普科克：《古地图集》，格伦德，1980 年版。

78. *La Route de la soie*, Muséum d'histoire naturelle, 1985.
《丝绸之路》，国家自然史博物馆，1985 年版。

79. Lane F. C., *Venise*, *une République maritime*, Flammarion, 1985. 拉纳：《威尼斯，一个海上共和国》，弗拉马里雍出版社，1985 年版。

80. Lemercier-Quelquejay C., *La Paix mongole*, Flammarion, 1970.
拉梅西埃-盖尔克杰：《蒙古式的和平》，弗拉马里雍出版社，1970 年版。

81. *Livre des ruses*, trad. R. Khawam, Phébus, 1991.
《诡计书》，由哈瓦姆翻译，福布斯出版社，1991 年版。

82. Loude J-Y., Kalash, *Les derniers "infidèles" de l'Hindu-Kush*, Berger-Levraul, 1981.
鲁德·J-Y·卡拉什：《兴都库什最后的不信教者》，贝尔热-勒夫鲁出版社，1981 年版。

83. Maalour A., *Les Chemins de lumière*, J.-C. Lattès, 1991.
玛鲁夫：《光明之路》，拉泰斯出版社，1991 年版。

84. Maalouf A., *Samarcande*, J.-C. Lattès, 1988.
玛鲁夫：《撒马儿罕》，拉泰斯出版社，1988 年版。

85. Mazahéri A., *La Route de la soie*, Papyrus, 1983.
玛扎海里：《丝绸之路》，帕比鲁斯出版社，1983 年版。

86. Messadié G. , *Histoire générale du diable*, Robert Laffont, 1993.
玛撒迪耶:《魔鬼通史》, 罗伯尔·拉封出版社, 1993 年版。

87. Meyer, *Alexandre le Grand dans la littérature française du Moyen Âge*, Paris, 1886.
梅耶:《中世纪法国文学中的亚历山大大帝》, 巴黎, 1886 年版。

88. *Mille et Une Nuits* (Les), Folio, Gallimard, 1991.
《一千零一夜》, 手稿, 加利玛尔出版社, 1991 年版。

89. Minois G. , *Histoire des Enfers*, Fayard, 1991.
米努阿:《地狱的历史》, 法雅尔出版社, 1991 年版。

90. Miquel A. , *L'Islam et sa civilisation*, A. Colin, 1968.
米盖勒:《伊斯兰教及其文明》, 科兰出版社, 1968 年版。

91. Miquel A. , *La Géographie humaine du monde musulman jusqu'au milieu du XIe siècle*, Mouton, 1967-1975.
米盖勒:《11 世纪中叶之前的伊斯兰世界的人文地理学》, 木冬出版社, 1967—1975 年。

92. Mollat M. , *Les Explorateurs du XIIIe au XVe siècle*, Lattès, 1984.
莫拉:《13—15 世纪的探险家》, 拉泰斯出版社, 1984 年版。

93. Monteil V. , *Les Musulmans soviétiques*, Seuil, 1982.
蒙泰伊:《苏联的穆斯林》, 塞伊出版社, 1982 年版。

94. Morus, *Gli animali nella storia della civiltā*, Einaudi, 1956.
莫鲁:《文明史中的动物》, 埃诺底, 1956 年版。

95. Negmatov N. N. , "Archaic Khojent-Alexandria Eschata", *Journal of Central Asia*, vol. IX, déc. 1986.
内格马托夫:《俱战提—亚历山大城古城的考古》, 载《中亚研究学报》第 9 卷, 1986 年 12 月。

96. *Nomads of Eurasia*, N. H. Museum of Los Angeles Academy of Sciences of the USSR, 1989.
《欧亚大陆的游牧民》, 洛杉矶博物馆, 苏联科学院, 1989

年版。
97. Odoric de Pordenone, *Les Voyages en Asie du bienheureux Odoric de Porde-none*, trad. Henri Cordier, 1891.
鄂多立克:《享天福者鄂多立克的亚洲行记》, 考狄译, 1891 年。
98. Pelliot P. , *Notes on Marco Polo*, Paris, 1959-1973.
伯希和:《马可·波罗游记注释》, 巴黎, 1959—1973 年版。
99. Pelliot P. , *Recherches sur les chrétiens d'Asie centrale et d'Extrême-Orient*, Fondation Singer-Polignac, 1973-1984.
伯希和:《中亚和远东基督徒研究》, 辛格—波利尼亚格基金会, 1973—1984 年版。
100. Polo, Marco, *Il Milione* (version en franco-italien et en toscan), Mondadori, 1982.
马可·波罗:《百万》(法文—意大利文和托斯卡纳语版本), 蒙达多利, 1982 年版。
101. Polo, Marco, *Le Devisement du monde*, La Découverte, 1991.
马可·波罗:《寰宇记》, 发现出版社, 1991 年版。
102. Pseudo-Callisthène, *Le Roman d'Alexandre*, Les Belles Lettres, 1992.
伪托卡利斯提尼:《亚历山大的王国》, 美文学出版社, 1992 年版。
103. Pueeh H. -C. , *Le Manichéisme*, Paris, 1949.
皮埃什:《摩尼教》, 巴黎, 1949 年版。
104. *Relation de la Chine et de l'Inde*, Les Belles Lettres, 1948.
《中国印度见闻录》, 美文学出版社, 1948 年版。
105. *Revue de l'Orient latin*, I, 1893, et Ⅱ, 1894, "Histoire de Mar Jabalaha Ⅱ, patriarche des nestoriens (1281—1317) et du moine Rabban Caume…", tirage ā part, Paris, 1895.
《拉丁东方学报》第 1 卷, 1893 年; 第 2 卷, 1894 年:《景教主教摩诃·阇婆罗诃二世(1281—1317 年)和修道人拉班·扫玛的历史》，油印本，巴黎，1895 年版。

106. Robert J. N., *De Rome ā la Chine sur les routes de la soie au temps des Césars*, Les Belles Lettres, 1993.
让·诺埃尔·罗伯尔：《恺撒时代沿丝绸之路从罗马到中国》，美文学出版社，1993 年版。

107. Roux J. -P., *Histoire des Turcs*, Fayard, 1985.
鲁保罗：《突厥史》，法雅尔出版社，1989 年版。

108. Roux J. -P., *Les Explorateurs du Moyen Âge*, Fayard, 1985.
鲁保罗：《中世纪的探险家》，法雅尔出版社，1985 年版。

109. Séverin T., *The Sindbad Voyage*, Hutchinson, 1982.
谢韦林：《辛伯达的旅行》，哈钦森，1982 年版。

110. *Silk Road: Symposium on Travel Litterature*, PEN-international, Londres, 1991 (séminaire de Venise, oct. 1990).
《丝绸之路，旅行文学讨论会》，国际笔会，伦敦，1991 年版（1990 年 10 月威尼斯讨论会）。

111. Sourdel D. et J., *La Civilisation de l'islam classique*, Arthaud, 1989.
D. 苏尔代尔和 J. 苏尔代尔：《古典伊斯兰教文明》，阿尔长出版社，1989 年版。

112. *Sri Lanka and the Silk Road of the Sea*, Sri Lanka National Commission for Unesco, 1990.
《斯里兰卡和海上丝绸之路》，联合国教科文组织斯里兰卡国家委员会，1990 年版。

113. Staviskij B. Ja., *La Bactriane sous les Kushans*, Maisonneuve, 1987.
斯塔维斯基：《贵霜统治下的大夏》，麦松奈夫出版社，1987 年版。

114. Stein Sir M. A., *Ruins of Desert Cathay*, MacMilan, 1912.
斯坦因：《契丹沙漠中的遗迹》，麦克米伦公司，1912 年版。

115. Stevens A., *Oman*, *Terra Incognita*, Bruxelles, 1990.
斯特温斯:《安曼，未知之地》，布鲁塞尔，1990 年版。
116. *Studia Manichaica*, Otta Harrasowikz, 1992 (colloque d'août 1989 ā St Au-gustin-Bonn).
《摩尼教研究》，奥塔·哈拉索维茨，1992 年版（1989 年 8 月在圣·奥古斯定—波恩举行的学术讨论会论文集）。
117. *Summa Artis*, *Espasa-Campe*, Madrid, 1949, vol. Ⅻ et ⅩⅩ.
《艺术总汇、空间—田野》，马德里，1949 年版，第 12 和 20 卷。
118. *T'oung Pao*, 1917, XVIII, H. Cordier, "Le Christianisme en Chine et en Asie centrale sons les Mougols".
《通报》，1917 年，第 18 卷，考狄:《蒙古时代中国与中亚的基督教》。
119. *T'oung Pao*, 1891, Ⅱ, 4, H. Cordier, "Jean de Mandeville".
《通报》，1891 年，第 2 卷第 4 期，考狄:《曼德维尔》。
120. Tajadod N., *Mani*, *le Bouddha de lumière*, Cerf, 1990.
达扎多:《摩尼，光明佛》，塞尔夫出版社，1990 年版。
121. Tissot F., *Gandhara*, Maisonneuve, 1985.
蒂索:《犍陀罗》，麦松奈夫出版社，1985 年版。
122. Unno Kazutaka, *The Geographical Thought of the Chinese People*... Memoirs of the research department of the Tokyo bunko (The Oriental Library no 41), Tokyo, 1983.
云野一孝:《中国人的地理思想》，东洋文库研究部论集，《东洋文库》第 41 卷，东京，1983 年版。
123. Van den Wyngaert, "Monecorvino: lettres", *La France franciscaine*, vol. Ⅵ, Paris, 1923.
万嘉德:《孟德高维诺，书简》，载《方济各会士的法国》第 6 卷，巴黎，1923 年版。
124. *Vie della seta*, *Vie del Mondo*, 1989.
《丝绸之路，世界之路》，1989 年。

125. *Vie della seta e Venezia*, Leonardo, De Lucca, 1990.
《丝绸之路与威尼斯》，莱奥纳尔多，德卢卡，1990 年版。

126. *Voyage de frère Ascelin et de ses compagnons chez les Tartares et autres textes* (*Plan Carpin*, *Rubrouck*), éd. Des Ateliers nationaux, 1830.
《阿思凌修士及其同伴在鞑靼人中的行记与其他文献（柏朗嘉宾、鲁布鲁克）》，国家工场出版社，1830 年版。

127. *Voyage en Asie centrale et au Tibet* (*Le*), *Anthologie des voyageurs occi-dentaux du Moyen Âge ā la première moitié du XlXe siècle*, éd. Etablie par Michel Jan, Bouquins, Robert Laffont, 1993.
《中亚与西藏游记集，从中世纪到 19 世纪上半叶西方旅行家游记集》，由冉云轩编辑，收入《布甘丛书》，罗伯尔·拉封出版社，1993 年版。

128. *Voyage en Chine* (Le), Anthologie des voyageurs occidentaux du Moyen Âge ā la chute de l'Empire chinois, edition établie par Ninette Boothroyd et Muriel Détrie, Bouquins, Robert Laffont, 1993.
《中国旅行记集》，这是从中世纪到中华帝国崩溃期间西方旅行家们的游记集，由尼奈特·博特洛伊和米里埃尔·戴特里编辑，收入《布甘丛书》，罗伯尔·拉封出版社，1993 年版。

129. Wu Cheng'en, *La Pérégrination vers l'ouest*, La Pléiade, Gallimard, 1992.
吴承恩：《西游记》，收入《七星诗社丛书》，加利玛尔出版社，1992 年版。

130. Yule Sir H., *Cathay and the Way Thither*, Londres, 1915.
裕尔：《东域纪程丛录》，伦敦，1915 年版。

131. Zorzi A., *Vita di Marco Polo Veneziano*, Rusconi, 1982.
佐尔齐：《威尼斯人马可·波罗的生平》，鲁斯科尼，1982

年版。

132. Zorzi A. , *La Reppublica del Leone*, Rusconi, 1979.
佐尔齐:《狮子国》, 鲁斯科尼, 1979 年版。

参考书目

译名对照表

A

ABANO Pietro d'- 彼得·达巴诺

ABBAS AL-SAFFIAH Abu al- 阿拔斯

ABBASSIDES 阿拔斯朝人

ABOUBAKER 阿布伯克尔

ABRAHAM 亚伯拉罕，易卜拉欣

Acapulco 阿卡普尔科

ACHÉMÉNIDES 阿契美尼德朝人

ACHILLE 阿喀琉斯

AÇOKA 阿育王

Acre（Galilée） 阿迦（加利利）

adab 举止，礼仪

ADAM 亚当，阿丹

Adam，Pic d' 亚当峰

Aden 亚丁

Adhbar 游记

Adriatique 亚得里亚海

Afghanistan　阿富汗
AFRASYAB　阿芙拉西亚卜
Africasie　亚非大陆
Afrique　非洲
Aga khans　阿迦汗
AHMAD GRAN　艾哈迈德·格兰苏丹
AHRIMAN　阿赫里曼，邪恶的精灵
AHURA MAZDA　阿胡尔·马兹达
Aigeai　埃杰
Akaba，golfe d'-　阿卡巴海湾
Akesinès　阿克希纳河
Alains　阿兰人，奄蔡人
Alamout　阿拉模忒
ALAVANKA　阿拉旺卡
Al-Azam　阿尔－阿扎姆
Alep　阿勒颇
ALEXANDRELE GRAND　亚历山大
ALEXANDRE Ⅱ　亚历山大二世
ALEXANDRE Ⅲ　亚历山大三世
Alexandréide，de Gauthier de Chatiljon　沙提雍的高狄埃：《亚历山大传》
Alexandri Magni iter and paradisium　《亚历山大传奇》（犹太文本）
Alexandrie　埃及，亚历山大图书馆，亚历山大城（埃及的）
Alexandrie du Caucase　高加索的亚历山大城
Alexandrie-Extrême　远东亚历山大城
Alexandrin　亚历山大文体
ALI　阿里
Al-Obola　阿尔－奥博拉
ALPHONSE V L' AFRICAIN　阿尔丰斯五世

Altaï 阿尔泰
ALUOBEN 阿罗本
ALVARES Francisco 佛朗西斯科·阿尔瓦雷斯
Amaligh 阿马利格
Amaravati 阿摩罗婆提
Amazones 阿玛宗人
Amériques 美洲
Amitaba 阿弥陀佛
AMMIEN MARCELLIN 阿米安·马尔塞兰
AMON-RA 安蒙–瑞亚
Amou-Daria 阿姆河
Anam 安南
Anatolie 安纳托利亚
ANAXIMANDRE DE MILET 米利都的阿纳克西曼德
Ancyre 安哥拉
Andaman 安达曼，宴都蛮
ANDRé DE PéROUSE 佩鲁斯的安德鲁
ANDRONIC Ⅲ PALéOLOGUE 拜占庭帝国皇帝安德罗尼卡三世
Angleterre 英国
Anjou 安茹
Antéchrist 伪基督
Antichtone 安提科特纳
ANTIGONE DE CARISTOS 卡里斯托斯的安提珂
ANTIGONE GONATAS 安提珂，哥那塔斯
Antioche 安提俄克
ANTIOCHOS Ⅱ 安条克二世
ANTONIN 安敦
Anuradhapura 阿努拉达普拉
Apocalpse 地界来日，《启示录》
Arabes 阿拉伯人

Arabie　阿拉伯半岛
Aral　咸海
ARCHIMÈDE　阿基米德
Arctique　北冰洋
ARDACHIR　阿尔达希尔
ARGHOUN　阿鲁浑
Arimaspes　独眼人
ARIOSTE　阿里奥斯托
ARISTOTE　亚里士多德
Arménie, Arméniens　亚美尼亚，亚美尼亚人
ARNOLD　阿诺德
ARRIEN　阿利安，雅利安
ARSACIDES　安息人，阿萨息斯人
ARTAXERXÈS Ⅱ　阿尔塔薛西斯
ASCELIN DE CRÈMONE Nicolas　克里莫纳的阿思凌
Asie centrale　中亚
Asie mineure　小亚细亚
Assam　阿萨姆
Assassins　阿萨辛派信徒，暗杀派
Assyrie　亚述
ASTIVIHAD　阿斯托维哈德
Astrakan　阿斯特拉罕
ATA MALIK　马利克
Athènes　雅典
Athos　圣山
Atlantide　亚特兰提斯洲
Atlantique　大西洋
Atlas catalan　卡塔卢尼亚文化图集
AUBRI DES IROIS-FONTAINES　三泉的奥布里
ATTILA　阿提拉

AUGUSTE　屋大维，奥古斯都
AUGUSTIN saint　圣·奥古斯丁派信徒
Australie　澳大利亚
Avars　阿哇尔人
Avestas　《阿维斯塔》
AVICENNE　阿维森那
Avignon　阿维尼翁
AYYOUBIDES　阿尤布朝人

B

Babel　巴别塔
Babylone　巴比伦人
Babylonie　巴比伦国
BACON Roger　罗杰·培根
Bactres　巴克特拉，大夏都
Bactriane　犬夏，巴克特里亚
Badakhchan　巴达赫尚
Bade-Wurtemberg　巴登－符腾堡
BADOER Donata　巴纳特·巴多叶
Bagdad　巴格达，报答
BAHADOUR KHAN Aboul-Ghazi　巴哈杜尔汗，阿布尔－喀齐
Bahrein　巴林
BAIDJOU（ou BARJOTHNOY）　拜住，拜住那延
BAJAZET　巴耶吉德
Bale　巴尔
Baleines　鲸鱼
Baltique　波罗的海
BARCA　别儿哥
BAR HÉBRAEUS　巴尔·海布拉乌斯

BARTHÉLÉMY　巴多罗买
BARTHÉLÉMY DE CRÉMONE　克雷莫纳的巴多罗买
BASILE　巴西勒
Bassorah　巴士拉
BATTANI（ALBATEGNIUS）　白塔尼，巴塔尼
Bathyscaphe　深海远航船
BATOU　拔都
BAUDOUIN Ⅱ DE DOURTENAY　杜尔特奈的博杜安二世
BAUDOIN DE HAINAUT　海诺的博杜安
Baya' out　伯牙兀惕
Bédouins　贝督因人
Behar　比哈尔
Belgrade　贝尔格莱德
Bengale　孟加拉
BENJAMIN　便雅闵
BENJAMIN DE TUDÈLE　图德拉的便雅闵
BENOÎT Ⅻ　本笃十二世
BENOÎT DE POLOGNE　波兰的本笃
BEN TOUGHLOUK 'Mohamed　穆罕默德·本·秃黑鲁
Berbères　柏柏尔人
BERNAY Alexandre de-　伯奈的亚历山大
Bethléem　伯利恒
Bible　《圣经》
Bienfaits accordés，monastars des-　慈恩寺
Bienheureux　享天福者，真福品，被封圣者
Birmanie　缅甸
BIROUNI（ALIBORON）　比鲁尼（阿尔·比鲁尼）
BLANCHE DE CASTILLE　卡斯提利亚的白朗氏王后
Bodhagaya　菩提伽耶
BODHIDHARMA　菩提达摩

Bodhisattvas 菩萨
Bogomiles 博格米勒派
BOLGORA 八鲁霍剌，兀鲁克可敦
Bolgora 波尔戈拉
Bonne-Espérance 好望角
Borée 北风
BORLANDI 博兰迪
Bovnéo 婆罗洲
BORTE 孛儿帖
BOUCHIER Guillaume 纪尧姆·布歇
BOUDDHA 佛陀
Boukhara 布哈拉
Bourguignons 勃艮第人
BOUZANDJIR 不赞吉尔
Brahmanes 婆罗门僧
BRENDAN saint 布伦丹
Brésil 巴西
Bretagne 不列颠
Britanniques 不列颠人
british-israël 英国—以色列运动
BROTHERS 布罗泽
BUCÉPHALE 亚历山大的战马
Bulgares, Bulgarie 不里阿耳
BUSCAREL DE GISOLF 吉索尔夫的布斯卡尔
Byzance 拜占庭

C

Cachemire 克什米尔
Caire, Le 开罗

Calama　卡拉玛
Calicut　古里
CALIXTE Ⅱ　加里都斯二世
CALLISTHèNE　卡利斯提尼
Cambodge　柬埔寨
CAMPANELLA Tommaso　康帕内拉
CAMPBELL Joseph　约瑟夫·坎贝尔
Canaries　加那利群岛
CANDACE　坎达斯
Canterbury　坎特伯雷
Canton　广州
Cappadoce　卡帕多细亚
Carachoço　喀喇和卓
Caraïbes　加勒比海
Carrhes　卡尔莱
Caspienne 'mer　里海
Castille-　卡斯蒂利亚
CATHALA Jourdain　茹尔丹·卡塔拉
Cathares　卡特里派
Caucase　高加索
Cerar　赛拉尔人
CÉRÉS　刻瑞斯女神
CÉSAR Jules　儒略·恺撒
Ceylan　锡兰
Chabahil　沙巴希尔
Chah Nameh　《列王记》
CHAH-ROKH　沙哈鲁
Chalcédoine　卡尔西顿
Chaldéens　迦勒底人
CHAM　闪

chamanisme　萨满教

Champa　占婆，占城

CHAMPOLLION Jean-FranÇois　商伯良

CHANDRAGOUPTA　旃陀罗笈多

CHAPOUR Ier　沙普尔一世

CHAPOUR Ⅱ　沙普尔二世

Charia　圣法，沙里亚

CHARLEMAGNE　查理大帝

CHARLES MARTEL　查理·马特

CHARLES DE VALOIS　瓦鲁阿的查理

CHARLES Ⅵ　查理六世

CHARMIS　海迷失

CHARUMATI　萨鲁玛蒂

CHATILLON Gauthier de -　沙提雍的高狄埃

Chersonée　格尔斯纳半岛

Chiites　什叶派信徒

Chitigalas　欣斤塔剌思，曲先塔林

CHOSROÈS Ier　科斯洛埃斯一世

CHOSROÈS Ⅱ　科斯洛埃斯二世

CHRISTIAN Ⅱ　克里斯蒂安二世

Christianisme　基督教

CHRISTOPHE Ⅲ　克里斯托夫三世

Christologie　基督教神学

Chypre　塞浦路斯

C. I. A　中央情报局

CLAVIJO Ruy Gonzales de-　克拉维约

CLÈMENT Ⅳ　克莱芒四世

CLÈMENT Ⅴ　克莱芒五世

CLÈOPÂTRE　克利奥帕特拉

Cnide　尼多斯

COCACIN　阔阔真
Cocos　椰子岛
COLOMB Christophe　哥伦布
Colonnes d' Hercule　海格立斯擎天柱（直布罗陀）
Comans　库蛮人
Comores, archipel des-　科摩罗群岛
CONFUCIUS　孔夫子
CONRAD DE MONTFERRAT　蒙费拉的康拉德
CONSTANTIN Ier　康斯坦丁一世
Constantinople　君士坦丁堡
COPERNIC Nicolas　哥白尼
Coran　《古兰经》
Cordoue　科尔多瓦
Corée　高丽、朝鲜
Cos　科斯岛
COSMAS INDICOPLEUTES　科斯麻·英迪科普劳斯提斯
COVILIANUS Petrus　科维利亚努斯
CRASSUS, consul romain　克拉苏
CRATèS DE MALLOS　马卢斯的克拉特斯
Crimée　克里米亚
croisades　十字军
CTÉSIAS　泰西亚斯
Ctésiphon　泰息丰
Curzola　库尔朱拉
Cyclopes　独眼巨人
Cynocéphales　狮头人身人
CYRANO DE BERGERAC　贝尔热拉克的西拉诺
CYRILLE saint　奚利耳
CYRUS　居鲁士

D

DAJJAL al- 伪基督，达加勒
Damas 大马士革
Damiette（Egypte） 陀盘地，杜姆亚特
DAN 但
Danemark 丹麦
DANTE 但丁
DARIUS LE GRAND 大流士大帝
DAVID 大卫
DAVID D'ASHBY 阿什比的大卫
DAVID DE GÉORGIE 格鲁吉亚的大卫
De beneficii，de Sénèque 塞尼卡的《论幸福》
Dekkan 德干
Delhi 德里
DÉMÉTRIOS Ier 底密多留斯一世
DÉMÉTRIOS DE PHALÉRON 底密多留斯·德·法莱雷奥斯
Derbend，col de- 达耳班海峡
DIMACHKI EL 迪马斯基
DIOCLÉTIEN 戴克里先
DIODORE DE SICⅡ正 西西里的狄奥多罗斯
DIOGÉNE 第欧根尼
DIOGÉNE LAERCE 第欧根尼·拉尔修
GIONYSOS 狄奥尼修斯
Djagatay 察合台
Djibouti 吉布提
Djins 神怪
DJOTCHI 术赤
Dominicains 多明我会士
Don 顿河

DULCERT Angelino　安杰利诺·杜尔塞

E

Ecbatane（Médie）　埃巴克塔纳
ECO Umberto　翁贝托·埃科
écosse　苏格兰
éden　伊甸园
édesse（Mésopotanie）　埃德萨美索不达尼亚
ÉDOUARD Ier　爱德华一世
ÉDOUARD D'ANGLETERRE　英国的爱德华
égypte　埃及
Elbourz, montagnes d'-（Caucase）　厄尔布尔士山（高加索）
ELDJIGIDAÏ　野里知吉带
Eldorado　黄金国
ÉLÉGABAL　埃莱加巴勒
ENNIN　圆仁
ÉPHÉSE（Turquie）　以弗所（土耳其）
ÉRATOSTHÉNE　厄拉多塞
ERGAMÉNE　埃尔加麦尼
ERNEST DE SOUABE　苏阿坡的埃内斯特
érythrée, mer　厄里特利亚海
ESCHENBACH Wolfram von-　沃尔夫拉姆·封·埃申巴赫
Espagne　西班牙
états-Unis　美国
étliopie　埃塞俄比亚
ÉTHIQUE D'ISTRIE　埃蒂克·迪斯特里
EUCLIDE　欧几里得
EUDOXE DE CNIDE　尼多斯的欧多克索斯
Euphrate, fieuve　幼发拉底江

F

G

Gaugameles　高加米拉

Gaule　高卢

GAUTAMA（BOUDDHA）　乔答摩（佛陀）

Gemmes　宝石

Gênes, Génois　热那亚，热那亚人

GENGIS KHAN（TEMOUDJIN）　成吉思汗（铁木真）

GEOFFROY DE LANGLÈS　兰格利的热弗鲁瓦

GEORGES　阔里吉思王

Géorgie　谷儿只，格鲁吉亚

Géorgiques, de Virgile　《农事诗》维吉尔著

Gerdosie　热尔多西亚

GERVAIS DE TILBURY　蒂尔布里的热尔韦

GHAZAN, khan de Perse　合赞汗

GHAZNEVIDES　哥疾宁朝人

Ghazni　哥疾宁，波斯汗

GHIYATH-EL-DINE　盖耶速丁

GHOURIDES　菊儿汗朝人

GIBBON Edward　吉本

Gibraltar　直布罗陀海峡

Goa（lnde）　果阿（印度）

Gobi　戈壁

GOG et MAGOG　雅朱者和马朱者人

GOMEZ DE SANTESETEBAN　高美士

GONÇALVES　贡萨尔维斯

GONDOPHARNES　冈多弗纳斯

Gorgone　戈耳涅

GOSSET　格塞

Goths　哥特人

Graal　圣杯

Gnèce　希腊

H

HÉrat　赫拉特，哈烈
HERMÈS　赫耳墨斯神
HÉRODOTE　希罗多德
Hiérapolis（Syrie）　赫拉波利斯（叙利亚）
Himalaya　喜马拉雅山
Himyar　西姆亚尔
Hindou-Kouch　兴都库什
Hindouisme　印度文化
HIPPARQUE　喜帕恰斯
hippopotames　河马
HOMERE　荷马史诗
Hongrie　匈牙利
HONORIUS IV　洪诺流四世
HOSSEIN，émir　侯赛因异密
HUGO Victor　维克多·雨果
HUGUES DE GABALA　加巴拉的雨格
HULAGU　旭烈兀
Huns　匈人
Hydaspès　希达斯佩斯河
HYE CH'O　慧超

I

IBN EL ATHIR　伊本·阿西尔
IBN AN-NADIM　伊本·纳迪木
IBN BATOUTA　伊本·白图泰，伊本·拔图塔
IBN DJOBEIR　伊本·朱拜尔
IBN DJOZAY　伊本·朱赞
IBN FADLAN　伊本·法德兰
IBN HAUKAL　伊本·豪卡尔

IBN HURD　伊本·胡尔德
IBN KHALDOUN　伊本·赫勒敦
IBN KOURDADHBIH　伊本·库尔达德别赫
IBN MAJID　伊本·马吉德
IBRAHIM　易卜拉欣，亚伯拉罕
IDRISSI EL　伊德里西
Ifriqya　易弗里几亚
Il　伊犁河
Iliade，d' Homère　《伊利亚特》，《荷马史诗》中
Il-Khans　伊利汗
Imamisme　伊麻目教派
Imil，rivière　额敏河
Inde　印度
Indien　即度人
Indochine　印度支那
Indonésie　印度尼西亚
Indus，fleuve et vallée　印度河与印度河流域
INNOCENT IV，pape　英诺森四世教皇
Irak　伊拉克
Iran　请参阅 Perse. 伊朗
Irlande　爱尔兰
ISAAC　以撤
ISIDORE DE SÉVILLE　塞维利亚的伊西多尔
ISMAËL　伊斯玛依
Ismaéliens　伊斯玛依教派信徒
Ispahan　伊斯法罕
Israël　以色列
Issykoul，lac　伊塞克湖
Italie　意大利

J

JACOB　雅各
JACQUES DE SAROUDJ　雅各·德·萨鲁克
JACQUES DE VITRY　雅各·德·维特里
Japon　日本
Java　爪哇
Jaïnisme　耆那教
JEAN Ier　约翰一世
JEAN II LE PARFAIT　完人约翰二世
JEAN DE CARCASSONNE　卡尔卡松的约翰
JEAN PRESBYTER　约翰长老
JÉRÉMIE　耶利米
JÉROBOAM　耶罗波安
JÉRÔME saint　圣·哲罗姆
Jérusalem　耶路撒冷
Jetavana, monastère de-　祇树给孤独园寺，祇洹精舍
JOINVILLE Jean　儒安维尔
Jourdain　儒尔丹
JOURDAIN DE SÉVERAC　儒尔丹·德·赛维拉克
JUDA　犹大
JULIEN L'APOSTAT　叛教者尤里安
Justes-Nus（brahmanes）　全裸
JUSTIN　查士丁
JUSTIN Ier　查士丁一世
JUSTIN II　查士丁二世
JUSTINIEN　查士丁尼
JUVÉNAL　朱韦纳尔

K

Khodjent　忽毡，忽缠
Khorassan　呼罗珊
Khotan　于阗
KHOUARIZMI　花剌子密
KHOREZM　花剌子模
Khyber　开伯尔山口
Kiev　基辅，乞瓦
KIPLING Rudyard　吉卜林
Kirghizes　黠戛斯
Kitab Adj alb al-Hind　《印度之书》
Kitans　契丹
Kokand-　霍汗国
Kom el-Chougafa　昆姆·艾尔－苏加法
Kothan　于阗
KOUBILAÏ KHAN　忽必烈汗
KOUCHAN　贵霜
KOTAÏBA IBN MOSLEM　屈底波
KOUMARADJIVA　鸠摩罗什
KOUSSAM IBN ABBAS　库萨姆·伊本·阿拔斯
Koutcha　龟兹，库车
Ktrïts　克烈部人
KUBERA　财神
Kyongju　功夫

L

LAGIDES　拉吉德人
Lagos　拉古什港
Lahore　拉合尔
Lajazzo　拉查佐

Lambri 南巫里

LAMPRECHT 兰普雷茨

Lankapurl 楞伽补里

Latin 拉丁人

LATINI Bruno 布鲁诺·拉蒂尼

LEE Bruce 布鲁斯·李

Lestrygeons 食人生番

Lhassa 拉萨

Libye 利比亚

LIPOVETSKY Gilles 吉勒·利波夫斯基

Lisbonne 里斯本

Lituanie 立陶宛

Lob-nor 罗布·诺尔

Londres 伦敦

LONGJUMEAU André de- 龙安德

Lop Buri 华富里

Lotophages 食枣人

LOUISⅨ (SAINT LOUIS), roi de France 路易九世（圣路易）

LOUKAYATA 顺世外道

LUCAIN 卢坎

LUCALONGO Pietro de - 彼得·德·卢卡龙戈

LUCIEN 卢西安

Lucaques 卢卡

Lumbini 兰毗尼国

Luxembourg 卢森堡

Lyon 里昂

M

Macédoine 马其顿

Madagascar　马达加斯加

Madras　马德拉斯

MAES TlTIANOS　马埃斯·蒂蒂亚诺斯

MAGAS　马嘉斯

MAGELLAN Fernand de-　麦哲伦

Maghreb　马格里布

MAHADEVA　大天

MAHAVIRA　大雄

MAHIlNDA　摩哂陀

MAHLI Eldad ben-　埃尔达德·本·马赫里

MAHMOUD　马哈茂德

MAHOMET　穆罕默德

Mahomet, de M. Gaudefroy-Demon-bynes　穆罕默德·德·M. 戈德鲁瓦伊－德蒙比尼

MAKRIZI　马克里奇

Malabar　马拉巴尔

Malacca　马六甲

Malaisie　马来西亚

Maldives, îles　马尔代夫群岛

Mali　马里

MALIPIERO　马利彼埃罗

Mamelouks　麦木鲁尧王朝，奴隶王朝

Mand　曼达人

mandala　坛城，曼陀罗

Mandchourie　满洲

MANDEVILLE Jean de-　曼德维尔

MANl　摩尼

MANIAKH　马涅亚克

MANUEL Ier COMMÈNE　曼努埃尔一世

Mansourah　曼苏拉

Maouia　穆阿维叶
Maraga　马拉加
MARAGHI Mohamed Mustapha El　马拉基
MARC　马可
MARC AURÈLE　马可·奥勒留
Margiane　呼罗珊，马尔吉亚那
MARIE　马利亚
MARIGNOLI Jean de-　马里诺利
MARIN DE TYR　推罗的马林
MAR JABALAHA（MARC）　摩罗·阇婆罗诃
Maroc　摩洛哥
Mar Thomas　马尔·托玛斯
MARTIN Henri-Jean　亨利－让·马丹
MASOUDI Abu al-Hasan Ali　马苏第
Mathoura　马土腊，孔雀城
Mauritanie　毛里塔尼亚
MAURO Fra　毛罗
MAURYA　孔雀王朝
Mayence　美因茨
Mazdéisme　马兹达克教派
Mecque，La　麦加
Médie　梅迪亚
Médine（Arabie）　麦地那（阿拉半岛）
Méditerranée　地中海
MÉGASTHÉNE　地中海麦加斯梯尼
Méliapour　梅利亚普尔
Mélophages　羊蜱蝇
Memphis　孟菲斯
MÉNANDRE　米南德
MÉRINIDES　马林王朝的人

Merkites　蔑儿乞部
Méroé　麦罗埃王国
Meru　须弥山
Merv　木鹿，麻里兀
Mésopotamie　美索不达米亚
Messine　梅西纳海峡
MÉTASTASE Pierre　彼埃·梅塔斯塔斯
MÉTHODE　美多迪乌斯
Metz　梅斯
Mhathoupa，mouument　摩堵波（古迹）
MIHIRAKOUIA　米西拉库拉
Milan（313）　米兰敕令
MILINDE　请参阅 MÉNANDRE. 弥烂陀王，米兰王
mirabilia　《奇迹》
MITHRA　密特拉，太阳神
Mithraïsme　太阳神信仰
Mogadiscio　摩迦迪沙
Mogolistan　蒙古斯坦
MOGOLS　蒙古人
MOHAMED BEN KASSIM　穆罕默德·本·卡西姆
Mohenjo-Daro　莫亨朱达罗
Moïra　命运女神
MOÏSE　摩西
MONGKA　蒙哥汗
Mongolie　蒙古
Mongols　蒙古人
MONTECORVINO Jean de-　约翰·德孟德高维诺
MONTEZIMOS　蒙特济莫
Montségur　蒙塞居尔
Moscou　莫斯科

Mossoul　摩苏尔
MUNCHHAUSEN Karl Friedrich　明喜豪森
MUSÉE　缪斯
Mutfili　米特菲利

N

NAGASENA　那先比丘
Naimans　乃蛮部
Nalanda　那烂陀寺
Naples　那不勒斯
Nara　奈良
Narbonne　那博纳
NÉARQUE　奈阿尔科斯
NÉCHAO　尼科法老
NECTANÉBO　奈克塔内博
Nègrepont　内格罗蓬特
Négus　内古斯人
Nehavend　内哈旺德
Népal　尼泊尔，尼婆罗
NÉRON　尼禄
NESTORIUS　聂斯托里
Nibelungen, légendes des-　《尼贝伦根的传说》
Nicée　尼西亚
Nicèe　《尼西亚之歌》
NICOLAS　尼古拉
NICOLAS IV　尼古拉四世教皇
Niger　尼日尔
Nil　尼罗河
Ninive　尼尼微

NINOS　尼努斯
nirvana　涅槃
Nisbon　尼西宾
NIZAMI　尼扎米
NOÉ　诺亚
Nubie　努比亚

O

Océan　大洋
ODORIC DE PORDENONE　鄂多立克
Odyssée，d'Homère　《奥德赛》(荷马史诗)
OGIER. LE DANOIS　丹麦人奥吉埃
OGODAI　窝阔台
oïl，langue d'-　奥伊语
OLDJAÏTOU　完者都
OLYMPIAS　奥林匹亚斯
Oman　安曼
OMAR　欧迈尔
Omar　欧迈尔
OMAYYADES　伍麦叶朝人
Omil　斡密立，叶密立
O'NEILL Eugène　奥尼尔
ONÉSICRITE D' ASTYPELAELA　奥奈希克里特·达斯提佩莱亚
Oungoutes　汪古部人
Ophiogènes　蛇人
ORDOUDJA　乌尔都佳公主
Orgon　鄂尔浑河
Ormuz　忽鲁谟斯，霍尔木兹
OSMAN　奥斯曼

Otrar（Kazakhstan）　翰脱剌尔，讹答剌（乌兹别克斯坦）
OTTON IV DE BRUNSWICK　布伦瑞克的奥顿四世
OTTO DE FREISING　奥托·德·弗赖辛
ouïgour　回纥语，回鹘语
Ouïgours　回纥人，回鹘人
Oulan Bator　乌兰巴托
Oulous　忽鲁思汗国
Ourgendj　玉伦杰赤，乌尔根齐
Oxus，fleuve et vallée　阿姆河，乌浒水（河流与流域）
Ouzbekistan　乌兹别克斯坦
Ouzbeks　乌兹别克人

P

PAIVA Alphonsus　阿尔丰苏斯·派瓦
Pakistan　巴基斯坦
Palembang（Sumatra）　浡淋邦（苏门答腊）
Palerme（Sicile）　巴勒莫（西西里）
pali　巴利文
PALLADIUS　帕拉第乌斯
Palmyre　帕勒米拉，且兰
Pamir　帕米尔
PAQUÈTE DE LORRAINE　洛林的帕盖特
Paraclet（Esprit-Saint）　圣灵
Paradis　天堂
Paris　巴黎
PARIS Mathieu　马提厄·帕里斯
PARMÉNIDE　巴门尼德
Parossites　巴罗昔惕
PARSI　波斯

Parsifal, de W. von Eschenbach 《帕尔齐法尔》史诗

Parthes 帕提亚人，安息人

PASSEPA 八思巴

Pataliputra 华氏城

PATROCLE 帕特罗克洛斯

PAUL saint 圣保罗

PAUSANIAS 包撒尼亚斯

Pechawar 白沙瓦

PEDRO Don 唐·彼得罗

PEGOLETTI 佩格洛蒂

Pékin 北京

PELLIOT Paul 伯希和

Pendjab 旁遮普

Pendjikent 潘治肯特，五城，半制

Pentateuque 《摩西五经》

PEREGRIA DE CASTELLO 卡斯特洛的佩里格里亚

Pérou 秘鲁

PEROZ-Ⅲ 卑路斯三世

Perse 波斯

Persépolis 柏斯波利斯

Persica, de Ctésias 泰西亚的《波斯史》

Phénicie, Phéniciens 腓尼基

PHILIPPE, roi de Macédoine 马其顿国王菲利普

PHILIPPE Ⅳ LE BEL 美男子腓力

Philippines 菲律宾

PHILON LE JUIF 犹太人菲伦

PIPINO Fra 彼彼诺修士

Pise 比萨

PLAN CARPIN Jean du- 柏朗嘉宾

Platon 柏拉图

PLINE L'ANCIEN　老普林尼
PLUTARQUE　普鲁塔克
Poitiers（732）　普瓦捷
POLO Marco　马可·波罗
POLO Marco le Vieux　老马可·波罗
Polonnaruva　波罗纳鲁瓦
POLYPHÈME　波吕斐摩斯
Pompéi　庞培
POMPONIUS MELA　庞波尼乌斯·梅拉
Pondichéry 105. 本地治理
PONSON DU TERRAIL Pierre Alexis　特拉依的蓬松
POROS　波罗斯
PRÊTRE JEAN，le　约翰长老
PROCOPE DECÉSARÉE　切萨雷的普罗科波
PSEUDO-CALLISTHÉNE　伪托卡利斯提尼
PSEUDO-MÉTHODE　伪托美多迪乌斯
PTOLÉMÉE Ⅱ　托勒密
PTOLÉMÉE Ier SÔTER　托勒密一世
PTOLÉMÉE Ⅲ EVERGÈTE　托勒密三世
PTOLÉMÉE Ⅳ PHILOPATOR　托勒密四世
PTOLÉMÉE Claude　克洛德·拖勒密
PTOLÉMÉES　托勒密
PYTHAGORE　毕达哥拉斯
PYTHEAS DE MARSEILLE　马赛的彼西亚斯

Q

QAÏDOU　海都汗

R

RÂ　瑞亚

RABBAN DAUMA　拉班·扫玛

RABELAIS François　拉伯雷

RACINE Jean　拉辛

Rakshas　夜叉

RAMA　罗摩

Ramayana　《罗摩衍那》

RAMUSIO Giovanni Battista　剌木学

Reconquista　收复西班牙之战

Renaissance　复兴，转生

RENAN Ernest　勒南

RICCI Mattéo　利玛窦

RICHARD Ier COEUR DE LION　查理一世狮心王

RICHTHOFEN Ferdinand　李希托芬

Rio de Ouro　里奥德奥多

ROBOAM　罗波安

ROGER Ⅱ　罗杰二世

ROMULUS　罗慕路斯

Rosette, Pierre de-　罗塞塔

ROUX Jean-Paul　鲁保罗

ROXANE　罗克莎娜

RUBROUCK Guillaume de-　鲁布鲁克

Russes, Russie　俄罗斯人，斡罗思

RUSTICHELLO DE PISE　比萨人鲁斯梯切洛

S

Saba　萨巴人

Sabbat　安息日

Sabzavar　撒卜泽瓦尔

Saces　塞种人

Sagres　萨格勒斯

SAINT-CLOUD　圣－克鲁

Saint-Jean d'Acre　阿迦城的圣·约翰

Saint-Sépulcre　圣墓

Sainte-Sophie　圣索菲亚

SALADIN　撒拉丁

Salamandre　炥

SALOMON　所罗门

Samarcande　撒马儿罕，康国

SANCAMITTA THEIR　阿西尔

Sao Tomé　圣多美

Saqaliba　萨迦利巴人

Saragosse　萨拉戈斯人

SARTAQ　撒里塔

SASSAN　萨珊

SASSANIDES　萨珊朝人

SATAN　撒旦，魔鬼

SAYYID BARAKÉ　赛义德·巴拉格

SCACATAY　察合台汗国

Scandinavie　斯堪的纳维亚半岛

SCHILTBERGER Johan　约翰·希尔特贝格

SCHUYLER Eugène　尤金·疏勒

Sciapodes　怕光的人

Scythes　斯基泰人
Seldjoukides　塞尔柱（塞勒术）突厥人
SÉLEUCIDES　塞琉西亚人
SÉLEUCOS NIKATOR　塞琉古一世
SÉNÈQUE　塞尼卡
Septentrional，coéan　北大洋
SEPTIME SÉVÈRE　塞维鲁
Serbes　塞尔维亚人
Sères　赛里斯人
SERGIS　薛儿吉思
SERGIUS　薛儿吉思
Serinda　西域
SEREVIN Tim　丁·赛尔文
SHONOU　孝谦
Shoso-in　正仓院
Siam　暹罗
Silla　新罗
SIMÉON RABAN ATA　洗满·拉班·阿达
SIMÉON DE SAINT-QUENTIN　圣康坦的洗满
Sind　信德
SINDBAB LE MARIN　水手辛伯达
Sria Orda　失剌·斡耳朵
SKANDA-MURUKAN　战神苇陀
SOCRATE　苏格拉底
Sogdiane　索格底亚纳，康居
Sohar　苏哈尔港
Sohar　苏哈尔船
Soldaya ou Soldadie　索尔达亚，达尔达底亚
SOLEIMAN　苏莱曼
SOLIMAN LE MAGNIFIQUE　豪华苏莱曼

T

tantrisme　密教

Taprobane　担罗跋摩国，赤铜邑，锡兰

TARIK　塔里克

Tarim　塔里木盆地

Taxila　咀叉始罗

TCHAGAN ou ZAGAN　察甘

Téhéran　德黑兰

TEMER　帖木儿

Thaïlande　泰国

THALÈS DE MILET　米利都的泰勒斯

Thèbes　底庇斯

THÈODOSE　泰奥多斯

THÈODULE D'ACRE（RAYMOND D'ACRE）　阿迦的泰奥多尔（阿迦的雷蒙）

Thina　中国，秦

THOMAS saint　圣多玛，圣多默

Thulé（Groenland）　图勒（格陵兰）

TIBÈRE　提比略

Tibet　西藏，吐蕃

Tigre　底格里斯河

TIMOUR　帖木儿

TIMOURIDES　帖木儿朝人

TITA　提塔

TOGROUL, Ong-khan　脱斡邻勒，王汗

Tokharestan　吐火罗斯坦

Tonkin　东京湾，交州

TOSUCH，khan　术赤汗

TOUGHLOUK TIMOUR　秃黑鲁·帖木儿

Toungouses　通古斯族

Tourfan　吐鲁番

TOURMENAI KHAN　图默奈汗
TRAJAN　图拉真
Transoxiane　河中府
Trébizonde　特拉布松
Tripoli　的利波里
TRISTAO　特里斯托
TULUY　拖雷汗
Tunis　突尼斯
Tunisie　突尼斯国
Turcs　突厥人
Turkestan　突厥斯坦

U

Udyana　乌苌国
ULYSSE　尤利西斯
Urgentch（Khorezm）　乌尔根齐（花剌子模）

V

VAIÇRAVANA　毗沙门天王，托塔天王
VALERIUS Julius　发利略
VALLARTE　瓦拉尔特
VARHAN Ier　瓦赫兰一世
VASSALI　瓦萨利
VASTACE　瓦斯塔斯
Venise　威尼斯
Vêpres siciliennes　《西西里的晚钟》
VÉRONE Jacopo da-　雅各布·达·维罗纳
Vienne　维也纳

Viêt-nam　越南
VILLONI Catherine　卡特琳娜·威洛尼
Vinaya Pitaka　《律藏》
VINCENT DE BEAUVAIS　博伟的樊尚
VIRGILE　维吉尔
VISHNOU　毗湿奴
Vistule　维斯图拉
Volga　伏尔加河
VOLTAIRE　伏尔泰

W

Wakhan　瓦罕
Waq du Waq　哇嘎·哇嘎
Washington　华盛顿
Wei　魏王朝

X

XERXÈS　薛西斯

Y

Yarkand　叶尔羌
Yasak　札撒，法律
Yémen　也门
YESUGEI　也速该
YEZDEGUERD Ⅲ（ou YAZDGARD Ⅲ）　伊嗣俟

Z

Zadig 《查第格》
Zaïre 扎易尔
Zaytoun 刺桐，泉州
zen 禅
ZEUS 宙斯
Zimbabwe 津巴布韦
ZOROASTRE 琐罗亚斯德
zoroastrisme 琐罗亚斯德教，祆教
zurvanisme 扎尔万教派

法国学者对丝绸之路的研究

一、法国学者研究丝绸之路的背景与机构

“丝绸之路”是沟通中西经济、政治、人员、文化和思想交流的一条大动脉。在海上丝绸之路大举开通之前，陆路丝路东起中国，穿越西域、古印度、阿拉伯—波斯世界，一直通向希腊—罗马社会。丝路输送的并不仅仅是丝绸，而且从时空和交易额方面综观全局，丝路上的丝绸交易所占比例甚小。从狭义上讲，文化交流实际上与物质交流平分秋色，甚至还可能有而过之；从广义上讲，正如联合国教科文组织所提倡的那样：“丝绸之路是对话之路。”由陆路丝绸之路又衍生出了诸如“海上丝绸之路”、“西南丝绸之路”、“瓷器之路”、“草原之路”、“皮货之路”、“茶叶之路”、“香料之路”、“玻璃之路”、“铜器之路”、“琥珀之路”、“沙漠之路”和“骆驼队之路”，甚至还有“和番公主之路”等形形色色的名称。虽然这些耳熟能详的名称之科学性和历史真相，尚有商榷余地，但它们在中外关系史上的作用却不容置疑。

“丝绸之路”的提法，最早是外国人的发明，后来又被中国

学者认同和采纳，现已成为一个国际通用学术名词，远远地超越了“路”的地理范畴和“丝绸”的物质范畴。最早提出“丝绸之路”的是普鲁士舆地学和地质学家、近代地貌学的创始人、旅行家和东方学家李希托芬。他于1860年曾随德国经济代表团访问过包括中国在内的远东地区。在他去世后才陆续全部面世的五卷本巨著《中国亲程旅行记》（1877—1912年）中，当他谈到中国经中亚与希腊—罗马社会的交通路线时，首次称之为“丝绸之路”。“丝绸之路”一名便在世界范围内逐渐流传开了，而且使用得越来越广泛，其外延也越来越大。甚至成了中西乃至整个中外多领域交流的代名词。

究竟何谓丝绸之路，不要说在那些学贯中西的外国洋学者之中了，就是在学富五车和满腹经纶的中国学者之中，也争论得十分激烈，甚至是五花八门，无奇不有。2001年，中国中外关系史学会等单位在云南昆明召开了“西北、西南与海上三条丝绸之路比较研究”的国际学术讨论会。会上就丝绸之路的确切意义、内涵与外延及其断代，争论得异常激烈。现在笔者简单地向读者们作一介绍。

针对丝绸之路的断代及内涵与外延，山东大学吴士英认为，传统上认为丝路专指从长安出发，经河西走廊及新疆而通向中亚、西亚、地中海沿岸的商路的定义，应该是不正确的。丝绸之路应为中国古代沟通中外海上和陆上以丝绸贸易为标志的通商路线。丝路不止一条，应为每条丝路确定一个具体而科学的名词。暨南大学王元林认为，地理环境对三条丝路影响很大。海上丝路取代陆路，也正是这种环境发展的必然结果。笔者本人认为，“丝绸之路”本来是由德国人李希托芬（Ferdinand von Richthoen，1833—1905年，顺便讲一下，国内学术界译作李希霍芬是错误的，他是德国人，根据名同主人的原则，应根据德语发音翻名）首次提出的。在近半个世纪期间一直沉寂无闻，国内外老一辈治中西交通史的学者从未采用过该词。20世纪上半叶法国的大汉学家以及中国的陈垣、向达、张星烺等国学大师们，也只采用“中西交通史”、“南洋交通史”或“海交史”一类的提法。中国学者大量使用该词，应该是“文化大革命”之后的事了，而且来势汹涌，李希托芬对“丝绸之路”有确指，即从长安出发，经西域、古印度、阿拉伯—波斯世界而一直到达希腊—罗马社会的这条交通大道。“丝路”不宜过分延伸，招致有路无丝的结果，甚至造成如同某些学者戏称的那样：“丝绸之路”实际上变成了“一丝不挂”。“海上丝绸之路”、“西南丝绸之路”、“草原丝绸之路”等，都是晚期的衍生词，它们虽有实用性，但科学性不足。云南大学的姚继德认为，“丝绸之路”中的“丝绸”一词，已不再是中外商业交流史上的商品“丝绸”之狭义，而是一个文化象征符号。所以，丝绸之路是沟通中国与域外交流的一个“交通网络”，它共包括商业、文化与民族迁徙交融这三大功能。它共由西北和西南两个陆地网络、陆海相衔的东北网络与海洋网络四大块组成。丝路始于先秦，下限为明代。其交通工具包括驼队、马帮和舟楫。丝路研究可成为东方学中的一门新显学——丝路学。将丝绸之路外延扩大的典型例证，是香港学者陈佳荣先生的论文《海陆空之外的新丝绸之路——网络》。敦煌研究院的马德认为，将历史上中国与世界各国之间从事经济、文化交流的道路，泛称为“丝绸之路”是远远不能说明问题的。丝绸仅仅是经济贸易中的一种商品，代表不了经济、文化和政治方面的交流。更何况，有些通商大道上连一片丝绸也未出现过。从学术事业发展的角度来说，观念更新至为重要。这一切都反映了学术界目前在丝路的上至下限、内涵外延问题上的看法见仁见智，莫衷一是，距基本统一的观念尚很遥远，但这不妨碍目前的学术研究。

“丝绸之路”后来在时空范围内又遭滥用，被涂上了各种色彩，甚至很难对此作出具体限定。法国国立科研中心的丝路研究专家布尔努瓦夫人（L · Boulnois）正确地指出：“研究丝路史，几乎可以说是研究整部世界史，既涉及欧亚大陆，也涉及北非和东非。如果再考虑到中国瓷器和茶叶的外销以及鹰洋（墨西哥银圆）流入中国，那么它还可以包括美洲大陆。它在时间上已持续了近25个世纪，几乎覆盖了世界五大洲。”丝绸既造就了罗马帝国的繁荣，又似乎成了其灭亡的因素之一。丝绸的输入，造成了罗马追求豪华物与奢侈品的腐败风气，引起银钱大量外流，迫使罗马元老院于公元14年或16年颁布反对穿戴丝绸衣物的反奢侈法。最早记载中国丝绸的是拉丁作家克泰夏斯（Ctésias）为公元前4世纪人。丝路研究覆盖了古代四大文明圈（中国、印度、阿拉伯—波斯和希腊—罗马）。当然，自丝路开通以来，在中国至罗马的古代交通中，中西绝少有直接来往，中国与西方货物都是由沿途民族逐站地倒运的。当丝绸风靡罗马并成为罗马贵夫人们的时髦追求，从而造成罗马金银大量外流时，罗马人既不知道这种织物的产地，更不懂其生产工艺。

古罗马大诗人维吉尔（Virgile，前70—19年）于公元前30年代在其《田园诗》（《农事诗》）中写道：“赛里斯人（Sêrès，丝国人）从他们那里的树叶上采下非常纤细的羊毛。”公元前43—公元17—18年的罗马诗人奥维德（Ovide）于公元前14年出版的《恋情》中写道：“您的秀发如此纤细，以至于不敢梳妆，酷似皮肤黝黑的塞里斯人的面纱一般”。公元前4—公元65年的哲学家塞尼卡（Senéque）也提到了“赛里斯的妇女们不用针刺绣，旭日升起处的赛里斯人采用东方树上生长的绮罗”。公元前58—公元21年之间的斯特拉波（Strabon）于其《舆地书》中提到，赛里斯国的“某些树枝上生长出了羊毛。奈阿尔科斯（Néarque）说，人们可以利用这种羊毛纺成漂亮而纤细的织物，马其顿人用来制造坐垫和马鞍，这种织物很像是用足丝脱掉的皮织成的赛里斯布一样”。著名的自然史学家老普林尼（Pline L'Ancien，公元23—79年）于其《博物志》（成书于公元77年）中指出：赛里斯人“以他们森林里所产的羊毛而名震遐迩。他们以向森林喷水的办法而冲刷下树叶上的白色绒毛，然后再由他们的妻室来完成纺线和织布这两道工序，由于在遥远的地区，有人完成了特别复杂的劳动，所以罗马的贵夫人们才能够穿上透明的衣裙，而招摇于大庭广众之中……赛里斯人不与别人交往，坐等外人找上门来成交贸易”。公元1世纪的西流士·伊塔利库斯（Silius ltalicus，公元25—101年）于其《惩罚战争》中仍在老调重弹：“晨曦照耀中的赛里斯人前往小树林中采摘树枝上的绒毛。”出于商业的利益，西域民族与阿拉伯—波斯人，为垄断丝绸市场，而故意隐瞒丝绸和丝路的真相，从而使丝绸与丝路蒙上了一层神秘莫测的面纱。通过上述例证，我们便可以清楚地看到，西方很早就通过丝绸之路而了解到了中国丝绸，但却是介于传说与真实之间。西方对于了解和控制运送丝绸的这条大道，始终是迫不及待和馋涎欲滴。

西方早期研究中国的人都是造诣很深的希腊—拉丁学者，而并非是东方学家。他们研究中国主要是为探讨中国民族的起源，然后再逐渐地探讨世界所有民族，特别是他们自己民族的起源、历史沿革和民族属性，由此而冲破基督教的羁绊。因为基督教世界始终认为全部人类历史都记载于《圣经》中。法国20世纪的著名汉学家马伯乐（Henri-Maspéro，1883—1945年）的父亲加斯顿—马伯乐（Gaston-Maspéro，1846—1916年）于其《古代东方民族史》（三卷本，1895—1897年）中、法国东方学家老德经（Joseph de Guignes，1721—1800年）及其子小德经（Louis-Joseph de Guignes，1759—1845年）父子的著作都表现为希腊—拉丁中心论的典型代表。他们坚持认为中国是埃及人的一块古代殖民地，宣扬中国民族和文明埃及起源论，他们甚至以《圣经·出埃及记》为基础，声称中国人是由摩西率领其上帝选民战胜法老，离开埃及前往西奈（Sinaï，他们认为中国China一词即出于此）而东迁一支的后裔。19世纪末，西方学者又热衷于研究人类的共同起源、东西方古老历史的互相比较问题。他们的注意力便顺理成章地集中到了陆路丝路上了，因为中亚始终是民族大迁移的走廊，也是东西方物质文明与思想文化交流的必经之路。在欧亚大陆两极屹立着中国文明与希腊—罗马文明，而古代印度文明、阿拉伯—波斯文明、古巴比伦文明、两河流域文化等均处在陆路丝路的要道上，是媒介文明。

因此，丝绸之路实际上是一片交通路线网，从陆路到海洋、从戈壁瀚海到绿洲，途经无数城邦、商品集散地、古代社会的大帝国；来往于这条道路上的有士兵与海员、商队与僧侣、朝圣者与游客、学者与技艺家、奴婢和使节、得胜之师和败北将军。这一幅幅历史画卷便形成了意义模糊的“丝绸之路”。世界三大宗教——佛教、伊斯兰教和基督教（唐代的景教、元代的方济各会会士）以及西域的宗教——袄教、摩尼教、犹太教等，都是经这条路线传入中国的。中国早期的养蚕术、造纸术和印刷术、治国良策、伦理道德和自然科学的无数内容也是经由该路远播他方的。

至于西南丝绸之路，则是将中国西藏文明、巴蜀文明、川滇文明与印度和东南亚印度文化地区联系的纽带，它也是中国的一个出海口，其时间也不算太晚。它有时还充当了将陆路与海上丝路连接起来的另一通道。

欧洲的汉学研究最早是由几个航海大国发起的，如意大利、葡萄牙、西班牙与荷兰等国。但是法国人很快就成了执欧洲乃至整个国外汉学之牛耳者。法国于1814年12月11日在法兰西学院创设了第一个汉学讲座。汉学从此堂而皇之地进入了西方大学的圣殿（俄国于1851年，荷兰于1875年，英国于1876年，德国于1912年才将汉学列入大学课程），这就是“汉语与鞑靼—满语和文学讲座”，由27岁的少帅雷慕沙（Abel Rémusat，1788—1832年）执掌教席。雷慕沙于1825—1829年出版的4卷本《亚洲论丛》中，有关高地亚洲语言和历史的精辟论文占有很大分量。其遗作《法显传·佛国记》的译注本于1836年面世，书中几乎荟萃了当时国外有关西域史的全部知识。1906—1908年，伯希和从敦煌和西域劫回6000余卷5—11世纪的汉文、藏文、回鹘文、粟特文、于阗文、吐火罗文、梵文写本与其他大量中世纪文物。它们成了法国研究西域和丝路的珍贵资料。1920年3月，由法国总统和中华民国总统共同赞助，利用“庚子赔款”在巴黎创建法国汉学研究所。该所在长期独立运行后，于1959年划属巴黎大学，1968年最终划归法兰西学院。该所除了从事教学、科研、图书工作之外，自1932年起陆续推出一套代表法国汉学研究最高水平的著作《法国汉学研究所文库》，现已出版名教授们的30余部名著。如沙畹（Edouard Chavannes，1865—1918年）的《汉文三藏中的500个故事与寓言》（1932年）、戴密微（Paul Demiéville，1897—1979年）的《吐蕃僧诤记》（1952年）和《王梵志诗辑注》（1982年）、石泰安（R. A. Stein，1911—1999年）的《西藏史诗与说唱艺人的研究》（1959年）和《汉藏走廊古部族》（1961年）、哈密屯（J·R·Hamilton，1921—2003）的《五代回鹘史》（1955年）、韩百诗（Lonis Hambis，1906—1978年）的《明代蒙古史料集》（1969年）、童丕（Éric Trombert，1947— ）的《敦煌借贷文书》（1995年）、拉切聂夫斯基（Paul Ratchnevski）的《元典章》（1937—1985年，4卷本）、埃狄纳·德·拉·韦西埃尔（Etienne de la Vaissière）的《粟特商人的历史》（2002年）等。它们均为法国研究西域史和丝路史的世界性名著。

1822年，法国亚细亚学会诞生。这是西方成立最早的亚洲研究学术团体，其会刊《亚细亚学报》已出版近300卷，其中西域史与丝路史的文章分量很大。法国著名汉学家和西域史学家雷慕沙于1829—1832年，伯希和于1935—1945年曾出任该学会会长，一大批汉学家曾出任副会长。至于领导过该学会的伊斯兰学家、阿拉伯—波斯学家、突厥学家和印度学家则更大有人在。开办于1889年的吉美博物馆则专门收藏阿富汗以东的西域艺术品和文物。法国《亚细亚丛刊》中，也发现过不少有名的有关丝路的论著。

1898年12月15日，根据法国印度支那总督杜梅的命令，创建了法国印度支那古迹调查会，并将这一机构的学术监督权委托给了法国金石和美文学科学院。一年之后，又根据1900年1月20日的决议，该机构易名为法兰西远东学院。它曾随着政局的变化而前后设置于河内、西贡和巴黎，现在随着文化全球化的浪潮，它又在东方各重要国家或地区设立中心，如印度、泰国、马来西亚、印度尼西亚、柬埔寨、老挝、越南、中国（北京、香港、台湾）、日本、韩国等。其宗旨是从事考古勘察、搜集稿本著作、保护古迹文物、研究从印度到日本的整个远东亚洲的语言文化遗产与历史文明。它虽然将重点放在南亚和东南亚，但也关注东北亚和中亚。三条丝路，特别是西南丝路与海上丝路，便成为其重点研究学科。目前，该院共集中30多名东方学研究员（人类学家、考古学家、古建筑学家、史学家、语言学家和文献学家）。汉学在该学院中占据重要地位。法国20世纪上半叶的主要著名汉学家均出自该院。如马伯乐：《古代中国》，1927年；谢和耐：《中国社会史》，1972年；汪德迈《王道》，1979—1980年等。

传统汉学从未停止作为法国远东学院科研活动中最繁荣的分支之一。该学院由于在汉学研究中所作出的第一流贡献而驰名。下面就是该院所作出的引人注目的贡献。

在考古学方面。从20世纪初叶起，法兰西远东学院便把在中国考古的任务委托于沙畹，它也委托给该院第一位寄宿生伯希和率领另一个考察团，这些都成了划时代的事件。沙畹的考察团于1904年在华北活动。他们对汉代墓葬和中世纪佛教雕刻等重要文物进行了系统的勘察和研究（这是史无前例的）。1908年赴西域的伯希和考察团在敦煌得以搜集到6000余卷写本，其古老程度均被断代为公元6—11世纪，3/4为汉文卷子，1/4为藏文、突厥文、粟特文和于阗文写本。此外，在两次世界大战之间，越南境内自汉至唐的所有古汉墓都由法兰西远东学院做了系统发掘。

在史学方面，法国汉学界在此领域中完成的大部分著作，都应归于法国远东学院的老成员。

在宗教学和哲学方面。继伯希和于20世纪初叶有关中国的摩尼教和袄教的著作之后，便是马伯乐（佛教传入中国）、戴密微（中国禅宗）与谢和耐（神会禅师语录、寺院经济）等人对佛教的研究。法国远东学院从1962年起又恢复（此后一直在戴路德的主持下继续进行）编写汉日佛教百科全书《法宝义林》。然而，马伯乐缔造了法国汉学最繁荣的分支之一，这就是道教研究。继他之后，在这方面名声赫赫者有石泰安、施舟人（Kristofer Schipper）和索安士（Anna Sei-del），今天又有劳格文（John Lagerwey）和傅飞岚（Franciscus Verellen）。至于哲学研究，它又由汪德迈有关中国古代法家和马克（Marc Kalinowski）有关汉朝至六朝中国占星术思想的研究所继承和发展。

在语言和文学方面。首先是应归功于伯希和以其奇迹般的学问而写成的语言学著作，主要是历史地理学和中文书目录。我们于其中还可以补充马伯乐有关唐代长安方言那具有创新性的研究（1920年）。稍后于文学史方面，则有吴德明（Yves Hervouet）有关中国西汉时代最大的诗人司马相如生平和著作的重要研究（1964年）；雷威安（André Lévy）有关中国的通俗文学和特别是有关17世纪传奇小说那数量巨大的著作（1981年），又由其大量译著而使数目剧增，包括七星诗社出版的两卷本《西游记》译本。

在中国遗产保护方面，法国远东学院积极地参与了由伯希和从敦煌携回并入藏巴黎国立图书馆的敦煌文书的整理编目和研究工作。法国远东学院的一名原成员苏远鸣（Michel Soymié），自1972年以来最终推动了对这批文献中汉文文书进行编目的工作（今天已完成）及其有关的研究。这是在国家科研中心的一个研究小组的范围内完成的，法国远东学院的成员从未停止过参加其工作：陈祚龙、饶宗颐、戴仁（Jean-Pierre Drège）（一部精辟论著《写本时代的中国图书》的作者，1991年）、郭丽英夫人（一部有关《中国佛教忏悔文》著作的作者，1994年）、王微（Wang Françoise Toutain，她于1992年通过并出版了一部有关地藏菩萨在中国事迹的颇为惹人瞩目的博士论文）。同样，法国远东学院的研究人员们（马克、劳格文和傅飞岚）也都在很大程度上参与了由施舟人（Kristofer Schipper，他也是在法国远东学院的原成员）主持的一项庞大的国际计划，即编写于15世纪中叶形成道藏中的15000部经文的目录。此外，饶宗颐完成的刊布由莫里斯·古兰携回并被断代为623—1119年的388通汉文碑碑铭的拓片，从而使它们得以于1981年问世（与香港中文大学合作）。

法国远东学院在台北的中心于1992年11月开设，但这种常设机构是由法国远东学院的研究人员们从1960年起，长期在台湾从事考察之后的结果。

法国远东学院这次于台湾立足，属于1992年7月与台湾"中研院"近代史研究所签订一项合作协议的范围。除了签订协议的双方之间直接合作之外，该项协议还规定了与台湾的其他科研机构、大学、图书馆、博物馆或者是从事国际科学交流的基金会的学术交流。这种合作首先是包括继续研究、出版和交流的整体计划，从而产生了短期的科研访问、教学、学术讨论会和报告会等学术活动。在它存在的第一年中，台北这个触角便接待了大陆和欧洲、北美的许多访问学者、同事和学生。

在香港，法国远东学院在数年前就与香港中文大学宗教史系合作。因为于1994年在那里设立了一个派出机构，在讲座范围内从事的教学主要是中国宗教史研究。

中国科学史专家马克于1993年继承了人类学家、民间礼仪和中国南方客家团体的专家劳格文的教席。

1994年，蓝克利（Christian Lamouroux）常驻北京，以从事宋代经济和历史地理的研究工作。该中心后来又先后由吕敏和华澜等人负责。法国远东学院的一个派出机构同样也设立于福州福建社会科学院的机构内，以与该院的研究人员合作，从事对于客家历史以及中国与东南亚关系的调查。

1989年，由法国汉学家考狄（Henri Cordier，1849—1925年）与荷兰汉学家薛力赫（又译施古德，Gustave Schlegel，1840—1903年）联袂创办了东方学刊物《通报》（现已更名国际汉学刊物）。它当时是欧洲唯一的研究东亚的国际刊物。因为《法兰西远东学院学报》创刊于1901年、《德国东方学报》创刊于1912年，法国《亚细亚学报》创刊于1822年。由于先后参与《通报》主编的考狄、薛力赫、沙畹、伯希和、戴密微、何四维（Hulsewé，1910—1993年）均是研究中亚史的名家，所以其中与丝绸之路有关的文章很多，尤其是在伯希和主政期间更为如此。当然，该刊物也广泛地覆盖了历史、语言、宗教、文学、考古、艺术。但直到20世纪前半叶之前，其重点始终是研究中国与其他地区的关系史。如1893年由梅杰尔发表的《华人在荷属印度的政治地位》、1890年由里亚尔发表的《17世纪出使威尼斯的一个中国使团》、1903年由考狄发表的《法国在王朝复辟时期与安南关系的恢复》等。直到当代，由于英文论文占据了多数，中亚的专门刊物越来越多，故《通报》中有关丝路的文章较少了。此外，《通报》也出过不少专刊号，收入了一些有关丝路与西域南海史的论著。

法国从事汉学研究最早的机构还有高等实验学院、国立现代东方语言学院、高等社会科学研究院、巴黎第三大学的突厥学研究所、法兰西学院亚洲研究所中亚和高地亚洲研究中心、国立科研中心与高等实验学院合办的敦煌学研究组（现更名为“中国写本、碑铭和图像文献研究组”）、南特大学的蒙古学和人类学研究中心、国立科研中心与高等实验学院合作的藏学研究中心、国立科研中心的中国伊斯兰教研究组、阿拉伯世界、伊朗世界、吉美博物馆、中国新疆考古研究组、卢浮宫学院、喜马拉雅研究中心等。它们都是从事中亚、南亚和丝路研究的机构，形成了法国研究丝路的社会文化背景与社会基础。

第二次世界大战后的长时期内，虽然法国涌现出一批驰名世界的大汉学家，但法国的丝路学研究的基本形势却不尽如人意：学生人数很少，毕业后就业困难，工具书短缺，特别未设置高学位文凭。20世纪60年代中法建交后，法国大学才为中国语言和文明专业设立与英语或德语同等地位的学位文凭，为培养新一代汉学家创造了有利条件。由于法国收藏有大批中国文献和艺术品，再加上当时呈现的经济繁荣，故形成了旅游业的发展高潮。法国的丝路研究也进入了一个新阶段。20 世纪 80 年代初，长期对外封闭的丝路中国东段向外国游客打开了门户，而过去对外开放的西段（伊拉克、伊朗、阿富汗）却由于战乱又同时被封闭了。故原属西段的游客也大举涌入了东段。在此期间，以“丝绸之路”为名的著作大量涌现，尽管水平参差不齐，但也不乏上乘的学术著作。

二、法国学者对陆路丝绸之路的研究

在第二次世界大战后的法国汉学家中，首先从事陆路丝路研究的是著名汉学家格鲁塞（René Grousset，1885—1952 年）。格鲁塞终生未踏入过中国国门，甚至仅有一次利用会议而短渡东瀛。但这位“超级编书匠”却出版了数十部有关中国以及中亚和东亚的巨著。其著作既通俗可读，又有严谨的科学性。他的《从希腊到中国》（1948 年）、《蒙古帝国》（1941 年）、《草原帝国》（1939 年）、《1071 年之前的亚美尼亚》（1948 年）等，都广泛地涉及了丝路问题。他于其《中国史》（1942 年）中专辟 14 页的篇幅来论述“丝绸之路”。他深入研究了中国艺术，又在长时间内主持巴黎多家亚洲艺术博物馆，故而对丝路问题既有浓厚兴趣又具有渊博的知识。他的另一部名著《沿着佛陀的足迹》（1947 年），于 1991 年再版时被列入到《丝绸之路》丛书中了。

在法国于 20 世纪下半叶从事丝路研究的学者中，布尔努瓦夫人最具代表性。布尔努瓦夫人（Lucette Boulnois，1931— ）毕业于巴黎东方文明的语言学院（巴黎国立东方现代语言学院的前身），1972 年在巴黎大学通过博士论文《1950 年后中国与尼泊尔的社会经济关系》。此后，她进入国立科研中心的喜马拉雅地区环境、社会和文化研究中心工作。她是法国少有的几位研究中亚和南亚经济贸易史的专家之一。布尔努瓦夫人于 1963 年出版了一本综合论著《丝绸之路》。这是法国出版的第一本真正科学的、具有严格限定意义的丝路专著。书中既使用了丰富的阿拉伯—波斯、希腊—罗马、汉文—藏文及印度古代资料，又使用了近现代各国学者的成果，特别是对丝绸之路沿途各民族之间的关系做了深入探讨，重点研究的是丝路的历史概况和丝绸贸易史。此书在问世后的30多年间，其法文本先后修订重版三次（1986、1992和2001年），又陆续被译成德文（1964年）、西班牙文（1964年）、英文（1966年，第2版）、波兰文（1966年）、匈牙利文（1972年）、日文（1966年）和汉文（1983和2001年出版的笔者的汉译本）等文本出版。全书共分为19章：1.《丝绸之路》，2.《罗马——陌生的地方》，3.《在西部胡族边陲》，4.《海路的开通》，5.《骆驼队之路——从石堡到玉门》，6.《古代舆地学家的世界观》，7.《商贾民族：希腊—犹太—叙利亚—且兰人》，8.《神祇的沙漠客店，佛教传入中国和婆罗门教传入西方》，9.《罗马在西域的影响》，10.《波斯与拜占庭之间的决斗》，11.《从经商到间谍》，12.《康居——商贾和艺术家之乡》，13.《一种长途传播的异教》，14.《水手辛伯达时代》，15.《遥远的契丹——从十字军到马可·波罗》，16.《里昂——最后的丝都》，17.《从最后的帆船到最早的飞机》，18.《历史的拾荒者》，19.《新丝绸之路的真貌》。此书从上古传说一直讲到近代，从丝绸故乡一直讲到丝绸的最后集散地里昂，从人文和自然科学一直讲到王朝盛衰的沧桑变迁。全书文笔优美，通俗易懂，是一部经久不衰的国际畅销书。布尔努瓦夫人于1994年在《第欧根尼》杂志中发表的论文《天马与龙涎：12世纪之前丝绸之路上的物质文化传播》，也颇受学术界重视。

戴仁（Jean-Pierre Drège，1946— ）于1988年获巴黎第七大学博士学位。现任法国国立科研中心与高等实验学院联合组成的中国写本、碑铭和图像学研究组主任、法兰西远东学院院长，同时又是高等实验学院的汉学教授。他与德国学者埃米尔·毕勒（Emile Bihrer）合作，于1986年出版了《丝绸之路：风景与传说》的著作。这是一部图文并茂的力作，行文虽简练，资料却相当丰富。戴仁又于1988年推出了一本附有精美插图的《马可·波罗的丝绸之路》，我国大陆和台湾均出版了汉译本。书中搜集了13世纪以来西方有关中国图画、素描画和绘画，均为稀世珍品。

雅克·昂克蒂尔（Jacques Anquetil，1932— ）纺织世家出身，他毅然弃商从文，或者更是文商兼重，曾主编过《手工艺》和《创造性的手工艺》等丛书。他在联合国教科文组织资助下，于1992年客串出版了一本《丝绸之路》。全书共分17章。1.《丝绸之路的开通》：丝绸的起源及有关传说、丝路上最早的西方人亚历山大、衰败的帝国、张骞出使西域、与安息人的相会。2.《公元1—2世纪时的丝绸之路》：第1条丝路、班超的奇迹，公元2世纪的丝路、丝路上的骆驼队、海路。3.《汉代的中国、安息人和罗马人》：汉代的丝绸、图案象征物、道教纺织家、纺织与书法、安息人和罗马人。4.《罗马统治下的叙利亚和埃及》：科普特的纺织工、叙利亚的丝绸织工、织工保罗、推罗人与紫色。5.《萨珊王朝的波斯帝国》：垄断权、纺织行会、织物图案的题材与装饰、"珍珠"圆饰、镜子般的效果、狩猎场面、骗子公主、神鸟、生命树、巨灵的传说、萨珊王们的奢侈豪华。6.《拜占庭帝国》：绣有历史人物肖像的织物、拜占庭有关丝绸的规章条例、查士丁尼大帝、揭示丝绸之奥秘。7.《伊斯兰教》：阿拉伯人征服的原因、伊斯兰纺织界、哈里发们对文化事业的资助、伊斯兰城市。8.《唐代中国》：丝绸本位制、唐代丝绸之精美。9.《东西方的新关系》：拜占庭的遗产、查理大帝的西方帝国、伊斯兰教的文化和帝业光芒、养蚕业的发展。10.《十字军东征和元代中国》：十字军东征和丝路的扩大、丝路中的新要塞西西里、11—13世纪的西班牙及其对摩尔人发动的征战、蒙古的入侵和丝路的新黄金时代、马可·波罗游记使西方发现元代中国。11.《13—14世纪丝路上的动乱》：意大利大商人、12—14世纪的伊斯兰世界、新丝都卢克、东方的门户威尼斯及其剪绒、佛罗伦萨及其画家对丝织品的影响。12.《阿维尼翁的教皇》：大主教时代、纯洁教派的织工、丝绸的新集散地阿维尼翁、丝路扩散的瘟疫、14 世纪的勃艮第大公对文化事业的赞助。13.《瘸子帖木儿统治下的丝路》：卡斯提利亚使节的丝路游记、明代的丝路、盖耶速丁的丝路游记、《中国志》。14.《法兰西斯一世统治时代的丝路》：法兰西斯一世和里昂织造、丝绸挂毯与丝路的相会、丝路的新动乱、里昂史诗的续篇。15.《丝路的终点站》：经海路与中国的交易、费朗索瓦·贝尔尼埃（François Bernnier）赴"莫卧儿"印度的旅行、里昂的生命力和路易十四的伟大时代、里昂于 18 世纪和中国的新关系。16.《丝路于 19 世纪和 20 世纪的新动乱》：提花织机、工业文明、轮船和海上丝路的重开，化学工业和人造丝。17.《丝路上新的冒险家和探险家》。

雅克·昂克蒂尔于 1995 年还推出了另一部姊妹篇《丝绸之路资料集》。他辑录了丝路上口碑与文字记述、丝路最遥远起源的传说、美索不达米亚织物的残余、丝路之前的中国、养蚕业秘密的泄露、阿契美尼德时代的波斯、柏斯波利斯的粗呢、草原游牧民与丝绸之路、东西方交流的先驱（亚历山大大帝、塞琉西亚朝人、中国汉代人、安息人和罗马人）等方面的资料，它实际上是为撰写前一部论著而准备的资料集。

阿里·马札海里（Aly Mazahéri，1914—1991 年）是法国伊朗裔的中亚史和伊斯兰教史专家。他在伊朗完成初级学业后，于 1927 年赴法留学，此后一直在法国学习和工作，先后在巴黎国家图书馆和高等社会科学研究院供职。由于他具有阿拉伯和波斯文化的功底，又接受过希腊—罗马文化的培养，所以是最有资格研究丝路的专家之一。他于 1983 年出版了一部《丝绸之路：中国波斯文化交流史》。此书后来由他亲自译成波斯文在伊朗出版，我国中华书局于 1993 年出版笔者的汉译本。该书共分四编。第一编是《波斯文史料》，主要是译注了三种古代波斯文资料：《沙哈鲁遣使中国记》、阿克伯·契达伊的《中国志》以及《纳迪尔王和乾隆在中亚的较量》。第二编为《汉文史料》，主要是辑录并译注了《汉书》、《后汉书》、《魏书》、《梁书》、《唐书》和《悟空行记》中有关波斯的记述。第三编是《希腊—罗马史料》，作者主要是重新译注了托勒密、普罗科波、泰奥法纳、科斯马、马尔塞兰和梅南德著作中有关波斯的段落。第四编是《丝绸之路和中国物质文明的西传》，作者主要是对中国的谷子、高粱、樟脑、桂皮、姜黄、生姜、水稻、麝香和大黄的历史、用途及其西传的过程做了系统论述。马札海里以其严谨而又高深的学问，对于中国与波斯通过丝路而从事的文化交流作了详细论述。此书是近年来出版的一部水平很高的著作，受到了世界各国学术界一致的好评。

塞西尔·伯德莱（Cécile Beurdeley）于 1985 年出版了一本《丝绸之路：艺术品的大旅行》。此书主要是论述从希腊时代到 15 世纪末，丝路上的艺术交流和某些艺术品（其中有许多收藏在圣彼得堡埃尔米塔日博物馆）的大旅行。

法国的印度裔学者、吉美博物馆的特派员克里斯娜·里布（Krishna Riboud，1926— ）夫人与法国古织物专家加布里埃尔·维亚尔（Gabriel Vial）合作，于 1970 年出版了伯希和探险团档案第 13 卷《吉美博物馆所藏敦煌织物》。这是研究中世纪丝路上织物的一部专著，填补了法国在该领域中的空白。

法国的蒙古、突厥和中亚史专家，卢浮宫学院教授鲁保罗（Jean-Paul Roux）的《中世纪探险家》（1985 年）详细介绍了 1200—1500 年间来往于丝绸之路上的西方探险家。书中占很长篇幅的一章就叫作《丝绸之路》。作者的这本书与另外两部专著《瘸子帖木儿传》（1994 年）和《巴布尔传》（1986 年）均为法国有关丝路研究的畅销书。此外，他陆续出版的《古代和中世纪阿勒泰民族中的死亡》（1963 年）、《伊斯兰教》（1964 年）、《阿勒泰社会中的神圣动植物》（1966 年）、《突厥史》（1979 年）、《中世纪突厥民族中的游牧传统》（1970 年）、《伊斯兰肖像学研究》（1982 年）、《胡族人》（1982 年）、《凯末尔和新土耳其》(1982年)、《突厥和蒙古人的宗教》(1984年)、《突厥史》(1984年)、《蒙古帝国史》(1993年)等，这些书均在不同程度上论述了丝绸之路及其沿途诸民族和文化的历史。

让·保尔·鲁有关陆路丝绸之路的代表作，则是他1997年于法雅尔出版社出版的《西域的历史和文明》。这部长达500多页的著作，共分29章，分别论述了西域的地区、人员、草原艺术和宗教、东西方的相会、中国中原人与北部胡人、贵霜人和佛教的胜利、游牧时代、突厥人的霸权、吐蕃王朝的诞生、绿洲文明、大食人的入侵、回鹘人与黠戛斯人、回鹘人的黄金时代、世界性宗教的发展、穆斯林突厥汗国的诞生、各汗国兴旺发达的历史事件、伊斯兰土地上的突厥人、西域的古典伊斯兰教文明、成吉思汗、蒙古人的霸权、察合台汗国、瘸子帖木儿、16世纪的西域、帖木儿朝的复兴、1500年的大转折期、伊斯兰教和佛教瓜分西域、西方"黄祸论"的兴起、俄国在中亚的殖民以及近代问题。总而言之，此书论述得虽不太深刻，侧重于宏观综述，但它可以使人全面地了解丝路沿途诸民族的历史文明，也不失为一本具有较高学术价值的畅销书。

研究丝路问题，古代回鹘和突厥民族史是其必不可缺的重要环节。法国在这一领域中的研究具有悠久传统而又成果丰硕，涌现了几代著名大家。我们仅举其中的三位当代代表人物为例。

路易·巴赞(Louis Bazin，1920—)是法国金石和美文学科学院院士，曾长期任巴黎第三大学突厥学研究所所长。他还先后任国立东方语言和文明学院教授、高等实验学院研究导师，国家科研中心语言和文明部名誉主席，在法中友协于1989年解散前，曾长期先后担任该友协的副主席和主席。巴赞是研究丝路上的重要民族——回鹘族和突厥族历史的专家。他于1974年通过的国家级博士论文《突厥历法研究》，于1991年正式出版。1992年，路易·巴赞的学生们通力协作出了一本《路易·巴赞纪念文集》(此书本应于1990年在巴赞70寿诞时出版，但因故延期)，共收入西方突厥学界名流们的40篇高质量论文。巴赞先生自己的论文集《突厥民族、文字与人》于1994年出版，共收入作者48篇突厥语言和历史论文。哈密屯（James Hamilton，1921—2003年）是国立科研中心的研究导师，曾任巴黎第三大学突厥学研究所所长。他的突厥、回鹘史专著有《五代回鹘史》（1955年）、《敦煌回鹘文本〈善恶两王子的故事〉》（1971年）、《9—10世纪敦煌回鹘文献汇编》（1986年）和《9—10世纪突厥—粟特文献汇编》（1990年）。他的20多篇有关回鹘史的论文正在汇辑出版。萨宾·特雷班札（Sabine Trébinjac，1963— ）是国家科研中心里昂中国研究中心的研究员。她是研究丝路上维吾尔古今音乐的专家，尤为重视对多浪木卡姆音乐的研究。她1993年于巴黎第十大学通过博士论文《新疆维吾尔多浪木卡姆音乐研究概论》。特雷班札1990年出版了两卷本的专著《中国新疆》，其第一卷为《木卡姆科学音乐》，第二卷为《维吾尔的民间传说》。她还于1993年出版过《巴达赫尚的塔吉克族音乐》，自1990年以来共发表了20多篇有关丝路上维吾尔族音乐的论文。

对于丝绸之路南路——塔克拉玛干沙漠一线的古代史研究，法国学者主要是依靠由伯希和西域探险团于1908年携归的一批古藏文、回鹘文、于阗文、粟特文和吐火罗文写本，以及其他艺术品和考察考古记录。

伯希和敦煌汉文写本，法国现已出版《巴黎国家图书馆所藏伯希和敦煌汉文写本目录》6卷6册统计，共有2001—6040号。这就是第1卷（2001—2500号，由谢和耐与吴其昱编写，1955年巴黎国家图书馆版）、第2卷（2501—3000号，由隋丽玟和魏普贤等人先后编写，尚未出版）、第3卷（3001—3500号，由苏远鸣主编，圣·波利尼亚格基金会1983年版）、第4卷（3501—4000号，由苏远鸣主编，法兰西远东学院1991年版）、第5卷（4001—6040号，上下册，由苏远鸣主编，法兰西远东学院1995年版）、第6卷《巴黎国家图书馆伯希和敦煌特藏中的汉文写本》，由王微编，主要是零散碎片。

伯希和敦煌藏文写本，已由拉露小姐（Mareelle Lalou，1890—1969年）编写了三卷目录《巴黎国家图书馆所藏伯希和敦煌藏文写本目录》（第1卷，第1—849号，1939年版；第2卷，第850—1282号，1950年版；第3卷，第1283—2216号，1961年版。均由巴黎国家图书馆出版）。这样算来，伯希和敦煌藏文写本就共有2216个号。这远远超过了伯希和当年将1—2000号留作编写藏文写本目录而使用的数目（故其汉文写本从2001号开始）。这其中尚不包括大量重复的《无量寿宗要经》和《十万颂般若经》的写经。拉露小姐因其重复数量太大而未加编目。此外，在许多汉文或其他文字的写本中，还夹杂着藏文文书，包括粘贴件在内，有的短至只有数行或几个字，故现在仍不断“发现”新的藏文写本，从而使其数目总量不断增大。

伯希和敦煌回鹘文字本共有25个编号，已由哈密屯辑录、译注和刊行，于1986年在法国彼特出版社出版了两卷本的《9—10世纪的敦煌回鹘文文献汇编》，共发表了36个卷子的编号，其中包括伯希和敦煌回鹘文写本24个编号。另外，还包括伦敦斯坦因特藏中的12个号。其中有不少回鹘文写本因与汉文写本写在一起，故被编入了汉文写本之中，形成了双重编号。在此之前，哈密屯还于1971年在法国克林西克出版社单独发表了P. 3509号回鹘文写本《敦煌回鹘文本〈善恶两王子的故事〉》的转写和注译本。此外，伯希和从敦煌千佛洞北区元代石窟中，还获得过360多件元代畏兀尔文的写本。对于敦煌回鹘文写本，究竟应该是如同哈密屯认为的那样，应断代为9—10世纪，还是如同某些德国学者们所认为的那样，应该属于元代，国际学术界尚有争论。因为王道士可能在斯坦因于千佛洞劫经之后，将他陆续零散地从敦煌其他地方搜集到的元代畏兀尔文晚期卷子，又都塞进藏经洞中滥竽充数了，以弥补他暗盗文书之缺，故使伯希和上当受骗。直到目前为止，这场争论尚无最终定论。哈密屯受到了某些同行们的非难，但他始终顽强地捍卫自己的观点。此外，法国学者路易·菲诺（Louis Finot）、让·菲利奥札（Jean

Filliozat，1906—1982 年）和为数不少的日本学者，也都从事过对这批写本的研究。

伯希和敦煌粟特文写本共有 30 个编号，大都已由哈密屯与英国学者辛姆斯—威廉姆斯（Sims-Williams）合作，于 1990 年在英国伦敦大学和非洲研究学院出版了转写、译注和图版本《敦煌突厥—粟特文文献汇编》，其中发表了伯希和敦煌粟特文写本五个号，斯坦因的三个号。其中一部分也有双重编号。被编成汉文写本 P. 3511—3521 号。伯氏曾与法国学者高狄奥（Robert Gauthiot）和邦维尼斯特（Emile Benveniste）、英国学者亨宁（W. B. Hennines）等人合作，或各自单独从事过对这批写本的研究。

伯希和敦煌和西域梵文写本数量较大，出自西域者为多，属于敦煌者只有 13 个编号。它们基本均为佛教文献，其中不乏稀见佛典精品，大部分都被编入伯希和敦煌汉文写本的目录中了。它们早年曾由菲诺、菲利奥札的日本学者们从事过研究。在 20 世纪的 50—60 年代，又由法国学者鲍利（B. Pauly）作了系统整理《伯希和西域探险团所获梵文文献残卷》（连载于《亚细亚学报》，1957—1966 年）。

在伯希和所获敦煌的“东伊朗文”写本中，有些是所谓“吐火罗”文书，亦被他称为用“婆罗谜字母”书写的文书。另外还有这种文字的某些木简文字和题记等。

它们主要出自新疆的都勒都尔—阿乎尔和图木舒克。事实上，这其中主要是乙种吐火罗语或“龟兹语”（焉耆语为甲种吐火罗语），特别是 P. 3533 号。法国早期学者列维、菲利奥札以及德国学者西格都对它们作过研究。近年来，法国年轻一代的优秀吐火罗语学者彼诺（Georges Pinault）系统地刊布和研究了这批写本。经他整理，伯希和龟兹文特藏共有 2000 件左右：旧编 AS1—19，共 141 件文书 126 个编号；新编 NS1—508 和某些残卷，共 527 件文书。此外，还有些只有数平方厘米的极小残卷，即新编第 509—1166 号，共 658 件文书；粘贴在卡片上的小残卷

393 个编号。目前，彼诺正准备将它们汇编出版。

伯希和西域于阗文写本都被散编在汉文写本和藏文写本目录中了。据统计，共有近 70 个编号。它们已由法国学者哈密屯和格勒奈（F·Grenet）研究。英国学者贝利（H. W. Beilley）和德国恩默瑞克（E. E. Emmerik）等学者，则更是这方面的研究专家。此外，还有被柯诺称为“于阗文变异体”的一卷东伊朗语写本，有人亦称之为“图木舒克语”。

伯希和也从新疆发掘到了一批被称为变异体龟兹文的佉卢文文书。它连同吕推（Dutreuil de Rhins）于 1890 年搜集的佉卢文《法句经》残卷，共同收藏在国家图书馆。列维、拉古佩里（F. De Lacouperie）和波兰裔法国学者普祖鲁斯基（Preyluskj）均为这一方面的研究专家。

伯希和在敦煌还获得一卷希伯来文写本，它是唐代中国西域曾有犹太人活动的证据。

伯希和在敦煌藏经洞未获得任何西夏文写本，但是在北窟区却获得了一大批，共装有三箱，计有 200 余件，目前尚未刊布。

在丝路考古研究方面，法国当代的代表人物是国家科研中心 315 研究组的冯赫伯（Henri-Paul Francfort）、彼埃·让代尔（Pierre Gentelle）和让·克洛德·加尔丹（Jean-Claude Gardin）等人，他们曾与我国新疆考古文物研究所合作，在克里雅河（和阗河）一带从事考古发掘，已发表了不少成果。

在对丝路上伊斯兰教的研究中，法国的代表人物是鄂法兰（François Aubin，1932— ），她现任法国国立科研中心政治学国家基金会的研究导师。鄂法兰是韩百诗的弟子，也是法国的蒙古史研究专家。她曾领导过一个“文献中的中国伊斯兰教”研究小组，其主攻方面是中国的苏菲教派和纳合昔班底教团。她曾发表过有关西域伊斯兰教的论文数十篇。

法国为了协调、促进和沟通丝路与中亚史的研究，中亚研究信息协会委托人文科学会馆，自 1994 年起开始出版每年两期的《中亚通讯》，由艾莉莎（Elisabeth Allès）等人负责。其中信息量很大，着重报道法国及世界各国的西域、丝路研究机构、著作、人员和基本动向。

对西域丝路上佛教艺术的研究，法国当代的代表人物是莫尼克·玛雅尔（Monique Maillard，1939— ）女士及其丈夫热拉—贝札尔（Robert Jera-Bezard，1927— ）以及吉美博物馆的雅克·吉埃斯（Jacque Giès，1954— ）。热拉—贝札尔夫妇出版了伯希和的西域考古档案，特别是《敦煌的幡与画》（1974 年）。玛雅尔女士的博士论文《古代高昌王国物质文明史》（1973 年）是法国少见的一部研究吐鲁番的综合著作。她的《西域的石窟与古建筑》（1983 年）是研究丝路建筑与装饰艺术的代表作。她于 1976 年参加韩百诗主编的研究西域和丝路史的重要著作《西域的历史和文明》的写作。雅克·吉埃斯先生发表过多篇有关吉美博物馆所藏出自丝路的佛教（特别是密宗）画的文章。1994 年，他与其法国和日本同事们共同编辑出版了巨部豪华本著作《敦煌画》。

约翰·曼德维尔（Jehan de Mandeville）自称于 1356 年赴中亚及中国西部旅行，比马可·波罗游记（1289 年）稍晚一些。其游记《约翰·曼德维尔爵士游记》共有 230 份抄件，远远超过了马可·波罗游记的 150 份。它首次于 1475 年在瑞士的巴塞尔用德文出版，1840 年在巴黎用法文出版，后又被译成西方的各种文字。考狄于其《汉学书目》中曾统计到该书的 73 种版本，德文版 12 种、法文版 12 种、拉丁文版 6 种、荷兰文版 9 种、意大利文版 13 种、英文版 17 种、西班牙文版 3 种、丹麦文版 1 种。但此书已绝版已久：其最后一个法文版为 1735 年，德文版为 1865 年、英文版为 1900 年、意大利文版为 1870 年。格扎维埃·瓦尔特（Xavier Walter）先生曾长期做法国汉学家和政界耆老阿兰·佩雷菲特（Alain Peyrefitte）的助手，曾翻译出版过 1792—1794 年出使中国的英国马戛尔尼（Macartney）使团成员巴罗（John Barrow）、亚历山大（William Alexandre）的入华行记。瓦尔特先生于 1997 年推出了《约翰·曼德维尔爵士游记》的法文注释本，由法国科学院院士彼埃·肖尼（Chaunu）作序。这是该书自问世以来的最佳版本。曼德维尔是法国东部地区勃艮第（Bourgogne）地区的医生，但不知为什么，过去一直以讹传讹地认为，他是英国作家。他自称于1322年离开欧洲，开始了其33年的长途旅行，经由“圣地”（巴勒斯坦）而到达中国。其实，他很可能是“书斋”中的旅行家。

曼德维尔游记共分85章，从欧洲出发，经希腊、塞浦路斯、推罗、埃及、巴比伦、麦加、耶路撒冷、亚历山大港、迦勒底、波斯、印度、占婆、鞑靼地区、“蛮子”地区、契丹、库曼、突厥斯坦、约翰长老国等地区，对每个地区都有详细记载。不过，对于曼德维尔所记述的一切，究竟是个人的亲历记，还是利用了第二手资料，众说纷纭，尚无定论，不过学术界似乎更多地采用后一种说法。但无论是第一手还是第二手资料，其书中所记载广泛而繁杂的内容，都是研究陆路丝绸之路的宝贵资料。

法国学者让-诺埃尔·罗伯尔（Jean-Noël Robert）是一名研究罗马史的拉丁学家。他于1993年在法国美文学出版社推出一部《从罗马到中国—恺撒时代的丝绸之路》。全书共分9章，分别以《历史的偶然性》、《寻找黄金国》、《统治世界的未完美梦》、《罗马的所有道路都通向东方》、《远东的陆路》、《大海以远的旅行》、《丝路上的人员与交易》、《思想传播之路》等章节，论述了早期的陆路丝绸之路。它通过公元2世纪罗马派往中国的使节，研究了公元2—3世纪罗马帝国对待波斯、印度、远东和特别是中国的基本政策。这是法国于20世纪90年代出版的一部重要著作。

法国学者弗朗索瓦-贝尔纳·于格（François-Bernard Huyghe）和埃迪特·于格（Edith·Huyghe）于1993年在拉封出版社出版了《海市蜃楼中的帝国：丝绸之路上的人、神与神话》。它主要是论述丝路沿途的人员的流动和神祇的传播，同时也介绍了那些湮没的帝国。基本上涵盖了从亚历山大大帝到1440年之间的漫长时期。

法国于1977年出版过一本图文并茂的巨著《西域的历史和文明》，由当时的法兰西学院教授韩百诗（Louis Hambis）主编，由莫尼克·玛雅尔（Monique Mail-lard）、里布夫人（Krishna Riboud）和高利埃（Simone Gaulier）夫人等一班女将以及热拉-贝札尔先生共同分章撰写。这是一部全面介绍陆路丝绸之路西域段之文明史的著作。全书共分6章：《西域的历史和地理》、《交流与影响》（贸易与商品）、《宗教观念》（佛教出现的背景、佛教与西方的拯救宗教）、《社会》（语言和文字、文学、社会）《美学的表现手法》（造型艺术、绘画）、《考古遗址》（南路、北路）。

此书主要是利用了西方探险团于19世纪末到20世纪初所获得的文献、文物及图片资料。

三、法国学者对海上丝绸之路的研究

法国学者本来并不多用“海上丝绸之路”一词，以至于在诸如伯希和的《交广印度两道考》（1904年）那样重要的海交史著作中，也未见如此提法。

战后法国的东方学家们最早着手“海上丝绸之路”研究的是让·菲利奥札。菲利奥札是法国当代最大的印度学家和梵文学家。他曾先后执掌巴黎东方现代语言学院、高等实验学院、法兰西学院的教席，于1956—1977年间任法兰西远东学院院长。他1956年于印度本地治里的法国印度学研究所推出了《印度的对外关系》一书，其中有两章分别论述《公元初期印度与罗马帝国的交流》和《婆罗门教于公元3世纪传入罗马》。前一章论述了埃及—印度之间自公元1世纪以来的贸易，特别是研究了沿途发现的遗迹；后一章则介绍了公元3世纪时攻击婆罗门教的一种希腊文献《驳所有异端》。菲利奥札特别强调研究古代东西方文明的关系，尤其是海陆交通史。他详细阐述了在婆罗门教《奥义书》、新柏拉图主义和基督教之间的相互影响和传播路线问题。他要求西方学者放弃希腊文化中心论，摒弃过去那种只为寻找希腊—罗马文化在世界上的影响才研究丝路的旧习。因为这种思想直到1950年仍顽固地支配着西方汉学界。西方汉学家们所关注的仍是作为基督教和西方文明之基础的古典希腊—罗马文化传入中国的渠道问题。菲氏与安德烈（J·André）合作翻译了老普林尼（Pline L'Ancien，1923—1979年）的《博物志》（《自然史》）第6卷有关中亚和印度的部分（1986年），辑录了《从罗马看印度：有关印度的古代拉丁文献》（1986年）。他的全部研究都集中到了海路和陆路丝路课题上了。

《厄立特利亚海航行记》是公元1世纪末前后，出自亚历山大城某商人之后的佚名著作，它是研究罗马与东亚海上交通的重要史料。法国学者让·帕热（Jean Page）和安德烈·尼埃（André Nied）于1981年出版了一部《古代和中世纪的红海航线》，其中用法文译注了《厄立特利亚海航行记》，为研究古代海上丝路做了重要贡献。

水手辛伯达（Sindbad）的扬帆东航故事是《一千零一夜》中的最诱人、最美好的“一夜”。为了纪念辛伯达东航，1980年11月—1981年7月，阿曼“苏哈尔”号仿古木船远航中国。法国航海博物馆于1994年也组织了一次“辛伯达之相会，海上丝绸之路”的展览。该博物馆的馆长法朗索尼·贝莱克（François Bellec）将军本人也曾出版过中国明代航海史的著作。这次展览印制了一本精美纪念册，全面介绍了海上丝绸之路所运用的罗盘地图、阿拉伯科学、丝绸、中世纪的世界形象、葡萄牙人和东印度公司等问题。

法国战后研究海上丝路、南洋史、东南亚与中国关系史的专家之一是龙巴尔（Denys Lombard，1938—1998年）教授，他出身于书香门第，其父莫里斯·龙巴尔（Maurice Lombard）是一位主治阿拉伯宗教文化史以及伊斯兰世界史的著名东方学家。龙巴尔年轻时曾先后投在法国高等实验学院的李嘉乐（Alexis Rygaloff，1922— ，巴黎大学北京汉学所的创始人之一，汉语语言学家）、巴黎大学文学系的谢和耐（Jacques Gernet，1921—，法国的中国文化史专家）、伊斯兰学家迪儒丹（Michel Mollat de Jourdin）等汉学家和东方学家门下，出色地完成了语言学、文献学和历史学的学业，通晓马来—印尼语、柬埔寨语、暹罗语。中法建交后，立即携其夫人先到中国留学，成为20世纪60年代首批来华的留学生之一。他后赴印尼深造，学成后任教于法国年鉴派的发源地和大本营——社会科学高等学院，主持“东南亚的地中海史”讲座。他后来又出任法兰西远东学院院长。他的代表作是1991年出版的三卷本《十字路口的爪哇》，此书实际上是他1990年在巴黎第四大学通过的博士论文。作者深受年鉴派巨擘布罗代尔（Fernand Braudel）的影响，指出爪哇在东南亚扮演了一种类似地中海在欧亚大陆交界处所扮演的那种重要角色。他认为印度、中国、伊斯兰教和欧洲列强的势力与影响，都曾聚汇于该地区，从而使爪哇地区成为一个贸易大都会和文化大熔炉。特别是该书的第2卷，重点论述了中国与南洋地区的联系纽带——海上丝绸之路问题。这一卷共分5章：第1章是《古代海上驿站》，分别论述了昆仑人（Kunluns）的航海和“印度化”之路、13—15世纪大贸易的急剧发展、16—18世纪苏丹国的发展、19—20世纪的政治退缩和经济竞争。第2章是《爪哇伊斯兰教的促进因素》，具体指海洋民族、商业资产阶级和农业穆斯林网络。第3章是《伊斯兰教的刺激》，其中讲了一种新的社会类型、人文概念的出现、趋向地理空间和线性时间的概念。第4章是《中国人的遗产》，主要是介绍一种过早的开发、赚取利润的手段、舒适安逸的感觉、一种无国家的意识。第5章是《狂热还是容忍?》，主要是论述“有一种不掺杂任何迷信的伊斯兰教吗”、反对“不信教者”竞争的冲突。总之，龙巴尔先生的这部著作是研究南洋史及海上丝路的一部重要著作。

此外，龙巴尔于1974年与拉封（P・-E・Lafont）合作出版了《东南亚的比较文学》一书，它是第29届国际东方学家代表大会的论文集之一。他于1980年又与其夫人苏尔梦（C.

Salmon）教授合作出版了《雅加达的华人、庙宇与社团生活》，于 1988 年与让·奥班（Jean Aubin）共同主编了《13—20 世纪印度洋与中国海上的亚洲商人》。他于 1993 年与尚贝尔-卢瓦尔（Chambert-Loir）、尚比雍（L. Champion）联袂主编了《梦想亚洲：英国—印度、印度支那和印尼—荷兰的殖民地文学研究》，1994 年与普塔克（Roderich Ptak）主编《海洋亚洲的形象与现实：1200—1800 年的华南与海洋亚洲》等一系列有关海上丝绸之路的著作。此外，龙巴尔夫人苏尔梦教授也与人合作，主编出版了一套有关印尼、马来西亚等地汉文碑铭的多卷本巨部资料集。她主编的《群岛》杂志，则是研究南洋历史与现实的一份高水平的专业刊物。龙巴尔与中国学者陈达生合作，于 1988 年，在由他主编的上引《13—20 世纪的印度洋与中国海中的亚洲商人》中发表了《外国人在泉州海上贸易中的作用》一文。他与其夫人合作，于 1969 年在《通报》中发表了《望加锡的华人社团》一文。但是，龙巴尔教授于 1998 年的英年早逝，对这一学科造成了很大的损失。

郑和下西洋，始终是西方汉学界关注的重点课题之一。曾三次随郑和下西洋的通译马欢之传世名著《瀛涯胜览》（1416—1451 年）曾先后被英国米尔斯（J. V. G. Mills）、法国伯希和、荷兰戴闻达（Duyvendak）和美国柔克义（Rockhill）等一代名流全文或部分翻译。同样曾三次随郑和下西洋的明航海家费信所撰《星槎胜览》（1436 年）已先后由柔克义、戴闻达、伯希和及福嘉第（Focard）等著名学者部分翻译。曾于宣德五年（1430 年）随郑和下西洋的巩珍所著《西洋番国志》（1434 年），也由伯希和与柔克义作了简单辑录译注。伯希和与戴闻达还从《明史》与《明实录》中辑录了有关郑和航海的资料。在伯希和、方殿华（Gaillard）和布尔斯坦（Boorstin）等人的多种著作中，都曾广泛地使用过郑和航海的资料。明人罗懋登有关郑和下西洋的演义小说《三宝太监西洋记通俗演义》，已由戴闻达节译。米尔斯介绍过明人郭钰订的《武备志》中的一幅详细的郑和航海图。伯希和与米尔斯还翻译过有关郑和第七次下西洋的明人祝允明之《前闻记·下西洋》条的内容。这些汉文原始资料的辑录与译注，大大方便和促进了西方汉学界对郑和下西洋的研究。

法国汉学界的泰斗伯希和于1914年在《亚细亚学报》中发表了有关郑和下西洋的书评，1933年于《通报》中发表了《15世纪初叶中国人的大航海旅行》，1935年又于《通报》中发表了《有关郑和及其航海的补充札记》，1936年又于同一杂志中发表了《再论郑和下西洋》等著名论文。这是法国学术界最早对海上丝路的研究。

沉寂多年之后，法国德·拉图尔造船厂的一名工程师多米尼克·勒列夫尔（Dominique Lelièvre），客串出版了一本《启蒙之龙：15世纪初叶明代的远航》。这部400多页的洋洋大观的法文版书，是最新的一部有关郑和航海的论著。作者认为大航海家郑和是中国的民族英雄。郑和在中国就如同哥伦布在欧洲一样著名。作者将中国在15世纪的海上远航置于其经济背景中进行研究，从而揭示了明朝初期的辉煌。书中首先讲到了在中国航道网中游弋的中国船队之高超技术和庞大数量，直到永乐皇帝从1405年起发起的一场前所未有的大规模海上远征。100多米长的宝船，在30多年间往返于“西洋”。同样也信仰佛教的穆斯林宦官郑和率三万余众的一支船队，为中国和世界航海史立下了不朽功业。郑和在7次下西洋期间，记述了其旅行的细节、各停泊口岸的习俗和穆斯林城市。它成了衡量明王朝为维持世界秩序而对西洋各国所采取的政策的一次机会。当时中国以其大吨位的宝船和广泛的外交网络，使几乎整个亚洲都屈从于中国的朝贡政策，从而保证了国家对国际贸易的垄断权。中国皇帝受命于天而统治于地，皇恩浩荡地向藩部赐礼和册封。从尼泊尔到朝鲜、从萨玛尔罕到婆罗洲，人们都纷纷向大明天子朝拜。但郑和于1434年逝世时，欧洲贪婪发现新大陆的先驱——葡萄牙人便绕过了西撒哈拉海岸的博哈多尔角（Le Cap Bajador）。15世纪末，欧洲为适应资本主义发展的需要，而开始了海洋征服。中国却由于其制度的僵化和受具体环境的阻碍，失去了参与国际贸易交流的大好机会。

作者全书共分 11 章：中国海洋中的财富、明王朝的开国、郑和远航、从南京到古里（Calicut）、战胜与说服西洋各国、西洋与穆斯林地区、大建筑家永乐、七次下西洋的结束、明代大航海的衰落。作者的结论是中国失去了大好时机。当时西方商业资产阶级正在形成和资本主义制度已经诞生。贵族、神职人员和资产阶级都在追求探险、征服与殖民化、货币扩大了其控制权、打乱了旧有关系，最终结束了封建制度，成了控制商品与市场的关键因素。中国却在设法巩固其封建制度，东方哲学仍在主张“养性”。丧失了制海权，便失去了强国富民的根本。

法国汉学家谭霞客（Jacques Dars）是法国国家科学研究中心的研究员，曾以翻译《水浒传》而享誉学术界。他于 1992 年在法国经济学出版社推出了其博士论文《10—14 世纪的中国航海业》，收入在法国很著名的一套《航海史》丛书中。

作者指出，传统的观念认为，中国人遵照儒家道德而摒弃了海洋。但法国汉学家谢和耐教授却强调指出，中国在 10—14 世纪之间，便以其商船与战船船队而成为历史上的航海强国。此书共分 6 章：第 1 章是《五代至元代的中国历史和经济发展概要》，以这三个时代的经济作为中国航海业的基础。第 2 章是《自宋代起的中国航海业与航海术》，主要内容包括中国科学的发展、航海罗盘、大型海帆船、观星学、天象观察的理论与实践、罗盘地图与航海手册、灯塔和航标。第 3 章是《中国的航海业》，主要论述了中国福建、浙江、北方等地的船舶类型（运输船、战船、轮船）；中国船的建造特征：船壳、密封船舱、推进器、船舵、船锚及其他仪器。第 4 章是《宋元时代的商业航海》，主要概述了商业航海的地理范畴与网络、航道的整治、江河贸易、元代的海运、元代的海盗与中国航海家、航海与对外关系、宋元与明初的海上贸易、中国大港（广州、泉州、杭州与明州、秀州和上海、澉浦和江阴）。第 5 章是《宋元时代的海军》，主要是论述北宋的海军、船坞和战争。第6章是《南宋的海军》，其中首先论述了金人和蒙古人的入侵，接着又讲到了元朝在远征日本、安南、占婆、缅甸、爪哇、琉球等战争中所使用的海军。最后讲到了明代的大航海。

作者作为结论而指出，中国在8—9世纪期间，便进入了各方面深刻变化的时代，其征战的方向主要在中亚。中国在13世纪左右，逐渐变成了一个商业和海洋大国，却又受到了草原社会逐渐蚕食的威胁。由于北方草原民族的不断侵扰，中国的重心从黄河流域，也逐渐转移到了长江流域及东南沿海诸省。长江下游和成都盆地，变得人口稠密，成了农业和手工业中心。由于农产品的商品化和某些以经商为主的政权的形成，使他们将注意力逐渐转移到了海上。农业、手工业和交通工具的发展，数学、天文学和舆地学知识的进步，测位定向技术的改进，海上联系网络的扩大，特别是造船业的发展，才造成了这种转变。维护这些发展和关系的主要手段之一便是航海，中国航海术在近四个世纪中保持了其世界上最先进的地位。其大批江河与海洋运输船队对内确保了前所未有的贸易，对外确保了对东亚的海洋控制权，奢侈品生产大国中国的航海业确保了其财富在日本与印度之间广大地区的流通。中国海军维持了经常处于危险之中的宋王朝，元朝又以海军从事新的开拓，它在中国和远东历史上起了一种决定性作用。中国海军在经济和军事发展中的重要作用，使这支军队在亚洲和世界历史上也占有了应得的地位。

法国学者路易·德尔米尼（Louis Dermigny）于1964年推出了一套令人震惊的博士论文《中国与西方：18世纪广州的对外贸易（1719—1833年）》，收入了《港口·道路·贸易丛书》。全书共有五大卷，洋洋洒洒的400余万字，创下了由唯一一名学者独自撰写的博士论文之最（多人合著者除外）。其第一卷是《东印度公司时代》，下分5章：第1章是《东印度公司与中国》，分别论述了海盗与形势、中国海与贸易区、中国的危机、从日本到中国、走私势力。第2章是《船队与人员》，分别论述了船舶的吨位与建创、船组人员与指挥、免费携带的商品与免费证。第3章是《入华旅行》，分别论述了海岬之路、印度洋与中国海、远航的持续时期。第4章是《广州贸易的条件》，分别讲到了广州、朝贡贸易制度和海上贸易、关税与“礼物”、公行制度、广州的董事会。第5章是《中国的黄金》分别论述了毒品、瓷器与丝绸、金属等。

该书第2卷是《茶叶时代与中国的债务》。下分5章：第1章是《贸易的检疫站》，分别论述了中国的专制主义、排外与人口、检疫隔离。第2章是《茶叶》，分别论述了交易的表象、茶叶的出口、洛里昂的拍卖。第3章是《茶叶的走私》，分别论述了交易的大陆环境、茶叶与税制、走私船、布列塔尼的循环周期、对走私的估量。第4章是《皮阿斯特与兑票》，分别论述了银钱与商品、呢绒、杜卡顿和皮阿斯特、金属货币的供应、大宗借贷与兑票。第5章是《贸易区与中国的债务》，主要论述了印度商人与东印度公司的经纪人、总督、向公行借贷、空头汇票与中国贸易、广州的破产。

该书第3卷是《广州与鸦片的时代》。共分5章。第1章是《走私的末日》，分别论述了地下交易、抵偿行为、茶叶的国有化。第2章是《使节》，分别讲到控制贸易、中国之路、从槟榔屿到北京。第3章是《美国人与毛皮》，分别讲到“第二种英国人”、美国西北海岸、美国人的扩张。第4章是《代理商行》，分别讲到了工业革命与中国市场、从钟表到棉花、从烟草到鸦片。第5章是《打破平衡》，分别讲到了棉花的危机、毒品肆虐、海盗与叛乱、白银危机、反垄断的斗争。

全书最后是《结论》，讲到了自由贸易、帝国与海洋、贸易结构与背景。

第4卷是有关18世纪广州对外贸易的地图、图表和照片。

第5卷是《夏尔·德·康斯坦中国贸易回忆录》。夏尔·德·康斯坦（Charles de Constant）又被称为“中国人康斯坦”，于1779年，在16岁时便乘船首次赴中国经商，于1780年到达澳门并到达广州。他于 1788 年返回洛桑后，又于 1790 年来华。其回忆录一直以手稿保存。德尔米尼先生整理发表了这部手稿。他先长篇介绍了康斯坦。回忆录共分 5 章：第 1 章是《了解中国》：商人们的中国、广州和澳门。第 2 章是《大船的必要性》：船舶与船舱的分配、法国远洋船需要改进的技术、与中国做交易。第 3 章是《与中国交易的商品》，讲到中国进口的欧洲产品是呢绒、平纹布、羽纱、玻璃、铅制品、乌木、象牙、骨制品、檀香木、香料、棉花、碱等，中国向欧洲出口的商品是茶叶、瓷器、丝绸等。第 4 章是《船舱种类》。第 5 章是《广州的贸易习惯》，这一部分主要是为广州的法国商人提供某种“经商指南”，介绍了中国政府的外贸制度、中国各公司的制度、公司贸易与自由贸易，特别举 1786 年的中国对外贸易为例，以介绍这一切。第 6 章是《欧洲人在广州的贸易谈判》，讲到了中国当局制定的制度、欧洲人在华的处境、黄埔港的驶船与停泊、户部的巡视、中国官吏们的勒索、英国人的傲慢与中国人的外债。第 7 章是《派遣使节和定居计划》，其中讲到了对马戛尔尼使华的看法、公行制度、官吏裁决制、中国人对欧洲人的鄙夷、使节的礼仪、与中国签订贸易协定的计划。后是对中国台湾与澳门的回忆，论述了其物产和外贸、战略地位、欧洲人入居那里的计划、占据澳门的好处等。

总之，由于德尔米尼的这部巨著，内容繁杂而卷帙浩繁，使学者们很难通读一遍，故而尚未充分引起学界的重视。但它的价值与意义，却是难以有人超越的，是 20 世纪 60 年代之前西方研究海上丝绸之路与广州对外贸易史的集大成之作。

四、法国汉学界参与组织的以丝路为主题的其他科研活动及成果

法国近年来还举办过一系列有关丝绸之路的大型展览。1979

年，利用伯希和百年诞辰的机会，巴黎国立图书馆组织了“中国和高地亚洲的宝藏，伯希和百周年诞辰”的展览。1983 年，在巴黎植物园举办了由我国敦煌研究院组织的“戈壁沙漠中的中国壁画，植物园中的丝绸之路”的展览。1994 年，在航海博物馆举办了有关辛伯达航海东游的展览。1995 年 10 月，吉美博物馆、卢浮宫学院、敦煌研究组联合举办“西域——佛陀之地”的展览。

联合国教科文组织自 1987 年起（其具体工作要持续到 1997 年）组织了大规模的“丝绸之路综合研究：对话的道路”科学考察和研究活动。这项国际性的庞大计划的口号是“于此时和此地，在人类思想中筑起和平的保障”。它以一系列的有关丝路陆路和海路的科学的考察、学术讨论会、讲演、展览和出版物所组成。许多国家的多学科专家，都为这项计划作出了贡献，历史、艺术和考古在这些活动中占有重要的位置，法国的丝路专家们广泛地参与了这项计划。联合国教科文委员会任命法国汉学家叶利世夫（Vadim Elisseeff）为丝路综合研究国际委员会主席，此人曾长期担任吉美博物馆馆长，后又任该馆名誉总监，积极从事巴黎亚洲艺术博物馆的工作、远东考古和历史的研究。吉美博物馆的雅克·吉埃斯于 1990 年参与了“中国沙漠之路”的考察，后来又筹备举办了有关这次考察的展览和学术讨论会。贝莱克和于格夫妇参加了 1990—1991 年的海上丝绸之路的国际学术讨论会。1992 年，联合国教科文组织法国委员会和法国辛格—波利尼亚克基金会在巴黎组织了一次“丝绸之路：科学和文化问题”的学术讨论会，贝莱克、戴仁、叶利世夫、冯赫伯、彼埃·让代尔、雅克·吉埃斯、迪儒丹（Michel Mollat du Jourdin）、尼古拉·勒维尔（Nicole Revel）、克莉斯娜·里布等一代名流与会，会议论文集由巴黎的联合国教科文组织于 1994 年出版：《丝绸之路：共同遗产和多种个性》。法国专家们还参与了三项重大的国际协调计划：尼古拉·勒维尔参加了“丝绸之路上的史诗”研究规划，彼埃·勒毕格尔（Pierre Le Bigre）

参与了“沙漠客栈研究和保护”规划，冯赫伯参与了西域石油勘探法规的研究与制定规划。这些活动都进一步促进了法国对丝绸之路的研究。

自从中法于20世纪60年代初建交以来，特别是自中国实行改革开放以来，法国的科研人员、汉学家和其他专家们都写了不少研究中国西域史的论著。伯希和有关库车、苏巴什、吐木库拉、克孜尔、克孜尔尕哈、图木疏克的考古报告，有关西安府景教碑的遗作、有关吐鲁番交通道路的遗作以及有关西域基督教的著作，沙畹和马伯乐有关斯坦因中亚探险所获汉文文书的著作，韩百诗有关蒙古和西域史的论著，让·多维耶（Jean-Dauviller，1908—1983）有关古代叙利亚人和亚美尼亚人的论著、戴密微有关西域佛教的论著、让·里夏尔（Jean Richard）有关中国与罗马教廷关系的论著，这些都是有关丝路的权威著作。

历代西人经西域陆路和海路来华旅游的游记都是研究丝绸之路的宝贵资料。但这类著作卷帙浩繁，我们只能略举其一二。当代人的游记最有魅力。我们可将安娜·菲利普（Anne Philipe）的《从新疆到克什米尔的亚洲骆驼队》（1955年）作为里程碑。该书叙述了作者在踏遍历史上的丝路全程之欲望的刺激下，自北京返回克什米尔的过程。克里斯蒂娜·尼尔松（Christine Nilson）的《丝绸之路上的一个女子》（1993年）、雅克·朗兹曼（Jacques Lanzmann）的《永远不能从其中返回的沙漠》（1988年）。后者是游记作家，他以真实照片为证据而叙述了在塔克拉玛干沙漠中的31天徒步旅行。

在所有西方学者心目中，再没有比马可·波罗能更好地象征丝绸之路了。改头换面的编译本、注释本、通俗本、电视剧、电影铺天盖地而来。这场风暴的起源是由于1954年在意大利举行了所谓马可·波罗诞辰700周年的学术讨论会，由意大利罗马大学中东和远东研究所主持，许多国家的学者济济一堂。法国学者中有马克斯·韦伯（Marx Weber，1864—1920年）的弟子和卡尔·马克思的信徒（曾被定为“托派分子”），中国中世纪经济史专家白乐日（Etienne Balazs，1905—1963 年），法国 20 世纪的汉学大师戴密微，伯希和的弟子和事业的继承人韩百诗等名流到会，会议论文集《极东》于 1957 年刊行。1955 年，韩百诗出版了现代法文全译本的《马可 · 波罗的〈寰宇记〉》。伯希和对马可 · 波罗著作的注释，已作为其遗作而韩百诗分别于 1959、1963 和 1973 年分三大卷出版。经在法国最大的图书馆——巴黎国家图书馆中检索，1936—1959 年间共出版了有关马可 · 波罗的著作 21 部，1960—1979 年为 17 部，1980—1993 年间却达到 33 部。这也间接地说明了法国学术界对丝路研究兴趣的增加。上文提到的戴仁的专著《马可 · 波罗与丝绸之路》(1989 年)，由雅克 · 海尔(Jecques Heer) 编写的《马可 · 波罗传》（1983 年）等，它们也都是研究马可 · 波罗与丝路的必读著作。

法国自 20 世纪 70 年代以来，陆续出版、重版、辑录和译注了一大批丝路古代游记。如米歇尔 · 莫拉 · 迪儒丹和让 · 德尚热(Jean Dessanges) 合著的《千年古道》（1988 年）。迪儒丹于其书中叙述了元代前后的丝路游记，德尚热则介绍了此前更早时代的西人游记。迪儒丹还出版了一部《13—15 世纪的探险家》(1984 年)。卡普勒夫妇（G. 和 R. Kappler）于 1985 年出版了《鲁布鲁克蒙古行记》的最新译注本。鲁布鲁克是佛兰德人，于 1253 年由法国路易九世（即后来的圣 · 路易）派遣出使蒙古。他于 1255 年 8 月回到北非的黎波里后，写了一部《东方行记》。柏朗嘉宾（Jearl de Plan Carpin）生于佩鲁贾，于 1245 年根据里昂主教会议的决议，奉英诺森四世教皇的教谕出使蒙古。他于该年 4 月 16 日从里昂登程，访问了蒙古大汗幕帐，于 1247 年 11 月才返回里昂。他用拉丁文写了一本出使报告《蒙古史》。韩百诗与贝凯于 1965 年出版了《柏朗嘉宾蒙古行记》的最新译注本。这两部书是西人有关中国（特别是中国民族学）的最早记述，对丝路研究颇有价值。当然，我们更不应该忘记巴黎罗伯尔 · 拉封出版社于 1992 年推出的《西域和西藏游记》以及《中国游记》这两部游记集了。

综上所述，法国学者对丝路研究的成果甚丰，始终居欧美之首位。其成果对于中国学者的研究，也颇有裨益。

译者多年来从事法国学者有关丝绸之路与西域史的翻译与研究工作。20世纪90年代初，在法国驻华使馆的赞助下，于中华书局出版了一套五本《法国学者敦煌吐鲁番名著译丛》，后因各种原因而暂停。从此，本人又转向中西文化交流史和中外关系史的翻译研究工作。但我对丝绸之路与西域史情有独钟，念念不忘。笔者的第一部译著，译自法国布尔努瓦夫人的《丝绸之路》于1983年由新疆人民出版社出版。同样在新疆人民出版社，又于2004年出版了笔者所译的《海市蜃楼中的帝国》一书。2013年由中国藏学出版社修订再版。

世界上不存在没有错误和缺陷纰漏之处的翻译，世界上也不存在字字珠玑、句句经典的译著。本译著有欠妥和错误之处，欢迎广大读者批评指正，不胜感激！

耿昇识

2004年4月于京西陋室

2013年5月补记

图书在版编目（CIP）数据

海市蜃楼中的帝国:丝绸之路上的人,神与神话/(法)于格(Huyghe,F. -B.),(法)于格(Huyghe,E.)著;耿昇译.—北京:中国藏学出版社,2013.11

ISBN 978-7-80253-582-4

Ⅰ.①海… Ⅱ.①于… ②于… ③耿… Ⅲ.①丝绸之路-研究 Ⅳ.①K928.6

中国版本图书馆 CIP 数据核字（2013）第 246168 号

海市蜃楼中的帝国

——丝绸之路上的人,神与神话

作　　者　[法]于格(Huyghe,F. -B.)　[法]于格(Huyghe,E.)
译　　者　耿昇
出版发行　中国藏学出版社
　　　　　(北京北四环东路 131 号)
经　　销　新华书店
印　　刷　北京隆昌伟业印刷有限公司
印　　次　2013 年 11 月第 1 版第 1 次印刷
开　　本　640×965 毫米　1/16
印　　张　32.5
字　　数　420 千字
书　　号　ISBN 978-7-80253-582-4/K·356
定　　价　75.00 元

图书若有质量问题,请与本社联系

E-mail:dfhw64892902@126.com　电话:010-64892902